东方学研究工作室

认识"东方学"

APPROACHING THE EAST

曾 琼　曾庆盈　编

北京大学出版社
PEKING UNIVERSITY PRESS

图书在版编目(CIP)数据

认识"东方学"/曾琼,曾庆盈编.—北京:北京大学出版社,2014.5
ISBN 978-7-301-24142-4

Ⅰ.①认… Ⅱ.①曾…②曾… Ⅲ.①东方学—研究 Ⅳ.①K107.8

中国版本图书馆 CIP 数据核字(2014)第 074676 号

书　　　名：认识"东方学"
著作责任者：曾　琼　曾庆盈　编
责 任 编 辑：朱丽娜
标 准 书 号：ISBN 978-7-301-24142-4/H·3510
出 版 发 行：北京大学出版社
地　　　址：北京市海淀区成府路 205 号　100871
网　　　址：http://www.pup.cn　新浪官方微博:@北京大学出版社
电 子 信 箱：zpup@pup.cn
电　　　话：邮购部 62752015　发行部 62750672　编辑部 62759634
　　　　　　出版部 62754962
印 刷 者：三河市博文印刷有限公司
经 销 者：新华书店
　　　　　　650 毫米×980 毫米　16 开本　21.75 印张　300 千字
　　　　　　2014 年 5 月第 1 版　2014 年 5 月第 1 次印刷
定　　　价：54.00 元

未经许可,不得以任何方式复制或抄袭本书之部分或全部内容。
版权所有,侵权必究
举报电话：010—62752024　　电子信箱：fd@pup.pku.edu.cn

北京大学外国语学院东方学研究工作室
"东方学研究方法论"项目由美国"赠与亚洲"支持

北京大学外国语学院
"东方学研究方法论"项目组成员

指导教授：刘曙雄　北京大学外国语学院教授
　　　　　　颜海英　北京大学历史系教授
研究人员：林丰民　北京大学外国语学院教授
　　　　　　何　晋　北京大学历史系副教授
　　　　　　翁家慧　北京大学外国语学院副教授
　　　　　　曾　琼　天津外国语大学副教授
　　　　　　曾庆盈　北京大学外国语学院博士后
　　　　　　张　幸　北京大学外国语学院讲师
　　　　　　戴　鑫　北京大学历史系博士生
　　　　　　刘英军　北京大学外国语学院博士生
　　　　　　刘　舒　北京大学外国语学院博士生
　　　　　　王　欢　北京大学历史系博士生

目　录

绪　论 ………………………………………………… 刘曙雄（1）

"东方学"理论探索与经验集萃

中国"东方学"：概念与方法 ……………………… 王向远（3）
阿拉伯伊斯兰与东方学 …………………………… 蔡伟良（20）
东方文学研究方法论刍议 ………………………… 孟昭毅（39）
东方与西方：二元对立抑或交光互影
　　——东方学研究中的几个理论与实践问题 ……… 刘　建（49）
学山问路
　　——东方学研究方法谈 ……………………… 薛克翘（59）
中外古史比较研究方法谈 ………………………… 刘家和（66）
汉学的往昔与今日：方法与目标 ……… 梅维恒（Victor H. Mair）（73）
当下性："象牙塔"与大众之间
　　——我的治学路径与取向 …………………… 林少华（86）
探寻"照世杯"中的中国镜像
　　——波斯历史文献整理的实践与收获 …………… 王一丹（99）
西方纸草学研究与方法 …………………………… 戴　鑫（114）

认识"东方学"专题研究

浅议简册制度中的"序连"
　　——以出土战国秦汉简为例 ………………… 何　晋（133）
云冈石窟和北魏王权 ……………………………… 曾庆盈（154）
"空间的文本　文本的空间"
　　——浅议日本文学中的"都市空间论" ………… 翁家慧（179）

印度"国民性"新论 …………………………………… 尚会鹏(192)
试论印度经典的汉译 ………………………………… 姜景奎(206)
印度文学汉译史小议(1949—2009) …………………… 曾　琼(224)
加尔各答华人佛教信仰与实践 ………………………… 张　幸(235)
波斯语叙事诗里的中国形象浅析 ……………………… 刘英军(248)
阿拉伯诗歌的现代转型 ………………………………… 林丰民(265)
古埃及文字起源的传说 ………………………………… 颜海英(281)
官方宗教仪式与托勒密王朝的宗教政策 ……………… 王　欢(290)
伊本·鲁士德的诗歌教化观 …………………………… 刘　舒(312)
非洲"童年回忆录"研究概论 …………………………… 代学田(319)

后　记 ………………………………………………………… (327)

绪　论[①]

刘曙雄

"东方学研究方法论"(Research Methodologies in Eastern Studies)是我们正在进行的一个研究项目。从2012年4月至2013年5月为第一阶段,从2013年6月至2014年10月为第二阶段。此项目在第一阶段所进行的工作可以概括为三个方面:1.东方学方法论通论的研究,从宏观上研究东方学这一学科在方法论上具有的特点,以及东方学研究方法的演变和发展。2.东方学专题研究,研究对象为东方学研究中某一具体领域中研究方法的独特性与普适性,以及在某些领域新出现的方法论所具有的特征。3.治学方法研究,对国内外东方学研究者的治学和研究经验进行学理性的思考,发现其独到之处,并探究其在相关研究中的理论价值和意义。在项目延续的第二阶段要解决的核心问题是,辨析四种重要的东方学研究方法:实证研究方法、诠释学研究方法、比较研究方法和跨文化研究方法。诚然,如同时间和空间离开了物质不能独立存在一样,方法论也不能离开研究对象而独立存在,方法论应始终与研究对象融为一体。

为什么要选择研究这个项目?我一直认为,凡行事,方法都是非常重要的。我们从事有关东方语种的教学和研究,整体而言,无论是我身处的北京大学的这一学科,还是在我国的东方学研究领域,中国学者都做出了很多成绩,翻译介绍东方各国文学,研究东方各国的文化,包括古代文明和现当代的历史和文化。那么是否应该寻找某些规律性的东西呢?答案是肯定的。方法论的研究不同于学科史的研究,虽然方法论研究与学科史研究有关联,但又不一样。学科史研究的对象是处在一定时空中的事

[①] 本文的主要内容为作者于2012年8月在西安外国语大学"教育部高等学校非通用语种骨干教师高级研修班"上所做的讲座"从'想象的东方'到'现实的东方'——东方学研究方法论略议"。其中对东方学研究方法论的解析是项目组共同探讨的认识,对实证研究方法、诠释学研究方法、比较研究方法和跨文化研究方法的表述分别源自何晋、颜海英、翁家慧和曾琼的发言。

物,注重事物存在的客观性。方法论研究的是如何认识事物,站在什么基点上,从什么视角,以什么手段和方法去认识事物。此外,我们中国学者研究东方,其他东方国家的学者研究东方,还有西方学者研究东方,他们可能站在同样的基点上、从同样的视角、以同样的手段和方法研究东方吗?显然不可能完全一致。这种"不可能"就激起我们很大的兴趣。方法论的问题不仅仅是个体进行科研时要思考的问题,同时也是东方研究学科需要从认识上深化的关键问题之一。

一、东方学的定义和特点

东方学产生于东西方文化接触的历史之中。16—18世纪,当时对东方历史文化感兴趣的学者,甚至殖民者本身所从事的有关东方的研究,主要是为西方向东方的殖民扩张服务。早期的东方学是从学习和掌握东方民族的语言开始,主要方法是收集古代东方的手抄本及其他历史文献资料,再钻研古代东方的语言,对其进行翻译和研究。经过较长时间的学术积累,亚述学、埃及学等以历史研究为主旨的衍生学科逐渐在东方一些地区如西亚北非地区产生。又如印度,西方一些国家的殖民者自16世纪下半叶陆续前往那里进行商贸活动。英国建立了东印度公司,逐步扩大对印度的渗透和占领,成为最强势的殖民者。他们在获取丰厚的经济利益的同时,也开始关注印度悠久的历史文化。如同在西亚地区一样,西方对印度的研究也是从翻译历史文献开始的,18世纪末,英国学者在印度展开了学习印度语言和翻译历史文献的活动,以研究一个国家的文化为主旨的印度学逐渐形成。殖民者需要了解和熟悉印度的历史、文化和现状,需要掌握在当地通行的语言,而这种语言便是乌尔都语或称印度斯坦尼语。于是,东印度公司首先决定向自己的职员教授波斯语和乌尔都语。经印度总督批准后,东印度公司在加尔各答创办了全印度第一所旨在培训英国人掌握印度语言、历史和文化的威廉堡学院。该学院1800年正式成立,有近百名教职员。学院分教学和编译两大部分,设有图书馆、印刷馆,开设语言和其他人文学科课程共20余门。印度斯坦尼语系主任由英国学者吉尔克里斯特博士担任。吉尔克里斯特于1782年应聘于东印度公司,任职期间专修了印度语言,周游了印度全境,利用各种机会学习和研究印度语言,1786年编写了《印度斯坦尼语词典》,1796年编写了《印度斯坦尼语语法》,1799年在公司的支持下在加尔各答开办了东方研习班,威廉堡学院便是在东方研习班的基础上创办的。

伴随着学术机构和文化团体的建立、研究资料的收集和整理，到19世纪，学术意义上的"东方学"建立起来了。因此，可以说东方学是西方人开拓的，是一门西方了解和认识东方的学问。然而，西方学者开创东方学的意义并不是我们今天所进行的东方学研究的意义。在西方开始关注东方时，西方学术界兴起了人类学学科，开始进行对人类社会文明的研究。在西方学者眼里，西方已经进入了现代文明社会，而东方则处于一种未开化的文明社会状态，类似一种半文明、半野蛮的社会。这就是西方对东方的感受和想象。

东方学在上述地区的产生和建立具有一些特点：1. 由西方学者主导，为殖民政策服务。东方学历来使用的名称为 orientalism 或 oriental studies，oriental 是一个带有轻视甚至蔑视东方意义的词语，因此 oriental studies 是一个带有殖民文化印记的表述。我们现在选取地理方位词 eastern 取代 oriental，意在抹去这个印记。2. 以历史文化研究为主要内容，属人文学科。研究之初的手段便是发掘、收集、整理和翻译历史文献资料。3. 研究的基本方法有经验与实证，解读与诠释，分析与比较；以这些方法开展历史文化研究，而这类历史文化研究往往是跨越民族、种族和国别的。因此，跨文化研究自然而然地也成为了一种方法。

如同人类自身的产生和发展一样，文明的产生和发展、文化的接触和交流也并不是以从一个点向周边发散的形式进行的。无论是在西亚北非地区东方学产生和发展的特点，还是在南亚印度学产生和发展的特点，都只是东方某一部分地区或国家的情形。在东方其他地区，东方学产生和发展的时间和方式是不尽相同的。

20世纪80年代之前，东方学的含义是单一的，即开展与东方文明相关的各个领域的研究，是对知识的发掘、叙述和书写。当20世纪90年代后殖民文化理论兴起后，我们读到了阿拉伯裔美国学者爱德华·萨义德的《东方学》这部后殖民理论的代表作之一。萨义德在书中使用的"东方学"有三种含义：第一种是学术研究学科，第二种是思维方式，第三种是话语方式。第一种是基本含义，第二种和第三种是引申意义。从作者在《东方学》里阐述的"东方学"与政治不可分割的关联的角度看，此书翻译为《东方主义》似更为贴切，作者强调东方是西方的想象，强调话语与权力的关联。《东方学》从内容上分三部分：1. 从哲学和政治的角度勾勒东方学的轮廓；2. 描述重要的诗人、艺术家和学者的著作中表现的写作策略和手段;3.西方在对东方大规模殖民时期的有关东方的研究。萨义德的书在世界上引起了较大的反响,在东方和西方都受到批评甚至指责。西方学术界认为他背弃西方,站在与西方对立的立场上批评西方;东方也有学者认为萨义德还保留了西方对东方的表达方式和话语传统。我认为《东方学》一书中有两个观点值得重视。第一,他把西方东方学中的方法论和研究方法归于意识形态之列。应该说,方法论与政治和意识形态有着密切的关联,但方法论仍具有一定的独立性,比如实证的方法,由于科学技术的发展和社会的进步,对这一方法的理解和采用在东西方都基本一致了,不仅在自然科学、社会科学,也包括在人文科学里都得到了广泛的使用。政治纷争和意识形态并没有成为交流的阻隔。这就是说,研究方法及其哲学层次的思考——方法论具有一定的独立性,否则东西方之间的学术交流便是非常困难的事情。第二,他指出"东方学"是一种思维方式和话语方式,这一点对我们很有启发,他的观点暗示了东方话语方式的存在。如果要进一步解释的话,就是他的观点引起我们的关注和重视,在东方学或东方研究里潜在的思维方式和话语方式究竟是什么?前面我们说过了,我们不可能和西方的学者采用同样的话语方式研究东方,尤其是研究包括中国在内的东方。因为话语方式是一种权力,东方在殖民地和半殖民地时期总体上说没有话语权或少有话语权。在后殖民时期,东方各民族赢得独立后,东方国家开启了现代化历史进程。面对丰富而又庞杂的东方学科的知识,探究、找寻东方的话语方式或者说话语体系正是"东方学研究方法论"这一课题的目的。

二、构建中国的东方学话语体系

我国的东方学有着悠久的历史,促使中国东方学建立和发展的主要原因是文化的接触和交流。以中国的印度学研究为例,它也具有从翻译开始的特点。中国古代翻译了大量的印度佛经,与此同时也翻译了一些印度的文学作品,当然,一些印度的故事最初不是作为纯文学作品翻译介绍的,而是作为宗教传播的内容介绍的,并非一种纯学术活动。具有学术研究意义的中国印度学始自北京大学。北京大学最早对印度文学进行研究的是胡适,他于20世纪20年代就写有考证孙悟空的论文,提出其原型出自印度史诗《罗摩衍那》里的神猴哈努曼。胡适之后有许地山,他20世纪20年代在美国哥伦比亚大学和英国牛津大学学习和研究印度宗教和哲学,回国后受聘于燕京大学,任教授,他撰写的《印度文学》是我国第一部介绍和研究印度梵语文学的专著。

北京大学的东方学研究作为一个学科并拥有一支学术研究的团队,始于1946年东方语文学系的建立,迄今已有近70年的历史。大半个世纪以来,北京大学的东方语文学系虽曾几易其名,结构也有调整,但其宗旨并无改变,即开展东方语言、文学和文化的教学和研究,建立和建设中国的东方学学科,以跻身于世界学术之林。自上世纪50年代初以来,北京大学东方学学科队伍日益壮大,增设多种语言,拓宽教学和研究范围,各方面都得到长足的发展。近10余年来,北大东方学学科建设得到极大的发展。教学研究硕果累累、人才辈出,成为国内东方研究之重要团队。在北大,对东方古代文明的研究,对现当代东方各国、各地区、各民族的历史文化、宗教哲学、文学艺术等领域的研究同时分布在历史学、哲学和外国语言文学等学科。

从前面的叙述中,我们得知当代的东方学具有三种不同的含义,这三种含义可分为两个层次。第一层的意思指东方学是一门综合、庞杂的学科,它涉及关于东方的宗教、哲学、文学、艺术、历史等多学科的研究,是一种以东方文明为研究对象的系统知识。20世纪80年以前的东方学具有的含义基本上是这个单一的体系,这个体系以知识为主要特征,属于认知的客体,即研究的对象。第二层意思指东方学是与后殖民理论联系在一起的一种话语体系,始自上世纪90年代。后殖民文化理论在中国成为一个备受关注的话题。萨义德的"东方主义",斯皮瓦克的后殖民文化理论,亨廷顿的"文明冲突论"等等以及对这些理论纷纭众说的阐释都使我们开始认识到,世界已是一个越来越多元化的世界,西方中心主义已经不能独行其道,经过抽象化的东方学作为一种话语体系问世了。这个话语体系不是认知的客体,而是认知的手段和方法,属于认知的主体范畴,即研究者所思考的内容和采取的策略。

我国的东方学研究有别于西方人开拓的东方学研究,具有自身的特点,与西方的东方学、也与东方其他主要国家对东方的研究既存在着相同之处,也有相异的地方。就整个东方的话语体系而言,它具有以下几个特征:

1. 始自20世纪80年代的东方主义(东方学的代名词),揭示的是自20世纪四五十年代以来在东方国家的民族独立运动过程中产生和发展起来的,在东方国家起主导作用的思想观念。这样,我们可以看到一个对应的现象,东方学主要产生在西方对东方殖民的环境下,而东方的话语体系主要产生在东方冲击和摆脱西方的殖民环境下。这是后殖民时期的主要特征,东方从被动变为主动,东方在作为叙事对象的同时也变为了叙事者。也就是说,在后殖民时期,东方学体现了自己对自己进行叙述的特征。

2. 东方主义成为一种后殖民主义的理论,它既是西方思想传统的逻辑性继续,又跨出了沿着西方思想传统演进的轨道(原来的是一条以西方为中心的轨道,传递的是经西方思想过滤了的东方信息),为认识世界的多元文化提供了一个新的出发点,成为一种既分辨东西方思想、又使东西方思想紧密联系并开展对话的思维方式。

3. 一个庞大的东方具有差异,这是客观事实。季羡林先生曾经论述过世界的四个文化圈,东方有三个,即中国文化圈、印度文化圈和阿拉伯—伊斯兰文化圈。这也说明,同为东方文化构成部分,它们之间存在很大的差异。它们之间的话语体系亦存在很大的差异。东方话语体系必定是经过整合这个差异才能形成,不像西方的话语体系,它涉及的国家和民族没有这么大的差异。东方话语体系以一种经过差异整合后的话语体系形态进入东西二元的世界文化之中的。

在发掘和表达东方这一话语体系时,我们尤其应注重中国学者对东方的研究,突出中国学者对自己国家和东方的了解、认知、诠释和表达。这不仅因为我们是中国人,更因为中国文化在东方文化和世界文化中具有独特地位。无论是中国与西方的关系,还是中国与其他东方国家的关系,抑或是就中国本身的状况而言,中国学者应有充分的自信,为建构属于中国的东方话语体系唤起自觉的意识和责任。这种责任源于三点认识:中国与西方的文化交流中,在中西文化接触的早期阶段直到18世纪,中国文化对西方国家影响很大。16世纪末,利玛窦将"四书"翻译成拉丁文,后来天主教传教士金尼阁也将"五经"翻译成拉丁文。在以后的岁月里,《论语》《孟子》《诗经》和《书经》等都先后被译为拉丁文,一些经籍也有被译为法文和意大利文的。中国典籍传入欧洲,对西方的哲学产生了影响。这个时期,中国的绘画、瓷器、丝绸,乃至园林艺术也传入了欧洲。中国的思想和文化影响了西方,是东西方文化交流的自然结果。基于这一认识,全球的东方学研究中以强调西方、忽视东方和用西方的话语体系描述和诠释东方的思维定式应该得以改变。这是第一点认识。第二点认识是中国与其他东方国家的历史经验不同,深刻认识在现代历史时期我国新民主主义革命的历史作用十分重要。为反抗外来侵略、争取民族独立，中国自五四运动以来至中华人民共和国成立，与殖民主义和帝国主义进行了艰苦卓绝的斗争，中华民族做出的惨烈牺牲是其他东方国家在实现民族独立过程中很少有的。这对于构建中国的东方话语体系无疑是重要的思想基础，并能赋予我们的认识以一种历史唯物主义态度。第三点认识是准确认识当代中国，当今中国在30多年的改革开放中一直坚持走一条独立自主的建设中国特色的社会主义道路。虽然路途曲折，但中国始终锲而不舍，一直在朝着中华民族伟大复兴的目标迈进。

三、研究方法与方法论

关于研究方法，我国东方学学者薛克翘曾应邀在项目组召开的研讨会上做过专题讲解。他归纳了三个基本的研究方法，即分析法——具体问题具体分析；比较法——没有比较就没有鉴别；综合法——由个别到整体，由特殊到一般，由初级到高级，由具体实证到理论总结。他指出，分析法的重点在于具体问题具体分析，在一定的时代背景下、在事物发展的动态过程中进行个案研究。比较法是通过比照分析，探究事物的本质特征，它既是方法论，又是本质论。如，近代语言学的兴起，就是东西方语言比较研究的结果。通过比较研究，既可以澄清一部分原本存疑的问题，还可以解决本学科之外的问题。综合研究是一个从个体到整体、从初级到高级的研究过程，它要求在整体的层面之上，经过研究者的思考和整合提出并解决问题。

在实际的科学研究中，这些基本的研究方法通常是交互运用的，我们可以在赵国华和他的《生殖崇拜文化论》中印证薛克翘归纳的基本研究方法。中国社会科学院研究员赵国华生前坚持十多年的思考、探索，用了两年的时间写作，完成了这部四十余万字的专著。对于这项研究成果的意义，季羡林在为该书作序时说道："我在这里郑重推荐这部书，不仅向专门搞民俗学的学者们推荐，而是向从事研究古代历史、考古、语言、文学、哲学、宗教、美术、民族、人类学、神话学、古典文献等等的学者们推荐。"时任中国社会科学院考古所所长苏秉琦读了赵国华围绕这个问题发表的论文后说，他的研究成果是一个系统的理论，据此可能要改写上古史。作者在该书前6章运用分析方法，第7章运用比较方法，最后以综合方法，从理论上归纳和升华。这项成果是交替运用研究方法并取得卓越成就的范例。

当今时代,科学技术的发展和进步推动了科学研究本身的变化。学科的交叉和研究方法及手段的交互运用成为一种常态,推动着学科的发展和研究的深入,一些在社会科学领域运用的手段和方法也应用到了人文科学研究领域。东方学就其学科属性而言,属于人文科学与社会科学交叉的学科,但偏重于对东方各国、各民族的文化研究。其研究方法和手段自然也交互运用,但偏重于个体化的理解和诠释,个性化的感受和表达。

关于研究方法论,我们尝试着解释为支撑研究方法的理论。纵观我国东方学研究的丰硕成果,它们大多体现了对四种主要研究方法的认识和实践:实证研究方法论、诠释学研究方法论、比较研究方法论和跨文化研究方法论。

实证研究方法(Empirical Research Methodology)来源于自然科学的研究。它倡导研究必须建立在实践的基础之上,以经验为依据。十八九世纪,法国哲学家孔多塞、圣西门、孔德倡导将自然科学实证的精神,应用于社会现象的研究,他们主张从经验入手,采用程序化及定量分析等手段,以期对社会现象的研究也达到精准的水平。孔德针对社会科学提出了社会进化的概念,认为社会在寻找真理的过程中要历经神学、形而上以及实证等阶段。他的《实证哲学教程》一书的出版,揭开了实证主义运动的序幕,在西方哲学史上形成了实证主义思潮。

实证研究方法自产生以来,得到了哲学、数学和经济学领域研究成果的支持,在其他领域如管理学、医学也较为流行,成为了一种重要的科学研究方法。它又分为广义、狭义两种,广义的实证研究方法泛指所有经验型的研究方法,与理论知识相对应,它强调依据资料、观察或直接的感性经验;狭义的实证研究方法则是指利用统计和计量分析方法对数据信息进行数量分析。

实证研究重视研究中的第一手资料,研究"是什么"或"怎么样"。由于这一方法大量依据于材料,强调实践和经验,因此在运用中要注意避免伪实证和形式实证。伪实证,是研究者用理论预设或价值偏好来剪裁经验事实的作法,它不是"论从史出",而是"史从论出",也就是说研究者寻找一些经验与材料用来证实自己已经形成的理论预设,即先有观点再找证据,而不是先找证据再得出结论。形式实证是指研究者只有形式主义的调研,或者对搜集到的数据和资料缺乏甄别和处理,就直接应用于研究。伪实证和形式实证都会使实证研究停留在肤浅的层次上。

我们在研究中使用这一方法时,一方面要扩展我们赖以研究的资料范围,尽量全面、系统地搜集某一研究课题的所有文献史料,并要对这些史料作严格的甄别和考证;另一方面还要扩展研究资料的种类,文献史料之外的考古遗址、图像资料等也要纳入其中。当然材料的堆砌不是我们的目的,现象的揭示也不是研究的终点,依托这一方法最终探究材料和现象背后的东西才是我们的追求。总体而言,即所有研究必须建立在材料的基础上,无论所研究对象是"实"(如战争、地理)还是"虚"(如思想、文化),通过材料本身或者对材料的诠释,探究其背后蕴藏的偶然与必然。

诠释学研究方法(Hermeneutics Research Methodology),"诠释"一词意为"了解",由希腊神赫尔墨斯(Hermes)的名字得来。作为理解和解释的学科,诠释学有很长的历史,经历了圣经注释学、一般文学批评理论、人文学科普遍方法论这些阶段后,20世纪60年代出现了哲学诠释学,从此开始诠释学对西方学术界产生了巨大的影响。当代诠释学的意义在于:它将我们的人文学科从科学的束缚中解放出来,对科学方法论概念所设置的界限进行挑战,探索在哲学、历史、艺术等人文领域千百年来积淀下来的人类精神财富。

诠释学又可以分为经典诠释(或文本诠释)与历史诠释两部分,前者以经典文学作品的解读为主,后者则以更多样的材料(文本、图像、考古资料等)研究历史问题和文化现象。我们在研究工作中应坚持两个原则:一是解读经典必须重新回答经典对我们提出的问题,作品的意义在于过去与现在的沟通,以及对未来的启示。理解不是重构的过程而是创造的过程。经典的永恒在于当代人的参与和从中揭示新的内容。二是展开灵活多元的比较,目的是寻求诠释的各种可能性,而不是止步于阶段性的结论。

比较研究方法(Comparative Research Methodology)广泛应用于科学研究领域。以比较文学为例,比较文学是跨越不同国家、不同文明和不同学科之间文学的比较研究,研究各种跨越文学的同源性、类同性、异质性或变异性,以实证影响研究、平行研究、文学变异研究为基本方法论,其目的在于以世界性眼光来总结文学规律和文学审美特征,加强世界各文学的相互了解与整合,推动世界文学的发展。比较文学的可比性由三个条件组成,即同源性、类同性、异质性或变异性。由此形成了比较文学研究的三大领域:实证性影响研究、平行研究和变异学研究。

比较研究方法之于"东方学研究方法论"这一课题的应用价值是探讨东方学的同源性研究、异质性与变异性研究。东方文明之间存在着很多值得做同源性研究的素材,但这种"求同"意识往往使东方的学者产生思维惰性,降低了主动发现"存异"现象的敏感度。而中国学者正是在对日本、朝鲜、越南等"汉文学"系统的研究时,发现了文学的变异体,文学文本变异学研究和文化变异研究也应运而生,并日益显现其重要意义。

跨文化研究方法(Cross-cultural Research Methodology)兴起于全球化浪潮冲击之下所形成的多元文化环境之中。传统的跨文化比较具有一种"中西对比"或"东西对比"的二元思维模式,在这种"中(东)西"二元论的模式中,"中西"或"东西"文化被看成两个相互隔离的异质实体,两者的之间的关系也常被简单化成一方影响另一方,或一方对另一方的对抗。随着全球化的日益深入,不同文学文化间的交流对话也越来越频繁,为了防止不必要的"误读"与隔阂,就必需一种多元的文化对话理论。在当下,作为研究方法的"跨文化研究",首先应当跳出单边文化的立场,要以包容他者文化的心态来确立自我与参照系之间的精神逻辑关联,建立一种三维乃至多维的思维模式,从文化整体交流、变化、发展的层面来思考以往的"中西"、"东西"文化交流,以及当前的文化交往现象。

跨文化研究方法可以从两个方面着手。第一个方面是系统的文化比较研究层面。这个方面,通常将两种或两种以上的文化对象纳入自己的研究范畴,从它们之间多重的交互关系来考察各种文化在这种关系中的地位、变化和发展。这个层面更多地偏向某个时期内各种文化之间的关系,可以看作是一种横向研究;第二个方面是以某一种文化为立足点和出发点,考察这一种文化在不同时期与不同文化之间的交互关系。这个方面更侧重于在历史的不同阶段,以多元文化互动的视角来看待和研究某一文化自身的发展规律,可以看作是一种纵向的研究。

探索、应用跨文化研究这一方法的目的在于,在文化交往和交流越来越频繁、越来越深入的今天,一方面思考什么样的民族的,可以成为世界的;另一方面,要超越民族的界限,超越中西的和东西方的界限,从多元文化交互作用的角度,思考自我文化的立场和全球化问题。

我们将支撑这四种基本研究方法的认识和理论归纳为东方学研究方法论。因此,"东方学研究方法论"是认识事物的一个基点,一种思维方式。它以对东方各国、各民族,包括中国文化、日本文化、印度文化、东南亚文化、阿拉伯—伊斯兰文化、非洲文化以及古代近东文明等领域的研究中所获得的成果为依据,研究总结学者们在上述领域的知识性研究中所倚重、探索和创造的方法论以及所形成的话语体系,我们不仅对东方国家的学者所形成的体系进行思考和叩问,而且也对西方的东方学研究进行考察并以此为参照。

"东方学研究方法论"项目致力于探究、归纳和描述中国学者在东方学知识的研究中形成的话语体系,力图在梳理、研究、整合中国东方学研究者成果的基础上,发现中国学者独有的视角与方法,让中国学者能在国际东方学舞台上发出更多的声音,形成中国学者的话语体系。这就是"东方学研究方法论"项目之内涵。

"东方学"理论探索与经验集萃

中国"东方学"：概念与方法[①]

王向远

【作者简介】 王向远，北京师范大学文学院教授、博导。兼任北京大学东方文学研究中心学术委员、中国东方文学研究会会长、中国比较文学教学研究会副会长等。研究方向：比较文学、东方文学、日本文学、中日关系等。

一、东方/西方；东方学/西方学

学术研究的领域与范围，要根据研究的历史现状与发展需要，从空间、时间、事物的性状等不同的角度加以确定，然后划分出种种不同的学科。作为一门学问的"东方学"也是一样，它既是历史形成的，同时也是被划分出来的。

"东方学"首先是从空间的地理区域上进行的学问领域的划分。因为"东方"这个词本身就是一种与"西方"相对而言的地理方位概念。当我们在方位上对世界进行初次划分的时候，最早得到可能就是根据日出日落的方向而划出的"东方"与"西方"。事实上，当古希腊人把自己以东的地方称为"东方"的时候，那么也就相对地就把自己的位置看作"西方"了；同样的，古代中国人也做了类似的划分，就是以一种自我文化为中心的态度，以"居天下之中"的"中国"的位置，对周边区域进行了文化等级的区分，于是有了"东夷""西戎""南蛮""北狄"这样的地理文化的区域概念。同时，中国人也和希腊人一样，较早形成了东方与西方的概念。中国古代的"西"，是随着地理视野的不断扩大而不断有所延展和扩大的，最早是指西王母所在之处，继而指"西域"，然后指印度即"西天"。到了宋元时代，

[①] 本文内容是作者应邀于2012年9月24日在北京大学"东方学研究方法论"项目组举办的"专家讲坛"上所做的讲座。

又在跨越海洋的意义上，出现了"西洋"的概念。等了明清时代，则把欧美世界更多称为"泰西""西洋"和"西方"。

有了"东方""西方"的概念也必然反映在学问领域上的划分上。晚清以后，所谓"西学"与"中学"这两个概念开始流行，并成为学科门类的关键词。所谓"西学"就是"西方之学"或"西方学"的缩略语。但如今国人听到"西学"都很耳熟，听到"西方学"一词可能会感到一丝不顺耳。大概是因为这样，人类学者王铭铭在《西方作为他者——论中国"西方学"的谱系与意义》①一书中，才将"西方学"加上了一个引号，意思是"西方学"还不是大家都承认的、特别是体制上所承认的一个学科。但是从漫长的中国的历史上看，中国的"西方学"已经有了悠久传统了，尽管在内涵和外延上不断地发展变化。佛教流传时期中国的"西方学"主要是"西天之学"即印度的佛学，近代以降，中国的"西方学"即"西学"则是欧美之学，如今"欧美之学"才是严格意义上的"西方学"。这样的"西方学"如果从19世纪中期的鸦片战争开始算起的话，发展到了现在，已经有了170多年的历史。在这段历史时期中，中国人关于西方的观察、评论与研究所形成的文献，可谓汗牛充栋了。因而可以说，中国的"西方学"实际上早就成立了，而且蔚为大观。

相比于"西方学"，中国的"东方学"的历史其实更为悠久。汉魏时代的《汉书》《后汉书》《三国志》等历代文献对中国周边国家，包括西域中亚各民族、印度、波斯、日本、朝鲜、东南亚等亚洲国家与民族的历史文化的记载，唐代玄奘的《大唐西域记》等对印度与西域的游历与记述，都可以视为中国"东方学"的基础和渊源。清末民初佛学复兴时期康有为、章太炎、苏曼殊、梁启超对印度的评论与研究，黄遵宪、梁启超等对日本的介绍和研究，使中国东方研究进入了实地考察与文献互证的近代学术状态。进入20世纪后，在欧洲学术文化的影响下，"东方""东方文化"这样的概念在中国学术文化界被大量使用。20世纪20年代中国学术文化界展开了一场关于东西方文化优劣问题的大论战，也推动了此后的人们对东西方文化分野的重视。20世纪50年代，我国曾翻译出版苏联学者写的《东方学》一书，虽然书中充斥意识形态论辩色彩和阶级决定论，但对中国"东方学"学科意识的推动是有益的。20世纪50—70年代以东西方冷战为背

---

① 王铭铭：《西方作为他者——论中国"西方学"的谱系与意义》，北京：世界图书出版公司，2007年。

景,以"第三世界"理论为基础的所谓"亚非拉"问题的评论研究,也有很大部分与"东方学"领域相叠合。到20世纪上半期,我国学术界出现了一批有成就的堪称"东方学家"的学者,如章太炎、梁启超、周作人、陈寅恪、徐梵澄、丰子恺、吴晓铃、饶宗颐等。

但是,真正的、严格意义上的中国"东方研究",就大陆地区而言,是在改革开放后的三十多年间成熟和发展起来的,并且在国别研究和分支学科两个方面得以展开。

在国别研究方面,埃及学、亚述/巴比伦学,印度学、东南亚学、中东学、中亚学、藏学、蒙古学日本学、朝鲜/韩国学等学科概念都被明确使用,不仅成立了以"××学"为名称的学会及研究机构、教学机构,而且出版了以"××学"为名称的学术杂志、书籍等。中国的印度学研究历史最为悠久,学术底蕴丰厚,日本学则具有较大的关注度,成果也最多,朝鲜/韩国学后来居上,阿拉伯学、伊朗/波斯学及中东学稳步推进,蒙古学、藏学得天独厚,东南亚学不甘示弱。在这些分支学科领域中,出现了一批新的著译等身的东方学家,如古代东方史学家林志纯,东方艺术专家常任侠,印度学家季羡林、金克木、刘安武、黄宝生,阿拉伯学家纳忠、仲跻昆,波斯学家张鸿年,朝鲜学家韦旭升,日本学家周一良、汪向荣、梁容若、叶渭渠、严绍璗、王晓平等等。

在分支学科方面,东方哲学、东方文学、东方美学、东方艺术、东方戏剧等在各分支学科中,学科意识最为自觉。其中,东方文学的学科意识最为鲜明和自觉,研究成果也较为丰富。鉴于东方文学与东方语言、历史、宗教等各学科的关系最为密切,历史文献价值和审美价值兼具,作品典籍多,读者受众广,也最有利于研究者在语言能力、翻译能力和文本解读能力的施展和发挥,因而,东方文学研究的繁荣是理所应当的。中国东方文学研究会从1983年成立,迄今已经有了三十年的活动历史。期间,许多大学中文系开设了东方文学课程,以"东方文学"为题名关键词的专著、教材以及相关著作已有上百种,论文数千篇,北京大学东方文学研究中心的《东方文学研究集刊》也在连续不断的编辑出版中。这些都表明,东方文学在中国已经形成了较为可观的东方学分支学科。① 在西方的东方学

---

① 关于20世纪中国的东方文学学科史,可参看王向远《东方各国文学在中国》(江西教育出版社,2001年)或《王向远著作集第2卷·东方文学译介与研究史》(宁夏人民出版社,2007年)。

中,东方文学研究也是相当突出和繁荣的,在这一点上,中西方的状况非常相似。在东方哲学方面,1980年代以来,许多重点大学的哲学系都有了《东方哲学史》、《东方哲学概论》的课程并出版了教科书。在东方美学和东方艺术方面,已经有了牛枝慧等主编的《东方美学丛书》和论文集《东方艺术哲学》,邱紫华著《东方美学史》和《东方美学范畴论》,彭修银等著《东方美学》等专著。在综合性的东方研究方面,则有商务印书馆《东方文化集刊》,北京大学《东方研究》及不少专著与论文。以上的东方各国的国别研究和东方文学、东方哲学、东方美学等的分支学科研究,若统合起来并命名之,当然应该叫做"东方学"。

但是,尽管我国已经有了丰厚的东方学的传统和积累,但直到现在还没有与欧美的"东方学"及日本的"东洋学"、"东方学"相对应的"东方学"的学科建制与普遍的学科自觉。世界许多文化大国都早已成立了的"东方学会"、"亚洲学会"之类的学术团体,我国至今也没有出现。在这种情况下,长期以来,各个分支学科的研究,就相对缺乏"东方学"的整体感和学科归属感。在当代世界学术强调科际整合、学科交叉的大潮流中,中国"东方学"的各个分支与各个方面,亟须以"东方学"这一学科范畴加以统合。

另一方面,由于历史文化的、地理的原因,中国的"东方学"的内涵与外延的界定,相比于西方的东方学和日本的东方学,也有自己的特殊性和复杂性。这种复杂性是首先是由比中国更靠东方的、位处远东地区的日本和朝鲜的空间定位所造成的。朝鲜三国时代和统一后的新罗时期,面对中国,有些文人士大夫自称为"东人"或"东方",称汉学为"西学",而将自己的学问称为"东学";日本人在18世纪就把自己的学问称为"国学",将中国的学问称为"汉学",而将西方各国的学问称为"洋学"。中国的思路也差不多,晚清以降首先引进和接受了日语中的"国学"一词,将自身的学问称为"国学",将西方的学问称为"西学",而将日本的学问称为"东学"(梁启超常用该词)即"东洋之学"。从中、日、韩这三个汉字国家关于"西学"、"东学"、"国学"三个概念的使用情况来看,三个国家的三个概念有意思一致的地方,更有歧异的地方。相比而言,西方各国和日本的"东方学"包括了汉学和"中国学",但在中国现代学术史和现代汉语的语境中,"国学"与"东学"(或"东方学")是两个不同的概念,指的是两个不同的学术领域。在严格意义上,"东方学"往往不包括"国学","国学"也不能替代"东方学",两者是各自相对独立的。一百多年来学术上的这种传承和习惯,直到今天也没有根本的改变。

要之,要在空间范围上对近代以来的中国学问加以初次切分的话,那么,中国的学问可以分为三种:第一是"国学",研究中国自身的历史文化,其核心是汉字所承载的传统文化即汉学;第二是"西学"或"西方学",以研究欧美为其任务;第三是"东方学",研究除中国以外的东方各国的学问。当然,关于中国与东方各国历史文化关系问题的研究,中国境内其他重要民族或跨境民族的历史文化的研究,还有中国境内与东西方历史文化密切关联的相关课题的研究,并且已经积淀为一个国际性学科的,如蒙学、藏学、敦煌学、丝绸之路研究等,似乎也可以划分为东方学的范畴。

在以上三种学问中,长期以来,"国学"(中学)和"西学"(西方学)是被所有人所承认的,以至于在许多中国学人的意识中,除了国学,就是西学。这种意识集中反映在"中学为体,西学为用"、"中西文化"、"中西学术"、"中西比较"等等约定俗成的词组、命题与表述中。相比之下,"东方学"这一概念却使用得不多,显得较为落寞、较为陌生。这恐怕也是盛行中国学术文化界为时已久的"中西中心主义"的一种表现。"东方学"意识的缺席,主要是因为许多学人习惯上以"中国"代"东方",认为中国的"国学"就代表了东方之学。或者至少中国的"国学"覆盖了相当一部分西方意义上的"东方学",在某些人看来,剩下的部分似乎就不那么重要了。

从学科建设和学术文化建设的角度来看,现在的当务之急,是以"东方学"这一学科概念,将已经有了丰厚积累的东方各国问题的研究,及东方研究的各个分支学科统合起来,使各分支学科突破既定学科的视阈限制,打造得以与世界"东方学"接轨的更宽阔的学问空间和学科平台,使中国的"东方学"与中国的"西方学"、"国学"三足鼎立,形成一个完整的、协调的、而不是顾此失彼或厚此薄彼的学科体系。这样,中国的"东方学"才能与21世纪中国与东方各国新型的国际关系与文化关系相适应,才能与英、法、美等发达国家的"东方学"并驾齐驱。为此,就需要在教育与教学体制上改变英语至上的做法,重视东方各国语言文化的教学,为中国的"东方学"的繁荣发展创造必要的基础和条件。

二、"东方学"与"东方观念","东方主义"与"西方主义"

在"东方学"学科建构与学科理论中,除了上述的"西学"、"国学"等学科概念外,还涉及到学科内部的相关概念,主要是"东方主义"、"东方观"

及"东方观念"等,有必要加以辨析。

在西方,那些关于东方国家的描述和议论以及在此基础上产生的思想观念,被称为"东方主义"(Orientalism);那些研究东方的学者、思想家,以东方国家为题材、对东方加以描写的作家与艺术家们,则被称为"东方主义者"(Orientalists)。的确,站在西方"主义文化"[①]的立场上,较多地关注东方、描写东方、谈论东方,就是"东方主义"或"东方主义者"。这显然是"东方主义"的原本含义,因为站在西方及"西方主义"相对立场上看,东方学们对东方世界的关注与研究,是对东方世界的弘扬,所以属于"东方主义"。这个词早在20世纪20年代,就被日本学界所使用,并且有所讨论。例如日本作家谷崎润一郎在1926年发表的系列评论《饶舌录》中,就是这样理解东方主义的。他写道:"所谓东方主义所指何物呢?……简而言之,东方式的趣味,对事物的思考方式,体质、性格……并不单单只限于文学艺术,在东方,从政治、宗教、哲学,甚至日常饮食的琐事以及衣食住行的细枝末节,毕竟存在着跟西方不同的独特事物。……用英语讲就是'Orientalism'……"他还将印度的泰戈尔和中国的辜鸿铭看成是东方主义的代表人物。[②] 谷崎润一郎及当时日本人所理解的"东方主义",应该说是"东方主义"的本义。然而,近几十年间,那些生活在西方世界特别是美国的阿拉伯裔的学者评论家们,却从中看出了相反的东西,如贾米拉的《伊斯兰与东方主义》,提巴威的《说英语的东方主义者》,希沙姆·贾依特的《欧洲与伊斯兰教》,萨义德的《东方主义》等著作,都在西方人的那些"东方主义"作品里看出了想象东方,歪曲、丑化东方,特别是歪曲、贬低阿拉伯伊斯兰文化的、反东方的,或者"非东方主义"的倾向。[③] 但他们在表述这一看法的时候,却仍然依照西方学者已有的习惯,将这些倾向称为"东方主义",直到1997年萨义德的 Orientalism 的出版,

---

[①] "主义文化"是笔者的造词。从中西比较、东西比较的角度看,不妨把西方的精神文化、思想文化看成是"主义文化",即站在某种特定的立场上,极力伸张、宣扬、并坚持某种思想主张,以追求"片面真理"为特征;东方的文化则不同,主张和谐、中庸、中道。不妨再杜撰出一个词,叫"全义",作为西方"主义"的对义词。从这个角度看,东方文化本质上是"全义文化",西方文化本质上是"主义文化"。

[②] 参见谷崎润一郎《饶舌录》第七节、第九节。中文译本见叶渭渠主编《谷崎润一郎作品集·饶舌录》,汪正球译,中国文联出版公司,2000年。

[③] 参见英国学者齐亚乌丁·萨达尔著,马雪峰、苏敏译《东方主义》第三章,吉林人民出版社,2005年。

一直都是如此。而国内一些学者也照英文直译为"东方主义",在著书作文时频频使用"东方主义"一词。于是,在汉语语境中,"东方主义"这个词,其字面含义与实际含义之间就形成了严重的悖谬。

1999年,萨义德的 *Orientalism* 一书的汉译本在海峡两岸几乎同时出版发行,中国台湾的王志弘等人的合译本(立绪出版)则直接将书名译为《东方主义》。中国大陆的王宇根的译本(三联书店版)则译为《东方学》。此后,关于"东方学"、"东方主义"的概念更多地为读者所熟悉。但现在看来,无论是将"Orientalism"这个概念翻译为"东方学"还是翻译为"东方主义",都是有问题、值得商榷的。尤其是拘泥于原文字面,机械地、不加辨析、直接翻译出来的"东方主义"一词,是不顾"主义"一词在汉语中的使用习惯和意义,读者乍一看"东方主义",顾名思义以为是主张东方的,事实却恰恰相反。这种字面上的直译貌似忠实,实则词不达意,貌合神离,徒增困惑和混乱。既然不是主张和弘扬东方,怎么能称之为"东方主义"呢?正如既然一些人不赞成马克思的思想观点,怎么能把那些人称为"马克思主义"者呢?既然不主张"民主",怎能称为"民主主义"呢?实际上,大陆译本的译者王宇根先生对书名翻译也颇感踌躇,他在译本脚注中指出:因为英文中的"Orientalism"有三个方面的含义:一种是指学科的"东方学"学科,在这个意义上应该译为"东方学",第二是指一种思维方式,第三是权力话语方式,这两种可以不加区分,译为"东方主义"。王宇根认为,"汉语无法用一个词来囊括这三种含义,译文只能采取变通的方式",而他选择的是译为"东方学",而不是"东方主义"。① 译作"东方学"比译成"东方主义"要好一些,但是,萨义德的这本书显然并不是严格意义上的西方的东方研究(东方学)的学术史著作,而是一部思想理论书,而且书中还有大量的文学作品的人物与情节的分析,因此译成"东方学"也不免有点文不称题。

众所周知,"主义"一词,是日本人对英文词缀"ism"的翻译,"主义"传到中国后,对中国现代的语言文化产生极为深远的影响,与此同时,"主义"这个词在汉语中,其词性已经发生了变化,它既可以像英文的"ism"那样作为接尾词,也可以成为一个独立的名词来使用,如五四时期胡适提出的著名的主张"多研究点问题,少谈点主义",这里的"主义"就是作为独立的名词来使用的。同时,在汉语的语境中,"主义"作为结尾词,其含义是

---

① 爱德华·W.萨义德著,王宇根译《东方学》第3页,北京:三联书店,1999年。

正面的、肯定的。凡主张一种观点、推崇一种学说、肯定一种制度，便称之为"某某主义"。"主义"是一种主张、一种理念。例如"霸权主义"是对霸权的主张，"个人主义"是对个人权力和利益的诉求，"自由主义"是主张自由的，"资本主义"是主张资本利润与自由市场的。以此逻辑，"东方主义"也应该是主张东方的，是对东方的正面肯定、弘扬与坚持。但是事实上，"东方主义"指的却是西方人站在自身文化价值观立场，乃至殖民主义、帝国主义立场上对东方形成的一系列浪漫化的想象和一整套的观念、看法。在特定条件和特定语境下，这些想象、观念和看法中，也含有一些本来意义上的"东方主义"——肯定和弘扬东方——的倾向，但总体上却不是"主张"东方，而是对东方文明与东方社会做出的否定性评价，是把东方"他者化"，把东方作为西方文明优越的一种反衬，从而具有"西方中心论"——可以称之为"西方主义"的——"反东方主义"的倾向。因此，无论是从汉语中"主义"一词的约定俗成的词义，还是从上千年西方人的东方观、东方观念来看，用"东方主义"这一概念来指称西方人的东方观，都是错位的、乖戾的，甚至是悖谬的。就萨义德的 *Orientalism* 一书的中心主题而言，作者所评述的显然不是西方的"东方学"研究（Oriental studies）史，而是西方人的东方观念，是西方人为了与自身对照，在关于东方的有限知识基础上，站在自身文化立场上形成的对于东方世界的一种主观性印象、判断与成见；实际上，萨义德所描述和着力批判的，是西方关于东方的话语中那些"西方主义"，或者说是"反东方主义"的观念与倾向，而不是"东方主义"的倾向，准确地说，是西方人的"东方观"，是西方人关于东方的观念。这样说来，综合萨义德的全书基本内容，把"Orientalism"译为"东方观念"或"东方观"也许更为合适。

这里我要说的，重点不是萨义德那本书的译名问题，而是因为这里涉及到了"东方学"研究中几个重要问题——"东方学"到底是什么？"东方学"与"东方研究"是什么关系？"东方学"与"东方主义"、与"东方观"或"东方观念"是什么关系？既然有了所谓"东方主义"倾向，那么有没有与之相对的"西方主义"？如果有，那么应该怎样看待东方学中的"东方主义"和"西方主义"两种对立的思维倾向，要回答这些问题，就需要对这几个重要概念加以辨析。

首先，是"东方学"与"东方观念"（东方观）两者之间的关系。

"东方学"与"东方观"、"东方观念"之间，具有相当的联系性，又有很大的区别。区别在于，"东方学"是一个学科概念，"东方观念"是一种思想概念。"东方学"与"东方观念"之间的关系,是学术研究、学科与思想形态之间的关系。作为一门科学研究的东方学学科,强调的是对某些具体问题、具体领域的深入研究,注重的是研究的实证性、客观性和科学性。例如,十八九世纪的英国的威廉·琼斯,法国的商博良、安迪格尔、德·萨西,德国的马克思·韦伯等人,他们都是严格意义上的东方学家,分别对东方语言、东方文学、东方宗教、东方历史文化等做过专门的、深入系统的开创性研究,在此基础上形成了自己系统的东方观或东方观念。

另一方面,对于一些思想家、评论家、旅行家、宗教家而言,他可能没有专门的东方学研究实践,但总是要发表他对人类、世界——包括东方世界和西方世界——的评论,在构架其思想理论体系时将东方世界纳入视野,并提出了自己关于东方的看法,这就形成了他们的"东方观"。这样一来,"东方观"或"东方观念"就呈现出了复杂的形态。有时表现为以东方研究为基础的较为客观科学的形态。有时则是一种在他人的东方学研究的基础上,所发表的对东方问题的评论观点和看法,有时则是与科学的东方学研究无关的关于东方的想象、成见乃至偏见,有时则是这几种情况的复杂交错的状态。

更进一步加以区别的话,"东方观"与"东方观念"也有不同,"东方观"是零碎的、片断的、个别的,而"东方观念"则有一定的系统性、普遍性。当"东方观"积累到一定程度、形成了一套固定的、流行的或主流的看法之后,便发展到了"东方观念"。在西方思想史上,爱尔维修、布朗热、孟德斯鸠的"东方专制主义"论,黑格尔的审美三形态论、"主观精神、客观精神、世界精神"论,马克思"亚细亚生产"方式论,美国学者魏特夫的东方专制主义与治水理论等,都形成了系统的东方观念。"东方观念"一旦形成,也会对"东方学"研究产生持续不断的影响,长期以来西方主流"东方学"渗透着的根深蒂固的"东方观念",表现出来的"西方主义"偏见,就是很好的例证。

因而,在"东方学"的理论建构中,应该认真清理"东方学"与"东方观"、"东方观念"之间的关系。这样才能对"东方学"的内涵和外延做出明确的界定。广义上的东方学史或东方研究史,当然应该分析评述东方学家的"东方观"或"东方观念"史,但是,非东方学家的"东方观"和"东方观念"只能是背景性、附属性的。在严格的学术层面上,东方学史应该是东方研究的学科史和学术史,它与作为思想史的"东方观念史"是有区别的。相应地,"东方学"的历史与"东方观"的历史,在写作上也应属于两种不同的学术理路，前者属于学术史的范畴，后者属于思想史的范畴。例如，我们要对马克思及马克思主义（包括马克思、恩格斯、列宁、斯大林）关于东方的思想观点加以研究，准确地应该表述为"马克思主义东方观"；[①]当我们在构架《东方学概论》[②]之类的概论性著作的时候，应该将西方国家、东方国家的东方学研究成果作为基本材料，对东方学家的学术成果做出全面评述，同时，根据研究的需要，也可以把那些非东方学家的东方观包括进来，但是那应该是次要的。

其次，是"东方主义"与"西方主义"之间的关系。

在学术文化的层面上，既然有"东方主义"，那么与之相对的也应该有"西方主义"，事实也是如此。因而我们不妨用"东方主义"与"西方主义"这两个词来概括学术研究与思想建构中的两大文化立场之间的分野。在东、西方相对的意义上，对东方历史文化的价值加以弘扬和主张的，我们可以称之为"东方主义"，反之则是"西方主义"。

从欧洲思想史上看，"东方主义"是西方人为了自身的文化批判与反思，作为一种策略而形成对东方的褒扬性的主张。"东方主义"作为一种小小的思潮，盛行于17—18世纪，主要代表人物一般认为有法国的伏尔泰、德国的莱布尼兹等。在东方也有"东方主义"，是近代以来为了对抗西方文化的侵入、疗救西方文化的弊病而产生的思想主张甚至思潮，一般表现为各自的民族主义，如印度的民族主义、阿拉伯民族主义、土耳其民族主义、日本民族主义等，其思想资源与理论武器则是肯定并试图复兴民族历史文化的传统主义。但也有一些视野更为开阔的东方民族主义者，着眼于整个东西方，提出了鲜明的"东方主义"主张。在东方国家的"东方主义"思潮中，最有代表性、最有影响的是印度的泰戈尔的"东方文化"与"东方文明"论，中国的孙中山一度提倡的"大亚细亚主义"，日本近代政论家

[①] 谢霖 著，以研究马克思东方观为主题《东方社会之路》（中国社会科学出版社，1992年）一书，将马克思的东方观表述为"马克思关于东方社会非资本主义发展的理论"；吴泽著《东方社会经济形态史论》（上海人民出版社，1993年）一书，较早将马克思主义的东方观表述为"马克思主义东方学"；俞良早著《马克思主义东方学》（人民出版社出版，2011年）一书，进一步表述为"马克思主义东方学"，似乎都是在"学说"（理论）的意义上使用"学"这一概念的。

[②] 上海财经大学文学院历史系主编的《亚洲与东方学概论》（上海财经大学出版社，2011年）一书，是目前仅见的"东方学概论"性质的著作，但对中国的东方学问题几乎没有涉及。该书共有六章：第一章《经典与亚洲》，评述伏尔泰、孟德斯鸠、黑格尔的亚洲观，第二章《东方社会理论》，评述马克思的东方观，第三章《韦伯理论与文化东亚》，评述韦伯的东方研究，第四至第六章论述亚洲各主要国家现实问题和未来发展。

提出的"大亚细亚主义"论,日本学者冈仓天心提出的"亚洲是一个整体"论,日本现代作家谷崎润一郎在有关作品中对东方文化(中国与日本的文化)的赞美论,中国的梁漱溟、杜亚泉为代表的"东方文化"肯定论,日本的佛教思想家池田大作、梅原猛提出的东方佛教文化论,20世纪80年代后东方学家季羡林提出的东西方文化"三十年河东、三十年河西"论以及"21世纪是东方文化的世纪"的论断,等等。

"西方主义"是在东方与西方的对比中,对西方文化价值的一种弘扬与主张,也就是萨义德在《东方观念》中所着重列举和批判的那种倾向,因为西方主义是在西方文化的强势背景下提出来的,故而通常又被称为"殖民主义"、"文化帝国主义"等。在欧洲思想史上,孟德斯鸠、黑格尔等等,都是典型的"西方主义"论者。而在东方各国,也普遍存在着"西方主义者",那就是各国的"全盘西化"派,如日本的福泽谕吉、中国的胡适、陈序经等,多产生于传统文化向近代文化的转型时期,至今仍有相当的势力。

无论对"东方主义"、"西方主义"怎么看,在具体的东方学研究中,"东方主义"与"西方主义"都是摆脱不掉的观念与意识。历史上的东方学研究是如此,今后的东方学研究恐怕还是如此。假如我们都是不分东方与西方的绝对的"世界主义"者(这样的人事实上似乎并不存在),那我们也就不必去从事"东方学"的研究了。任何一个"东方学"研究者,当他的研究达到了一定高度之后,必然会对东方文化做出自己的审美判断和价值判断,这就势必或多或少地、或直接或间接地体现出"东方主义"或"西方主义"倾向。这样的东方学研究不仅制造并提供着相关的知识,也不断地为思想史的发展和更新提供动力和资源。因而,在某种意义上可以说,"东方主义"与"西方主义"的相对存在,是"东方学"赖以存在的一种思想前提。两者的对立一旦消除,"东方学"的存在就失去了动力和依托。两者的对立所造成的张力,又促使东、西方不断融合,推动着全球化、世界化的进程。因此,在构架"东方学"的学科概论时,应该把"东方主义"、"西方主义"作为一对核心概念来处理;在研究以往的东方学学术历史的时候,在评价一个东方学家的思想观点的时候,"东方主义"、"西方主义"也是一个不可忽视的切入点和重要的视角。应该注意对研究者的"东方主义"或"西方主义"倾向加以分析研究,这里既涉及到研究者的研究动机和研究宗旨,也涉及到研究者的思想倾向、文化倾向,更涉及到他的研究结论。在研究那些思想含量较大的东方学者时,注意到这一点尤其重要。

三、东方学的方法

　　对学术研究而言,所谓研究方法,不仅是具体可操作的行为规则,也是一种基本思路。任何学科都有自己的研究方法,"东方学"作为一门学科,当然也不例外。但东方学作为一个学科,在研究对象、研究目的上又具有自己的规定性,因而方法论上也应该有自己的某些特殊性。而且在东方学的不同的历史阶段,研究方法也应该有所变化。当"东方学"这门学科在19世纪的英、法等国开始兴起的时候,所采用的主要是考古学、民俗学、语言学三种基本方法。地下考古发掘解决的是包括古代遗址、各种文物在内的物质层面上的东方学资料问题;民俗学的方法主要是通过田野作业,深入某种文化的基层,对地上文物、对相关的人与事加以采访调查和收集资料;语言学的方法要解决的则是文献的识别、阅读和翻译问题,它与比较故事学的研究一道,直接导致了欧洲比较语言学学科及研究方法的诞生。欧洲东方学家们的考古学、民俗学和语言学的方法,为东方学的研究开辟了道路、奠定了基础,也在一定程度上对中国现代学术有相当的启发。王国维提出的地上文物与地下文物相互印证的二重证据法,就与东方学的研究方法密切相关。

　　但是,我们今天的东方学研究,与19世纪的东方学,其历史阶段、学术环境和研究宗旨都发生了很大变化。例如,就古代东方研究而言,大规模的考古发掘的时代似乎已经过去,而且考古发掘涉及到国家主权,不能像19世纪的西方列强的考古学家那样随便闯入。中国的东方学家所能做的,就是关注相关国家考古发掘的最新成果。另一方面,古代东方语言识读的基本问题大部分也已经解决,我们要做的是如何将相关文字材料译成中文。所有这些,都决定了今天中国东方学的研究方法不同于欧洲古典东方学的研究方法。事实上,最近几十年来的中国几位有成就的东方学家,如季羡林、饶宗颐等的研究,已经为中国东方学的研究方法做了很好的示范,对此加以总结和发挥,就可以解决今天的东方学方法及方法论问题。

　　我认为,中国的东方学研究,应该采用三种基本方法,第一是翻译学的方法;第二是比较研究的方法;第三是区域整合和体系建构的方法。

　　先说翻译学的方法。

　　翻译学的方法是东方学研究的基本方法,也是东方学研究的基础性工作。中国的东方学属于中国的学术,所有其它国家的文字材料,都必须首先转化为中文,才有可能在汉语语境及中国学术文化的平台上进行。对于东方古代文献而言,翻译不仅仅是一个语言文字的转换问题,翻译本身就是一种研究,这是古典文献、古典作品翻译的一个显著特点。由于古典文献作为一个国家、一个民族历史文化的浓缩和积淀,蕴含了多侧面的丰富知识与思想信息,翻译古典文献不仅仅是一个语言转换的过程,也是翻译家站在自身的文化的立场上,去理解、探究、阐释对象文化的过程,这个过程本身也就是一个研究的过程。这一点应该为更多的学生、学者所体会、所认识。纵观中外东方学研究的历史,有成就的东方学家首先是古典文献及古典文学的翻译家,例如,英国及欧洲东方学的奠基者威廉·琼斯一生的学术活动,都把古代东方作品翻译成英文作为主要事业。他翻译了印度的梵语文学经典《沙恭达罗》《牧童歌》《嘉言集》,翻译了波斯诗人菲尔多西的长篇史诗《列王纪》、涅扎米的长篇叙事诗《蕾丽与马杰农》和《秘密宝库》以及哈菲兹的抒情诗,翻译了古代阿拉伯的《悬诗》,还翻译了中国《诗经》中的有关诗篇。琼斯对古代印度、波斯、阿拉伯的评论与研究,都是建立在这些翻译之上的,这些翻译为英国的印度学、波斯学、阿拉伯学奠定了基础。同样的,在中国,从汉末六朝到唐代的持续不断的佛经翻译,也为中国现代的印度学、中亚学奠定了基础。到了20世纪,季羡林对《罗摩衍那》《沙恭达罗》的翻译,徐梵澄对《奥义书》和《薄伽梵歌》的翻译,金克木、黄宝生等对印度古典诗学与文论,对《摩诃婆罗多》的翻译,纳训对阿拉伯《一千零一夜》的翻译,张鸿年等波斯学家对《列王记》等波斯古典诗歌的翻译,饶宗颐对"近东开辟史诗"的翻译,周作人对《古事记》及江户文学的翻译,钱稻孙、杨烈、李芒、赵乐甡对《万叶集》的翻译,丰子恺、林文月对《源氏物语》等物语文学的翻译,都是中国东方学的宝贵成果,都具有重大的学术价值。这些东方学家用了大量的心血和时间从事翻译工作,这不仅为他们个人的学术研究奠定了坚实基础,也使东方各国的古典文献作品突破了语言壁垒而进入汉语语境、进入了更大的"东方学"的学术平台。可以说,没有翻译,就没有"东方学"的形成。不过,语言的世界就像一个无边无际的宇宙,真正掌握一门语言是很困难的,任何东方学家都不可能"掌握"很多东方语言,通常只能精通是某一两个国家、两三种外国语言。至于有媒体记者出于渲染一些学者"精通"多种乃至十几种语言,则是宣传炒作,是不可信的。在这种情况下,东方学者除了自己的专攻之外,要对其他东方国家有所了解,自然就需要借助翻译。没有翻译,只能是各自为政的国别研究,而不会出现真正的东方学。

到现在为止,东方古典文献及古典作品的汉语翻译,已经取得了相当的成就,最重要的文献大部分都已经有了中译本。这是否意味着翻译及翻译学的方法在今后的东方学研究中就不是那么重要了呢?答案是否定的。一方面,古典作品的翻译只有一种译本往往是不够的,首译本具有开创性,在翻译史上具有无可替代的地位,但恰恰因为它是第一次翻译,就可能存在种种缺憾,因而出现能够超越首译本的译本,是必要的和值得期待的。另一方面,东方各国没有汉译本的古典作品尚有很多,例如,印度现存十八部"往世书"至今仍然没有汉译本,各种古代民间故事集也缺乏全译本。阿拉伯的古典诗学及文学批评据说很发达,但是至今只有区区三四万字的翻译。日本出版的各种《日本古典文学大系》是选本,尚且有上百卷之多,我们仅仅译出了其中的小部分。古代中东、东南亚各国的翻译情况也是如此。因此,在今后相当长的时期内,翻译仍然是东方学的基础,也是东方学的不可绕过、不可回避的基本途径和方法。但是,需要强调的是,当我们强调的是"作为东方学之方法的翻译"的时候,那么翻译在很大程度上就是途径和手段。对于一个学者而言,翻译是研究的基础,建立在亲手翻译基础之上的研究,是最为可靠的,也是最值得人们信赖的。但是假如一个学者只做翻译而很少做研究,那就令人遗憾了。

第二,是比较研究的方法。

比较研究是所有现代科学和学科都通用的方法,但对东方学来说,比较研究不是一般意义的比较,而是跨文化的比较,亦即比较文学的、比较文化的方法。为什么东方学特别需要这样的比较方法呢?因为我们作为中国学者,在研究印度学、日本学等属于东方学的学术课题的时候,我们面对的是异文化,这就在外国文化与我们自身文化之间,形成了一种二元关系,形成了一种可资比较的条件。在这种情况下,比较的意识、比较的研究几乎是不可避免、自然而然发生的。中国的东方学家面对一个跨文化课题的时候,必然会将中国人的文化立场、学术背景、思维习惯带进来。在有些情况下,这可能会成为研究的一种阻隔,但更多情况下可以转化为研究特色,乃至可以转化为一种优势。有了一定的阻隔、距离和差异,就会一能够形成一种张力,可以促使可以从我们的角度看出对象国的研究者所习焉不察的东西,这就形成了一种比较。比较的方法实际上就是一种异中求同、同中求异的方法。就是在这种同与异的复杂矛盾运动中,寻求表层和深层的联系性,由此,新的学术发现、新的思想建构才能发生。

因而,对东方学研究而言,比较方法的使用越自觉越好。自觉地使用比较的方法,可以避免因随意地、不自觉的比较所造成的浅尝辄止的弊病。

看看中外东方学的历史,那些东方学大家,无一例论都是比较研究的专家,他们的学术发现更多地依赖于比较。例如,正是运用了比较语言学的方法,琼斯发现了印欧各民族语言之间的深刻广泛的联系;正是运用了比较文学的方法,琼斯发现东方各民族诗歌的某些共通性、以及东方诗歌与西方诗歌的联系与差异性。对此,于俊青博士在题为《东方的发现——威廉·琼斯与东方学的兴起》博士论文中指出:"琼斯似乎天生有一种比较的欲望。在琼斯的论著中,我们很容易就会找到他对拉比德的悬诗与维吉尔的《亚里克西丝》、哈菲兹与阿那克里翁、菲尔多西与维吉尔、《列王纪》与《伊利亚特》、波斯嘎扎勒诗体与欧洲十四行诗、印度史诗与荷马史诗、《沙恭达罗》与莎士比亚戏剧等等的大量类比。"①中国的东方学家也是如此。比较就要有比较的资本,中国东方学的比较的资本首先是国学。没有国学的底蕴和修养,没有对国学的某一领域、某些课题的深入了解和研究,就不可能展开有效的比较研究,比较方法的运用就无从谈起。事实上,每一个好的东方学家,几乎都是一个优秀的国学家。上文提到的季羡林、饶宗颐、王晓平等东方学家中,几乎全部可以称为国学家。比较方法的运用,会打通国学与东方学。

近三十多年来,由于比较方法在东方中的大量运用,研究成果大量出现,实际上形成了一个独特的研究领域、研究方向,可以称之为"比较东方学",是东方学的一个重要的分支学科。"比较东方学"中最突出的是中日比较、中印比较、中韩/中朝比较等。可以预料,"比较东方学"今后还将有更为广阔的研究前景。

第三,是区域整合、体系构建的方法。

"东方学"本身是一个整合性的概念,它是由东方各国的国别研究组成的,是以各国别、各语种的研究为基础的。因而东方学分支学科较多,学科领域很庞大、很庞杂。从实践上说,除了特殊时代极个别的天才人物,像威廉·琼斯那样的人,没有面面俱到的"东方学家",也没有人是所有的分支学科的行家里手。但是"东方学"并非要求一个学者全面而又深入地研究东方各国的历史文化问题,而是要具备"东方学"的学科意识、学

---

① 于俊青:《东方的发现——威廉·琼斯与东方学的兴起》,北京师范大学博士论文,2010年,第102页。

术眼光以及必要的学术修养。要求在从事东方学的某一分支学科研究的时候,不能只是孤立地就事论事。例如,研究印度问题,必然与东南亚问题、中国问题联系在一起;研究日本问题,也必然与中国问题、朝鲜问题,乃至印度佛教等问题联系起来;研究阿拉伯—伊斯兰问题,必然与东南亚海岛各国问题、中国回族与西北部历史文化问题联系起来;研究中国的藏学、敦煌学,也必然与印度研究、西域研究联系在一起等等。更有一些问题本身是跨国界的,因而必须使用"区域整合"研究方法,例如季羡林先生的《糖史》以及他对造纸术、丝绸及其文化传播问题的研究,王晓平先生的《佛典·志怪·物语》这样的选题,都必须突破国别研究的孤立性和局限性,寻求区域的相关性和联系性。这种国际跨界、区域整合的方法是一种以揭示"传播—影响—接受"为主要宗旨的历史文献学的方法,它主要依赖于历史实证、典籍考据、文献解读等手段。

　　如果说"区域整合"是以揭示研究对象之间的事实联系为目的,那么"体系构建"则是一种理论构拟的方法,就是要在某些研究对象之间建构一种超越事实之上的精神联系,从而产生出含有思想素质的新的知识形态。对于东方学研究而言,这一点尤其重要。凡是以"东方"为定语的各学科的研究,例如"东方历史"、"东方宗教"、"东方哲学"、"东方美学"、"东方文学"、"东方艺术学"等,都需要有体系的构建。以"东方文学"的研究为例,东方各国文学之间是有着深刻历史联系的,因此研究东方文学就必须采取国际越界的方法,揭示他们之间的事实上的传播与影响的关系。但是仅此还不够,还要在更高的层面上为东方文学构拟出一个理论体系。这个体系固然必须建立必须在历史事实基础上,但同时它主要是逻辑的、是思想的产物,因而是"超事实"的,并非纯客观的东西,是作者对研究对象的整理、提炼、综括和诠释,因而带有"理论构拟"的性质。再以"东方美学"的研究为例,倘若只是把东方各国的审美意识、审美思想评述出来,那是远远不够的。既然称为"东方美学",就不能仅仅是东方各国美学的简单相加,否则只写国别美学史就够了;而且既然称为"美学",就不能把东方美学史写成"审美意识史",要发现和提炼一系列概念、范畴,要为东方美学建立起理论体系或理论谱系来。这种理论体系并不是已然存在着的事实,而是需要研究者去发现、整理、去阐发、去构建的。通过这样的研究方法,我们就不但揭示出"东方美学"是什么,而且还会在东方美学中添加什么。学术文化、思想成果也就是这样逐渐增值、逐渐累积的。

上文对世界"东方学"特别中国"东方学"的来龙去脉及相关的理论问题做了分析,对东方学学科的内涵做了进一步界定,对相关的概念做了清理、辨析,对研究方法做了提炼和总结。这些都可以说明,"东方学"是一个世界性的综合性学科,中国的东方学已经有了相当丰厚的历史积累,东方学的各分支学科亟待由"东方学"这一综合性的学科概念统括起来,否则就会影响与世界"东方学"的学术接轨。然而,目前在我国官方的颁布的各类学科目录中却没有反映出这一学科的现实存在。因而,强化"东方学"的学科概念,并在学科体制划分上给"东方学"以应有的位置,是今后我国学术文化发展的客观的必然要求。从东方文学的角度而言,若"东方学"实现了学科化和体制化,则可以为我国的"东方文学"这一分支学科进一步繁荣发展,找到另一个坚实的依托。

阿拉伯伊斯兰与东方学[①]

蔡伟良

【作者简介】 蔡伟良,上海外国语大学教授、博导。中国阿拉伯文学研究会会长、教育部全国高校外语专业教学指导委员会阿拉伯语专业分指导委员会副主任委员。

概念问题:"阿拉伯伊斯兰"的概念比较明确,即"阿拉伯"可以是"阿拉伯人"的概念,也可以理解为"阿拉伯地区"这一地理概念。而"伊斯兰",就是指伊斯兰教。从文化角度来讲,由此引申出的就是属于这一地区、具有"伊斯兰"色彩的文化,那就是"阿拉伯伊斯兰文化"。

那么"东方学"又是指什么呢?简单地说,东方学是指西方对东方(近东、中东、远东)语言、社会文化以及各人文学科的研究。

东方学,或由此引申开的被广为袭用的所谓"东方主义"实际上就是西方人站在欧洲这一位置上,视东方为异己的一种对东方的"他者"思维,是西方对东方的一种解读。

显然,东方学的解读对象是泛指整个东方的,其中包括阿拉伯地区、印度及南亚次大陆,也包括中国、日本以及东北亚地区。

由于东方学是基于欧洲为中心而存在的一门学科,因此,作为这门学科的价值取向、对他者——东方的评判也是基于以基督教为核心的西方准尺的。上述三个属于东方范畴的区域,就其宗教属性而言,分别属于有别于基督教的伊斯兰教、佛教和儒教(西方学者如此称呼)。在这儿我们不涉及广义范畴的东方学,而仅探讨针对阿拉伯伊斯兰地区而言的东方学研究。

鉴于上述的概念,阿拉伯伊斯兰就和东方学之间构成了"事实"和"被

[①] 本文内容是作者应邀于2013年11月22日在"东方学研究方法论"项目组举办的"专家讲坛"所做的讲座,其中有关东方学部分已在《阿拉伯世界研究》2013年第2期发表。

研究"的关系。

"事实"是客观存在,而"研究"可以是"对事实的正确分析",也可以是"对事实的刻意曲解",当然也可以是"因为不理解而误读"。

一、伊斯兰文化的萌芽与发展

中国当代文化泰斗、北京大学著名教授季羡林先生曾经对人类文化的体系有过精辟的论断,他说"据我个人的分发,纷纭复杂的文化,根据其共同之点,其可分为四个体系:中国文化体系、印度文化体系、阿拉伯伊斯兰文化体系、自古希腊、罗马一直到今天欧美的文化体系。再扩而大之,全人类文化又可以分为两大文化体系:前三者共同组成东方文化体系,后一者为西方文化体系。人类并没有创造出第三个大文化体系。"[①]显然季老这是从地域概念出发对人类文化进行的一种分类。若从宗教角度来看,实际上所谓的中国文化体系就是儒教文化,印度文化体系就是佛教文化,阿拉伯伊斯兰文化体系则以伊斯兰教为主,而所谓的西方文化体系就是基督教文化体系。

伊斯兰文化,顾名思义也是一种以宗教为核心的文化,或者说它是由信仰伊斯兰教的信徒穆斯林创造的一种文化。

要了解伊斯兰文化就必须从宗教入手,因为伊斯兰文化是伴随着伊斯兰教的产生而萌芽,并随着伊斯兰教的不断对外传播而发展,乃至臻至完美的。

伊斯兰教产生于公元7世纪上半叶。随着伊斯兰教的产生,伊斯兰教的信仰深入人心,至公元8世纪中叶,阿拉伯穆斯林在巴格达建立阿拔斯王朝起,阿拉伯伊斯兰文化进入了快速发展阶段,历史上称阿拔斯王朝为"阿拉伯伊斯兰文化发展的黄金时期"(中国史书上所谓的黑衣大食就是指这一时期,白衣大食指倭马亚王朝)。在阿拉伯伊斯兰文化发展顶峰时期的巴格达在当时来说,是继中国长安之后又一个世界性都市。

顶峰时期的阿拉伯伊斯兰文化的标志,或者说它的"物化现象"主要有:科技方面——医学、药物学、化学、数学、天文学;在哲学和伦理方面,在音乐方面,在建筑方面,在文学方面等等,都取得了令人瞩目的成果。

[①] 季羡林主编,郭应德:《东方文化集成——中阿关系史》,北京:经济日报出版社,2001年,第5页。

应该承认，无论是自然科学领域，还是人文科学领域，在阿拉伯伊斯兰文化发展过程中，尤其是在其发展的初期，都曾受到过来自希腊、罗马，以及波斯、印度文化的影响。而这一影响的实现主要是通过公元8—10世纪时期闻名于世的阿拉伯翻译运动。在近150年的时间内，他们将几乎能得到的希腊、罗马、波斯、印度的科技文献、著作尽可能地翻译成阿拉伯文。通过翻译，他们接触到了各类新颖的科学以及相关知识，从而为自己奠定了自然科学发展的基础，构建起了具有阿拉伯伊斯兰特色的各门学科体系，并获得累累硕果，在一些领域甚至属于世界领先。[①]

1. 医学方面

在古代希腊、印度医学理论的基础上建立起来的阿拉伯伊斯兰医学体系至公元11世纪时臻至完善，其标志就是艾布·伯克尔·拉齐（公元850—932年）的医学专著《医学集成》（此人被欧洲学术界称为阿拉伯的盖仑）和阿拉伯医学之父——伊本·西拿（公元980—1038年）的不朽巨著《医典》。

阿拉伯穆斯林医学家中对中西方影响较大的有：

（1）艾布·伯克尔·拉齐，欧洲人称其为拉齐斯（Rhazez），他的名著《医学集成》于1279年被译成拉丁文。从1486年—1524年共再版5次，是当时欧洲各国大学医学专业的最受欢迎的教科书。他的《天花与麻疹》1565年被译成拉丁文后又被译成英文，至1866年共再版了40次。

（2）伊本·西拿，欧洲人称他为阿维森纳。他的名著《医典》是一部系统的医学百科全书，从12世纪起一直到17世纪，这本著作一直被看成是西方医学的指南，1473年被译成拉丁文，在其后的30年内共再版15次。

（3）宰赫拉维，他的代表作《医学宝鉴》被译成拉丁文后，分别于1497年、1541年、1778年以不同的版本在威尼斯、巴塞尔和牛津出版。《医学宝鉴》一书奠定了欧洲外科学的基础，西方国家视其为最宝贵的外科经典著作，它作为欧洲外科学的主要教科书长达500年之久。

（4）中国元代流行的《回回药方》（现藏国家图书馆善本书库）可能就是被元代医学界称为《忒毕医经十三步》的《医典》的中文节译本。

---

① 有关阿拉伯伊斯兰文化方面的资料主要参见蔡伟良著《灿烂的阿拔斯文化》，上海外语教育出版社，1997年。

这些医学著作在欧洲及中国等地区的广泛流传，足以证明，以伊本·西拿为代表的中世纪阿拉伯伊斯兰医学之先进。

2．数学方面

主要包括算术、代数、几何等。

首先谈谈数字的问题。世界上记数法的形成可分为两大阶段，即以字母表示数字，如公元12世纪以前盛行于欧洲的罗马记数法就是字母记数法之一种，"Ⅰ"代表1，"Ⅴ"代表5，"Ⅹ"代表10，显然这种记数法是相当落后的，根本不利于计算。于是就出现了数码符号（据说是由印度人发明）。这一符号形式传到阿拉伯后，在应用的过程中经修正变成两大数码体系，一种称为"印度数码"，它主要流行于巴格达及阿拉伯帝国东部各地区，也就是现在阿拉伯人所用的数码形式"٠١٢٣٤٥٦٧٨٩"；另一种体系称为"尘土数码"，主要流行于阿拉伯帝国的西部地区及安达卢西亚地区，其形式是建立在"角"的基础上的，这一数码体系后经安达卢西亚传入欧洲，被欧洲人称为"阿拉伯数字"，代替了罗马记数法，并一直沿用至今。由此可见阿拉伯穆斯林对西方数字发展所起的重要作用。

在向西方介绍阿拉伯、印度数码方面贡献最大的，是公元9世纪中亚花剌子密地区人穆罕默德·本·穆萨·花剌子密，他是当时整个阿拉伯帝国境内最负盛名的数学家，他有一本著作叫《花剌子密书》被译成拉丁文之后，在欧洲得到广泛传播，并对欧洲学术界产生巨大影响。

3．天文学方面

阿拉伯的天文学曾经在中世纪领先于世界，这一时期的阿拉伯穆斯林天文学家不仅仅注重天文学理论方面的研究，而且还更加注重实际的运用，如天文星表的制作、子午线的测定、地球圆周率的计算等。同时，为了便于对天体的观察，他们还建立了一批天文观察台。

通过对天体的慎密观察，并受印度、希腊天文学理论的影响和启发，较为完整的阿拉伯天文学体系形成了，这一体系的理论支柱就是，得到世界公认的阿拔斯王朝四位杰出天文学家所著的四部天文学专著：阿尔·法甘尼的《天文学基础》、巴塔尼的《论星的科学》、阿尔·苏菲的《恒星图象》和比鲁尼的《麦斯欧迪天文学和占星术原理》。

4. 音乐方面

阿拉伯伊斯兰音乐对中世纪时期的欧洲和东方的印度、中国都曾产生过深远的影响。

阿拉伯伊斯兰音乐主要是通过北非和西班牙传入欧洲的,而乐器可视为阿拉伯音乐传入欧洲的先行军。有学者考证,阿拉伯伊斯兰音乐对中世纪欧洲音乐的影响,除了人们一致公认的乐器影响以外,对欧洲的记谱法、DoReMi 唱法,以及多声部形成等方面均产生过很大的影响。乃至,当代西方一位名叫阿瑟·摩尔德的音乐史家不无感叹地如此说:"欧洲受阿拉伯音乐的影响比受任何一个东方国家的音乐影响都深。"

在东方国家中直接受到阿拉伯伊斯兰音乐影响的地区主要是印度的北部、中亚以及中国。可以断定,沟通欧亚非三洲经济、文化联系的丝绸之路是阿拉伯伊斯兰音乐东进的主要渠道。

中国盛唐时期,长安乃至中城(指洛阳等地)一带胡乐、胡舞盛行,所谓"胡乐"、"胡舞"就是指西亚的波斯、阿拉伯歌舞。中国唐代三大诗人之一白居易也曾对"胡舞""胡乐"有过精彩的描写,诗中所云:"胡旋女,心应弦,手应鼓,弦鼓一声双袖举,回望飘飘转蓬舞",足以证明胡舞在当时是相当流行的。中国盛唐以后至宋末与阿拉伯的阿拔斯王朝同期,此时中、阿之间政治、军事、经济、文化的交流已有一定规模。随着这种交流的日益频繁,阿拉伯伊斯兰音乐流传至中国也是在情理之中的。

唐宋时期流入中国的阿拉伯乐器主要有火不思、胡琴和琵琶。此后传入中国的阿拉伯乐器还有管风琴、唢呐、卡龙、扬琴等。

火不思是阿拉伯语 القوبوز 一词的译音,火不思是起源于土耳其的双重五弦乐器,流入中国后经改良成张三弦的乐器。

胡琴意即来自西域的琴,可视为是阿拉伯拉弦乐器拉巴布在中国的别称。

琵琶传入中国的年代比较早。本作"批把",汉朝刘熙在《释名·释乐器》中曰:"批把本出胡中,马上所鼓也。推手前曰批,引手却曰把,因以为名也。"秦时琵琶称"弦鼗"。南北朝时又有曲项琵琶传入,据考证曲项琵琶就是阿拉伯乌德的前身比尔巴德,到隋唐年间,琵琶在中国乐坛盛极一时。琵琶来自"胡"业已定论,但得名"琵琶"似与阿拉伯语 الربط 的音译转换有关系,这是有待进一步考证的。

至于唐朝以后传入中国的阿拉伯乐器,则是比较多的,据史料记载,在中国被称为兴隆笙或殿庭笙的管风琴الأرغن、唢呐、الصورناى、卡龙القانون是在元朝传入中国的;扬琴阿语称السنتور明朝传入中国。而新疆维吾尔族人所用卡尔纳依الناى、西塔尔、热瓦甫الرباب、达甫الدف、冬不拉الطنبور则在清朝之前业已流行。

总之,阿拉伯伊斯兰音乐经过倭马亚王朝时期的初级阶段,和阿拔斯王朝时期数百年的发展,在公元1258年阿拔斯王朝覆没之前其风格已经基本确立,其理论也已基本成熟。无论是以欧洲为中心的西方音乐,还是以中国、印度为主体的东方音乐都和阿拉伯伊斯兰音乐有着千丝万缕的联系。因此,似乎可以这么说,阿拉伯伊斯兰音乐早在中世纪时期就已经具有了世界性意义,它在世界音乐发展史上所起的作用是不可低估的。

5. 哲学方面

恩格斯说:"在罗曼语诸民族那里,一种从阿拉伯人那里吸收过来并从新发现的希腊哲学家那里得到营养的自由思想,越来越根深蒂固,为18世纪的唯物主义做了准备。"恩格斯所说的这种来自阿拉伯的自由思想就是阿拉伯伊斯兰哲学。

伊斯兰哲学作为世界哲学园内一个独立的体系,从萌芽到臻至完善历经七百余年,而在公元8世纪至13世纪的阿拔斯王朝期间,正是伊斯兰哲学思想萌芽、发展的黄金时期。阿拉伯伊斯兰哲学的特点似可归纳为四点,即:

(1)是一种宗教哲学。构成这一特点的主要原因是,它起源于伊斯兰教义学和部分教派的教派思想。

(2)是一种理性主义的哲学。尽管伊斯兰哲学带有宗教色彩,但它因受到穆尔太齐赖派"伊斯兰自由思想论者"的影响,认为思维是存在的标志,并认为人的意志是自由的,人对自己的行为负责。

(3)是一种调和、中庸的哲学。伊斯兰哲学的主轴是宗教,但它并不因为受宗教的支配,而排斥古希腊哲学的合理成分。相反,对古希腊哲学的一些基础理论,以及古希腊哲学范围内所用的一切论证方法,穆斯林学者尽可能的吸取。从穆斯林所翻译的大量古希腊哲学著作中,我们可以看到穆斯林学者对这一学问所倾注的巨大热情。伊斯兰哲学家认为,柏拉图和亚里士多德是哲学的奠基人,而哲学,无论是哪一地区的,尽管研究方法、角度不尽相同,但是,出发点和研究的宗旨是相同的,即探寻宇宙、人生以及一切物质形态变化的真谛。因此,作为后起的伊斯兰哲学,只能是唯物主义的亚里士多德哲学和唯心主义的柏拉图哲学的继续。伊斯兰哲学尽可能在这两大哲学之间寻求共同点,并从中吸取营养。由于伊斯兰哲学家的努力,亚里士多德和柏拉图的哲学理论在伊斯兰哲学体系中得到了最大限度的调和。

（4）是一种与自然科学紧密相连的哲学。伊斯兰哲学家始终认为,哲学研究不能只涉及形而上学的问题,自然科学,包括所有以理性思考为基础的学科,本身就是哲学的一个组成部分。也正是这一原因,所有较有建树的伊斯兰哲学家通常都是出色的自然科学家,如肯迪在成为哲学家之前是数学家,伊本·西拿在成为哲学家之前是医学家。

伊本·西拿和伊本·路西德被西方人认为是中世纪阿拉伯伊斯兰哲学的代表人物。

这就是历史上信仰伊斯兰教的阿拉伯人对世界文明做出的巨大贡献。

二、东方学家眼中的阿拉伯伊斯兰

1. 东方学之起源与发展

有学者将东方学的历史与发展分为三个时期,即18世纪末之前的古典东方学时期,19世纪至二战结束的近现代东方学时期,上世纪中叶至今的当代东方学。①

(1) 古典东方学

根据上述划分,那么古典东方学在上限时间上是可以被一直追溯的,但是,学界一般都认为,古典东方学的起始是以基督教的传教(Evangelization)活动为先导的,而西方宗教界对东方——中东地区的传教始于12世纪,即基本与西方十字军东征同步。②

实际上,在大规模的传教活动开始之前,作为个人行为的西方学者对东方阿拉伯的研究也是存在的,如被后人称为英国东方学第一人的巴斯

---

① 姜飞:《东方学的变迁和美国当代东方学》,《光明日报》2004年11月30日。
② [埃]阿卡德:《二十世纪的伊斯兰教》阿文版,开罗:埃及图书出版总局,1993年,第40页。

的阿德拉德(Adelard of Bath,1070—1135)就是早年在西班牙南部的安达卢西亚地区和叙利亚地区广泛游学,并通过学习阿拉伯语展开对阿拉伯伊斯兰文化研究的。该学者回到英国后便得到英国王室的推崇,被聘为亨利二世的家教。这一时期较有影响的学者还有柴斯特的罗伯特(Robert of Chester,1041—1148)、丹尼尔(Denial,卒于 1190 年)等。以这三人为代表的早期学者主要关注的是阿拉伯穆斯林在自然科学领域的成就,他们通过对包括花剌子密在内的阿拉伯穆斯林学者以及他们的学术著作的翻译向西方介绍阿拉伯穆斯林的学术文化。期间,除了对阿拉伯穆斯林在科学领域,尤其是数学、化学方面所取得的成绩的仰慕以外,应该说并无太多邪念。上面提到的阿拉伯穆斯林在自然科学领域的成就就是在这一时期被介绍到欧洲去的。诚如英国当代学者约翰·霍布森所言:"达·芬奇、菲奇诺(Marsilio Ficino)、哥白尼在沙蒂尔(Ibn al-Shatir)、花剌子密(al- Khwarizmi)以及纳西尔·艾德丁·图西(Nasir al-Din al-Tusi)的类似成就面前居于下风,瓦斯科·达迦马在亚洲的杰出成就下相形见绌。"①

那么,原本并无邪念的对阿拉伯伊斯兰学术文化的研究和传播怎么会渐渐偏离学术而更多地趋向政治的呢?

1095 年罗马教皇乌尔班二世在法国克勒芒宗教大会上说:"在东方,穆斯林占领了我们基督教徒的圣城(指耶路撒冷——作者注),现在我代表上帝向你们下令,恳求和号召你们迅速行动起来,把那邪恶的种族从我们兄弟的土地上消灭干净!"次年(1096 年),第一次十字军东征开始,在此后近 200 年时间内西方基督教势力向阿拉伯穆斯林共发起 9 次十字军东征。正是从这一时期开始,伴随着大规模的传教活动而展开的对东方——阿拉伯伊斯兰的研究才被正式纳入官方视野。根据本世纪初才被学者获得的有关历史文献记载,法国国王路易九世可以被视为东方学研究的推手。路易九世曾经踌躇满志,亲自率兵发动了以埃及为主要目标的第七次十字军东征(1248—1254 年),但是不幸的是,在其攻占埃及后的第二年,就沦为由阿拉伯民族英雄拜伯尔斯率领的埃及马木鲁克军队的俘虏,此后法国通过支付巨额赎金才使路易九世被释放。他回到法国后,曾告诫属下:"显然,通过战争手段是无法战胜和制服穆斯林的。因

---

① [英]约翰·霍布森:《西方文明中的东方起源》,孙建党译,济南:山东画报出版社,2009 年,第 2 页。

此,必须将武力发起的战争改变为在信仰和思想领域的战争。对欧洲学者而言,除了展开对伊斯兰文化的研究以外,别无其他选择,因为,战胜伊斯兰思想的武器就是来自于对伊斯兰文化的研究。"① 此后,西方对阿拉伯伊斯兰的研究明显地从原来的以关注学术转向了对伊斯兰信仰、以及建立在此基础上的伊斯兰思想的研究。也许,在东方学发展历史上最值得记取的就是,1312 年在法国维埃纳(Vienne)②召开的基督教第十五届大公会议(the Council of Vienne),此次大会在教皇的授意下,颁布了在欧洲一些大学(主要指巴黎大学、萨拉曼卡大学、博洛尼亚大学〈意大利〉和牛津大学——作者注)中开设阿拉伯语专业的决定。③ 从而确立了阿拉伯伊斯兰研究的学术地位。但是,此时整个欧洲对阿拉伯伊斯兰的研究并没有因此而迅速形成规模,直至剑桥大学于 1632 年、牛津大学于 1636 年分别正式设立阿拉伯语专业之后,以对阿拉伯语和伊斯兰文化作为主要研究对象的东方学学科才得以确立。然而,对这一学科的特指词"Orientalist"(东方学家)、"Orientalism"(东方学)的概念认定则还要稍晚一些。有学者认为,如果以这一特指词的出现时间作为"概念认定"的依据的话,那么英国是 1779 年,法国是 1799 年。而这也正是古典东方学和现代东方学的分界。

十六七世纪最杰出的东方学家是威廉·贝德韦尔(William Bedwell, 1561—1632)。威廉具有很强的宗教背景,因此,他对伊斯兰教所持态度是极其负面的。另一位较为杰出的东方学家是剑桥大学教授西蒙·奥克雷(Simon Ockley, 1678—1720),他在阿拉伯伊斯兰研究方面代表性成就是于 1757 年在伦敦出版的专著《撒拉森历史》(History of Saracens)。④

十七八世纪英国的东方学研究成绩最为卓著,较有影响的东方学家主要有爱德华·布库克(Edward Pocok, 1606—1685),他的代表性著作

---

① [沙]穆罕默德·伯希尔·穆厄利:《东方学家及西方学者的伊斯兰研究方法》阿文版,费萨尔伊斯兰研究中心,2002 年,第 48 页。

② 美国学者爱德华·W. 萨义德的《东方学》中译本将此会议译为"1312 年维也纳基督教公会"。见[美]爱德华·W. 萨义德:《东方学》,王宇根译,北京:生活·读书·新知三联书店,2007 年,第 61 页。

③ [埃]迈哈茂德·哈姆迪·宰格朱格:《东方学——文明冲突的思想背景》阿文版,开罗:东方国际书社,2008 年,第 22 页。

④ [黎]阿卜杜·拉哈曼·贝德韦:《东方学家百科全书》阿文版,贝鲁特:麦莱茵出版社,1993 年第三版,第 57 页。

是《阿拉伯历史举要》(《نماذج من تاریخ العرب》),毕业于剑桥大学的埃德蒙·卡斯特尔(Edmund Castell,1606—1685),其主要著作是出版于1669年的《闪族语言词典》(《معجم اللغات السامية》),乔治·赛尔(George Sale,1697—1736),他的重要成果是翻译出版了《古兰经》注释,威廉·琼斯(William Jones,1746—1794),他起初主攻希腊语,随后在牛津大学学习了阿拉伯语和波斯语,其最杰出的贡献是翻译出版了《七首悬诗》。

(2) 现当代东方学

① 以英国为代表的现代东方学

现代东方学始于19世纪,而19世纪在某种意义上讲,是英国人的世纪。英国殖民主义扩张已经到了无以复加的地步,世界上许多地区都已经沦为英国的殖民地,如亚洲、以及阿拉伯的大部分地区。出于宗教的原因和经济的原因,19—20世纪的东方学研究的特点是殖民色彩浓郁,而其中表现最为突出,且最能说明问题的就是,以东印度公司为代表的跨国公司对东方学研究的高度关注。在这些大企业的主导下成立的一些所谓"协会"、"学会"等大肆收集东方各国的文献手抄本,为日后的东方学研究铺垫了厚实的基础。与此同时,这些组织还积极地充当了殖民主义当局的阿拉伯伊斯兰事务"文化顾问",成为西方文化入侵被占领地区的先行者。就此而言,这一时期的东方学研究,与古典东方学时期的以传教为驱动的研究是一脉相承的。反观西方的传教活动,不难发现,传教活动不仅仅是为了传播一种信仰,而是试图通过建立"信仰"这一渠道来实现对人的控制,是一种基于心灵的文化侵略。正如埃及当代学者穆罕默德·伯希在他的《现代伊斯兰思想与西方殖民主义》一书中所言:"基督教徒期盼着能在穆斯林中传播他们的宗教,于是他们欣然接受了'东方主义'。这对他们而言,更加便于传教,更加便于深入伊斯兰世界。传教士的利益与殖民目的一拍即合。殖民主义借助于传教士在东方拓展属于西方的势力范围,而传教士则向殖民主义当局进言,称'基督教将成为西方殖民主义在东方的一座基地',殖民当局听信此话,并为传教士大开绿灯,为他们提供保护,对他们予以经济上的资助。这就是东方学起始于传教活动,而后又与殖民主义牵手的原因所在。"①

多达9次的十字军东征没有征服阿拉伯伊斯兰地区,同样长达数百

---

① 转引自[沙]穆罕默德·伯希尔·穆厄利:《东方学家及西方学者的伊斯兰研究方法》阿文版,费萨尔伊斯兰研究中心,2002年,第46页。

年的传教活动也没有削弱这一地区民众百姓对伊斯兰教的虔诚信仰。这就使得西方人对伊斯兰教的认识更加趋于偏激。虽然始于18世纪末,并一直延续至20世纪初的西方殖民主义扩张,以及在此过程中对包括阿拉伯伊斯兰地区在内的东方国家的占领和经济掠夺在一定程度上讲是西方人占了上风,然而面对"强大"的伊斯兰教,他们仍然束手无策,曾经四次当选英国首相的威廉·尤尔特·格莱斯顿于1883年手持《古兰经》面对下院如此坦言:"只要地球上还存在这本书,我们不仅没有希望战胜穆斯林,而且我们的国家还将面临危险。"[1] 英国首相的此番言论实际上代表了西方世界对《古兰经》的质疑和对伊斯兰教的敌视,也正是从这一时期开始,原本还相对独立的东方学正式与殖民主义牵手,并成为殖民主义拥有的除了兵舰、大炮、枪支以外又一锐利武器。也正是在殖民主义当局的支持下,19世纪末至20世纪中的东方学研究才得以飞速发展。其最为突出的标志就是,欧洲许多著名大学都先后开设了阿拉伯语或其他东方语言专业,以及各国东方学研究组织的建立,如法国的亚洲学会、英国的皇家亚洲学会、美国的东方协会、德国的东方学会等。而大量直至今天影响犹在的由欧美东方学家撰写的阿拉伯伊斯兰研究专著大都也是在这个时段问世的。更值得一提的是,19世纪20年代至40年代,以刊载东方学研究成果的专门杂志得以在法国、英国、美国、德国、意大利等欧美国家问世,其中影响最大的就是由东方学法国流派奠基人西尔维斯特·德·萨西(Silvestre de Sacy,1758—1838)所领导的"亚洲协会"出版发行的《亚洲杂志》(约1822年创刊)。

　　整个19世纪乃至20世纪上半叶以英国为代表的东方学带有明显的殖民主义色彩。有学者如此评价当时的东方学研究:"东方主义作为殖民主义的有机组成部分,东方学研究的任务就是搜集信息、翻译文本,对历史、文化、宗教、执政家族、思想、传统等予以解读。"事实也正是如此,东方学家因为其对东方的了解和深入的研究,在西方执政当局眼里他们就是无人可取代的伊斯兰东方的专家,甚至在当局制定有关政策时,也会向他们咨询,听取他们的意见。正是在殖民当局的支持和怂恿下东方学研究也颇显繁荣。与此同时东方学家的地位也得到提升,甚至他们还赢得了一些阿拉伯国家的认可,并在这些国家的学术机构、高等院校参与学术

---

[1] [沙]哈姆杜·本·萨迪格·贾马尔:《伊元14世纪上半叶埃及现代伊斯兰思想走向》阿文版,沙特:利雅得国家世界印刷、出版、发行社,1994年,第314页。

研究。

19世纪最有影响的东方学家是爱德华·威廉·雷恩（Edward W. Lane,1801—1876),他最重要的著作是于1836年出版的两卷本《现代埃及道德与习惯研究》(*An Account of Manners and Customs of Modern Egyptions*)和多卷本《英阿词典》(*Arabic-English Lexicon*)。另一位较出色的东方学家是爱德华·亨利·帕尔默（Edward H. Palmer, 1840—1883),该学者曾于1872年被剑桥大学聘为阿拉伯语教授。他最有影响的著作是1886年出版的《东方苏菲》和1881年出版的《阿拉伯语语法》。威廉·赖特（Wiliam Wright,1830—1889)也是这一时期的知名东方学家,他曾就读于荷兰著名学者杜齐（Dozy）门下,后相继出任伦敦大学、剑桥大学阿拉伯语教授。他在东方学研究方面最大的贡献是翻译出版了一批阿拉伯语经典著作,其中有迈格利（المقري التلمساني）的《香气》①和穆拜拉德（المبرد）的《语言大全》②等。理查德·比尔顿（Richard Burton, 1821—1890)也是那一时期杰出的东方学家,他是军人出身,曾在印度任职,他最主要的成果是对《一千零一夜》的翻译。

应该说上述的东方学研究成果对西方人了解阿拉伯是起到一定的积极作用的,但是不可否认的是在19世纪至20世纪中的150多年时间内,还有更多的东方学家完全站在伊斯兰教的敌对面,以他们对伊斯兰的理解撰写了大量的有关伊斯兰史、伊斯兰法、《古兰经》知识、《圣训》知识等方面的著作。据埃及学者阿布杜·拉提夫·穆罕默德·阿布杜的统计,在此150年间有关此类书籍数量高达6万余种③而他们的所谓研究成果就成了西方误读伊斯兰、误读阿拉伯的理论依据。其中产生负面影响最大的东方学家和他们的作品主要有:英国人威廉·缪尔（W. Muir）的《穆罕默德的身世》、比利时裔法国人亨利·莱蒙斯（H. Lammens）的《伊斯兰教：信仰和制度》、英国人阿尔弗莱德·朱马（Alfred Juma）的《伊斯

---

① 阿拉伯文全名是《نفح الطيب من غصن الاندلس الرطيب》。这是一本有关安达卢西亚历史、文学、地理知识的百科全书。
② 阿拉伯文全名是《الكامل في اللغة》。该书搜集了大量的优秀诗歌和散文以及相关的趣闻轶事。
③ [埃]阿布杜·拉提夫·穆罕默德·阿布杜:《有关现代伊斯兰思想的数个问题》阿文版,开罗:海尼印刷出版社,2005年,第22页。美国学者爱德华·W. 萨义德认为这个数字是6千,见爱德华·W. 萨义德:《东方学》,王宇根译,北京:生活·读书·新知三联书店,2007年,第261页。

兰》、匈牙利籍犹太人伊格纳兹·高德兹赫(Ignaz Goldziher)的《伊斯兰研究》、《伊斯兰教的信仰和教法》、英国人汉密尔顿·基布(H. Gibb)的《伊斯兰现代潮流》、《伊斯兰教和西方社会》等①。

② 以美国为代表的当代东方学

相对欧洲而言,美国对阿拉伯伊斯兰的关注和研究要晚得多,美国东方学始建于19世纪初,从时间划分上来看,此时已经进入"现代"阶段,因此,可以这么说,在美国,不存在古典东方学。

和欧洲各国的东方学一样,美国早期的东方学也是和基督教传教活动相关联的。美国在阿拉伯地区的传教活动始于1820年,主要的传教区域是沙姆地区(指叙利亚、约旦、黎巴嫩、巴勒斯坦一带),其传教活动以建立各类教会学校为主,如1859年在黎巴嫩创办的女子学校、于1866年在该地区建成的叙利亚基督教学院(即美国大学的前身)。此后于1911年美国的传教活动开始进入海湾和阿拉伯半岛,并确立了"通过海湾向阿拉伯半岛实施传教"的战略。② 在面对这一地区的传教活动中,表现最为积极的是美国东方学家塞缪尔(Samuel Marinus Zwemer,1867—1952)、邓肯·伯莱克·麦克唐纳(Duncan Black Macdonald,1873—1943),他俩都是《阿拉伯世界》杂志的主要创办人,除此之外,前者极具影响的专著是《伊斯兰对信仰的挑战》,后者则更加关注对伊斯兰神学的研究,其专著是《穆斯林神学之发展》。

美国的东方学以传教开始,并以在主要阿拉伯国家举办教会学校作为进入阿拉伯伊斯兰世界的跳板,在一定程度上讲,是"文化渗透"较为成功的案例,直至今天依然存在的开罗美国大学就是最好的例证。显然,美国的东方学如同欧洲各国的东方学一样也具有明显的政治驱动,这种驱动在二次大战之后尤为突出,特别是在阿以中东战争之后,阿拉伯穆斯林备受美国关注。与此同时,英国、法国等欧洲国家已经不再是世界政治舞台的核心角色,取而代之的是美国。然而,面对阿拉伯伊斯兰世界,美国自叹不如英国、法国或其他欧洲国家对其有过深入的研究,为此,美国当局在二次大战后即采取果断措施,千方百计强化对东方尤其是对阿拉伯

---

① 哈姆杜·本·萨迪格·贾马尔在《伊元14世纪上半叶埃及现代伊斯兰思想走向》一书中所列类似著作共有36种,涉及的东方学家共24人。见该书(阿文版),沙特:利雅得国家世界印刷、出版、发行社,1994年,第326页。

② [沙]麦齐·本·萨莱哈·麦塔百伽尼:《东方学与伊斯兰历史上的思想倾向》阿文版,利雅得:法赫德国王图书馆,1995年,第49页。

伊斯兰国家的研究。1958年美国参议院还专门颁布了相关决议。此后，1959年成立了美国中东研究联合会，至1965年在联邦政府的支持下依托高校或其他科研机构创办了15家阿拉伯语教学中心。能够提供有关中东问题、伊斯兰研究的研究生教育的高校已达28所，从职教师达300多人。与此同时，美国的一些著名财团和机构如福特(Ford)公司、洛克菲勒(Rockefeller)财团、卡内基(Carnegie)公司以及智库兰德(Rand)公司等都各自出于自身需要对这类研究予以资助。

值得指出的是，美国的东方学研究之所以能够在短时间内实现较快发展，大批欧洲东方学家加盟美国是最重要的原因之一。如英国大牌东方学家伯纳德·刘易斯(Bernard Lewis)、汉密尔顿·基布、奥地利杰出东方学家古斯塔夫·格鲁尼巴姆(Gustave E. von Grunebaum，1909—1972)等都先后成为美国高校中东研究机构的台柱，为提升美国的阿拉伯伊斯兰研究作出了巨大贡献。

美国东方学研究不仅仅善于广泛吸纳欧洲各国东方学研究的先进经验，同时，它还十分注意与阿拉伯学者、东方国家学者的合作，从而大大拓宽了学术研究的视野。最早加盟美国东方学研究的阿拉伯学者是希提(黎巴嫩裔)。其他较为活跃的阿拉伯学者还有沙里勒·义赛韦(埃及裔，曾在埃及财政部、埃及国民银行任职，上世纪60年代起先后任美国哥伦比亚大学中、近东学院院长、普林斯顿大学教授直至退休)、穆赫辛·迈赫迪(伊拉克裔，1954年获芝加哥大学博士学位，上世纪70年代初起任该校中东研究中心主任)、阿布杜拉·哈姆迪(摩洛哥裔，纽约大学、加州大学洛杉矶分校、普林斯顿大学访问学者)等。

美国的东方学研究显然与欧洲早期的东方学研究不同，而这种不同正代表了当代东方学的走向。如果说，欧洲早期的东方学曾经较多地关注阿拉伯伊斯兰国家的宗教信仰、历史文化、文学艺术的话，那么，以美国为引领的当代东方学则是以政治为导向，以当代、现状研究为中心，以服务于美国的全球战略为目标，正如一美国学者所言，美国的东方学将对伊斯兰历史文化的研究作为基础，聚焦于伊斯兰之现状，"并向美国政府提供这方面的信息，以便使政府适时修正其对外政策"[①]。美国政府和高校研究机构的关系历来比较密切，而其中与高校中阿拉伯伊斯兰研究机构

---

① [沙]拉希德·比勒哈比卜：《美国东方学特点及背景》电子版(阿文)第1页，www.madinacenter.com，2012年7月25日。

的关系更是非同一般,甚至一些阿拉伯伊斯兰研究方面的专家去政府相关部门任职也并不鲜见,同样曾经的官员加盟学术研究也成为一种常态,这种做法在很大程度上加强了政府决策机构和学术研究的互动,从而进一步强化了东方学的政治色彩。

正是美国东方学研究注重政治和经济这一特点催生了一个新的研究领域的诞生,那就是如今已被广泛认可的所谓"区域研究"(Area Studies),而"区域研究专家"也成为"东方学家的新名称"。[①] 区域研究的出现实际上是对东方学研究的深化和细化,这是时代发展的需要。然而,不难看出无论是深化也好、细化也罢,或者是以一种新的名称出现,以美国为代表的阿拉伯、伊斯兰区域研究中的东方学的"他者思维"依然没有改变,那些新东方学家们对东方文化的敌视态度依然如故,建立在对伊斯兰歪曲、误读基础上的东方学传统信条依然贯穿于阿拉伯和伊斯兰研究之中。美国学者伦纳德·伯阳多尔(Leonard Bayandor)是最热衷于区域研究的新东方学家之一,他对区域研究的目的解读也许是最坦率和最一针见血的:"我们最根本的政治动因就是实现我们在这些区域的势力存在和清除敌对力量。"[②]

美国当代东方学(或称"区域研究")研究另一个不可忽视的现象是受犹太学者影响较为明显。美国和以色列的关系是人所皆知的,犹太裔学者深知美国高校的研究机构以及知名学者是如何影响美国政府的对外政策的。为此,他们千方百计在这一领域施展影响,使相关的学术研究尽可能有利于以色列,有利于"犹太复国"。甚至有学者这样认为,"美国犹太裔势力已经成为左右美国阿拉伯伊斯兰研究发展的第三股力量"。[③] 当代最有影响的犹太裔美国东方学家伯纳德·刘易斯也许就是这股力量的最好代表。

2. 东方学的影响

无论是古典东方学还是现当代东方学,在一定程度上给阿拉伯伊斯兰国家社会现代化走向产生过多元的影响。同时,东方学的存在更多地

---

① [美]爱德华·W. 萨义德:《东方学》,王宇根译,北京:生活·读书·新知三联书店,2007年,第365页。
② [沙]麦齐·本·萨莱哈·麦塔百伽尼:《东方学与伊斯兰历史上的思想倾向》阿文版,利雅得:法赫德国王图书馆,1995年,第57页。
③ 同上书,第65页。

是让西方世界对神秘的阿拉伯伊斯兰产生了强烈的认知兴趣。而东方学研究参与者之多[①]，以及他们所构建的一整套话语体系又几乎成为所有国家相关学科的默认学术话语，其影响之大可想而知。纵览东方学之影响，不外乎正反两个方面，简述如下：

(2) 正面影响

东方学的正面影响，尤其是针对东方学研究的客体——阿拉伯伊斯兰世界本身，主要体现在以下几个方面：

① 在古典东方学时期，东方学家将大量伊斯兰地区阿拉伯文的科学技术（如数学、天文学、化学、医学、哲学等）文献译成西方语，并致力于在西方的传播，从而推动了西方社会的发展，乃至加速了西方工业化的进程。而伊斯兰宗教思想的西传，在一定程度上促成了基督教、犹太教对信仰的反思，进而为西方的宗教改革作了铺垫。[②]

② 东方学家对诸如《一千零一夜》以及古代阿拉伯诗歌等的翻译，不仅让西方人了解了阿拉伯文学，而且也使阿拉伯文学、艺术影响西方成为可能。

③ 东方学家在阿拉伯伊斯兰历史文献的挖掘、校勘方面做出了巨大贡献。

④ 东方学家在对阿拉伯伊斯兰历史文化进行研究时所用的研究方法对阿拉伯穆斯林学者的启示，以及对阿拉伯伊斯兰国家相关学科的建立所起的促进作用不可低估。

⑤ 东方学家在确立阿拉伯伊斯兰文化在世界文化之林中的重要地位中起过积极作用。

⑥ 东方学对阿拉伯伊斯兰世界现状的关注，促成穆斯林自身对其社会的研究，和对现当代伊斯兰思潮、运动的跟踪。

⑦ 东方学研究的存在，使阿拉伯伊斯兰国家高校和研究机构与西方相关学术机构的合作与交流成为可能。

(3) 负面影响

尽管有上述7点正面影响，但是阿拉伯穆斯林学者普遍认为东方学

---

① 埃及学者阿布杜·拉赫曼·柏德威所编《东方学家词典》收入的著名东方学家共287名。

② [埃]穆罕默德·哈利法·哈桑：《东方学思想对伊斯兰社会的影响》阿文版，艾因人文社会研究机构，1997年，第134页。

给阿拉伯伊斯兰国家带来的负面影响远比正面影响大,且后果严重,其主要表现在以下几个方面:

① 在宗教领域的负面影响,其表现形式主要是:(1)鼓动对伊斯兰教信仰的怀疑,并对《古兰经》和《圣训》的神圣性提出质疑。东方学家站在基督教和犹太教的立场上,反对伊斯兰教是安拉向人类颁降的最后一个一神教这一说法,从而使对伊斯兰教的批评打开了空间。(2)竭力歪曲伊斯兰教。穆斯林学者普遍认为,东方学家向西方介绍、解读的伊斯兰教是不全面的,甚至是被歪曲的。无论是19世纪还是20世纪乃至21世纪的今天,东方学家(如今也称地域研究专家)在普通人眼里,他们就是精通伊斯兰、通晓阿拉伯事务的专家,他们对阿拉伯伊斯兰的解读是不被怀疑的。他们歪曲伊斯兰教最典型的例子就是,将穆罕默德凡人化,甚至将伊斯兰教称为"穆罕默德教"(Mohammedanism)从而进一步淡化伊斯兰教的神圣性。(3)故意夸大伊斯兰教各教派之间的分歧和教派的作用。东方学家站在西方的立场上,最令其担忧的是,一个真正的统一的伊斯兰国家的崛起,而夸大伊斯兰教各教派的分歧之目的就是旨在否定伊斯兰教的"统一性",挑起教派的不和,乃至国家间的不和,进而挑战"统一的伊斯兰教"这一关键理念。

② 在政治方面的负面影响,其表现形式主要是:(1)为西方在伊斯兰世界的殖民主义侵略提供信息服务。(2)在伊斯兰世界中宣扬民族主义,刻意制造分裂。东方学家当中的人类学家从考古和人类学的角度对不同阿拉伯国家古代民族的文化属性进行了深入的研究,如埃及的法老文化属性、北非的柏柏尔文化属性、黎巴嫩和叙利亚地区的腓尼基文化属性、伊拉克的亚述文化属性、伊朗的波斯文化属性等。这一研究本身没有错,但是殖民主义者正是利用了这一研究成果,通过强调阿拉伯地区古代民族的文化属性来弱化阿拉伯民族的伊斯兰属性。(3)在伊斯兰社会中传播西方式政治制度。竭力诋毁伊斯兰教倡导的政教合一的政治制度,无视阿拉伯伊斯兰国家的文化特性,执意推行西方模式的议会制。

③ 在社会建构上的负面影响。如对穆斯林家庭一夫多妻制的恶意批评,对穆斯林妇女戴面纱的无端指责,对宗教教育的诟病等等。

总之,在东方学家眼里,阿拉伯伊斯兰的一切都是落后的,是需要改造的,直至现在,这种思维定势依然没有改变。

三、结语

　　这就是阿拉伯伊斯兰文化曾经在中世纪一度领先于西方的事实，以及东方学如何从学术角度对阿拉伯伊斯兰展开研究，进而被殖民主义"绑架"，乃至在一定程度上成为西方政治、经济入侵阿拉伯伊斯兰地区的帮凶的演进过程。东方学是一门有着200多年历史的学科，由于这门学科历来就是由西方人主导，因此，它的西方意识相当明显。作为东方一部分的阿拉伯伊斯兰世界一直是东方学最为关注的研究对象。除了早期的一些学者以外，东方学家出于宗教的原因，从一开始就视伊斯兰教为西方的异己，他们站在西方基督教的立场上，戴着"西方的眼镜"对伊斯兰教肆意歪曲，对穆斯林、对阿拉伯伊斯兰社会横加指责，以"阿拉伯伊斯兰事务专家"的身份著书立说，以难以被阿拉伯穆斯林接受的观点和方法解读伊斯兰，从而导致伊斯兰形象在西方大为失真。因此，伊斯兰在西方被误读、被曲解，一些东方学家的不实研究是难辞其咎的。正是这种出于敌意的误读和曲解加剧了西方社会和阿拉伯伊斯兰社会的长期不和，尤其在意识形态领域和价值观念方面两者更是相去甚远，而且这种不和在政治、经济利益的驱使下几乎难见弥合的可能性。

　　中国本身就是东方学者眼里的"东方"之一员，对东方学者对中国的研究我们有着本能的防范意识，尤其是对西方学者对中国的不实之词我们是绝对不会接受和默认的。但是，对于我们来说，对同样是研究客体的阿拉伯伊斯兰世界，在研究过程中是否也能保持一份清醒，不被西方学者们"忽悠"呢？这是需要时常保持清醒的。自东方学被正式命名至今的200多年中，欧美学者通过他们的科研实践，在东方学——尤其在对阿拉伯伊斯兰研究领域已经构建了以欧美为中心的话语平台。与此同时，随着西方强国不断的"观念输出"，不仅研究方法被广为袭用，而且，一些针对阿拉伯伊斯兰地区的概念性用语也被相关学界广泛引进。毫无疑问，西方学者的研究方法确实有许多值得借鉴的优点和长处，但是，如果在学术研究上连同话语也不加甄别地"全盘西化"，这恐怕也不是我们所追求的高水平研究。

　　最近几年业内学者一直在呼吁要建立中国特色的阿拉伯学（或中东学），这是一个长期的任务。然而，必须慎重提出的是，中国特色的阿拉伯学绝不应该是西方国家东方学的翻版。为此，我们认为，在建立中国特色阿拉伯学的同时,对东方学研究的研究也是极为重要的,它能帮助我们认清是非,而不至于踏入"误读伊斯兰"的陷阱。当然,建立中国特色的阿拉伯学更重要的是强化文本阅读和自主研究,而文本阅读和自主研究则是构建中国特色学术话语体系的基础。

东方文学研究方法论刍议[①]

孟昭毅

【作者简介】 孟昭毅,天津师范大学教授、博导,兼任中国东方文学研究会副会长,中国比较文学教学研究会副会长等,研究方向:东方文学文化交流,比较文学。

东方文学研究方法论实质上是将"文学研究方法论"加上了区域化的限制词"东方",只不过文学研究方法结合东方文学的特点而已。在众多的研究方法中,我们择其重要的进行深入探讨,其中既有思维方面的、心理方面的,亦即认识论方面的;也有方法论方面的。既有理论方面的探讨,也有实践方面的应用。这些探讨有不少是一孔之见、一家之言,但努力争取做到有的放矢,实事求是,切实可行。这种探讨也是儒家传统的"经世致用"思想和家国情怀在东方文学研究中的具体运用和体现。

一、东方文学研究的学理立场

我们进行文学研究,重要是要有问题意识。问题意识不是凭空产生的,它是在实践中产生的,所谓的实践,对于文学研究者而言,一种是文本阅读实践,一种是越界阅读实践。有了这两种阅读实践,问题意识油然而生。

文本阅读实践源于文本的意义,因为就文学研究而言,"历史文化存在于文本之中",即是说解读文本很重要,尤其是解读经典文本。读了日本古典名著《源氏物语》,就会对日本平安时期的摄关政治与访妻制等社会风习有了深刻的了解。读了奥尔罕·帕慕克的代表作《我的名字叫红》

[①] 本文内容是作者应邀于 2013 年 5 月 14 日在北京大学"东方学研究方法论"项目组举办的"专家讲坛"上所做的讲座。

就会对西方透视画以及中国细密画影响下的波斯细密画有更深刻的了解。而读了泰戈尔的代表作《戈拉》就会了解印度教的信仰对于印度近现代社会转型期的进步知识分子的思想有多大的束缚。因为众多的历史文化现象都存在于这些经典文本之中。它们的作者以自己独特的眼光，或积极的生活方式介入到与他人共同生活的世界中去，使读者如同身临其境一般发现了那些历史文化现象存在的现实意义。这种"介入"强调的是一种"对话"与"沟通"，一种作家、作品、读者平等的相互理解。

越界阅读实践则源于文本知识的局限。就文学研究而言只看文本是不够，还要有越界的知识，即源于社会实践的知识，和越界的理解，即对实践知识的深度理解。人们常说读万卷书，即文本阅读，行万里路，即越界阅读，二者相结合，才能产生真知，才能发现真理。例如去过朝鲜半岛才会体会古代朝鲜人格外喜欢陶渊明的那种情怀，因为那里的自然风光和陶渊明的诗歌描写是那样的接近。《春香传》中的广寒楼只有两层高，很低矮，鸟鹊桥也没有高高的桥拱，只有几孔涵洞而已，但是都对男女主人公的相识和情感发展起到了推波助澜的作用。亲历过土耳其的特洛伊遗址，才可能联想到大木马是从城门中进去的，还是破墙而入的。没有越界阅读的实践，研究文学就缺少一种底气。

文本阅读实践增加了人们审美的感受性和愉悦性，而越界阅读实践则弥补了文本知识的不足与片面性。在此基础上产生的问题意识才有鲜活性和生命力。才能使人产生一种对问题进行深入开掘的冲动和激情，将文学研究视为一种精神享受，而不是一种思想负担。这样的文学研究会有一种新气象，一种走出书斋融入社会的大情怀。即使研究的是小问题，可是让人感到的都是关注社会人生的深度思考。

有了问题意识之后，就要有一个学理立场的确立。学理立场就是在东方文学研究过程中要确立的中国立场、东方立场与国际视野。这三者对应的其实就是比较文学研究的三个领域，即民族或国家文学，区域性或总体文学，以及世界文学三个层面或学术研究的思维范式。

所谓中国立场即是说要从中国学者的视角出发解读东方文学的各种文学现象；要以中国学者的立场对已发现的问题进行审视和解决。学术兴衰存亡关系到国家的兴衰存亡，没有学术研究的国家是没有希望的。学术的荣耀是国家的荣耀，因为它体现了民族精神的存在方式，体现了学者追求真理、服务社会的担当意识，坚守学术传统、充满人文情怀的精神境界。中国的文学研究者就要站在中国文化传统和中国价值观的立场上发出中国人的最强音。从这一点讲,"绝对中立"、"纯客观"的哲学社会科学学术研究难以生存在现代的国家或民族意识之上。因为历史的经验告诉我们,任何发达的国家都会谋求自己文化和价值观的表达,以便在世界事物中有更大的话语权。

所谓东方立场即是说研究东方文学要用东方话语,即要用东方话语研究东方,要建构东方文学研究的理论体系,不能只用西方的理论话语评价东方文学,引领东方文学的发展,不能在东方文学研究的领域里出现"失语"状态。即在东方文学研究时不能让西方中心主义思想泛滥,不搞民族虚无主义,言必称希腊,当然也不要搞东方主义、沙文主义。东方立场努力将东方文学视为一个有具体历史内涵的、相互联系的有机整体,对其进行宏观描述和系统阐释。在建立自己的东方话语体系或批评标准时,某一阶段的矫枉过正的态度甚至是需要的,但是那显然不是我们愿意在东方文学研究中长期秉持的正确的学术态度,而是权宜之计。真正的东方立场应该是东西方平等,追求一种生态批评意义上的平衡发展,长期共存,相辅相成。

国际视野下的东方文学研究,指的是在世界文学的场域中考量东方作家作品或文体思潮的具体审美价值和文化意义,这样才能和世界接轨,才能使东方文学研究走向世界,成为世界学术的一部分。学术研究是"天下之公器",不是民族或区域性的"私器",因此,任何学术研究都有学术史的意义,都是承前启后的一环,而不可能是全部。学术研究成果的优劣,不在于它暂时意义上的对与错的价值判断,而在于它自身长期处于世界学术史上绕不过去的"存在"意义,即这项研究在学术史上不可视而不见,你只有正视它、修正它,甚至批判它才能前进。只有这样,这项文学研究无论选题大小,是否是热点问题,才真正具有了学术研究的意义。

东方文学研究的学理立场从根本上说是东方文学的学理基础,是文学研究从自信走向自觉的一个必然。这不仅仅是一种治学方法,更是学者的精神人格,是研究者自身的一种风范。文学研究的格局在很大程度上取决于这种精神人格。大气的精神人格,就会有高的精神境界,就会有相应的开阔的学术视野,就能将文学研究做大、做强,也会有利于社会进步和人类发展。反之精神人格较低,就不会有高的精神境界,最好的也只能做到"欲穷千里目,更上一层楼"的感性层面,难以进入"不畏浮云遮望眼,只缘身在最高层"的理性层面。到头来只能是为个人小家庭的幸福"增一块砖,添一块瓦"而已,难有大作为,学术成果也难以成为承载时代精神的经典之作。

二、东方文学研究的创新意识

　　西方中心主义思潮长期统治着东方学的各个学科,尤其东方文学研究格外需要创新。但是,不是所有人想创新都可以随时随地创新的,只有具备创新意识的那一部分人才有可能创新。当前世界政治、经济、文化的发展急需创新人才,于是有创新意识的一群先知先觉者就成为社会上一个新的阶层,他们是有某种强烈功利目的需求的人形成的一个新的群体。这个群体主要有社会上的科技机构成员、智库中的智囊成员和大学的教学科研人员等。东方文学研究中的这部分具有创新意识的人才,需要具备主客观两个方面的条件,才有可能创新。

　　首先,创新者客观方面的条件是长期的、有意识的积累活动。这种积累以往是通过阅读文本得到的,现在往往更重视电脑网络带给人的信息。这两种积累的根本不同点在于,文本阅读有记忆和背诵的过程和功能,而电脑网络给人的是碎片式的、新鲜感的信息,如果不进行有意识地记忆、背诵,那些信息是成不了知识的。无论是在书本上,还是电脑屏幕上看到一个英文单词,不念不背是记不住的,它不可能自动转化成知识。那么经过积累的信息变成了知识,就算有了文化吗？也不是,因为从知识到文化也需要积累,这种积累是通过思考对已有的知识进行分析总结、判断分析后转化而成的,此时的知识才可能变成文化。但是这种思考是一种浅层次的、勾连性的。比如"文化"的定义有数百种之多,学界一般有共识的定义,认为：文化是人类社会实践过程中所创造的所有物质文明(产品)和精神文明(产品)的总和,这是广义的文化定义。经过联想以后,我们想到比这一定义还狭小的界定,即狭义的文化可以指涉"文学艺术"。其实,现今还有比共识性界定还宽泛的"文化"的内涵,即文化还应该包括人类行为本身,如茶文化、酒文化、食文化、性文化等。现代"文化"的定义是从日本舶来的,日本1868年明治维新以后,将西方"文化"一词的涵义传到中国。"文"字是中国的汉字,但也失去原意,因为"文"是同"武"相对应,所谓"文武之功,一张一弛"即是。但在"文化"一词中,"文"已失去与"武"对应的涵义,"文"成为了一个文字符号。所以文化是通过知识积累思考而来的,即古人云："操千曲而后晓声"。它具有感受性,是被感觉出来的、被发现的,而不是通过学习得到的。能学到的是文化知识,而不是文化本身。

当我们有意识地想培养自己的文化感受力时，思想就开始要出现了。从文化到思想不是简单的积累可以产生的，它需要有深度的哲理思考和信仰的追求。从能够感受文化的张力，学到文化知识，再升华为思想，这是一个质的变化，一个更高层次的认识结晶。人们通过阅读和实地考察了解到的文化，比如东方各国的文化，只有通过认真思考，才能发现它的规律，即文化思潮和文化思想史中表现出来的特征。思想日积月累，再经过总结就成为了智慧。人的经历越丰富，思考的越多，智慧越多。普通人认为的真理，许多都是智慧的结晶，如"出头的椽子先烂"，文学语言即"木秀于林，风必摧之"。当我们经过数度的积累，几次的升华将原来的各种信息总结成智慧以后，我们的客观积累活动基本结束，创新意识产生所需要的个体已有的知识积累也已基本完备。如此这般，人们在文学研究中是否可以创新了呢，还不行，因为这是客观条件，还缺乏必要的主观条件，即创新思维。

其次，创新者主观方面的条件是长期培养的思维模式。这种思维具有逆向性、超前性的特点。思维的逆向性是一种与平常人的顺向性思维不同的相反方向的思维，但它也是一种科学性思维、一种理性思维。它的明显特征是表现出对事物认知的叛逆性和颠覆性。它不随便苟同于别人，包括自己的父母、老师、领导的意见，而是要经过自己的独立思考，做出理性的价值判断。例如，在比较文学界，曾有著名学者提出，在影响研究中要注意接受者的变异现象，甚至提出变异学的观点，即接受影响者对域外的信息无意识误读或有意曲解的现象，这确实是很值研究的一种普遍现象。但是如果逆向的思考的话，也会发现同时也存在着一种相反的现象，即接受者对有些"影响"很不以为然，即根本就没想到要接受。例如在包括越南在内的东南亚汉文化圈的国家中很早就表现出对中国《三国演义》的译介和研究热潮，有各种各样的翻版和变种的《三国演义》出现在各国的文坛上，这就是变异现象，但是同是中国四大古典名著《红楼梦》的译本则相对出现得要晚，有的国家甚至很晚才接受，表现出某种排异现象，这就是逆向思考的结果。

逆向思维的另一个颠覆性往往体现在那些学养深厚、具有大胆假设、小心求证学术传统的睿智者的思想里。季羡林曾对自己的得意门生赵国华撰写《生殖崇拜文化论》，"最初有些不大理解"，因为在他前面有太多的中外大家都在这一领域有惊人的发现。在读完全书后，季先生有了新的认识："然而他都并没有躺在这些人身上，亦步亦趋，不敢越雷池一步；而是以他们为基础,同时又纠正了他们的错误或者不足之处,独辟蹊径,大胆创新,利用自己广博的学识,贯穿古今,挥洒自如,为生殖崇拜文化这一门学问开辟了一个新天地。"季先生列举了"他反驳几乎已成定论的'图腾说'"、"他又反驳了外国一些学者主张的'中国文化西来说'"、"他还驳斥了德国学者格罗塞的艺术起源于生产劳动的理论"等。① 逆向思维的叛逆性和颠覆性使创新成果或真理往往掌握在了少数人手里。因为在没有经过科学论证和实践检验之前,这些创新成果要经过相当长的时间后才能被证明是否正确,三十年河东、三十年河西,不能轻易否定逆向思维的成果。

超前性的思维模式即是人们常论及的超前意识。这个概念是20世纪80年代初在学界被提出来的。其中的哲理思辨很少有人论及,但是应用倒是很常见的事。这种意识提倡人要有远见,有预见性,要有开拓精神,不可随遇而安。人的意识不能被简单地视为现实的直接反应,它还可以根据自己的主观能动性和事物发展的必然性、惯性来预见未来,昭示愿景,表现出未卜先知的前瞻性。超前意识不仅是未来学科存在的依据,即不仅未来发展的大趋势可以被预示出来,而且对不利因素的预测可以对当下起到预警作用。逆向思维的成果是创新见解,虽然它的前沿性、先进性反映了精神文化的价值,但是对于创新见解的前途却存在着诸多的未知数。有的创新见解开始被视为奇谈怪论,甚至被嗤之以鼻,但是继后渐渐被发现是真知灼见而成为显学。有些创新见解随着时间的消磨,由开始的反传统到最终被纳入传统的轨道。而有些创新见解,由于无法进行检验,至今还不为现实所承认。但无论如何,这三种创新见解的结果,在初始时,都启迪了人们的观念,开阔了人们的思路,具有了在学术史上不能视而不见的存在意义,它们永远值得人们记忆。

在东方文学研究中只有具备了客观上的长期的学识积累和主观上的逆向思维,具有超前思维的那一部分先知先觉者,才具有创新的可能性,并能像赵国华一样写出受到学界好评的创新成果。我们抛开这些创新者的深层心理学机制不谈,只论及他创新意识、创造性思维的一个关键认知环节,就是在积累大量材料后的一种"悟"。无论是渐悟,还是顿悟,都是在发现问题的基础上,解决问题的过程。虽然由于"悟"的突发性和转瞬即逝的特点,人们尚未解决其心理机制和脑机制的问题,但是"悟"的"新

---

① 见赵国华:《生殖崇拜文化论·序》,北京:中国社会科学出版社,1990年,第1—3页。

颖性"、"创造性"却是可以被认知的。犹如宋诗名句中："问渠那得清如许,为有源头活水来"的那种茅塞顿开、豁然开朗的开悟,也有"山重水复疑无路,柳暗花明又一村"的那种曲径通幽、峰回路转的领悟。其实,日本俳句中也有不少表现"悟"的名句："古池塘,青蛙入水发清响"(松尾芭蕉),"浮生已与朝露同,君行何复苦匆匆"(小林一茶)。"悟"是在已有知识的可利用性被激活时的一种瞬间感受,是创新意识突变为创新见解时最关键的一环。有的人被评价为悟性高或悟性低,实际上是说其人的理解、判断和推理能力的高低,它直接影响着创新见解的出现或成效。"悟"含有突破语言、物象、判断和推理等思维定势束缚的种种奇思妙想,是一种联想性思维,它和创新思维有异曲同工之妙。

三、东方文学研究的文献整理

东方文学研究首先要解决的问题就是对所研究对象的文献资料进行全面的收集和整理。主要包括作家生平创作情况,作品翻译出版、译介情况,评论家评论综述等。在批评地继承中国传统的朴学治学方法的基础上,从类似的中国传统目录学、文献学研究得到启发,从发生学的角度追根溯源,注重中国语境中的东方文学研究的原典性文献的搜集整理和评述,创建东方文学研究的新历史主义的研究方法。具体的操作方式,即以真实为基础,以假设为先行,以考证为依据,有一分材料说一分话,言必有据,每个观点都要建立在大量的材料和客观旁证的基础上,要令人可信。在具体研究中要紧密联系文本外部的时代、环境、影响、接受等因素,紧紧抓住文本文学性的审美品位和艺术性的敏锐感受力,形成文学研究中的新实证主义的智性和灵性的有机结合与统一,营造出文学批评的新气象。由于这种注重历史上的文献整理的研究方法,是建立在对历史材料的重新思考的基础上的,因此可以说,这种模式的东方文学研究从本质上说已具有了文化研究的性质。

重视文献文本整理在东方文学研究中的作用,只是解决了"知其然"的问题,认识论的深层还要解决"知其所以然"的问题,这就需要对文献文本进行有特殊意义的认识与分析。这一解读文本的过程实际上是一种将历史的、文化的、哲学的、美学的、心理的、道德的诸多因素相融合的复杂思维过程,它需要先激活自己的创造性思维,再启发别人的灵性,最后达到建构某种新颖、智性话语的最终目的。这一解读文本的过程还是一个将自己的研究对象置于广阔、多元的文化背景中,对其进行严谨而有序的历史向度和审美向度的透视,用锋利的理论之刃解剖文本的文学性,努力通过本学科与相关学科的科际整合,发现和阐释文学现象中的诸多问题。比如著名的南亚作家伊克巴尔,从创作时间断代和国别区域划分,他应属印度现代作家,但是如果考虑到他是巴基斯坦建国理论的坚定倡导者,以及在他作品中越来越清晰、越来越强烈地表现出的伊斯兰精神的话,将他归为当代巴基斯坦作家更合适。只有将思想家的冷静思考、艺术家的感悟激情,以及解剖家的科学精细,完美地结合在一种文本的阅读中,并且在用理性筛选自己的阅读行为以后,才可能形成、转化为一种形而上的思辨与实事求是的表述。

解决文献整理与文本阅读要"知其所以然",还有一个问题必须阐发清楚,即文学本质问题,换句话说就是文本与读者的关系问题。在本文涉及的对象中,读者即研究者。在阅读文本的过程中,读者的角色与文本同样重要。读者(研究者)对所关注的文学现象,不仅要作高屋建瓴式的评判,还要将重心放在话语建构上,要破字当头,立在其中。读者(研究者)阅读研究东方文学的文本,除却虔诚地学习、研究其中的观点、道理、词采华章、人物形象以外,还有一项重要工作即要和文本展开密切的、多渠道的对话、交流。无论是表面的,还是潜在的对话,双方都应处于平等的地位和平和的心态,同时要保持适当的审美距离和情感距离,以自如而又清醒的目光审视阅读对象,在读者与文本之间形成一条水到渠成式的心灵通道,相互自然流动。

在读者(研究者)与文本密切对话中,读者会不断地"发现"一些自己关注的问题,并且会"生发"出许多自己新的想法,文本尤其是经典之所以会有如此历久弥新的艺术魅力,就是因为它会源源不断地提供给对话者思想探索与思维创新的丰富资源和不竭动力。在这一过程中读者,尤其是研究者要注意两个重要的问题:一个是客观文本的未尽意之处,一个是读者主观的态度。

首先,所谓文本未尽意之处,按接受美学的说法,即文本叙事的盲区或未尽人意之处,需要读者补充的或者深化的部分,即隐含叙事的那部分内容。其实作为研究者的读者,在遵循现存文本叙事之后,还要有接着叙事的才能,即补充叙事,然后对这种叙事空白要有理论分析,要有创造性的延伸,求得"一得之见"。比如研究 2006 年获得诺贝尔奖的土耳其作家奥尔罕·帕慕克,至今中国学界研究者不多,除语言文化有隔阂以外,另一个重要原因,即他在作品《我的名字叫红》中设立了众多的学术"空白",需要研究者去填充。小说分为59章,其中有20个角色分别来叙述故事,但没有一个角色连续出场。59章里进行了58次视角转换,即叙事角的转换。每个角色出场都带有他独特的叙事特点,向人们展示了他的"透视区域"。不同的"透视区域"构成一个广阔的视域。读者或研究者不仅可以洞察,而且可以完善不同人物的心理活动和行为轨迹,起到接着叙事的补充作用,为读者的阅读和研究者的思考留下很大的空白。

其次,是读者或研究者的主观立场和态度。作为审美主体、批评主体要克服任何形式的倦怠心理,审美疲劳、阅读倦怠、研究乏力,都是不可取的。应时刻保持一种积极的态度、一种持续的热情、一种探索新事物的新鲜感,即使文本内容已经时过境迁,在不炒冷饭、不贩前人旧说的基础上,深入历史脉络,重新读文献文本,深入了解作者为什么这样写。设身处地了解文本的表面和潜在的内涵,这正是磨砺自己学养的机会。正如日本的山本玄绛禅师在龙泽寺讲经时所说:"一切诸经,皆不过是敲门砖,是要敲开门,唤出其中的人来,此人即是你自己。"①这段话的禅意即是说,无论是写经、讲经、读经,关键是你自己的立场和态度。例如在讲授、研究泰戈尔作品时,传统的作法是先讲他的一般创作,然后再讲代表作。在讲小说代表作《戈拉》时,我尽量将研究《戈拉》的文献材料都找到,经过思考后,提出了"泰戈尔文学"的概念,指出"泰戈尔文学"在形成过程中,其核心是"世界主义"的观点。《戈拉》是泰戈尔获得诺贝尔奖之后思想转变的作品。他深知西方文化的种种弊端,所以他站在维护印度文化传统的基础上,反对接受西方文化中不适合印度发展的成分。将《戈拉》中的同名主人公与世界主义思想联系在一起,理论分析增强,思想深度加深。阅读分析作品之后就达到了敲开了门,"唤出其中的人来,此人即是你自己"的研究效果。

东方文学研究方法是多样化的,除上述而外,还可以将比较文学研究中的"同中之异、异中之同"研究进一步理论化,即探讨同一性与差异性时可形成主题学、题材学的研究实践。利用理性思考与感悟体会结合时的范式,进行类型学、文类学的研究等。这些都不失为东方文学研究的另一途径。但是从根本上说,东方文学研究和其他文学研究一样,首先是要解决研究目的问题,即学术研究要尽量剔除功利性目的,尤其是个人名利等

---

① 王汎森:《为什么要阅读经典》,《南方周末》2012年12月20日,第30版。

功利性目的。不进行科学研究的大学教师肯定不是一个好教师,因为教学内容必有前沿性、学术性,没有理论深度和哲理思考,犹如白开水。学术研究的目的,决定了研究者的态度,在研究过程中,要始终保持学者型的求真求实的、老老实实的态度,不哗众取宠,不搞五花八门的"流行色",不通过任何手段使用第二手材料。学术研究不能凭灵感,不要在学术研究中加入主观臆测,要以科学的实证性说明观点,言必有据。形成扎实、守正、自觉的学术风气。在东方文学研究中不断地阐幽探微、钩深致远,不断发现与运用新的文献材料,发前人之未发,以达到理论创新的目的。东方文学研究必然会取得更多、更大、更新的学术成果。

东方与西方:二元对立抑或交光互影
——东方学研究中的几个理论与实践问题①

刘 建

【作者简介】 刘建,中国社会科学院亚洲太平洋研究所研究员,《南亚研究》副主编。研究方向:南亚文学与文化。

课题意义:《学习时报》2012年7月2日发表署名文章称,中国当前正处在"三千年未有之大变局"的时代关口。该文尖锐地提出了目前中国存在的与文化有关的问题:社会道德体系崩溃,意识形态破产,没有建立一个能有效说服人的主流价值观。现在,"东方学研究方法论"课题组从事的东方学研究问题,无论对于总结我国东方学的理论与实践,还是对于中国未来崛起进程中的文化和文明走向,无疑具有非常重大的意义。

我准备简单讲以下几个问题:一、概念;二、各种中心论,全球视野;三、二元对立的观点;四、印度和中国文明的衰落始于何时与复兴前景;五、东西方文明的前途:和谐共生;六、研究对象:思想与制度。七、相关文献问题;八、指导思想。

小引:东方学的历史:16世纪末—21世纪初。百度百科有一篇关于东方学历史的文章,可以参阅。我愿简介和评论该文,并补充自己的一些意见。

东方学产生并兴起于近代西方,是伴随地理大发现开始的。欧洲商人、传教士和其他最初到东方传教、贸易和探险的人员编写了关于东方各国的记载。16世纪末的巴黎大学、17世纪的牛津大学都开设近东语言课程。17世纪末欧洲一些大学收集了大量东方典籍文稿,出版了一批根据东方资料编成的系统著作。英国东方学家威廉·琼斯(1746—1794)开始

---

① 本文内容是作者应邀于2012年11月19日在北京大学"东方学研究方法论"项目组举办的"专家讲坛"上所做的讲座。

东方语言的比较研究,对东方学的发展做出了巨大贡献。历史比较语言学,印欧语系的发现,使人豁然开朗,原来人类存在亲缘关系。西方创办了一些研究东方语言的专门学校,如维也纳东方语言学院、巴黎现代东方语言学校等。

19世纪是东方学的发展时期。大量东西语言词典问世。埃及、美索不达米亚、波斯、小亚细亚、印度、中国考古都取得成果。东方语言学发展成熟,大型东方语言辞典如《英华字典》(6卷)、《梵文字典》(7卷)、《阿英词典》(8卷)、《中俄大辞典》、《梵文文法》、《汉文典》等问世。

我国近代对印度的探索的著作《榜葛拉译语》问世于15世纪万历年间。

东方历史研究也是19世纪东方学颇有成就的领域。西方学者在搜集东方史料的基础上撰写东方通史著作。英国人詹姆士·穆勒的《英属印度史》却属于充满谬误和偏见的著作。阿马蒂亚·森有文章对这部历史书进行了深刻批判。东方学确立的主要标志是各国东方学研究组织的建立和国际东方学会议的召开。巴黎的亚洲学会、伦敦的皇家亚洲学会、美国的东方协会、莱比锡的德意志东方学会、孟加拉皇家学会等在19世纪初期相继成立。1873年世界东方学家代表齐集巴黎举行第一届国际东方学会议,以后每隔3—4年召开一次。

20世纪,东方国家的一批学者加入东方学的研究队伍,从民族视野研究东方学,以对语言的熟悉和对材料的充分把握而成果累累,可谓异军突起。研究成为国际性的热门。印度学、汉学(包括敦煌学、藏学)、中东学、日本学由于20世纪世界政治经济形势的发展与变化,成为显学。温特尼茨的《印度文学史》是东方学的重要论著。类似的后续之作同样不容忽视。

1993年在香港举行第34届东方学国际会议。世界各国的东方学家聚会香港,就中国踏进21世纪的门槛、珠江三角洲;潜力与机会、亚洲科技史、自由主义与民族主义;东亚公民社会与停滞不前因素、敦煌研究、丝绸之路研究、佛教与佛学研究等课题展开深入讨论。这一事实表明,东方学的内涵和外延在发生变化,在形成传统东方学和现代东方学两个分野。当代的亚洲学者大会、美国亚洲学会大会等,动辄上千人与会,东方学在世界上的兴盛已非昔年可比。

传统东方学涵盖东方的历史、语言、文学、艺术、宗教、哲学,现代东方学涉及东方的政治、经济、社会等分支学科。

中国拥有从事东方学研究的巨大优势，积累了丰富的史料和文献。汉译佛经，如《佛国记》、《大唐西域记》。元代汪大渊两次游历东南亚和印度洋各地，著《岛夷志略》。明代郑和率领庞大船队下西洋，其随员马欢、费信和巩珍分别撰写的《瀛涯胜览》、《星槎胜览》、《西洋番国志》等书，以及明代严从简的《殊域周咨录》、清代谢清高的《海录》等，都是研究印度等邻国历史上宗教、哲学、地理、历史政治、经济、文化的珍贵资料。

中国东方学的研究由过去的语言、历史、文化、哲学、宗教发展到当代亚非国家的社会、政治、经济等问题的全面研究。1955年万隆亚非会议以后，国内相继成立了一些专门的东方研究机构。1959年中国科学院哲学社会科学部筹建亚非研究所。1962年在北京成立全国性的学术团体中国亚非学会。1964年北京大学设亚非研究所。1978年北大与中国社会科学院联合成立南亚研究所，季羡林出任所长，聚集和培养了一大批人才。这些人如今还在不断取得重大研究成果。80年代以后，有关东方学的各种学会和研究机构纷纷成立。北京大学设有东方文化研究所、印度研究中心、巴基斯坦研究中心、伊朗研究中心、朝鲜研究中心、日本研究中心等。有关期刊有《南亚研究》《东南亚研究》《阿拉伯世界》《西亚·北非》《日本研究》《东方丛刊》等。

维基百科也有一篇关于东方学的条目。全文如下：

Oriental studies is the academic field of study that embraces Near Eastern and Far Eastern societies and cultures, languages, peoples, history and archaeology; in recent years the subject has often been turned into the newer terms of Asian studies and Middle Eastern studies. European study of the region, formerly known as "the Orient", had primarily religious origins, which has remained an important motivation until recent times. Learning from Arabic medicine and philosophy, and the Arabic and Hebrew translations from Greek, was an important factor in the Middle Ages. Linguistic knowledge preceded a wider study of cultures and history, and as Europe began to encroach upon the region, political and economic factors encouraged growth in academic study. From the late 18th century archaeology became a link from the discipline to a wide European public, as treasures brought back filled new European museums. The modern study was influenced both by

Imperialist attitudes and interests, and also the sometimes naive fascination of the exotic East for Mediterranean and European writers and thinkers, captured in images by artists, that is embodied in a repeatedly-surfacing theme in the history of ideas in the West, called "Orientalism". In the last century, scholars from the region itself have participated on equal terms in the discipline.

Pre-Islam The Western world's original distinction between the "West" and the "East" was crystallised in the Greco-Persian Wars of the 5th century BC, when Athenian historians made a distinction between their "Athenian democracy" and that of the Persian monarchy. An institutional distinction between East and West did not exist as a defined polarity before the *Oriens*- and *Occidens*-divided administration of the Emperor Diocletian's Roman Empire at the end of the 3rd century AD, and the division of the Empire into Latin and Greek-speaking portions. The classical world had intimate knowledge of their Ancient Persian neighbours (and usually enemies), but very imprecise knowledge of most of the world further East, including the "Seres" (Chinese). However there was substantial direct Roman trade with India (unlike with China) in the Imperial period.

实际上，东西方的接触和了解，从公元前即已开始。希腊波斯战争、张骞通西域、亚历山大东征等，是早期东西方接触或冲突的重要事例。希罗多德的《历史》对古代印度就有记载。亚历山大所以入侵印度，是因为他们已经了解到：亚洲富饶而腐败（Rich yet corrupted Asia）。我以为，相对于百度百科的那篇文章，维基百科对于东方学历史的概述，更为全面一些。下面切入正题。

一、概念：东方与西方的界定。在不同时期，东方与西方可以是地理概念，也可以是政治概念，还可以是文化概念。它们的内涵是不断变化着的。古代与现代是不同的。例如，欧洲的古典学术，主要指希腊和罗马的学术，希腊文和拉丁文。现代的欧洲学或西方学，则发展成为对欧洲学和美国学的研究。东方学与西方学术，存在着巨大的交互影响和互动。东方学是相对于西方学的学术研究，而且借助了西方的许多方法。东西方成为政治概念，主要是在20世纪出现的，特别是在冷战时期。治东方学的人，必须对西方学有一定的了解。

二、各种中心论。各大民族、各大地区，都曾产生过各种中心论。欧洲中心论，是在近代出现的，一些人种学家甚至不肯承认现代人类起源于非洲。希特勒及其法西斯学者，相信并力图证明日耳曼是全世界最优秀的种族，并借助雅利安人理论将自己说成是正宗的雅利安人。印度人有印度中心论，7世纪玄奘留学印度决定回国弘法时，他的印度老师和同学就竭力挽留他，说中国是"蔑戾车（肮脏）地"，"气寒土险"，实在不应当回去。玄奘的回答是："岂可自得沾心而遗未悟。"

中国人历来都有中国中心论。古人认为四邻无非夷狄蛮戎（犬戎），从文字学角度看，他们都是未开化的犬类或虫豸而已。文革时，以为自己成了世界革命的中心。这是现代的中国中心论。

即使在清代，中国已经非常落伍，而且日趋衰微，林则徐对英国人义律来函加了如下批语："天下万方，何处与天朝相提并论？"典型的夜郎自大和不知己不知彼。

在鸦片战争时，咸丰皇帝依然将英法当成藩属国，逼其使节向他下跪。与西方的跪礼之争从乾隆时期开始，持续了大半个世纪，直到内忧外患频发的咸丰时期。由于愚昧闭塞和自以为是，清朝皇帝对西方世界发生的巨变几乎一无所知，对现代文明没有学习和接纳的积极态度，也没有任何改变自身落后体制的愿望。

各种中心论都不利于对他者的发现和了解，也不利于对自身的反省和认识。我们从事东方学研究的人必须破除各种中心论的藩篱，否则难以实现学术创新。

三、二元对立。对于东西方文明的关系，由于殖民史和冷战，形成了一种根深蒂固的二元对立认识，将东方文明与西方文明，东方世界与西方世界，看成二元对立的关系。毛泽东提出过东风压倒西风的说法。不少中国人长期认为西方文明与东方文明是敌对的，你死我活的。林彪曾经有文章主张以亚非拉农村包围欧美这样的世界城市。今天看来，这些观点和认识十分荒谬乃至愚昧，但影响还是长期存在的。如今，随着对西方文明了解的增多，我们实际上进入了一个和平发展的时代。地球村面临着许多共同的根本性的问题，只能走和平共存、和谐共生之路，否则人类文明就有可能整体灭亡。因此，我们不是要刻意寻找差异和对立，而是要寻觅共同之处。

在古代，东西方文明虽然有局部冲突，但不存在根本对立。东西方基本各自独立发展，文明交光互影，不断相互交流和借鉴，不断通过拿来而丰富自身。近现代，在世界范围内，理性与科学同专制与僵化不断发生冲突。在当代和未来，东西方文明只能寻求共识，遵奉普世价值。

我们可以看一下前辈学者对东西方文明的一些论述：

王国维百年前说过："学无新旧也，无中西也，无有用无用也。凡立此名者，均不学之徒，即学焉而未尝知学者也。"（《国学丛刊》序）。他反对二元对立论，不同意将学术划分为中学或西学，将它们对立起来。

英国历史学家汤因比认为，在人类六千多年的历史中，先后有二十多个文明经历了发生、成长、破坏、崩解、死亡等五个阶段，目前仅存西方基督教文明、伊斯兰教文明、东正教文明、印度文明、东亚文明。他强调，所有的文明不仅具有相等的价值，各有成绩，各有千秋，也各有不足和局限。

汤因比的名著《历史研究》，对季羡林先生的历史观产生过影响。

中国著名语言学家周有光最近谈到中国文化与外来文化的关系：

> 文化一定是多种文化的混合。单元文化发展到一定阶段之后就不能继续发展了，要有外面的文化来嫁接。中国的文化在春秋时期就了不起了，但是后来开始衰落。汉代有印度佛教传进来，经过了几百年演变，到唐代与儒学为中心的华夏文化混合起来，这是华夏文化的第二个时期。许多好东西都是印度文化带过来的，比如中医、雕塑、建筑、歌舞等等。到了清朝又有西洋文化的嫁接，这是第三个时期。
>
> 我们今天是学习西洋文化，因为它的文化比我们高，不单是因为他们生活水平高。

他对季羡林先生提出的"三十年河西，三十年河东"之说，虽然表示自己无意参加讨论，但实际上是不赞同的，因而提出了他的"双文化"论。他说：

> 首先文化不是东方、西方这么分的，谈文化要拿历史作根据。古代有好多个文化摇篮，后来逐步融合成四个地区传统文化：东亚文化、南亚文化、西亚文化和西欧文化。西欧文化传到北美称西方文化。这四种传统文化在全球化时期相互流通，大致从十八世纪开始，不知不觉发展为不分地区的国际现代文化，由世界各国"共创、共有、共享"。
>
> 比如说电灯，今天不能说美国文化了，是世界文化。从西欧传到

北美的西方文化,发展民主较早,开创科技较快,是国际现代文化的主流,被称为"西化"。但其他传统文化对国际现代文化都有重大贡献,不能低估。

另外文化流动也不是忽东忽西轮流坐庄,而是高处流向低处,落后追赶先进。"河西河东"论是由"自卑综错"变为"自尊综错",没有任何事实根据,只是"夜行高呼"的懦夫壮胆。

现在每个国家都生活在传统文化和国际现代文化的"双文化"时代,这是今天文化的主流。

这些意见无疑是值得考虑的。东方文明的发展,得益于东方与西方之间的交流,也受惠于东方不同国家之间的内部交流。这样的事例俯拾即是,不胜枚举。尼赫鲁在《印度的发现》中就认为,每次外来文化的入侵,都赋予印度文化新的生命与活力。在西学东渐之后,西方的先进文化和观念与中国传统的文化和落后的观念发生了剧烈冲突,但也因此促进了中国现代文化的萌生和发展。日本善于学习和融化西方文明,因而在亚洲各国中发展最快,是个值得研究的对象。

我以为,时至今日,仍将东西方文化看作二元对立,本身是个极大错误,是一种狭隘和错误的思维的惯性延续。对于东西方文化你中有我、我中有你、相互交融的情况,印度大导演萨蒂亚吉特·拉伊的观点(见他的文章《我们的电影,他们的电影》),阿马蒂亚·森在《惯于争鸣的印度人》中的观点(《我们的文化,他们的文化》),都是非常值得认真琢磨,值得深思的。在这方面,我们远未能达到印度学者见识和境界的高度。

东方文化的前景是否悲观?我认为并不如此。但近代以来,有几百年的时间,除了印度的思想家,包括中国在内的东方,对世界的贡献极其有限,印度还提出个非暴力主义,就非常了不起,但其他国家贡献至弱至微。那么,东方文化的出路,在于自新,而不在于抱残守缺;在于学习和融合西方文化,而不在于故意标新立异,故作惊人之语,无端与西方文化对抗。这才是东方文化的生路。最大问题还在于,放手让人创造,否则只能日趋没落。中国就存在这样的危险。

有不少人,特别是中青年,认为季羡林先生所提的"三十年河东,三十年河西"、"21世纪是东方文化的世纪"等只不过是一厢情愿的想法。坦率地说,关于东西方文化一定此消彼长的说法缺乏理据和实证,同样包含了二元对立的绝对化认识。

有位青年学者最近给我来信说:"当今西方世界所面临的人文精神解构、人与人之间关系的隔阂、生态危机等问题需要东方文化参与解决"。这是对的。看看印度文化对西方几个世纪的影响和冲击,直至甘地和泰戈尔,再看西方人的态度,他们总是挖掘东方优秀的东西,从老子和孔子身上学了些东西,从佛教和印度教汲取积极的思想理念,就不难明白西方在近代以来何以能够持续发展,不断创新。读美国学者的著作,例如蒂洛的《伦理学:理论与实践》(中文新版译名为《伦理学与生活》),可以看到,在环境问题上,他们认为,佛教、印度教、老子都有不错的哲学思想可资借鉴。西方人的胸怀还是开阔的,愿意向东方学习,倒是东方的狭隘民族主义者们有时过于敝帚自珍。但是,"人文精神解构、人与人之间关系的隔阂、生态危机等问题",在东方,在极端的穆斯林国家,在中国,似乎更为严重。

四、印度和中国文明的衰落始于何时与复兴前景

中印两大文明在近古以来的衰落几乎是同时发生的。佛教在印度本土的衰亡,以那烂陀寺的焚毁和德里苏丹国的建立(1206)为标志,中国以南宋灭亡和元朝(1206—1368)建立为标志。

早在我国唐代高僧玄奘于7世纪游学印度时,佛教已呈衰落迹象。这在其名著《大唐西域记》中不乏记述。到8—9世纪时,佛教在印度趋于式微。此时,伊斯兰教武装势力开始逐渐侵入印度,给予佛教沉重打击;许多宏伟的名刹被毁,无数僧众风流云散。到13世纪初叶,佛教在其诞生地印度本土消亡。

印度在近代的复兴,始于孟加拉文艺复兴,持续百余年,影响遍及整个印度。中国近代的复兴,始于辛亥革命和随后发生的新文化运动。不过,中国的新文化运动仅持续了不足十年的时间。

决定文明兴衰的因素是什么?不同的人有不同的认识。新文化运动时期的文化决定论,新中国成立后近三十年的阶级斗争决定论,改革以来三十年间的经济决定论,都曾在很长的历史时期内产生重要影响。我认为,制度才是最具有决定作用的。因此,我们的课题应当关注制度在东方文明发展中的促进或制约作用。

五、和谐共生

"East is east, west is west,

They never meet."

在当代,我们已经看得非常清楚,东西方文明各有千秋,各有所长;它

们的关系不是对抗和消灭对方，而应当是互相学习，互相借重。产生于东方的非暴力思想，已经逐渐为整个世界所认同。代表性人物包括马丁·路德·金和纳尔逊·曼德拉。产生于西方的暴力革命学说曾经盛极一时，如今正在销声匿迹。人类在追求和解、和平与和谐，以求共存、共济、共生。Live and let live，集中体现了人类文明发展的趋势。

《韩非子·五蠹》："上古竞于道德，中世逐于智谋，当今争于气力。"《后汉书·种岱传》："臣闻仁义兴则道德昌，道德昌则政化明，政化明而万姓宁。"在当代社会，文明的兴盛与发展，首先取决于政治文明的发展程度。

六、研究对象。如上所述，在研究东方文明之时，包括研究传统东方文明的发展时，不可忽视对相关政治制度和思想发展的研究。这一点，在以往的研究中并没有得到应有的重视。

在前人和当代学者中，梁启超、季羡林、金克木等中国学者的探索；西方学者的文明冲突论与历史终结论；阿马蒂亚·森的有关著述，都值得研究和借鉴。

七、文献。现当代出版的不少外文著作的中文译本并不可靠，因此真正的学者应当争取阅读原著。对于任何存疑的问题，至少应当查阅三份不同来源的文献资料。例如，如果是探讨印度问题，那么就不仅要看印度学者如何论述，还要查看中国学者和西方学者的看法。同样，对于中国问题，也不能单凭中国大陆文献论断，不妨看看印度、日本、西方以及港台学者的看法。这样，我们就可以避免片面性。

文献来源当然多多益善。中国、印度、日本、欧美、苏俄的学术见解都应重视。以下仅列举部分学者、作品。

中国内地：季羡林、金克木、胡绳；海外：余英时、黄仁宇、唐德刚；

印度：罗易、奥罗宾多、甘地、泰戈尔、尼赫鲁、巴沙姆、阿马蒂亚·森；

欧洲：德国：马克斯·韦伯；英国：汤因比《历史研究》；

美国：《菊与刀》、亨廷顿、福山、约瑟夫·奈等等，都是不可忽视的学者或著述。

此外，从希罗多德的《历史》到爱德华·赛义德的《东方主义》，都应当阅读。直到今天仍然值得一提的，是马克斯·穆勒1847受命主持编译的《东方圣书》。

肖建生著《中国文明的反思》（中国社会科学出版社，2007年版）提出宋朝是中国古代文明的顶峰，类似书籍都值得一读。

我们还应注意对中国古籍中的一些词语理解。古籍中的一些涉及外语的词汇往往与我们今天通用译语并不一致,例如"浙地港"——吉大港;"傥伽"——塔卡;"巴尔西语"——帕西语;"叙跛兵"——Sepoy。古文虽好,倘若不懂外文,恐怕难于理解以上词语究竟何所指。

在文献中还有关于译本的问题。中国古来即重视对外国文献的翻译。近古以来,在明朝设立四夷馆,随后改名为四译观,晚清出现同文局,中华人民共和国出现编译局。

八、指导思想:不存先入之见,怀抱求真知、求真相、求真理的态度,达到学术创新,绝不人云亦云。

学山问路
——东方学研究方法谈①

薛克翘

【作者简介】 薛克翘,中国社科院亚洲太平洋研究所研究员、北京大学外国语学院南亚学系兼职教授。研究方向:印度文化比较研究。

一、对东方学的认识

东方学的兴起在西方列强向东方国家殖民以后。首先是西方的资产阶级革命带动了学术研究,然后是一批学者对东方殖民地的人文和社会发生兴趣。

以印度为例,从16世纪后期开始,陆续有荷兰、葡萄牙、法国、英国来到南亚次大陆,先是贸易,后是占领。1600年,英国建立东印度公司,逐渐扩大对印度的占领。18世纪,他们打败了法国人,成为次大陆最大的殖民力量。同时,他们采取分化瓦解的手段,不仅在印度沿海地区站稳了脚跟,也把触角深入到印度腹地。在这个时期,已经有人注意到印度悠久的历史和丰富多彩的文化,开始研究印度的语言、民俗等。整个19世纪,是西方学术的活跃期,马克思主义、弗洛伊德的心理分析学说和达尔文的进化论都形成于这个时期。同时,这也是西方研究印度学的黄金时期。出现了马克斯·缪勒、乔治·威廉·考克斯、提奥多尔·本费等一批开创学派的大家。他们对印度的历史、宗教、民俗、语言、文学等领域的研究成就斐然。同样,对东方其他地区的研究,如埃及学、苏美尔学、亚述学等的研究也大都兴隆于这个时期。东方学就是在这个时期形成的。尽管那个时期东方诸国基本都沦为了西方列强的殖民地,贫困不堪。但西方学术

---

① 本文内容是作者应邀于2012年5月25日在北京大学"东方学研究方法论"项目组举办的"专家讲坛"上所做的讲座。

界却始终重视东方学的研究。原因是东方拥有雄厚的文化传统,为人类文明做出过突出的贡献。

总之,整个19世纪,东方学的话语权基本上掌握在西方学者的手里,东方国家的学者较少发出声音,日本学者除外。东方人研究东方学是在西方学者的带动下开始的。进入20世纪以后,东方国家的学者才逐渐多了起来。

在中国,经过"新文化运动"之后,到30年代前后出现了学术活跃期。但解放后又很快遭遇了一个"冰河期"(1957年的"反右"和1966年开始的"文革")。直到改革开放以后,中国才再次迎来学术的春天,人们再次感到东方文明的重要。季羡林先生提出了"三十年河东,三十年河西"的文化变迁的理论。这个理论刚提出的时候显得有点猛,许多人深表怀疑,也有不少人出来争鸣。但仅仅过了一二十年,这个理论就得到了越来越多的验证和越来越多人的赞同。最典型的例子就是地球变暖,海平面升高。这个时候,人类感到危机在加剧,玛雅人的巫师发出了预言,说地球将在2012年遭到毁灭性的灾难。这给一些人带来了惶恐。于是,好莱坞也制作了大片,说人类要遭到灭顶之灾,演得十分逼真,十分恐怖。有趣的是,大片的结尾把人类的希望寄托于东方,那个能够救人类于灾难的方舟居然就在中国。

不管怎样,东方人不缺乏智慧,自古就有关于和谐的理论,有一套"天人合一"、"梵我一如"的哲学。不仅是哲学,东方值得研究的东西很多,还有宗教、历史、民族、民俗、文学、艺术,以及政治、经济、军事,等等。这所有东西就是东方学所要研究的内容。

二、对研究方法的认识

1919年"五四运动"时期,中国的知识分子在寻求救国救民的道路时,从西方请进来两位先生,德先生和赛先生。原因是西方进行了资产阶级革命以后,实行民主和科学。民主是什么,就是政治制度,这个制度讲究的是以人为本,其思想基础就是人文主义。科学是什么,科学就是分科的学问,就是要讲究方法,就是用正确合理的方法从事分门别类的研究,以达到发展社会经济,实现富国强民的目的。

中国古代也有科学,有我们引以为自豪的四大发明等。但相比之下,我们祖先的做法不够系统,而且充斥着迷信,因而就不够科学。1919年之前，中国的知识分子就开始了科学方法的探究。1919年之后，更出现了新文化运动的高潮。在这个过程中，中国涌现出一批"大师"级人物。

那个时候不像现在这样"大师"满天飞，有宗教大师、戏剧大师、绘画大师、音乐大师、气功大师、风水大师，等等，这些都还说得过去。唯独让人不解和啼笑皆非的是，一些阴阳怪气、胡说八道的人也被称为大师。然而，在林林总总的大师们中间，我们却看不到学术大师。

学术大师，我的理解，就是学贯中西的学术大家。什么叫"学贯中西"，就是说，光懂得西文和中文还远远算不上大师，光有国学和西学的知识也还不算大师，还必须贯通国学和西学。这"贯通"二字，就表示有一套科学的方法。也就是说，要知道怎样研究，怎样分析，怎样比较，怎样将中学和西学综合起来。

举个例子，钱钟书先生就是学贯中西的学术大师。他家学渊源深厚，早年留学英国。1978年，中国"文革"后，他出访美国，引起轰动效应。他出版的四卷本巨著《管锥编》，成为比较文学研究者的必读书。不仅中国学者佩服他，外国学者也佩服他。再如季羡林先生，早年留学德国，后来在历史、佛教、语言、文学、比较文学和中印关系史等方面都取得了卓越成就，也是中外学界佩服的大家。这样的大家就是学贯中西，掌握一套研究方法。

一句话，研究方法的运用能力是研究能力的一个标志。

最近一些年，我读了不少博士论文和硕士论文，其中绝大部分是东语系（现在叫南亚学系）研究生的。学校对研究生的论文有一项要求，就是要介绍自己论文的"研究方法"。可是，有不少作者居然说不清自己的研究方法，有的甚至胡乱写一些研究方法，然而，论文却写出来了，有的写得还不错。

这说明，有相当一部分研究生写文章还停留在照猫画虎的阶段，对研究方法没有清晰的认识，也没有自觉意识。

说起研究方法，社会科学、人文科学的研究方法几乎都是一样的，东方学的研究方法也不例外。当今，大大小小的研究方法很多，我个人觉得，最常见、最基本的方法是三种：分析法、比较法、综合法。

有人说，还有归纳法、排除法等，难道不是基本方法吗？是的，这些方法都是常用的，但还算不上最基本的方法。

有人说，我采用了民俗学的研究方法，不对吗？也有人说，我采用了社会学的研究方法，不对吗？是的，不对了。可以笼统地这样说，但民俗学、社会学都是学科的名称,不是具体的方法。即便是这些学科,也要采用我说的这三种基本方法,不能例外。

这三种方法,借用一个佛教术语,把它们叫做"三法门"。下面分别谈些粗浅的认识。

三、科学研究"三法门"

(一) 分析法

我们经常说,"具体问题具体分析是马克思主义的活的灵魂",这是当年列宁提出来的观点。后来所说的"个案研究"实际上就是具体问题具体分析。

我们分析一个群体、一个家庭、一个人物、一个事件、一部作品、一个观点、一个行为、一个现象,等等,一定要把它放置到一定的时代背景下进行考察,这就是历史唯物主义的立场。同时,我们还要把它放置到它自身的发展变化过程中进行动态的研究,这就是辩证唯物主义的立场。

由此可见,马克思主义的立场和方法并没有过时。即便我们不把马克思看作革命导师和精神领袖,而把他看作一位伟大学者的话,他在150年前创立的哲学体系,也足以令人佩服。

我们举个例子。现在的社会学者、民族学者、民俗学者等都喜欢用一个词,叫做"田野考察"。过去,这个词只用于考古界,也许地质勘探界也使用这个词。田野就是野外,就是人烟稀少处,考古工作者或者地质勘探者,在那里搭起一个帐篷,发掘遗址,寻找矿藏。现在这个词的意义发生了变迁,民族学者深入到某个民族中间进行调查,民俗学者深入民间采风,甚至社会学者深入到民间群体中搞调研,都叫田野考察。这不是我们中国人的发明,外国早就这么说了。

我们都知道摩根的经典著作《古代社会》。摩根就是深入到太平洋小岛的原始部落当中,进行田野调查,进行个案研究,具体问题具体分析,然后写出这部经典著作的。在后来的一百多年间,甚至直到今天,这部书都是人类学、社会学、民族学和民俗学研究者的必读书。

从这部书我们还看到,进行个案分析本身并不是目的,而且仅仅进行个案分析只是完成了全部工作的一半。要想让这个个案研究上升到理论层面,具有普遍的指导意义和阐释功能,还需要更进一步,还需要进行后半部分的工作。这后半部分工作,就是综合研究。

(二)比较法

比较法也是基本的研究方法之一。我们常说"没有比较就没有鉴别",那是指,在对事物的认识过程中通过相同点和差异点的对照分析,来探究事物的本来面目和本质特征。所以说,比较法既是一个操作层面的问题,也一个理论层面的问题,既是一个方法论的问题,也是一个认识论的问题。

这样说还是很抽象,让我们举例子说明。比方说,近代语言学的兴起就是东西方语言比较的结果。一些西方语言学家最初通过梵文与英语、德语、拉丁语、希腊语、斯拉夫语等的比较,发现梵语和西语有许多词汇是一样的,也有一些语法规律是一样的。这就出现了一门新的学问,叫做比较语言学。西方学者通过对印度民间故事和神话传说的研究,又发现世界上许多地区流传的故事都很相似,于是就形成了两个新的学科,比较故事文学和比较神话学。比较语言学的进一步发展就是现代的语言学,而比较故事学的发展就是现代的比较文学。

现在的问题是,这样一比较就出现一个新的学科,难道搞学术研究就是为了创建新学科吗?不是的。这个新学科必须是能够证明和解决这个学科以外一些问题的,如人类学、民族学、历史学等问题。拿比较语言学来说,人们通过最初梵文和西文的比较,确定这是一个语系,即印欧语系。操这个语系的人叫做雅利安人。人们还发现,早期的雅利安人有一个大致的迁徙路线。雅利安人最早居住在高加索一带的欧亚平原上,后来一部分向西边游牧,定居于西欧;一部分向两河流域游牧,成为亚述人;还有一部分向南边游牧,成为波斯人和印度人。另外,比较语言学也澄清了一些历史传说,例如,人们通过对日语、朝鲜语和蒙古语的比较研究,发现它们属于一个语系,即所谓阿尔泰语系,这样,中国古代的传说,说殷商时代箕子到朝鲜立国,秦始皇时代徐福带童男童女到日本开国等,都仅仅是传说,并不符合历史真实。

总之,比较法是我们认识事物本质特征的一个有效途径。

(三)综合法

综合法是什么,就是由个别到整体,由特殊到一般,由初级到高级,由具体实证到理论升华的研究过程。

举例来说。中国新疆流传着阿凡提的故事集,土耳其流传着纳尔斯丁的笑话集,印度流传着一个比尔巴尔的故事集,阿拉伯地区流传着朱哈的故事集。这些故事不仅在中亚、西亚和阿拉伯地区流行,即便在西藏、蒙古、朝鲜半岛和日本等地也很容易找到同样的故事类型。而有记载的最早的一些故事则出自于佛经(主要是《百喻经》)。对这些故事进行综合研究,可以从两个层面展开。第一个层面,我们可以单独地看某一个民族或区域的这些故事,如新疆地区的阿凡提故事。我们可以作一些鉴赏,可以就这个民族的审美特点、道德观念等问题提炼出一些结论性的观点。这无疑是一种综合。不过,还可以站得更高,从第二个层面展开研究。那就是综合这所有地区的情况来考察这些故事。那样,我们就会发现更多的问题,有些是地区的共性问题,有的则是人类的共性问题。例如,这些故事为什么会流传这么广?为什么在穆斯林地区格外受欢迎?其次,各个民族的相同故事都有自己民族的烙印,说明了不同民族间的哪些差异?它们符合了人们哪些共同的审美需要?等等。提出这些问题和解答这些问题,也是一个综合研究的过程。从学科分类上讲,这是比较文学的研究,也是民俗学研究,是一种跨学科、跨文化的研究。

四、运用好研究法的必要条件

记得是在1979年下半年的一天下午,季羡林先生在外文楼(进门左拐,现在办公室的104房间)给当时南亚所的人搞了一次讲座,专门谈如何从事科研的问题。他讲了几个从事科研的必要条件。第一,要掌握好中文,同时要了解国学方面的知识,否则写不出好文章;第二,要掌握外语,至少一门,否则目光就不会开阔,如同坐井观天;第三,要坐得住,多读书,否则知识就受到局限,研究会流于肤浅;第四,要有端正的学风,不能胡说八道。他说,从事社会科学和人文科学研究,很容易胡说,因为说出的话往往不能立即验证。不像自然科学,往往立即就能验证。他打了一个比方:我说那里有电,你说那里没电,很简单,不信你就摸摸,电你一下就知道了。但社会科学和人文科学研究就不同,所以必须端正学风,讲究学德,说话要有根据。

最后我想谈一点自己的感慨。听季先生这个课的时候我还是个研究生,刚入学不久,所以印象极深。从那以后,我就记住了季先生的这些教导,在自己的学习和科研中实行。事实证明,这是行之有效的。数十年下来，也有一点小小的成果。例如，学习季先生比较文学方面的文章，我后来也写了一些文章，并汇集为《中印文学比较研究》一书；学习季先生中印文化交流方面的著作，最后写出《中国印度文化交流史》等书，算是为我们的东方学研究添砖加瓦了。不过，由于生不逢时，把青春献给了"文革"，这是几代人的悲剧，我也总为自己不能成为学术大家而感到遗憾，如今年事日高，只能抱憾终生了。未来的希望就寄托在我们年轻的学子身上。希望大家不要忘记，北京大学这个地方出现过很多学术大师，如哲学系的冯友兰、朱光潜，历史系的翦伯赞，中文系的王力、游国恩、杨晦、魏建功，东语系的季羡林、金克木、马坚，西语系的冯至，俄语系的曹靖华等等。而如今，北大有些沦落了，出现了一些学术丑闻，为海内外人士所侧目。但北大就是北大，今后必有振兴学术，振兴东方学研究的一天，寄希望于你们，拜托你们了！

中外古史比较研究方法谈[①]

刘家和

【作者简介】 刘家和,北京师范大学资深教授,北京师范大学中外古史比较研究所所长。研究方向:世界古代史、中国古代史。

各位老师同学,看到诸位非常高兴。看到年轻同学的面孔,感到无限生机。由于各种因缘,我曾经做过一段时间东方,古代印度史,当时好像还算是比较前沿。我打了点基础,很想搞,每天也看书,但是我已经八零后了。颜海英教授邀请我来,我也很愿意,我心里有个使命,我的想法跟前辈季先生一样,中国文化是应该复兴了。今天我根据自己的经历谈一谈,我能够想到什么,贡献给诸位。

20世纪50年代毕业以后,我本来倾向于搞中国历史,后来因为我懂点外文,又让我做外国历史,研究世界古代史。最初我只能看英文,50年代初又学了点俄文,一看世界古代史的书,看到西文的世界古代史,包括俄文的,都是古代东方、希腊、罗马,可是中国呢,看不到。俄文的书里有一点点,但还是像西方传统,跟剑桥古代史一样,它的古代东方史包括埃及、亚述、两河流域,没有印度和中国,当时也没有剑桥中国史。而且当时的近东史实际上作希腊和罗马史的引言。苏联做出了改变,克服西方中心论,但是中国和印度很可怜地各有一章,都非常薄弱,根本不能相称。比例大概是古代东方勉强占三分之一,希腊和罗马各占三分之一。实际上,一战以后,西方已经有人反对西方中心论了,一个是斯宾格勒(Oswald Spengler),一个是汤因比(Arnold Toynbee)。是这样的情况,我想不能这样下去。那时,我跟诸位年纪差不多,二十四五岁。我心想,要研究世界古代史,要咬着牙搞西方史,因为西方史毕竟是重要的。我对

[①] 本文内容是作者应邀于2012年5月25日在北京大学"东方学研究方法论"项目组举办的"专家讲坛"上所做的讲座。

希腊,对希腊的文化和哲学是非常兴趣的,先去搞希腊。当时,我想要有个比较,要对世界古代有所把握,至少有三个点,虽然今天已经不在前沿,仅供大家参考。一个是印度,一个是中国,还有一个是希腊。了解希腊之后,再了解罗马史不是太困难的。了解罗马再了解希腊是困难的,希腊在思想上远远高于罗马的。要了解国民,还是在思想上,要了解精神状态,才能了解文明的生命所在。苏联专家来到中国,我有机会在东北师大进修。林志纯先生协助苏联专家指导我们。可实际上,限于语言和文字的问题,要通过翻译,比较困难。论文主要是林先生指导的。我对希腊哲学最感兴趣,当时,还是马克思主义观点影响还很大,于是去做社会经济制度,从基础到上层建筑。后来,研究的是黑劳士制度,写了八万余字,"文革"后删掉一半发表。我是争取希望能做到前沿的,当时我国的希腊研究太薄弱。要研究古代希腊,不能不了解当时希腊研究的前沿。向诸位说一个经验,我1952年毕业,在北师大历史系当了三年助教。第一年做中世纪史,第二、三年做古代史,在附中,给高一学生教世界近代史一年,教两门课,在教育系教过世界通史。更别说当时政治活动很多,这个工作负担下来。可是,当时我心想要做这些工作。所以,大家时间是有的,年轻的时候,精力是有的。要搞希腊,前沿当然要看最新的东西。我们要搞两个前沿,一是制高点的前沿,即巅峰的前沿,一个是现实的前沿。我到东北师大进修两年,从北京出发的时候,带着提纲,一盒卡片,否则两年时间选题都找不到。要成就自己,就要自我设计,谁都不能代替。如萨特所说,一定要存在与再现。自我设计的是,你有兴趣的。我主要看的是19世纪的希腊史权威著作,格罗特(George Grote)《希腊史》(*History of Greece*),12卷,19世纪的巅峰之作,尽管当时已经快一个世纪过去了,后面出了很多东西,即便最新的著作也没有达到那种高度。我没有看完12卷,但是我决定做斯巴达,然后再做雅典,把相关的内容都看了,弄清楚了所有能够研究这个问题的材料在哪儿,到他那个时期讨论的问题到哪儿,哪些东西是英文我能看到的,德文的法文的我不能看到,希腊拉丁文的我看不懂。接下来就是20世纪初,伯里(John Bagnell Bury)的《希腊史》,他的著作也是前沿的,没有格罗特那么高,那么丰富宏伟。可是50年代初,当时在北京我也只能看到这些,再多的也找不到了。想看《希腊罗马研究》(*Greece and Rome*),《希腊研究杂志》(*Journal of Hellenic Studies*),看不着了。当时东北师大非常支持,我知道有两部英文1952年出的《斯巴达史》,想办法请求东北师大买来。当时能看到三年前的书已经很不容易,也能看点俄文的,我看最新的杂志,虽然很幼稚,但是我出手的时候,把自己放在前代大家的肩膀上。我们现在开始阶段,不能输在起跑点上。当时在国内外也算是在前沿上,苏联专家对我的论文也有很好的评论,不是因为我了不起,而是因为我所依托的人了不起。希腊史是可以做下去的,但是我还要实现另一个愿望,印度。印度怎么办?怎么做?我在研究黑劳士制度的时候,我发现黑劳士(Helot)与印度的首陀罗有密切的关系,自然就想到印度的问题。一开始,我思考印度怎么做?当时洛布古典丛书(Loeb Classical Library)已经到了东北师大,我发现古代希腊作家有很多关于印度的记载。我发现要做印度时候,早期印度是没有年代的,印度上古的年代很多是靠希腊人给定下来的,中古这部分是中国定下的。我再一调查,印度要从了解人家成果入手,一定要从前人的研究成果开始。不要一看到问题就盲目跟风,当前讨论什么问题我就跟着卷进去,这个问题研究的价值在哪儿,研究的高峰在哪儿?我们能够掌握的资料是哪些?实际上就是我们研究的可能性问题。我索性调查西方人的研究成果,《剑桥印度史》是非常重要的著作,出现在20世纪20年代,是巅峰之作。西方人基本上已经把很多巴利文和梵文的佛经都翻译成了英文,很多经,论或者说法典被成套的翻译。有两个大丛书,一个是《东方圣书》,一个是《佛教圣书》。心里知道了,原来印度的东西在这儿。印度独立后,也出了一些书。我看了以后,一比较一下,他们的观点是在变,是有独立意识的,有着对印度文化的尊重,但是在学术上并没有走到西方人前面。我们知道这个是很重要的,关于高峰的前沿跟现实的前沿,20世纪后期的时候,西方古典学的前沿,高峰期已经过了。我们不能不重视高峰期的前沿,如果只看到现在的前沿,有些不是制高点上的,比如中国的学术,清代的学术,乾嘉最高,高邮的王念孙、王引之父子,做古文献的解读,看了以后很过瘾,多难的问题在他那里就给解决了,看了之后开拓自己的思路。可以看一看《经义述闻》,启发我们的思维。那么多难解的问题,他是怎么给解决的。了解西方人做的大概是什么地方,我当时想跟季先生学巴利文,白寿彝先生也答应了,但当时政局、运动也不允许,跟季先生往来是文革后。中国汉文大藏经是搞印度的大宝藏,可是当我知道这个事情以后,那么大部头怎么看法?目录学很重要,如果我们不搞目录学,看格罗特的时候,当时不自觉看他引用书的书目,原始材料是哪些,哪些是原始文献,哪些是专著,哪些是一般的,哪些是工具书都很清楚。搞大藏经的时候忽然发现,不知道怎么进去,佛教那么多宗派,从哪一部入手？为了搞这个，我用了两年多的时间搞目录学，所谓磨刀不误砍柴工。中国的汉传大藏经，有多种译本。研究历史的话，首先是小乘阿含部，然后要知道其他的部跟小含部的关系，律部有什么，然后是论部，然后是各个宗，稍微了解，知道个远近就好了。目录是有层次的，一心全搞目录，就成了目录学家了。我们不是目录学家，先了解对象的大概，了解中国的佛经是怎么翻译过来的，同一个经有不同的译本。以前，印度的经都没有年代，穆斯林进来后是另外一回事，可是中国的翻译有年代，这样的就知道先后，也不是最后翻译的就最好，这个事情很微妙。有一个核心关注点，在头脑中排出一个远近来。我关注历史，研究社会思想关注小含部，还有本生经，中文没有，散的。这样，我关注的核心部分已经了解的很详细，稍微偏远一点，详细的程度差一些，更远一点只知道大概。这是考虑我们精力所能做到的。一下子都探下去，平均起来就不行了。为什么要有个详略？不了解整个的大局，这部分就是孤立的。我有个比喻，就像是邮递员，每天骑自行车跑某一个区，在负责投递的区域，要对每家每户的位置都熟悉，一下车，信就分到信箱里了，这个速度最快。对这个区周边的胡同也要相当熟。假如我是在海淀区，要到东城区，只要知道大路就行了。所以，目录学不是单纯的平铺在那里，而是一个有机结构。要发展出去的话，要从大局的了解开始。然后，从局部出来的时候，一条路，知道从哪儿发展出来。一定要给自己留有活路，不要只了解一片，钻进一条胡同死了。这样，我就不害怕中国大藏经的大部头了。在对比中文和西方英文的翻译，我发现若干汉译是英译没有的。因为梵文的著作也不全了，而有些遗失的结果在汉译中找到。我们研究印度学肯定是在西方后面，这两百年来，西方人力物力投入大。但是，我发现我们中古时期的投入比他们大。我们的翻译是很有讲究的，一边翻译，一边附上说明，为什么要这样翻译。我们在处于弱势的时候，也还是有局部优势的地方。通过研究印度之后，我发现在搞东方，但是我们少不了两样东西，这是我当时搞希腊的时候没发现的东西。第一，我们是中国人，我们中国的文化真正的传统在生活中一代一代的传下来，在我们内心的深处有很多的积淀。诸位千万不要轻看它，这个积淀对我们来说非常有用。我也要搞中国，不能不了解西方研究，也看高本汉（Klas Bernhard Johannes Karlgren），他是语言学家，不得了，有很大贡献。可是他解释我们经典的时候闹笑话，很多西方大汉学家也这样。后来，我跟朋友开玩笑，也许高本汉在中国文字学上、音韵学上的结论比我强多了，这个我得服气，但是我相信我看《三国演义》比高本汉看得好,你们诸位看《三国演义》都能比高本汉好。中华民族是有自己文化底蕴的,千万不要妄自菲薄。我们要同外国接轨,自己得有一个,人家有一个,才是接轨。如果失去自己的根就谈不上接轨,那个就不是接轨,而是转轨,是转到他那去了,永远跟在人家后面。所以,千万注意,年轻的同学,我们不能搞外国以后就忘记我们的传统文化的尊严。我们当代留学生回来都是专家,可是前辈留学生很多都成了大家,是不是这个样子?比如雷海宗先生和齐思和先生。如果只是跟在外国人后面走,我们永远是学生,当不了先生。我80年代才出国,出国以后才发现,如果我没有一点中国底蕴的话,虽然那个时候我已经50多了,我就只能当个小学生听着。假如我还有点中国的东西,你也是教授,我也是教授,还有点平等交流的机会。这一点上,我们的自尊心是太需要了,作为学者更需要。这不是虚荣心,而是自尊心的问题。实际上,我们能站在另外的角度看到他们看不到的东西。这是我搞印度的时候意识到的,中国人的角度和中国人的传统是重要的。搞希腊史的时候没有意识到,因为我们中国人研究希腊的传统太薄弱了,看不出这一点。做东方学的话,中国这个传统是很重要的。还有一点是,我们研究的是东方,我们了解西方也是非常重要的,也可以说,我们不了解西方就不能搞当代的东方,所以我们的确是很难的。因为你年轻,我说这些不会把你们都吓到了,但是,我已经把自己吓到了,我已经是过时的人了,你们可大有作为。为什么这么说呢,我们不了解西方的话,又固步自封了,我不是西方中心主义者,但是我从来不敢轻视西方,我们要研究东方史,一定要把西方人走过的路体验一遍,他们研究东方的历史要了解。不仅要知道这个领域他们做过什么研究,还要了解他们的特点是什么?为什么?我们要不要出世界级的人才?我们要想在世界上有自己的独立价值的东方学者,既要对东方文化有深入了解,也要了解西方研究的特长和我们自己的传统,结合起来会出独立的东西,会比西方出色,因为西方不了解中国。我现在认为,西方人对中国的了解就不怎么样,当然比过去了解多多了。不客气的说,现在西方人了解中国远不及中国人了解西方。在清朝末年,西方人了解我们比我们了解西方多一百倍都不止,英国人打过来的时候,连英国到底在哪儿,确切地方我们都不清楚。可是中国挨打的一百年以后,他们很自大。我们现在了解西方,应该说,可能比他们了解我们要多,至少从历史研究来看。这样的话,我们就会有自己的视角,任何一个研究是不能没有视角的。诸位,我这里附带做一个解释,19世纪的史学研究中,曾经有过一派主张做史学研究要价值中立,要纯客观主义。兰克(Leopold von Ranke)有一句有名的话,wie es eigentlich gewesen(how things actually were),在一本名著(《序言:1494—1514年间拉丁和德语国家的历史》,*Preface: Histories of the Latin and Germanic Nations from 1494—1514*)前言里讲,这本书给我的任务是,说明过去,解释现在,启迪未来。他说我可不敢承担这个任务,我所希望做到的只是,er will blos zeigen wie es eigentlich gewesen,意思是,我仅仅是表示事实是什么,这就很有名了。现在我们真正的研究现状是不可能没有自己的,兰克自己也不可能没有自己。现在有一种解释,解释学(Hermeneutics),这倒是一个高峰,一个新权威,伽达默尔(Hans-Georg Gadamer)的《真理与方法》。原来没有一点知识的话,是什么新知识也不可能有的,原来没有判断的话,对未来也不可能有任何判断。所以,我们既要求如实,又不能忽视主观条件。实际情况是,主观能力越高,发现的事实更近客观,更有道理,别人没有看到的你能看到。所以,不要怕,我们中国有很多很多的问题,包括学术上,比如以数量代替质量,拼数字,搞 GDP,这个项目不那么功利,这我也很欣赏。我们上来最好不求快,其中包括学外文。我遇到的学外文的朋友中间有两种人,一种上来基本语法都不清楚,查字典,意思都注满,后来生词越来越少,就这样也能看书,但这样看书都是不准确的,还有一种是上来搞的非常扎实,词汇、字源学、语法都弄了,彻底弄清楚,上来不怕慢一点,以后由慢转快,以后会越来越快,而且是准确的快。这儿好多同学,我大胆说这么一点,我希望,也相信在座的同学里将来一定能出英才。出多少我不知道,出一个是一个。我们需要做到的是越走越快,越来越准。不要上来马马虎虎,越走越走不动。我碰到过这种情况,跟前辈在一起翻译,他是美国留学生,听说都很好。可是翻译复杂东西的时候出问题,包括英文其中也有很多问题。俄文、德文的问题就更多,马克思、黑格尔,有时一页纸就是一个句子,光听能够听懂那个句子?不可能的,实际上对语法的理解和整个语法架构的把握往往需要看两次到三次,第一次,要把语法架构搭起来,主句是什么,副句有几层,副句里又是副句几层,把这个架构拉起来才明白句子是怎么回事,然后意思清楚了,也知道他是怎么构思的。听说理解是可以的,交流是可以的,可是遇到这样难题的时候,不是听一遍就能理解,一定要仔细分析才能做到。我想最后在提供一点想法给大家,我讲这些都过时了,这都不是我研究的前沿上。诸位觉得要努力,什么最重要?最主要追求的是什么?可以讲,用功啊,打拼啊,人家一天工作八小时,我们工作十小时、十二小时,恐怕到十六小时就不能持久了。怎么样能在最短的时间里学最多的东西,而且要学好?我给诸位两个字,效率。效率、速度大概一个意思。工作总量一定,时间跟效率成反比。效率其中也包括逻辑和数学。工作总量是一定的,一瓶水,效率高喝得快,效率低喝得慢,这不就成正比。从时间来看,工作总量一定,效率高用的时间短,效率低用的时间长。我有一个例子,一卷《资治通鉴》,有的人看书的时候就精神不振,也没多大兴趣,完成任务来的,拿起来看一看,也没太认真,技术也不是很好,一星期五个下午,抄了一些卡片也不知有用没用。另外一些人,两个小时全看完了,不仅如此,整个问题想法都出来。诸位可以看看王夫之的《读通鉴论》,我不知道王夫之用的时间是多少,但我能知道他读《通鉴》的时候像水一样下去,眼睛像水一样下去,思想也像水一样下去,若是磨五个下午,思想根本出不来了。现在你们都正值青春,full of time,不像我,你们时间有的是,也有个怎么用法,一分钟要当五分钟来用,不能靠拼绝对时间,该打篮球打篮球,该散步散步,该休息休息。可是,只要坐下来就要全神贯注,上来不求快,一定要弄得非常精,只有精才能有效率,所以说一个词,两个字,效率。效率靠求精,把事情弄透彻,一点弄透,两点弄透了,五点弄透了,逐渐就变成很大程度上弄透了。我们的学术本身,每个人都有自己的点,要靠自己,靠自我设计。方法各有特点,老师也未必能把他的方法全都传给学生。每一个有个性、有特点的学者,都有他自己的一套工作方法,他的自我设计。好比在桌子上洒一些水,最初都是孤立的点,水点多到一定程度的时候,再加一点水就连成一片。所以说,要提高效率,一点一点就逐渐成片,然后一片一片成一大片。如果你们能提高效率,能够这样就可以。因为时间不会多给一点少一点,实际上工作时间就是那么些,人的寿命再长也很有限。我讲这些可能就是一些废话,可是,今天心情很激动,我愿意说这么些,当然,更多的,我也愿意听听诸位有什么批评的,我也是来学习的。谢谢!

汉学的往昔与今日:方法与目标[①]

梅维恒(Victor H. Mair)

【作者简介】 梅维恒(Victor H. Mair),美国汉学家,美国宾夕法尼亚大学亚洲及中东研究系中国语言及文学教授。兼任宾夕法尼亚大学考古及人类学博物馆教授,专家顾问。研究方向:中国语言及文字、考古、比较文化研究等。

首先,感谢各位的光临。能够有这么多人来听我讲汉学是我的荣幸。尤其是看见这么多新老朋友。

感谢东方学研究工作室邀请我来演说。我初次替商务性质的出版社写的书是由班坦图书公司(Bantam Books)出版的《道德经》。这跟替学术性质的出版社写东西非常不同。当你替学术性质的出版社写东西,你的读者是学者。而当你替商务性质的印书馆写东西,你面对的是一个非常庞大的读者群体,而且你的首要任务是要卖书。所以当我把书写完后,出版社对我说,告诉大家你是谁并做个自我介绍吧。我说,我叫梅维恒,我是一名汉学家。出版社说,打住!你不能说自己是汉学家,因为没人知道那是什么,谁都听不懂什么叫做汉学家。所以我说,好吧,我是个把重心放在中国的历史语言学家,这就是我对于汉学家的定义。出版社又说,再次打住,没人知道什么叫做历史语言学家。我说,我就是着重研究中国的一位历史语言学家。我是个汉学家,这是我的志业,这是我的专业,而且我引以为荣。出版社说,抱歉,但为什么你不把自己叫做语言学家?我说,因为我不是语言学家啊,就算你认为没有不同,语言学家、历史语言学家和汉学家这三者还是有很大的不同。这其实是自从我当上汉学家后一直在努力的,试着教育大家关于汉学和汉学家的概念。我乐于作为一名

[①] 本文内容是作者应邀于 2012 年 6 月 7 日在北京大学"东方学研究方法论"项目组举办的"专家讲坛"上所做的讲座,由曾庆盈翻译整理成汉语。

汉学家,并且希望一直做到我死后成为中亚的一具木乃伊为止。是的,我已经决定我要死在中亚并成为一具木乃伊。

今年我离开宾州大学(University of Pennsylvania)进行为期一年的学术休假,所以第一个学期在清华教书,第二个学期来北大。相关的邀请单位都写在白板上,因为我想来讨论一下这些单位的中文和英文名称与如何理解汉学这之间的关系。第一个是北京大学国际汉学家研修基地。有点拗口,但是我相信决定这个名称的人是经过了慎重的思考才定下的。有人告诉我是教育部决定的,不是北大的教授。这是个很有意思的名称。我在清华大学的邀请单位是清华大学国学研究院。接下来是复旦大学文史研究院。而昨天我在中国人民大学演讲,也是在他们的人民大学国学院。也就是说这些一流学府都在建设进行高等研究的汉学中心。他们都选择了稍微不一样的名称,但是围绕着汉学这个概念。有些直接沿用了汉学这个词汇,而有些则回避了这个词汇,选择用国学来代替。现在摆在我们面前的有国学和汉学两个名称,所以接下来我要讨论这其中的差异。

在座的每个人都懂英文和中文,请大家特别注意,你们应该不难发现这几个单位的中英文名称并不一致。很显然的,英文是针对外国人的认知,试着用英语解释"我们是什么"这一问题,而中文则是针对中国人自己。比方说,北京大学国际汉学家研修基地(International Academy for Chinese Studies, Peking University),"基地"这个用法马上令人想起"基地组织"! 这是一个很不寻常的名称,还是个研修基地。我不太清楚来这里研修是什么意思,大概是研究和进修的简称。但是,是我在给别人上课,还是我自己在进修?虽然我已经在这里有一段时间了,我自己都不太清楚这个名称对于我梅维恒来说到底代表什么。关于"基地",我就说这么多。

接下来是清华大学国学研究院(Tsinghua Academy of Chinese Learning)。注意,学校的英文名称不是汉语拼音的 Qinghua 而是韦氏拼音法的 Tsinghua。当然这是有历史渊源的。同样的,北京大学也不是汉语拼音的 Beijing University,而是 Peking University。北大和清华都以它们各自具有历史感的独特英语拼写为荣,因为这代表着传统。而这传统又同时属于东方和西方。回到清华大学国学研究院的英文名称,这个可有意思了,这是一所 academy。但为什么选择叫做 academy 呢?我认为这是希望勾起大家对于书院的记忆,这个属于中国宋代新儒家思想的一个名称。从宋代到清代,中国一直都有这种儒家书院。所以其实

academy 这个词汇使得英文比中文还要传统，如同使用 Peking University 和 Tsinghua University 一般。英文比较……我可以说 orientalist① 吗？比中文来得守旧。

再来是复旦大学文史研究院（National Institute for Advanced Humanistic Studies）。这个英文名称里没有复旦两个字，而是代表"国立"的 national。我不知道其他学校的人是否会乐意看到这样的名称。为什么复旦就是国立，而北大不是呢？这是你们应该思考的问题。为什么不直接说复旦大学？而且名称里也没有使用国学或者汉学这两个词汇。接下来我会解释为何国学和汉学套入普通话里其实是充满问题的，主要是因为这两个词汇的曲折历史渊源。因此复旦大学为了避免使用国学和汉学，选择了文史作为替代。但其实文史在汉语语境中就是纯粹的文学和历史。

我要花比较多的时间讨论汉学和国学。它们到底是什么样的词汇，怎么进入汉语的，什么时候进入汉语的，而在汉语里又代表着什么？这么说吧，我在自我介绍的时候称自己为汉学家，这是中文里对于我最贴切的称谓，因为英文里与之相对应的是 Sinologist。但其实汉学和国学都是来回词（round-trip words）。它们诞生于汉代的古汉语，或甚至更早，但却是用来表述我们现在所说的"汉学"以外的东西。因此我们必须讨论汉学和国学形成的历史。有意思的是，英文 Sinology 的出现比我想象的要晚许多，约于 1882 年。差不多同时期于 1888 年，印度学（Indology）也出现了。我以为 Sinology 这个英文词汇早在利玛窦的年代就有了。但是其实我们可以说 Sinology 的来源可以追溯到利玛窦（Matteo Ricci）、金尼阁（Nicolas Trigault）等西方传教士来华的时期，他们将西方的各种知识带入中国，并在此生根，包括物理、地图学、几何学以及其它各种领域。这些有助于清代考证学的形成。

但是其实考证学和汉学并不一样，等过了一段时间现代汉学的概念才形成。德语、法语、英语里都有这个词汇，但是作为专业或学科，是到了 19 世纪末才出现的。在古代汉语文献里，汉学是什么意思呢？古汉语里，汉学基本就是训诂学，用来研究经典，儒家经典，跟我们现在所说的汉学很不同。如我先前所提到的，国学是另一个这些高等研究所使用的名称，原本代表的是一种学校，并不是一门学科。在汉代，一个人能进入国

---

① 从西方人的角度研究东方，带有东方主义色彩。

学学习。是到了20世纪国学才开始成为本国的研究。之所以有这种定义上的转变,也是在汉学这个名词传到日本之后重新回到中国才有了我们现在对于汉学的定义。所以在20世纪里,国学和汉学才都开始代表本国的研究或者对于"汉"的研究。那些把这些词汇重新带入现代汉语语境中的学者,都是鲁迅之类的在日本学习过的学者。正是他们重新开始使用国学和汉学等词汇,用来表述关于古代中国的全面研究。这和传统意义上的国学和汉学大不相同。

汉学,现在主要指用于外国人研究古代中国的学问这一范畴的学科。汉语大词典写到:外国人研究中国的学问为汉学。并没有说中国人研究中国的学问,而是外国人。而在毛泽东的年代,他对于汉学又有另一番认知。对他来说,汉学就是一所他称之为私塾的现代学院。在湖南人民运动的报告中,毛泽东写到:人们在汉学里读书。也就是说对于毛泽东,汉学似乎有些像是传统意义上的国学,一个人们读书的地方。

从上我们了解到汉学最初的意思,并且是在什么时间点成为了用来形容全面研究古代中国的一门学科。但是国学就有些复杂了,因为还牵涉到日语里的国学,こくがく(kokugaku)。Kokugaku 最早出现于17世纪末、18世纪初,用来代表"本土主义"或"本土研究"。日本人也有汉学,かんがく(kangaku)。他们的汉学也就是中国传统的古训诂学。他们做汉学的时候其实就是在做一名儒家学者。而一批新一代的日本学者为了对立于汉学而提出了国学这个概念,也称作和学,わがく(wagaku),也就是把重心放在わがくに(waga kuni),"我的国家",的意思。记住,"我的国家"指的是日本,不是中国。对于他们来说,国学是本土日本研究,避开了汉学所代表的来自中国的传统儒学思想。这些学者重新回到了《古事记》(712)和《日本书记》(720)这一类的历史丛书,以及众所周知的《万叶集》,现存最早的一部诗歌总集。这些对于日本人来说就是他们的国学。而一直到这个时候,国学作为一门学科并不存在于汉语语境中。

随之而来的是西方知识,与传统中国人研究中国的方式非常不一样,也就是现代意义上的 Sinology 这个名称的形成。如同他们面对其它取自西方的思想和观念,日本人觉得需要有一个自己的称谓,于是他们将国学,特别是汉学,与西方概念中的 Sinology 合为一体。这个时候20世纪初日本的国学已经不是先前提到的十七八世纪的作为日本本土研究的和学,而又变成了传统中国的研究,一种属于西方的、欧洲的研究中国的学科。当时在日本的中国留学生得到了汉学这个词汇并带回中国,而随之带回的也就是一个叫做 Sinology 的汉学概念。我觉得这种受到欧洲化影响的对于汉学的定义应该是当代研究机构在取名字的时候所希望使用的,而不是汉学最初在汉语里的定义。

如果你们不相信我,如果你们认为我在来回词上想太多了,那么我现在就随口念出几个,都是有据可循的。当你们意识到当代中国思想史是多么依赖日本作为面向欧洲的桥梁,你们会大吃一惊。

宗教,在现代汉语里的意思是我们所知道的宗教,但是在宋代绝对不是这个意思。这个词来自于日本的しゅうきょう(*shūkyō*),同样是宗教这两个汉字。经济,けいざい(*keizai*),在宋代不代表我们现在所谓的经济,而是有点像是户籍管理制度。有上百个这种在现代思想语境中使用的词汇都是我所说的来回词。在座的许多人都是博士,或者希望成为一位博士。博士其实也是一个来回词。我曾经写过一篇文章关于博士这个词的演变,是从汉代开始的。我们都知道当时博士指的是博学的人,代表一名专攻经学的国学院学生,也就是在英语里我们所说的"博学之人"(*erudites*)。但是到了唐代,博士则成为了一种专业的师傅,比如茶博士。这和汉代的博士大不相同。等到了 20 世纪,博士被提升了级别,因为日本人说我们需要一个与 Ph. D. 学位相对应的名词,而既然我们有博士,はくし(*hakushi*),这个名称就重新被挽救回来,粉饰一下,成了现在具有荣誉感的博士一词。所以国学、汉学以及博士,这些都是在日本得到了新意义的来回词里较好的例子。

我现在要开始比较直面地讨论汉学到底在西方代表什么。我在哈佛的老师,方志彤先生(Achilles Fang),他戏称汉学为蠢人学(Assinology)。我们上他的课的时候,方先生常说,你们不会想成为蠢人学家(Assinologist)的,别走这条路,为什么要读这些尘封已久的书本呢?他一直试图打消我们作为汉学家的念头。但要知道,美国意象派诗歌的代表人物埃兹拉·庞德(Ezra Pound)对于中国诗词的所有认知可都是从他这里得到的,他还是美国女诗人玛丽安·穆尔(Marianne Moore)戏称为"文字巫师"的这么一号人物。他的浴缸里放满了书本,而且他的耳垂跟佛祖的很像。方志彤先生,他是我的老师,却一直在说服别人不要成为"蠢人学家"。其实他这么做是出于为我们好,因为成为一名真正的汉学家,那可是如同下地狱一般的艰难,需要充足的精力和持久力,不适合意志力薄弱的人。

如果你们要一些具有代表性的汉学家的名字,我会让你们去看看每一届儒莲奖（Stanislas Julien Prize）的获奖者。儒莲（Stanislas Julien）是一位著名的法国汉学家，而这个奖项是颁发给年度出版的最佳书籍。第一届儒莲奖于1875年颁发给理雅各（James Legge），这一点也不惊奇，他获奖是名符其实。他翻译了所有中国的经学典籍、儒学典籍还有其它许多书籍。虽然是维多利亚时期的翻译，他的译文到现在都还适用而且非常可靠。虽然不是现代英语，但还是持续被重印，而且人们经常使用。他就是一位汉学家的代表，也是儒莲奖第一届的获奖者。但是如果你在网上搜索儒莲奖，你会看到近20年的获奖者和理雅各完全不是同一类型的学者。所以如果这是一个可以代表汉学发展的顶级奖项，那么汉学可以说是在近些年有了很大的变化。我的一个好友获得过儒莲奖，她的名字叫做克瑙尔（Elfriede Regina Knauer）。她写了一本书叫《骆驼背负的生与死》（*The Camel's Load in Life and Death*），但她不会半句中文。每当她有中文方面的问题，她就会来问我，而她懂得应该问哪些问题。由此可知，确实是可以在不懂中文的情况下研究汉学呢！不管你们信不信。貌似现在是可以这么做的，但是当我刚开始进入汉学的领域的时候，一位出色的汉学家必须要能严谨的阅读，并且解决古代汉语文献里的各种问题。克瑙尔做不到这些，如同许多近年来获得儒莲奖的学者。从这点就可以看出汉学界的变化。

　　那么现在的汉学到底是什么呢？貌似是不论通过什么方法，只要能够对于古代中国文明或文化的某一方面有独到见解就是了，并不需要有掌握古汉语的能力。其实最早的汉学研究是需要的，对于我自己来说也是这样的。汉学就是古汉语的历史语言学，而历史语言学绝对是以语言为中心的。

　　在我的心里，传统汉学家的代表是例如沙畹（Édouard Chavannes）、伯希和（Paul Pelliot）、贝特霍尔德·劳费尔（Berthold Laufer）以及赞克（Erwin von Zach）等人。我视伯希和为神，真的很崇拜他。他会的那些语言以及那个巨大的头脑和智慧使他能从各种领域旁征博引。蒙古语、满语、波斯语、藏语、安南语他都懂！这就是为什么在敦煌石窟他能一分钟读一份手抄本，而且还挑选出来最具有价值的。当斯坦因去敦煌的时候就无法如此精准的挑选。所以才有那张著名的照片，伯希和蜷缩在第十七窟的一盏蜡烛旁挑选手抄本。也因为如此，我把我的第二本书献给了伯希和。对于我来说，他是个学术巨人，一位真正的汉学家，而我们都算不上。他们那个年代还没有电脑或者索引。他们甚至没有诸桥辙次编写的《大汉和辞典》！我们有一代汉学家曾经极度的依赖诸桥辙次的《大汉和辞典》，但是现在的人们又不需要它了。在座有多少人每天参考诸桥辙次的《大汉和辞典》？当我还在读研究生的时候，几乎每十秒钟就要参考一次，日复一日。现在我们有《汉语大词典》了，已经很不错了。但是伯希和他们什么都没有，大概只有《佩文韵府》之类的。如果你翻阅过《佩文韵府》就会知道很难从中得到任何定义，因为作为一本声韵字典，全是带有声韵的句子，根本没有定义。但是他们这些人就是靠《佩文韵府》来理解古文献的。相比之下我们现在的生活简单多了啊！

从研究汉学的角度来说，我比在座的大多数人都要年长一辈，而我的老师们他们那个年代几乎都没人学习说普通话。作为一位真正的汉学家柯立夫（Francis Cleaves）的中文说得要比当时哈佛大多数的教授都好，因为在那个年代哈佛和其它美国大学的教授其实都不说中文的。在他们眼中，汉学所使用的文言文也是一种死去的语言，就如同希腊语、拉丁语或梵语的学习，不用会说，所以没有必要学习普通话。而这些现在都改变了。我在新老两代学者之间开始学习汉学；老一代的几乎不会说普通话，而新一代的则是一口流利的普通话。现在来宾州大学这个专业读研究所的学生都需要学过至少六年的中文。我们那个年代可以完全不会中文，或就只需要一年的中文基础。所以说我处于两个时代的交替点，而从那个时候开始有了很大的改变。

显然这对于人们如何看待古代中国的东西会有很大的影响，因为是通过现代汉语的角度来理解的。我必须说，在许多领域里，这造成了一种词汇技术层面上的问题。比如说艺术史，因为在宾州大学我们有个非常活跃的中国艺术史项目，而我几乎参与所有跟中国艺术史相关的答辩委员会。有个在博士生当中不断出现的问题就是，就算是到了博士生这个程度，他们还是无法分辨哪些词汇是属于古汉语的，而哪些是将现代汉语的词汇应用到了古代。这是个大问题。我在评语里经常说，这么个用法似乎表示这个词汇在唐宋或者南北朝就已经出现了，但是其实在当时这是不存在的，是个现代用语。早期，人们不用去管普通话，所以不会将现代用法与古汉语混为一体。纯粹就是古汉语，仅此而已。

所以这些老一辈的学者，他们没有诸桥辙次的《大汉和辞典》，没有《汉语大词典》。他们甚至没有《辞海》或《辞源》！《辞海》和《辞源》是上世纪20年代或30年代才有的。其实汉语词典这整个概念都是新的。当然，一直以来都有字典，像《说文解字》。但是直到《辞海》和《辞源》的出现我们才有真正意义上的词典。其实最早在汉语里没有"词"(word)的概念,所以必须创造出"词"这么个字来代表英文里 word 的概念。而词典最早也是不存在的,直到汉语里有了"词"这个概念后才出现的。通过我在各地的教学经验,比如香港大学的许多优秀学生,我花了整整一个学期试着灌输"词"的概念,但他们就是无法理解。他们分不清字和词是多么不同。他们以为汉语里只有字,没有词!在汉语里,词是个全新的概念。说到《辞源》和《辞海》,在当时编写的人的脑海里,应该是把它们当作"语句"的字典。当然,汉语里词作为语言单位是一直存在的,可以追溯到汉代以前,但并不是作为研究对象的语言单位。因为这并不是"小学"的一部分,也就是以字为中心的研究文字训诂音韵方面的学问。对于伯希和那个年代的学者,他们没有能参考的词典,但是在研读文献的时候又必须把读到的文字视为词来研究,也就是说他们在没有任何工具书辅助的情况下必须靠自己的脑力来分析。

我们应该要感谢 20 世纪的各种发展,从《辞海》《辞源》到诸桥辙次的《大汉和辞典》。而且我们必须记住,诸桥辙次是多么的伟大啊!他必须要有神一般的能力才能替我们编写出这么一本《大汉和辞典》。更何况当时这本词典在完成之后,在二战期间的东京大空袭中被损毁了,而诸桥辙次得再次编写。我这一代人欠诸桥辙次以及这一类的词典太多太多了,让我们的生活比只有《辞海》《辞源》或《佩文韵府》的那一代人轻松多了。诸桥辙次的《大汉和辞典》是送给汉学家最好的礼物。这就是为什么在美国,我认为欧洲也一样,作为汉学家你必须懂日语。如果你不懂日语,就无法授予你博士学位。这不仅是因为诸桥辙次的《大汉和辞典》,而是整体在日本所发展出的 *kangaku*——汉学——的传统。

今天稍早在课堂上,我谈到了两个题目:格义以及谢赫的六法。格义我待会儿再细说,而谢赫的六法则是中国艺术理论和艺术批评的奠基者。我写过一篇关于这个的文章,在文章里我想传达的是不论中国人、美国人还是欧洲人都还没能完全理解六法。包括高居翰(James Cahill),一位凡是跟中国艺术有关的几乎什么都懂得的人,也没能完全了解。直到威廉·埃克(William Acker)的出现才改变了局面。大家都知道在中国艺术史传统里可以说是最重要的一本文集就是《历代名画记》,历经了唐代并且对于后代有深远的影响。在《历代名画记》里就提到了六法。现在有关六法的解释都不好,因为没有人真的了解这是什么。张彦远作为这一部中国艺术史上关键的文集的编辑,重新撰写了六法,正因为他不了解其真正的意思。这么做等于承认六法的文本是不完整的，或是内藏不为人知的知识，又或者人们纯粹就是无法解读文本的内容。大约有1500年没人能读懂，而就在这个背景下埃克他读了之后，觉得一切都很清晰。这是因为他使用传统的阅读方法，而第一次有人能明白文本的内容。我知道后非常兴奋，因为从我一开始知道有这个文本后就一直很苦恼，没能给出任何一个符合逻辑的解释。于是我便开始研究为什么埃克能够了解。原来这是因为他用了一种阅读古日语的逻辑。日本人在阅读古文本的时候有一种非常严谨，近似于机械化的方式，把不清晰的古文法转变成非常准确而明了的日语文法。埃克正是用了这种古日语的文法逻辑来阅读六法，而一切似乎都清晰了。

我又进一步进行研究，发现六法还有不为人所知的梵语背景，因为六法其实跟六支有关，也就是来自印度的"谢丹伽"（sadanga），而这个几乎没人会联想到。在文本里有些比较深奥的知识，受到了来自印度的影响，但是并不明显，需要花许多精力提取出来。这就是我在埃克的基础上对于六法更进一步的研究。

我一直对诸桥辙次和其他日本汉学家心存感激，对于我们西方的汉学家，他们就如同我们的导师。在改革开放之前，很多外国人无法来中国学习。为了学习跟中国有关的事情，他们到了日本。因此最早有这么一批老一辈的汉学家，只会文言文，不会日语，更不会普通话。接下来又来了新的一代学者，就在我之前，他们在中国封闭的时候到了日本，所以都学了日语。其中这么一位就是我接着要讨论的郝若贝。他的这一代汉学家不一定都会说普通话，但都学了日语，如同当时的禅家都去了日本，而且他们的日语都不错。所以我强调我们亏欠致力于 kangaku——汉学——的日本学者，不是 kokugaku，国学，那批人。其实在这之前还有一代汉学家，在受到日语影响的这一代之前，比方柯立夫、伯希和以及沙畹他们这些人。他们学的竟是满语！所有19世纪末的汉学家都需要学习满语，就如同郝若贝他们这些人学日语，以及你们大家现在学习普通话一样。这其中的缘由非常奇妙。

紧接着又是另一个汉学界的大转变，差不多就在《辞海》和《辞源》被编写的时候，我们有了哈佛燕京索引。这对于研究中国的学者可是个福音。我认识洪业（William Hung），也就是哈佛燕京索引《引得》的主编，非常卓越。如果我记得的没错，他曾任燕京大学的教务长，也是当时防止兰登·华尔纳（Langdon Warner）盗窃更多敦煌壁画的关键人物。当洪业告诉自己的父亲,一位传统学者,他在编写哈佛燕京索引,他的父亲非常生气。因为现在任何一个人都能读懂经学,再也不用背诵了。当然,洪业对于自己的成就非常自豪,但是他的父亲并不理解,因为他代表老一辈的中国学者,他们不用任何索引,纯粹靠自己记忆中的文本。我认为像王国维之类的人物有这种脑力。当然,王国维在学习德国哲学的同时还应用到了《红楼梦》的研究中,所以这也是传统中国学术的一大转变,与西方学问进行跨文化影响。于是我们在中国就有王国维这种大师级的传统学者,对于欧洲的学术方法也非常熟练。在我们有了哈佛燕京索引后,接着还有了法国的各种汇编和索引,以及现在中国各大学自己的索引。其实我们现在所拥有的各种汇编和索引也都被淘汰了,因为网上有各种数据库,而几乎所有的古汉语文本都被收录到了某个数据库里。

现在我要接着讨论格义。这是我最近写的另一篇文章,跟六法那篇一样,写了近三十年。我喜欢花三十年的时间写一篇文章,因为只有这样才能使文章成熟。另外,只要活得够久,迟早会等到新科技的出现。如果我当时在五年内就完成了格义的文章,也就是在1972年或1973年,那么我不可能取得我在2004年完成文章时所得到的成果。这全拜新科技所赐。我来解释一下。

在座的各位都知道什么是格义吗?这个说法在佛教和道教研究里比较常见。在现代学术里,格义用来代表相关的概念或匹配的用语。追根究底就是解释佛教如何通过道教里相似的概念和用语得以被中国的百姓所接受。比如有个梵语的佛教用语,而我们想翻译成汉语,那么就可以找个匹配的道教用语。20世纪50年代起大家都这么理解格义的。在所有参考书和百科全书里都是这么给的定义。把"格义"视为一种翻译法,使得佛教能通过道教里匹配的用语得以进入中国。我是从我的老师们那里知道这个定义的,也就是霍维茨(Leon Hurvitz)和孔泽(Edward Conze),他们是著名的佛教学者。但是就算是我刚接触到格义的时候,我并不相信他们说的,保持怀疑态度。接着哈佛大学的永富正俊(Nagatomi Masatoshi)再次这么跟我说,并且每一本关于佛教的书都这么解释的。但是我就是不相信。因为在我的认知中,佛教进入中国的时候已经是个非常成熟的宗教,而道教当时根本还不能算是真正意义上的宗教。那么到底道教哪方面是佛教需要模仿的呢?所有我知道的能表示道教是一个有组织的宗教的特征都是来自于佛教。比方说,佛教的三藏成了道教的三洞。当我们阅读六朝时期的道教文本,有时候百分之四十、五十甚至六十的用语都是佛教的。

永富正俊跟我说这件事情是1972年,而自从我发现格义的定义有些问题后,便开始深入研究,阅读所有我能找到的材料,收藏的文件夹也越来越大。大约是2002年或2003年,我跟自己说现在可以开始写这篇文章了。这时候刚好有一批新入学的佛教研究生,他们都很会使用电脑,所以我让我的研究生进行一些检索。搜索从汉代以来一直到当代所有带有格义这两个字的文本。得出的结论是格义其实是个魅影,并不存在!仅出现在3世纪的50年间。我现在没法深入讨论这个话题,但是我会尽量解释清楚。当时有个中国僧人叫做竺法雅,他需要有个方法来处理梵语里的数字列单(numbered lists)。这个方法其实就是格义。《高僧传》里有关于竺法雅的一小段传记,里面说到他创造了格义这种方法以及使用的目的。问题出在这段文字的表达并不清楚,如果我们马马虎虎地读下去,很容易误解《高僧传》的意思。这就是为什么到最后每个人都误读了这篇传记。其实格义就是为了能处理梵语里的数字列单所使用的一个方法。中国人不喜欢数字列单,而印度人热爱数字列单,以至于印度的图像学就是关于这个的。但是如果我们看中国哲学,我们几乎不会看到任何列单,至少不会有超过五项以上的。所以当中国人初次接触佛教的时候,他们不知道该如何是好。竺法雅就想出了这个方法,但是并没有效果。所以格义只存在于那么四五十年间,没有任何深远的影响。之后没人再提这件事。

就算如此,当代中国和日本的学者,比如冢本善隆(Tsukamoto Zenryu),他们还坚持如果没有格义,南北朝的玄学就不会存在。这不是事实。所谓的格义佛教并不存在,只是当代学者自己的想象。就在我要发表这篇文章前,我去了京都人文科学研究所,并在一个很棒的图书馆里找到了三十年来都没能看到的陈寅恪写的文章。才知道其实是他最早提出了这整个格义的概念,大约在20年代末期,1929或1930年。我视为偶像的陈寅恪最先误读了格义,接着北大教授著名佛学家汤用彤延续了陈寅恪的解读。因为全世界都跟汤用彤学习,包括永富正俊,以至于所有学者都说这就是格义的意思。但现在我们知道事实并不是这样的。

重点是,我是怎样才能写出这篇文章的呢?这就是我要说的关于当代汉学的发展。人们现在已经停止了对于格义的讨论,因为知道了这是一个不存在的概念。这都是因为我写的文章。如果没有电子数据库,我是不可能这么有依据的完成这篇文章。我们现在能在学术界做这些显著的研究正是得利于新科技。未来会有更多更成熟的方法让我们做学问，让未来的学者比我们现在更进一步。我只希望能活得久一点才能看到更多这一类的学术成就，因为我知道会超出我们的想象。

接下来的一些时间我想要对我之前的同事郝若贝（Robert Hartwell）致敬。他是个很奇怪的人。如果你想要给他照相，他会带上手枪和来福枪，并从他那顶牛仔帽底下瞪着你看。但他是个优秀的老师、优秀的学者。我之所以要说到郝若贝是因为他最后活的并不光彩。在他人生的最后时期发生了许多很不好的事情，而他也英年早逝。他是个固执的人，但是却是个优秀的学者。作为宋代经济史学家，他培养出大约六位美国最优秀的宋代史学家。这告诉我们一个人的影响力，通过他的固执和坚持，他的率性和创造力，是如何能影响一整代人。郝若贝是在芝加哥大学得到的学术锻炼。那时候的他萌生出了一个想法，就是要把宋代所有人物的生平信息都放到电脑里。那个年代我们只有微型电脑，而他是在电脑刚开始的时候就这么尝试了。他的夫人叫做玛丽安·卡尔森（Marianne Carlson），他们一起把宋代的传记信息都放到电脑里，现在这个数据库里的资料可以供我们写出上百篇博士论文。有件事情一直在我的脑海里。当时我想要了解宋代的识字率。我问郝若贝能不能在数据库里帮我搜索跟宋代识字率有关的信息。他竟然在数据库里找到了一位不识字的佛教僧侣以及这名僧侣的生平事迹。这些素材是多么的宝贵！

郝若贝在人生的最后阶段惹了很多麻烦。他无法和历史系的同事们相处，所以他像难民一样来到了我们系。他甚至尝试离开宾州大学，所以后来他很恨宾州。退休后他到了怀俄明州，心情到了人生的谷底，身体健康也不好，快要离世了。这时候大家都很关心他的数据库何去何从。他说，我是绝对不会交给宾州大学。正好哈佛大学有个充满能量的教授叫做包弼德（Peter Bol），因此最后数据库落户在哈佛。我之所以一直在强调这件事，之所以这么仰慕郝若贝，是因为那个数据库后来所发出的能量以及它所代表的未来汉学的前途。包弼德和他的团队，以及其他来自中国的团队，把郝若贝的数据库与地理信息系统（Geographic Information Systems）结合在一起。进去系统后就能在地图上看到历史上这些人物的地理位置，还有各种人际网，比如各个群体的位置、联姻的关系都在中国的哪些地方。这个数据库将原本只存在于文字里的信息视觉化，并且标示在地图上。也就是说三四十年前一个固执的老头，执着于执行自己的想象，让我们现在能有这么棒的东西。所有人都认为他疯了，但是他成功了。而我们大家都受惠于他的执着。

我看到魏根深（Endymion Wilkinson）今天也来到了现场。我必须专门提到他，因为如同我对于郝若贝的敬仰，我也一样崇拜魏根深。我不用在这里重复魏根深的各种履历，大概也会让他很不好意思，但是他就是哈佛出版的《中国历史手册》的作者。今天在场的所有人都应该拥有一本，尤其是如果你希望从事汉学方面的研究，或者成为一名优秀的汉学家，就必须熟读这本书。从古代货币到历法，从音乐到医学，所有你能想到的跟中国历史有关的信息都在这本书里。这是一本教我们如何做研究的手册，可以算是汉学家们的"圣经"。我们正是受惠于这些学者的执着。

我要以抽签的方式来送出一本书。易华是中国社会科学院民族学与人类学研究所的研究员。一位非常优秀的年轻学者。他的《夷夏先后说》是关于青铜器时期中华文明的演进。之所以在一场关于汉学的演说中提到这本书是因为这代表着中国新一波的汉学研究。标志着汉学发展的一个良好的方向。这本书包含了人类学、冶金学、农业学以及考古学，并且使用了各种材料以提出一个具有说服力的方式来了解夷和夏之间的关系，以及中国的概念是如何在这种互动中形成的。我个人认为这本书是天才之作。虽然目前易华在中国还没什么名气，他迟早会被众人所知的。

这本书的英文标题是 *A Perspective on Yi and Xia：China in the Bronze Age World System*。这个标题深得我心，因为"world system"（世界体系）这个用语。这是另外一件我想说的，也就是把中国视为"中央帝国"这个传统看法。我们不能继续把中国想成是封闭在长城以里的国度。中国从最早就和世界有千丝万缕的关系。而现在我们有一位年轻的中国学者，使用传统中国学问，与西方学问共同使用，尝试跨学科的研究。那么现在我们开始抽签看谁能得到这本书吧。

结束前我再次强调，汉学的未来必须是跨学科的，并且我希望能鼓励大家合作写文章。现在没有人能独自掌握各种领域，就算在一个领域里，已经很难跟进所有的文献。不要不好意思，我们人文学家总是喜欢躲在自己的办公室里，独自埋头工作，不喜欢和别人打交道。但是我要鼓励大家合作发表文章。我最近三四本书都是和别人一起完成的。我还写过几篇基因学的文章，在这种文章上可以同时有二十多位作者，大家各自贡献一些材料。在科学界这是常有的，而我希望在汉学界，一个应该逐渐成为一门更严谨并且更科学的学科，我们也不要畏惧和他人一起做研究。以上就是我想和大家分享的一些想法。

当下性:"象牙塔"与大众之间①
——我的治学路径与取向

林少华

【作者简介】 林少华,著名文学翻译家,中国海洋大学外国语学院日语系教授,兼任中国日本文学研究会副会长、青岛市作家协会副主席。研究方向:日本文学与文化。

新世纪第一个十年即将过去的时候,拙译《挪威的森林》在广东南方电视台举办的读书活动中,入选"金南方新世纪十年最受读者欢迎的十大翻译作品"。我作为译者代表应邀参加颁奖大会。也巧,晚宴席间有幸同中山大学哲学系教授、著名近代史专家袁伟时先生坐在一起。交谈当中,他说他看了《挪威的森林》。接着他用我久违的广东腔普通话告诉我,《挪威的森林》这样的外国文学作品所表达的个体性、个人主体性和个人尊严,对于我们有特殊意义。读的人多了,读的时间久了,潜移默化当中就会形成一种社会风潮,从而促进中国社会的变革和进步。他还为此举了一两个例子。作为评委,他所说的,应该既是他个人的阅读感受,又是他给出的终审评语。这位当时年近八十岁高龄的哲学家、历史学家居然看了《挪威的森林》,这让我感到惊异。而更让我惊异的,是他见解的独到与深刻。《挪威的森林》中译本出版二十多年来,相关评价不知听了多少看了多少,但哪一种都不曾如此一语中的,都不曾让我产生如此强烈的被击中感。我一时忘了接话,更忘了喝我特喜欢喝的广式"老火靓汤",只顾看着眼前老先生的面孔。那是标准的广东人面孔,智者的表情中略带几分木讷和拘板。不愧是哲学家,我想,不愧是历史学家!

其实,袁先生所击中的,与其说是 1988 年我翻译《挪威的森林》的初

---

① 本文内容是作者应邀于 2012 年 9 月 25 日在北京大学"东方学研究方法论"项目组举办的"专家讲坛"上所做的讲座。

衷,莫如说是二十多年来我持续翻译村上系列作品一个主打动机。必须承认,翻译《挪威的森林》之初,我并没有这样明确的认识——也不可能有——而是后来一步步聚敛成形的,成为我不屈不挠翻译和研究村上文学作品的一个驱动力。换句话说,我致力于村上文学翻译研究的根本着眼点,就是看它能给当下中国社会带来什么。

毋庸讳言,在上一世纪八九十年代,虽然改革开放进行一二十年了,但个人主体性还没有能够充分发挥,个体存在的尊严还没有得到应有的尊重。往日极力提倡的阶级性、群众性、集体性和一元化、极端化、运动化等"文革"思维模式仍在不同程度地制约人们的思想,不少人仍心有余悸。而村上作品中展现的丰富多彩的"个人"感觉、"个人"情绪、"个人"感情和"不同于他人的个人价值观",及其以尊重个体差异性为前提的多元共存等现代精神,无疑具有独特的吸引力和感染力。即使在进入新世纪之后,村上文学中以"高墙与鸡蛋"这一隐喻所表达的个人与体制之间的关联性,以及在关联性中显现的介入姿态、使命感等公民意识,尤其是藐视俗流或世俗价值观的精神上的高蹈性和超越性,对于处于社会转型期的中国社会也仍然不失其积极的启示性。也是由于这个原因,我才得以在接踵而来的下海经商风潮、出国风潮以至竞聘管理岗位等风潮中大体不为所动,执拗地致力于村上作品的翻译和研究。以单行本计,仅村上就已翻译了42本,出版了41本。并将翻译和研究相结合,写了数十篇译序和评论文章。其中,近年来在《外国文学评论》发表了四篇,在《外国文学》《读书》《中国图书评论》发表了若干篇。大部分文章的主旨都或多或少同当下性有关。如"村上文学与中国青年的精神世界""本土化进程中的村上春树""村上文学在中国流行的原因""作为斗士的村上春树"等等。在为研究生开设的村上专题文学特讲课和论文指导过程中,也尽可能使之与当下性结合在一起,例如就"村上文学中的中国元素""村上文学中的二战与暴力"等主题进行过反复讨论。

考虑到当下性同社会担当意识有关,作为给研究生上第一次课的内容,我讲的是什么是知识分子和如何做一个知识分子,告诉他们拿学位容易做学问难,学知识容易当知识分子难。让他们写的第一篇读书报告(Report),是"我心目中的知识分子"。作为参考书目,推荐了关于陈寅恪的《陈寅恪的最后贰拾年》(陆键东,三联1995年版)、关于北京大学老校长马寅初的《马寅初的最后三十年》(彭华,中国文史2005年版),后来增加了梁漱溟的《吾曹不出如苍生何》(人民2010年版)、《我的精神自传》

（钱理群，广西师大2011年版）等几种著作。以便让研究生们从一开始就仰望那些傲岸的身影，接触那些高洁的灵魂，感受其不屈的风骨。同时将自己生命历程中的创痛和困惑剖露出来，和他们一起讨论作为知识分子的精神出路和价值取向。我以为，北大的价值当然不仅仅在于她承担了多少国家重大项目、吸引了多少各省市高考状元，而更在于她的老校长如蔡元培、胡适、傅斯年和马寅初等杰出的知识分子所竖立的精神标杆以及后来的北大学人对其践行和延续的力度。我幸运地看到，这种精神至少在中文系钱理群、陈平原等教授身上得到了体现。陈平原教授虽然言辞较为平和儒雅，很少直接谈论政治，但他在《大学十讲》（复旦2002年版）等著述中表达的对过去一些大学品格的推崇，尤其对西南联大精神的仰慕和追索，让我看出了北大精神不息的火焰。这无疑是治学的一种可贵的当下性。至于校长，恕我直言，半个世纪以来恐怕还没有哪一位完全达到其前辈的高度。现任北大校长周其凤教授，此前是我的母校吉林大学的校长。今年三月两会期间我在媒体上见到这样一段周校长关于大学之大的表达：大学之大在于教，教授是大学的灵魂；大学之大在于课，课程的深度和广度；大学之大在于生，毕业生的社会声望和成就（《人民日报》2012年3月11日）。我在微博上不自量力地就此补充了一点，大学之大在于气：有无藐视官本位的孤高之气，有无引领民族精神的浩然之气，有无追求真理的凛然之气。有此气，再小亦大，无此气，再大亦小。大学之大，惟在气大而已。应该说，北大具有的北大精神，不仅是北大一校的宝贵财富，也是我国所有高校的宝贵财富。即使在这个意义上，也希望北大怀有高度的警醒和忧患意识。如果北大果真像钱理群教授五月间指出的那样"正在培养一些精致的利己主义者"，那么北大如何向其他大学示范、向全国考生和纳税人交代呢？在此不妨重温钱先生那几句话："我们一些大学（包括北京大学）正在培养一些精致的利己主义者。他们高智商、世俗、善于表演、懂得配合，更善于利用体制达到自己的目的。这种人一旦掌握权力，比一般的贪官污吏危害更大。"（《中国青年报》2012年5月8日）另一位钱老先生钱学森曾问为什么我们现在的学校总是培养不出杰出人才，但愿钱理群这段话不是对钱学森之问的回答。说起来未免有些尴尬，包括北大在内的西南联大却在炮火连天的八年抗战期间培养出了两位诺贝尔奖获得者、七位"两弹一星"功勋科学家和172位中外籍院士。毫无疑问，他们都是钱老希望培养出的杰出人才。

作为学人的楷模，也是因为和翻译有关，我特别向研究生们推荐了傅雷。并且从他身上总结出了做学问、写论文的十六个字:国际视野、中国立场、人文情怀、问题意识。看今年 5 月"东方学研究方法论"项目第一次研讨会的简报,得知北师大历史系刘家和教授曾在此强调所谓"纯客观的"、"绝对中立"的研究是不存在的。这点我非常赞同。这大约也就是做学问的中国立场和问题意识。具体到村上文学研究方面,最好不要跟在日本学者屁股后面,埋头研究诸如"村上作品中的西方音乐""村上文学中的动物意象"以及"井"之隐喻、"水"之隐喻、"耳朵女郎"之"耳朵"意味等研究课题。这类课题并非没有价值,但在当下阶段,毕竟等而下之。我认为,中国对日本文学、日本文化以至日本这个民族这个国家的研究,在总体上远远不及日本对中国相应的研究,恐怕还处于"启蒙"阶段。也就是说,在宏观的、面上的、粗线条的或框架的研究还没充分展开的情况下,一下子进入微观的、点上的、绣花针式的研究能有多大的价值、多大的意义?例如日本文学研究,在奈良时期、平安时期、镰仓时期等断代史研究和《万叶集》《源氏物语》等重点作品研究都几乎没有像样著述出现的情况下,突如其来地弄出"通口一叶日记中的恋爱观"这样的研究,会不会丢了西瓜捡芝麻?

不错,从技术角度来说,论文题目越小、格局越小越容易做,"保险系数"当然也就越高。实际上一些论文指导老师也更愿意这样建议和指导。以致不少论文在技术上被打磨得无比光滑细腻,如同刚刚揭下面膜的女子脸蛋。不客气地说,那样的论文无非是上面钱理群教授指出的"精致的利己主义者"的实验性产品罢了。在今年的研究生论文答辩会上,我趁机指出,文科研究生、尤其文学方向的研究生,写论文的过程应该是精神受到洗礼、灵魂不断攀升的过程。也只有这样才能产生撰写的冲动或激情,成为一种精神享受。与此同时,如果可能,还应该力争让自己的论文对国民有一点启示性。假如写出的东西除了三五个小圈子的人谁也看不懂,那么,即使修整打磨再精致好看,那又有多大价值可言呢?在这个意义上,我不赞成外语专业研究生用外语写论文。而许多外语老师则认为"学外语不用外语写论文,那还是外语专业的吗?"这个说法听起来理直气壮,但稍加思考,就会发现这里面有不少似是而非的成分:1.论文考察的是学术思维本身,而不是作为思维载体的符号,更不是外语作文能力。2.写给谁看?你是在中国本土,不是身在异域的留学生,供养你读研的同胞们看不懂,外国人看不到也未必愿意看。3.文学论文几乎涉及所有语汇且要有相应的文学性,漫说外文,用中文写好说明白都远非易事。北大中文系陈平原教授透露,在北大,连中文系博士生的毕业论文甚至也存在语句不通顺的情况(《中国教育报》2011年8月17日)。何况非北大的外文系硕士生呢?4.老外们在其本国写红楼梦论文、鲁迅论文,哪个是用中文写的?据我所知,至少日本人在日本都用日文撰写。5.教育部似乎无此规定,无非"自虐"或"自恋"而已。据说北大是要求用中文写的——北大到底是北大,见识就是高出一头。受此鼓舞,我也不对自己带的研究生的论文用语做硬性规定。北京外国语大学日本学研究中心老主任严安生教授日语够好的了,他也赞成我的观点:"不要用语言限制学生的思维。"相对而言,我更想说的是写给谁看或为什么写即作者的着眼点问题。记得几年前在大连日本文学研究会年会上,曾在北大任职后来转赴日本的刘建辉博士做大会发言时说过这样一番话(大意):人家日本教授做了百分之九十九,剩下的百分之一甚至百分之零点一交给你做。你在最宝贵的年龄段花了几年以至十几年时间做出来了,也因此拿到了博士学位。可你回国后发现自己做的东西是顶多三五个人看得懂的小玩艺儿,根本派不上用场,无法融入本土话语,你不觉得太没有"经济效益"了么?(あまりにも非経済のじゃないですか。)

尽管我不是"海龟"博士——"土鳖"博士也不是——但我听了仍颇受震撼,更深有同感。这就是说——恕我重复——做学问不能不考虑当下性、考虑中国立场和具有问题意识。如果自己所面对的研究领域还没有走过"启蒙"阶段或者属于开创阶段,那么,选题一定要有格局。宁要大气而粗糙些的,也不要小气而精致的东西。至少,选题应是自己学术生命、精神生命的出发点,而不能一开始就把自己逼入自说自话的死胡同。成效如何另当别论,反正这是我进行翻译选题和学术研究选题时所留意的一点。就广泛意义而言,我觉得这既是一种治学方法,又未尝不是一种精神格局。应该说,学问格局在很大程度上取决于精神格局。有大一些的精神格局,有高一些的精神境界,有相对开阔的精神气象或胸襟,才会把学问往大处做,才会更有助于社会进步和人的幸福。说到底,学术研究的终究目的,是不是为了实现共产主义我不知道,但肯定是为了人的幸福、人类的幸福。

这种治学的方法和宗旨,说到底,就是儒家经世治用思想和家国情怀在当今学术研究中的运用和体现。我特别欣赏"士志于道,不可以不弘毅,任重而道远"和"知其不可为而为之"那种儒学传统中的人文精神与社会担当意识。尤其在社会日趋商品化、物质化、娱乐化而文化日趋功利化、粗鄙化、浅薄化的今天,在"科学主义""工具主义""后现代主义"和"消费主义"波涛汹涌的大潮中,知识分子、读书人更应具有引领国民精神走向的志向和干预生活的勇气。有学者认为,知识阶层人格的全面堕落导致的文化腐败是明朝倾覆的深层原因。我们痛心地看到,当今知识分子人格的堕落也并非个别现象。在某种意义上,行政官员堕落并不可怕,甚至公检法堕落也未必有多么可怕,最可怕是知识精英的堕落、学术的堕落。这方面,有三位先哲的说法格外值得我们倾听。王国维说:"提倡最高之学术,国家最大之荣誉","国家与学术为存亡,天而未厌中国也,必不亡其学术;天不欲亡中国之学术,则于学术所寄之人,必因而笃之。"陈寅恪说:"学术之兴替,实系吾民族精神上生死一大事者。"顾炎武则大声疾呼:"士大夫之无耻,是谓国耻!"概而言之,学术非学者一己之事,学术关乎国之存亡,关乎民族精神之生死。常言说哀莫大于心死,而学术之死文化之死,即是民族之心死。作为学术与文化承担者的我等知识分子,除了让自己成为不畏任重道远的弘毅之士,恐怕没有更多的选择。唯其如此,王国维、陈寅恪、梁漱溟等前辈学人才在传统文化风雨飘摇之际,甘愿为其托命人,以保留民族命脉,使中华民族免于不死。而且,至少陈寅恪、梁漱溟和北大东方学的开拓者季羡林这三位老先生都曾发出类似"华夏之文化……终必复振"的预言,而的确言中了。值此复振之际,假如知识分子本身把持不住,甚至直线下滑,那么情况将会怎样呢?

出于这样的现实关怀和忧患意识,我开始调整作为学术活动一部分的演讲主题和内容。由旨在促进自我觉醒和个性解放而借助村上文学展开的对孤独的守护和美学诠释,转向倡导孤独的超越和进入大丈夫精神境界。即由守护个人心灵后花园的隐士姿态,转为积极参与社会改革进程,诉求社会正义与良知。今年上半年在华中科技大学、武汉大学、中山大学和东北师范大学等校的专场讲演中我一再这样强调:无论作为社会整体还是作为公民个体,现在都应该怀有一分清醒和警觉——在物欲横流泥沙俱下的俗世浪潮中守护孤独以求洁身自好诚然难能可贵,但不能洋洋自得地在此止步,更不能因此自命不凡,而应该鼓足勇气,否定孤独超越孤独,进入社会关怀和社会批判的大丈夫精神境界。只有这样,"小资"的孤独才能升华为"大丈夫"的孤独,"星巴克"里的孤独才能变成悠悠天地间的孤独,驼鸟的孤独才能升华为鲲鹏的孤独。一句话,"独善其身"的小孤独、小境界才能转为"兼济天下"的大孤独、大境界。换言之,孤蓬自振片云独飞的清高和优雅固然不可或缺,但不能因此忘了"道之所在虽千万人吾往矣"那种黄钟大吕天风海涛的阳刚世界——那里生成的才是民族魂、民族的脊梁。幸好,这样的演讲几乎场场爆满,山鸣谷应。身临其境,让我切切实实感到"80后"、"90后"也是可以托以重任的一代,中国还有"戏"可唱。读书种子不绝,经纶之心不死,青云之志不堕,我们的民族就总有一天走出消费主义时代和"拜物教"的精神困局,摆脱文化焦虑,振翅遨游于天地之间,为世界提供一种具有强大辐射力的文化范式,成为名符其实的文化大国。

与此同时——主要是近三四年来——我还在翻译、研究和演讲之外开辟了另一阵地,那就是从事散文、随笔、杂文的创作,通过在《羊城晚报》《时代周报》《东方早报》《齐鲁晚报》等广州、上海和本地若干报刊上开辟定期或不定期的文化专栏,让自己进一步走出"象牙塔"、走出校园,在学术与大众之间搭建一道桥梁。针砭时弊,激浊扬清,启迪民智,以济时需,让学术成为天下公器。前不久我有几篇小文章由读者颇众的《杂文选刊》以专辑形式刊出,刊出之前要我写了一篇类似"创作谈"那样的短文。我以"我写杂文的原由"为题写了1200百字,我愿意全文引用在这里来和诸位共同思考作为大学中人的公共责任。那篇短文是这样的:

  许多人都知道我在大学里教书,是谓教书匠。教书之余搞点翻译,是谓翻译匠。无论作为教书匠还是翻译匠,都好像跟写杂文没多大关系,而我写杂文,偏偏与此有关。

  教书匠当然也要写东西——要写教学论文或学术论文。借用易中天教授的说法,大学成了养鸡场,不但规定教授一年下几个蛋即规定写论文的数量,而且规定下蛋的地方,即要下在权威刊物核心刊物上面等等。可话又说回来,只要你乖乖下蛋而且乖乖下在指定位置,高墙对你还是不错的——保你有奖金、有职称,甚至有行政头衔和种种荣誉称号。也就是说,只要你在体制内按其游戏规则乖乖跟着走跟着玩,基本可以保证衣食无忧甚或名利双收加官进爵。实际上我周围也不乏其人,他们是校园的骄子、体制的宠儿,香车宝马的拥有者,十足的中产阶级。但问题是,这样就算好的教授,尤其好的文科教授了吗?就算"铁肩担道义"、就算"心事浩茫连广宇"、就算"仰望星空"的知识分子了吗?应该说,教授一是专业人士,一是知识分子。作为专业人士,他要把自己的专业知识传授给学生,同时进行专业领域的研究;而作为真正意义上的知识分子,他必须体现社会和时代的良知。失去良知,知识分子无非是有知识的俗物,教授无非是有教授职称的市侩而已。借用钱理群教授的话,无非是"一些精致的利己主义者"罢了。一句话,校园缺少了什么。于是我开始不自量力地追求大学校园中缺少的东西——追求大学之道、为师之道、为学之道。同时走出校园,诉求社会正义与良知,诉求文化乡愁。

是的,乡愁。而且,由于我是乡下出身的教授,总是忘不了养育自己的故乡,忘不了故乡的乡亲和那里一草一木。这样,除了宏大的文化乡愁,又多了关乎生身故乡的切切实实的乡愁,即故园之思。而这样的乡愁,无论我们置身何处,无论我们怀有怎样的信仰和世界观,都会从深处从远处一点点温暖我们的心,比如杏花,比如杏花春雨。春雨很小,很细,如烟,如丝,温馨,迷濛,若有若无,正是乡愁的物化。杏花,无疑代表故乡的村落和老屋。或谓"沾衣欲湿杏花雨,拂面不寒杨柳风";或谓"借问酒家何处有,牧童遥指杏花村";或谓"杏树坛边渔父,桃花源里人家"……故园之思,游子之情,羁旅之苦,于此尽矣。万井笙歌,一樽风月,不足以化解;千里莼羹,西风鲈脍,莫能比之也。可以说,始于大学之道的正义与良知的诉求,始于故园之思的文化乡愁的呼唤,是我的杂文的两只眼睛,或者说是我另外拥有的两只眼睛。而这都与我的教书匠身份,尤其乡下教书匠的身份有关。

我所以开始写杂文,还有一个不大不小的理由——当然也是不自量力——刚才说了,我除了是教书匠,还是个翻译匠,翻译的书足有六七十本,仅村上春树就有四十多本。容我再次滥用那个生蛋比喻,就是把村上用日文生的蛋慢慢变成中文蛋,而且要变得一模一样。人家是双黄的,我也要双黄的,人家是红皮带麻子的,我也不能弄白皮带条纹的,你说苦不苦?苦极了!何况日本一所著名学府还有一双眼睛目光炯炯地盯着。说"鸡蛋里挑骨头"未免有失风度,但芒刺在背的感觉的确是有的。于是我暗暗发誓,咱自己写写看!"子规夜半犹啼血,不信东风唤不回。"几年下来,这个野心也催生了三四百篇散文、随笔或杂文。

啰嗦了半天,忽悠了半天,其实无非一堆"豆腐块"罢了。论思想,谈不上石破天惊;说意境,也未必深邃悠远。惟一可取之处,大约在于语言或文体。这点还是应该感谢我的老伙计村上君的,他一再强调"文体就是一切"。我也认为"文体就是一切"。

这里我要回过头来说明一点的是,我并非否定"象牙塔"。恰恰相反,在广义上我认为应该重建大学这个"象牙塔"。哈佛大学前校长博克在《走出象牙塔——现代大学的社会责任》一书中阐述道:大学应当关注自己,"大学处理与外界的各种关系中,必须不断地面对各种道德问题和道德责任","纯学术研究"是象牙塔的本质所在,正是基于这一点来考虑社会需求,大学才从"传统上向国家提供了最伟大的服务"。哈佛大学在2000年的一次讨论中面对社会挑战作出这样的回答:哈佛绝不跟着社会需求的指挥棒转,因为哈佛坚信:"社会变化得越快,大学这块变化相对少,思想观念相对独立的领地就越有价值。"可见,越是变革的时代,越要坚守大学的传统;越是变化的社会,越要秉持大学的精神;越是纷扰的诱惑,越要牢牢抓住大学的本质。(《江苏高教》2011年第6期)然而我们痛心地看到,在这个躲避崇高的被碾平了的世界上,理应成为社会共同仰望的大学之"象牙塔"正在向世俗甚至低俗、媚俗方面倾斜。如果鲁迅再世,他要写的恐怕不再是"论雷锋塔的倒掉",而很可能是"论象牙塔的倒掉"。也就是说,在当下中国,我们需要一大批知识分子像出家人一样守护和重建"象牙塔",让大学这个"象牙塔"成为中华民族的精神圣殿。我这里说的走出"象牙塔",主要是说要避免让学术研究活动沦为获取职称等个人好处的"私器",而应使之成为承担社会责任和引领大众的"天下公器"。

另外,作为与此相关的附带性平台,我还在新浪、网易开了博客。总点击量已近900万次。一两年前又开了微博,新浪"粉丝"超过50万。加上网易、腾讯和搜狐三家,"粉丝"总量逾350万。虽有赶时髦之嫌,但毕竟可以将一个读书人的所思所想所感迅速传达出去,直接吁诉社会,和大家互动。在这点上,微博应是最具当下性的传播手段。说起来,我一般不上网,打字速度极慢。发电子邮件都要写在稿纸上请家人录入。也是因为这个关系,无论博客还是微博,都不是我主动开的,而是在新浪等网站一再劝诱之下不得已而为之。我这人并不聪明,但比较执着。一般不轻易答应,而一旦答应,就会认真对待,全力以赴。如博客和微博,除了极特殊情况,至少每星期挂一篇博文,每天写一则微博。博客大部分转发专栏文章,而微博必须每天写140字。我不是易中天、余秋雨和于丹那样的明星教授,更不是韩寒、郭敬明,不可能随便写什么都会一呼百应,必须以思想取胜,起码以修辞见长。而这绝非易事,但总算坚持下来了。坚持就是影响。

我很欣赏不知哪位西方人说过的一句话:每一只狗都应该叫!无论

叫声多么难听多么微弱，也总比不叫好——知识分子的担当，说到底，许多时候无非"叫"罢了，呼号罢了。在这方面，数月前去世的复旦历史系朱维铮教授已经给我们做出了榜样。他的治学历程，可以说一路奔走呼号。他始终将学术研究和当下关怀融为一体，始终引导学生和读者读取"历史与现实联系的某种消息"。《读书》第六期有文章认为"这是他的读者群能够远远溢出学术界小圈子之外的重要原因"（姚大力《重读朱维铮》）。在这个意义上，作为史学教授，较之学者，朱维铮先生更是一位知识分子，一位够格的知识分子。日落烟沉，天地为空。"知其辱而保其尊，坚信大道如砥"——他的铮铮铁骨烈烈旗风，他的治学取向和治学路径，对每一个从事人文科学研究的教师都有不一般的感染力、说服力和启示性。

  以上杂乱地讲了当下性。说高雅些，即所谓经世致用。通俗说来，也就是学术研究活动的现实关怀。下面我想简单谈几句学术表达的文体或文学性、修辞性问题。能否说是治学方法我不敢断定，但确实是我相当注意的一点。

  我1982年毕业于当时由我国著名化学家唐敖庆教授出任校长的吉林大学研究生院，差不多算是"黄埔一期"硕士生。诸位想必知道，当时的硕士生有可能比当下的博士生还要金贵。不过，由于"文革"这一特殊历史原因，我初中才念到初一，干了几年农活后经由"贫下中农"推荐，作为工农兵学员上了大学——基本等于小学上大学。何况上大学期间一会儿批林批孔一会儿批水浒批宋江批周公，又一会儿学工学农学军，用于专业学习时间有没有一半都很难说。所以，我的知识结构和学养积淀明显先天不足。这也是我迄今未能构筑自成一统的学术框架或成就石破天惊的独家之言的一个很重要的客观原因。所幸我自小喜欢读书、喜欢文学，语文和作文成绩一直较为得意。加上乡下务农期间和工农兵学员时代也大体没有中断文学书刊的阅读，又有写日记等涂鸦习惯，从而培养了一定程度的写作能力和修辞自觉、文体自觉。这点让我日后占了相当不小的便宜——无论文学翻译还是论文撰写抑或发言讲演，我都比较注意从修辞、审美角度打磨语言或文体。而这往往是一些译者、尤其学者和演讲者忽视的"雕虫小技"，使得我乘虚而入并且相对得逞。我的译作、文章以至演讲之所以较受欢迎并有了一些影响，我觉得与此有不算小的关系。

  人生四种境界：欲求境界、求知境界、道德境界、审美境界。审美为最高境界。任何风潮、制度甚至思想都将灰飞烟灭，惟艺术之美永存。这也是我在翻译当中始终把审美忠实"置顶"的根据。甚至数学都看重美——

英国数学家 G. H. Hardy 宣称美是首要标准，丑的数学是没有安身立命之地的。

我所以看重关乎审美的文学性、修辞性，除了上述个人原因，还同中国文化传统有关。诸位知道，中国古人非常注重辞章之美——"言而无文，行之不远"，可以说是历代文人墨客心目中的金石之论。诗词曲赋自不用说，即使文论等评论性文章也每每写得文采斐然。如《典论·论文》《文心雕龙》《二十四诗品》《六一诗话》以及《蕙风词话》《人间词话》等等，哪一卷不写得异彩纷呈摇曳生姿？哪一篇不写得倾珠泻玉铿锵悦耳？反观我们现在一些文章，特别是论文，漫说文采，有的连严谨都欠火候，个别的甚至语病迭出。还有的喜欢罗列西方文学流派、文学理论术语，说故弄玄虚未免苛刻，但至少本土化努力做得不够。复旦大学英语教授陆谷孙日前就对"后现代的东西"表示反感："像我看到有人用'模因论'（Memetics）解释翻译，戴顶帽子，穿双靴子，内容还是离不开意译直译等等，有什么价值呢？还是文本为主吧。"（《书城》2012 年 5 月号）

窃以为，至少文学论文应该写得有文学性，写得美些。这样也才能走出小圈子而为更多的人喜闻乐见，产生广泛些的影响。我在不妨称之为专著的我的一本名叫《为了灵魂的自由——村上春树的文学世界》的书的序言中这样写道："作为身在学院体制内并且受过学术训练的知识分子，学术研究本应是我较为熟悉的风景。但事关村上文学批评，每次动笔我都不太想采用条分缕析严肃刻板的学术文体和范式。这一是因为村上作品受众面较广——保守估计也有一千万人，而且多是年轻人；二是因为较之从西方引进的这种学术文体和范式，我更欣赏以整体审美感悟和意蕴文采见长的中国传统文学批评笔法。所幸我自己也从事文学创作，算是'半拉子'作家，对这种笔法并不十分陌生。我的一个追求，就是以随笔式文体传达学术性思维，以期在'象牙塔'和大众之间搭建一道桥梁。这本小书可以说是一个远不成熟的尝试。……文学批评的最终目的，不是为了验证以至构筑某种文学批评理论，而在于通过文本解读或赏析促成一种深度认知和审美体验。"这段话大体可以视为关于当下性和文学性、修辞性相结合的我的治学方法的一个概括。

最后，让我冒着浅薄和显摆的风险，从这本书中找出这方面四个例子。

（关于《且听风吟》）距离感或疏离感，连同虚无感、孤独感、幽默感,构成了村上作品的基本情调。它无法捕捉,又无所不在,轻盈散淡,又叩击心扉,凉意微微,又温情脉脉,似乎轻声提醒在人生旅途中昼夜兼程疲于奔命的我们:且听风吟……(p.9)

(关于《挪威的森林》)无数读者来信朝我这个译者手里飞来,每三封就有两封谈《挪威的森林》。或为故事的情节所吸引,或为主人公的个性所打动,或为韵味的别具一格所感染,或为语言的洗炼优美所陶醉。有人说像小河虾纤细的触角刺破自己的泪腺,有人说像静夜如水的月光抚慰自己孤独的心灵,有人说引领自己走出四顾茫然的青春沼泽,有人说让人刻骨铭心地懂得了什么叫成长……。当年的《挪》迷如今已经三四十岁——又一代人跟着她涉入青春的河床。(p.50—51)

(关于《电视人》)六个短篇共同的遗憾是:其中只有灵魂失去归依的怅惘,只有主体性失落的焦虑和惊悸,却没有告诉我们如何安顿漂泊的灵魂,如何找回迷失的主体性,如何返回温馨的秩序和堪可栖息的家园。也许村上会说没有告诉即是告诉,但有时候我们并不希望门在应该关合的时候仍然开着。(p.174)

(关于《东京奇谭集》)换言之,艺术、文学艺术既不是真实世界的傀儡,又不是想像世界的附庸,而是这两个世界的落差或关系性的产儿。在其催生过程中,对于稍纵即逝的灵感及偶然性的敏锐觉察和刻意开掘无疑具有特殊意义。有的人任其"自生自灭",有的人"鲜明地读取其图形和意义"(参见《偶然的旅人》)。村上则大约进一步视之为天谕,将一丝涟漪接向万里海涛,循一线微光俯瞰茫茫宇宙,从一缕颤悸感知地震和海啸的来临,从而写出了一部部是奇谭又不是奇谭的奇谭集——其实村上每一部作品都不妨以奇谭称之——这大概正是所谓艺术,正是艺术的真实。(p.201)

好了,不再自鸣得意了。就这点而言,作为我,较之一个学者,恐怕更像一个文人,一个并不够格的文人。我以为,够格也罢不够格也罢,如果可能,任何学者都最好首先是一个文人。这既是历朝历代古之传统,又是民国时期大部分学人的身影。或许,只有这样,才能在说得有理之前说得有趣,有说服力之前有感染力。而感染力来自激情,来自修辞,来自美。记得北大中文系已故林庚教授上的最后一课特别强调了美:"什么是诗?

诗的本质就是发现。诗人要永远像婴儿一样,睁大好奇的眼睛,去看周围的世界,去发现世界的新的美。"(钱理群称之为"天鹅的绝唱")反言之,美即是发现,即是修辞,即是来自当下关怀的激情。

探寻"照世杯"中的中国镜像
——波斯历史文献整理的实践与收获①

王一丹

【作者简介】 王一丹，北京大学外国语学院西亚系教授、北京大学伊朗文化研究所所长。研究方向：波斯文学以及与蒙元史相关的波斯语文献。

一、关于照世杯的题外话

本文的主旨是讨论波斯历史文献整理，在进入正题之前，先说几句似乎无关的题外话。

波斯自古就有关于"照世杯（Jām-i jahānbīn/ Jām-i gītīnimā）"的传说。菲尔多西（Firdawsī，940—1020）在《列王纪》（Shāhnāma）中写到，波斯勇士比让（Bīzhan）与土兰国（Tūrān）公主相恋，被土兰国王所俘。波斯君主霍斯鲁（Khusraw）借神杯之助找到比让下落，派大英雄鲁斯塔姆（Rustam）前去将他救回。故事中如此描述：

> 等到新春元旦一年第一天，
> 我诚心祈祷发出一个心愿。
> 我从心底请求耶兹丹②赐我以恩惠，
> 让我使用那遍览世界的神杯，
> 天下的万般景象都映在杯里，

---

① 本文内容是作者应邀于2012年12月15日在北京大学"东方学研究方法论"项目组举办的"专家讲坛"上所做的讲座。

② Yazdān，古波斯信仰中的善神。

七国的风光都一览无余。①

把那只神杯拿在手中观看，
一览无余，七国景象历历分明可见。……
后来他把目光移向了土兰，
多谢造物主保佑，一眼便把比让发现。
他见比让全身镣铐沉重，
凄惨地挣扎在一口枯井之中。②

诗中一再出现的"七国(haft kishvar)"之称，指天下各地。波斯古典地理学将世界分为七个国度，其中，居于中央的伊朗(Īrān-shahr)为第四国度，中国(Chīn va Māchīn)居于东方，为第七国度。③

照世杯之名，后经中亚传到中国。明人笔记中几次述及。朱国祯(？—1632)《涌幢小品》卷一有"照世杯"条，写道："撒马儿罕在西边，其国有照世杯，光明洞达，照之可知世事。洪武二十七年始入贡。"④沈德符(1578—1642)《万历野获编·补遗》卷四"外国·奉使仗节"中有类似记述，而介绍更详："先是洪武二十七年，撒马儿罕遣使奉表，贡马二百匹，其表中颂上圣德，光明远大，昭若天镜。又云：'钦仰圣心，如照世之杯，使臣心中豁然光明。'盖照世杯者，其国旧传有杯，其明光彻，照之可知世事。故表文云然。"⑤所谓撒马儿罕国，即中亚历史上曾强盛一时的帖木儿王朝(Timūriyān，1370—1507)，其故都撒马尔罕(Samarqand)是河中地区(Māvarā al-Nahr)历史文化名城，与波斯文明有极深渊源。明代，中国与

---

① 菲尔多西：《列王纪》，第三卷，张鸿年、宋丕方译，长沙：湖南文艺出版社，2001年，第48—49页。
② 同上书，第50页。
③ 另外几个国度分别是：印度(Hinduvān)、阿拉伯('Arab va Habashiyān)、埃及(Misr va Shām)、鲁姆(Rūm va Saqlāb)和突厥(Turk va Yājūj)。比鲁尼(Abū Rayhān Bīrūnī，973—1048)所著《星相学基本原理》(Al-Tafhīm al-Avā'il al-Sanā'at al-Tanjīm)中绘有以7个等圆表示的"七国图"，见伊朗议会图书馆(Kitābkhāna-yi Majllis-i Shūrā-yi Īrān)藏抄本，第153叶；参见［伊朗］M. B. 乌苏吉：《波斯文献中关于喀什噶尔在丝绸之路上的地位的记载》，林喆译，《新疆师范大学学报》(哲学社会科学版)，2012年第6期，第10页，又载杨海萍主编：《昆仑名师讲坛演讲录》，北京：商务印书馆，2013年，第103页。
④ (明)朱国祯：《涌幢小品》(上)，北京：中华书局，1959年，第4页。
⑤ (明)沈德符：《万历野获编》(下)，北京：中华书局，1959年，第936页。《明史·西域传》"撒马儿罕"条也有相同记述。见(清)张廷玉等撰：《明史》，北京：中华书局，1974年，第8598页。

帖木儿帝国关系密切,使节、商旅等往来频繁,照世杯之说随撒马儿罕使臣传入汉地,与著名的《沙哈鲁遣使中国记》之问世,都发生在这样的背景之下。及至清初,被视为后世谴责小说先声的《照世杯》,书名即借照世杯洞烛尘世之寓意,"采闾巷之故事,绘一时之人情",通过揭露社会黑暗,"为大千世界说法"。①

照世杯的妙用在于"照之能知天下之事"。本文借用这一称呼,喻指8、9世纪以来数量浩繁的波斯历史文献。这些文献包罗万象,纵贯古今,囊括了天下大事,正如照世杯一样,观之可知世界各地人情要闻,而其中有关中国的记述,仿佛杯中映射出的中国镜像,五色杂陈,虚实相伴,令人在向往之余,不禁要一探究竟。

二、波斯历史文献中有关中国的记载

波斯在 7 世纪中叶为伊斯兰教征服以后,萨珊王朝(Sāsāniyān,224—651)通行的中古波斯语(Pahlavī,巴列维语)为阿拉伯语所取代。不过,从 8、9 世纪开始,伊朗东部呼罗珊(Khurāsān)地区兴起了以萨珊宫廷语为基础而产生的达里(Darī)波斯语,并很快由东向西广泛扩散,成为伊朗各地的文学语言。10—15 世纪波斯文学的黄金时代,难以胜数的波斯语名篇佳作异彩纷呈,蔚为大观,其影响所及,在小亚细亚、中亚和南亚的广大地区也产生了大量优秀波斯语作品。

本文所讨论的波斯历史文献,不限于专门记述历史事件的史学典籍,还包括地理、医药、农艺、星象等蕴含丰富史料价值的文献,甚至也包括诗歌、游记、传记等文学作品,它们以各自不同的方式为我们提供了珍贵的历史信息。

波斯历史文献中有关中国的记载,其信息的丰富性和多样性远远超乎人们的想象,其中有一些甚至不见载于以史料宏赡著称的汉语文献,可以与汉籍互为参证和补充,对于研究中伊关系史、中西交流史、中国民族史以及中国文化史都具有特殊的史料价值。

法国东方学家勒内·格鲁塞(René Grousset,1885—1952)在《草原帝国》"序言"中说:"阿提拉、成吉思汗和帖木儿,他们的名字广为人知。

---

① (清)酌元亭主人:《照世杯》,上海:上海古籍出版社,1985 年新版,第 105 页"附录·原序"。

西方的编年史家和中国的或者波斯的编年史家们对他们的叙述使他们名扬四海。"①这里,波斯史家与人们熟知的西方史家、中国史家并举,说明他们对于研究欧亚大陆史具有同等的重要性。波斯文献的价值,由此可知。

涉及中国的波斯文献很多,这里择其大要,略作如下分类:1.史诗/叙事诗;2.地理;3.行纪;4.历史;5.农学与医学。

1. 史诗/叙事诗

波斯素称"诗歌王国",历代诗作浩如烟海,其中,史诗和叙事诗的文学成就令人瞩目,其文献价值也为人们所重视。就有关中国的记述来说,年代最早、也最脍炙人口的《列王纪》(成书于1011年或1020年)自不待言,其他如伊朗尚(Īrānshān b. Abī al-Khayr)的《库什王纪》(*Kūsh-nāma*, 成书于1107—1110年间)、内扎米(Nizāmī Ganjavī, 1141—1209)的《七美图》(*Haft Paykar*, 成书于1196年)和《亚历山大纪》(*Iskandar-nāma*, 成书于1200年前后)、莫拉维(Jalāl al-Dīn Rūmī Mawlavī, 1207—1273)的《玛斯纳维》(*Masnavī-yi Ma'navī*, 成书于1261年)、哈朱·克尔曼尼(Khājū Kirmānī, 1290—1353)的《胡玛与胡玛云》(*Humāy va Humāyūn*, 成书于1331年)等,也都有大量关于中国的情节描述,塑造了"中国可汗(Khāqān-i Chīn)"、"中国天子(Faghfūr-i Chīn)"和"中国公主(Dukhtar-i shāh-i Chīn)"等众多带着"中国"标记的人物形象。在重视诗歌传统的伊朗,这些诗歌往往有多种抄本传世,也很早就有校勘本通行,它们的文学价值和地位大都得到了充分认识,不过对于其中所传递的有关中国的历史信息,研究并不充分,无论从形象学,还是中西关系史、欧亚民族史研究的角度,都值得作进一步发掘。

2. 地理著作

在9—10世纪所谓"阿拉伯古典地理学"时期的穆斯林地理学家中,有不少波斯人,如伊拉克学派的伊本·胡尔达兹比赫(Ibn Khurdāzbih, 820?—912)、巴里黑学派的阿布·宰德·巴里希(Abū Zayd al-Balkhī, 约849—934)和伊斯塔赫里(Abū Ishaq Ibrāhīm al-Fārsī al-Istakhrī, ?—

---

① [法]勒内·格鲁塞:《草原帝国》,蓝琪译,项英杰校,北京:商务印书馆,1999年,第3页"序言"。

957)等。波斯人所著地理书,有的用阿拉伯语,有的用波斯语。波斯语著述中,涉及中国的很多,早期有代表性的是波斯呼罗珊地区佚名作者的《世界境域志》(Hudūd al-'ālam,撰于982)一书,内容为内陆欧亚及北非的地理、风俗、人情、物产等情况,其中第九章为"关于中国所属诸地(nāhiyat-i Chīnistān)"①。到了13—14世纪,随着蒙古世界帝国的建立,丝绸之路上物质、文化交流空前活跃,伊朗人对世界的认识更加清晰和丰富,体现在地理著作中,哈姆杜拉·穆斯图菲(Hamd Allāh Mustawfī Qazvīnī,1281—1351)《心之喜悦》(Nuzhat al-Qulūb,成书于1340年)一书,就保留了非常有价值的关于世界地理的新知识,因而很早就为西方学者所重视,有英译本通行。②伊朗学者新近研究发现,《心之喜悦》的一个德黑兰抄本中,还保存着一幅网状的丝绸之路贸易路线图,图中清晰地标注出了当时东西方贸易中商队往来所经过的重要城市。③ 14世纪另一部波斯地理著作《七国志或诸域图纪》(Haft Kishvar yā Suvar al-Aqālīm,佚名作者,成书于1343),按照波斯传统地理学中的七国概念描述世界,对蒙古时期欧亚内陆以及波斯地区的政治、经济状况提供了许多新信息。④

值得一提的是,波斯星象学著作中也记录着与地理相关的内容,因为古代波斯人认为,大地各区域的分布与天上各星座之间有着直接的对应关系。这方面最有代表性的就是前文已提到的比鲁尼(Abū Rayhān Bīrūnī,973—1048)的《星象学基本原理》(Al-Tafhīm al-Avā'il al-Sanā 'at al-Tanjīm),其中关于中国这样写道:"第一区域始于大地的东方和

---

① Hudūd al-'ālam min al-Mashriq ila al-Maghrib(《世界境域志》),ed. M. Sutūda, Tehran:Tahūrī,1983,pp. 59—63. 英译本 V. Minorsky, Hudūd al-'ālam:"The Regions of the World", a Persian geography. Oxford,1937,pp. 83—86;汉译本《世界境域志》,王治来转译自英译本,上海:上海古籍出版社,2010年,第50—54页。

② G. Le Strange (trans.), The Geographical Part of the Nuzhat-al-Qulūb composed by Hamd-Allāh Mustawfi of Qazwīn in 740 (1340), Leyden:E. J. Brill/London:Luzac&Co., 1919.

③ 参阅 M. B. Vosoughi and M. H. Ganjī, Vasf-i Khalīj-i Fārs dar Naqshahā-yi Tārīkhī(《历史地图中所描绘的波斯湾》),Tihrān:Buniyād-i Īrānshināsī,2008,pp. 22—23. 另见 M. B. 乌苏吉:《波斯文献中关于喀什噶尔在丝绸之路上的地位的记载》,《新疆师范大学学报》(哲学社会科学版),2012年第6期,第12—13页;《昆仑名师讲坛演讲录》,第107—108页,并彩图2。

④ Anon., Haft Kishwar yā Suvar al-Aqālīm, ed. Manūchihr Sutūdah, Tihrān:Buniyād-i Farhang-i Īrānzamīn,1974.

中国,穿过中国海。这些溪流将轮船送往杭州(Khānjū)、汉府(Khānfū,今广州)等港口城市。""第四区域穿过中国领土、'格塔'(Qitā)——'赫塔'(Khitā,即契丹)、和田、喀什噶尔以及其他城市。"①

3. 行纪著作

早在前伊斯兰时期,波斯商人就经由陆、海两道来到中国经商,并从9—10世纪起留下了有关中国的游记,如最早的《中国印度见闻录》(*Akhbār al-Sīn wa al-Hind*),是一部从波斯湾经印度和马六甲海峡前往中国的贸易指南,原文为阿拉伯语,卷一成书于851年,作者不详;卷二成书于916年前后,是波斯港口城市尸罗夫(Sīrāf)商人阿布·赛义德·哈桑记述的海上贸易见闻。② 至于专门记述中国见闻的波斯语著作,则产生于15—16世纪,一是帖木儿帝国素丹沙哈鲁(Shāhrukh,1404—1447年在位)的宫廷画师盖耶速丁(Ghiyās al-Dīn Naqāsh)1419—1422年随使团出访中国后所写的见闻,以《沙哈鲁遣使中国记》(*Safarnāma-yi Khwāja Ghiyās al-Dīn Naqāsh*)③闻名;一是旅居君士坦丁堡、自称为"中国人(Khatāyī)"的波斯人阿里·阿克巴尔(Alī Akbar)在1500年游历中国后所写的《中国纪行》(*Khatāy-nāma*,1516)④。这些作品很早就为西方学者所重视,译成多种欧洲文字,因而

---

① 参阅 M. B. 乌苏吉:《波斯文献中关于喀什噶尔在丝绸之路上的地位的记载》,《新疆师范大学学报》(哲学社会科学版),2012年第6期,第10页;《昆仑名师讲坛演讲录》,第101页。

② 《中国印度见闻录》,穆根来、汶江、黄倬汉译,北京:中华书局,1983年(2001年重印)。

③ 此书波斯语原作未有独立抄本传世,幸有其他波斯史书的转录而得以保留下来,其中最重要的有哈菲兹·阿布鲁('Abd Allāh Hāfiz Abrū, ? —1430)的《历史精华》,以及阿卜杜·拉扎克·撒马尔罕迪('Abd al-Razāq Samarqandī, 1413—1482)的《双福星的升起与两海洋的汇聚》。可参阅:'Abd Allāh Hāfiz Abrū, *Zubdat al-Tavārīkh*(《历史精华》), ed. K. S. Javādī, Tihrān: Intishārāt-i Vizārat-i Farhang va Irshād-i Islām, 2001, vol. 4, pp. 817—864; 'Abd al-Razāq Samarqandī, *Matla'-i Sa'dayn va Majma'-i Bahrayn*(《双福星的升起与两海洋的汇聚》), ed. 'Abd al-Husayn Navāyī, Tihrān: Intishārāt-i Pazhūhishgāh-i 'Ulūm-i Insānī va Mutāli'āt-i Farhangī, 2004. 另可参阅 'Alī Mazāhirī, *Jāda-yi Abrīsham*(《丝绸之路》), Tihrān: Mu'asisa-yi Mutāli'āt va Tahqīqāt-i Farhangī, 1993, vol. 1, pp. 54—149.

④ Alī Akbar Khatāyī, *Khatāy-nāma*(《中国纪行》), ed. Īraj Afshār, Tihrān: Markaz-i Asnād-i Farhang-yi Āsiyā, 1993. 另可参阅 'Alī Mazāhirī, *Jāda-yi Abrīsham*(《丝绸之路》), vol. 1, pp. 150—538.

也较早译介到中国,都有不止一种汉译本。①

另外一部鲜为人知的波斯语游记著作,是完成于 1951 年的《麦加行纪》(*Safarnāma-yi Makka*)②,作者赫达雅特(Mihdīqulī Hidāyat,1863—1955)是伊朗恺加王朝(Qājāriya,1779—1925)贵族、政治家,他的行纪记述了 1903—1904 年他及家人随同伊朗前首相阿塔别克(Mirzā 'Alī Asqar Khān Amīn al-Sultān Atābak,1858—1907)经由俄国、中国、日本、美国、欧洲和小亚细亚,最后抵达目的地麦加朝觐的经历。③ 全书 305 页,有三分之一的篇幅(第 39—148 页)记述在中国的见闻。作者对每一日的行程都有细致记述,其内容之丰富,仅从目录就可见一斑,如:中国人的创世传说、中国的佛教、在华基督教传教士的活动、中国穆斯林、中国的官话、购买古董、可汗的宫殿、宫廷一瞥、关于汉语、学堂、司法制度、北京城墙、茶、丝绸与蚕、太平军之乱、秘密社团、中国的报纸、宫廷婚礼等等。作者的记述并非走马观花式的猎奇,而是时刻伴随着思考,并与伊朗进行对比,同时还有文献资料相参照。作者对西安所见景教流行中国碑的细致记述就是一例(第 73 页)。除了文字记录,书中还收录了大量弥足珍贵的照片,如:坐在独轮车上的女子及其消遣(第 132 页)、披戴镣铐的犯人(第 142 页)、中国传统乐队(第 43 页)、缠足女人的小脚(第 108 页)、艺人的踩钢丝表演(第 147 页)、写有"波斯国前任户部大臣 那桐亲到拜答"字样的中国外交官的名片(78 页)等,栩栩如生地展示了晚清中国社会的众生相。

---

① 就笔者所知,《沙哈鲁遣使中国记》有 4 种汉译本,最早为张星烺摘自亨利·玉尔《古代中国闻见录》(*Cathay and the Way Thither*)的节译本,见张星烺编注、朱杰勤校订:《中西交通史料汇编》,北京:中华书局,1978 年,第 3 册,第 288—308 页;第二种为[波斯]火者·盖耶速丁著:《沙哈鲁遣使中国记》,何高济译自 K. M. Maitra 1970 年版英译本,载《中外关系史名著译丛》之《海屯行纪 鄂多立克东游录 沙哈鲁遣使中国记》,北京:中华书局,1981 年;第三种为耿昇译自伊朗裔法国学者阿里·玛扎海里('Alī Mazāhirī)的法语译注本,见[法]阿里·玛扎海里著:《丝绸之路——中国—波斯文化交流史》,耿昇译,北京:中华书局,1993 年,第 33—108 页;第四种为张绪山译自亨利·裕尔的英译本,见[英]H. 裕尔撰,[法]H. 考迪埃修订,张绪山译:《东域纪程录丛》,昆明:云南人民出版社,2002 年,第 242—259 页《沙哈鲁遣使中国记》注释"。

② Mihdīqulī Hidāyat, *Safarnāma-yi Makka, az rāh-i Sībrī, Chīn, Zhāpun, Imrīkā, Urūpā, Misr, Shām, Bayrūt, Yūnān va Turkiyya*(《麦加行纪:途经西伯利亚、中国、日本、美国、欧洲、埃及、叙利亚、贝鲁特、希腊和土耳其》), ed. M. Dabīr Siyāqī, Tihrān: Intishārāt-i Tirāzha, 1989.

③ 关于此书的详细介绍,可参阅孟娜:《波斯人笔下的中国》,北京大学博士研究生学位论文(2009 年),第 92—109 页。

4. 历史著作

波斯史书创作在伊利汗国(Īlkhāniyān, 1256—1353)时期异常繁荣，产生了大批具有重要史料价值的历史巨著，如志费尼('Alā al-Dīn 'Atā Malik Jūvaynī, 1226—1283)的《世界征服者史》(*Tārīkh-i Jahān-gushā*, 作于 1252—1260 年)、朱兹札尼(Abū 'Umar Minhāj al-Dīn Jūzjānī, 1193—1261)的《纳赛里史话》(*Tabaqāt-i Nāsirī*, 作于 1260)、拉施特(Rashīd al-Dīn Fazl Allāh Hamadānī, 1247—1318)的《史集》(*Jāmi' al-Tavārīkh*, 作于 1300—1311 年)、班纳卡提(Fakhr al-Dīn Abū Sulaymān Dāvūd Banākatī, ？—1330)的《历史精髓之胜境》(*Rawzat Awlā al-Albāb fī Tawārīkh al-Akābir wa al-Ansāb*, 作于 1317 年)①、瓦萨夫(Shihāb al-Dīn 'Abd Allāh Sharaf Shīrāzī, 1264—1334)的《地域之分割与岁月之推移》(*Tajziyat al-Amsār wa Tazjiyat al-A'sār*, 作于 1312—1328 年)②、卡山尼(Abū al-Qāsim 'Abd Allāh al-Qāshānī, 卒于 1337 年)的《完者都史》(*Tārīkh-i Uljāytū*)、穆斯陶菲·加兹维尼(Hamd Allāh Mustawfī Qazvīnī, 1281—1349)的《选史》(*Tārīkh-i Guzīda*, 作于 1330 年)，等等。这些史书是研究蒙古帝国时期内陆亚洲史、游牧民族史、中西交流史的原始材料，很早就得到各国东方学者的重视和研究。其中拉施特的《史集》除了有关突厥—蒙古史的主干部分以外，还包含了当时欧亚大陆诸族群的历史，以及以《五族谱》(*Shu'ab-i Panjgāna*)闻名的各族谱系，其中的"中国史"和"中国帝王谱系"，保存了大量有关中国历史文化的信息，对于中国学研究具有独特的价值。

5. 农学与医学著作

除了《史集》以外，拉施特还留下了另外两部有关中国文化与科学的

---

① 一般称作《班纳卡提史》。见 Fakhr al-Dīn Abū Sulaymān Banākatī, *Tārīkh-i Banākatī* (《班纳卡提史》), ed. Ja'far Shi'ār, Tihrān: Intishārāt-i Anjuman-i Āthār-i Millī, 1969.

② 以《瓦萨夫史》(*Tārīkh-i Vassāf*)著称。见 Shihāb al-Dīn 'Abd Allāh Sharaf Shīrāzī Vassāf, *Tārīkh-i Vassāf al-Hazrat* (《瓦萨夫史》), Tihrān: Intishārāt-i Ibn Sīnā, 1959 (photo-offset copy of Bombay edition, 1853).

重要著作,一部是《迹象与生命》(*Āthār va Ahyā*)①,又名《迹象与信息》(*Āthār va Akhbār*),讨论农业与园艺,其中介绍了20多种中国植物,如肉桂(桂皮)、茶、檀香、椰子、槟榔、松木、沉香、苏木、莲花(包括红莲、白莲、青莲)、杨梅等,还记述了他令人从中国引进某些农作物的经历。另一部是《关于中国科学技术的伊利汗珍宝之书》(*Tanksūqnāma-i Īl-khān dar Funūn-i 'Ulūm-i Khatāyī*)②,介绍中国医学以及与中医相关的中国哲学思想,对宋元时期民间流传的《脉诀》一书的全部歌诀进行了翻译(包括逐字音译、直译和意译),书中所记中国哲学家周敦颐(1017—1073)的《太极图》和《太极图说》,对于研究宋元之际理学思想在中国北方的流播以致西传提供了极有价值的新线索。③

三、波斯历史文献整理的实践与收获

涉及中国的波斯语文献还有很多,上面的简略介绍,只是为了说明它们对于我们的价值,以及中国学者参与整理这些文献的意义。西方学者很早就认识到波斯历史文献的重要性,并从19世纪三四十年代开始,在校勘整理方面取得了一系列重要成果,法国东方学家卡特麦尔(M. Quatremére)校注和翻译的《波斯蒙古史》④是这方面的标志性成果。除

---

① 此书曾两次刊行。第一次是于1905年以《农事与耕作》之名出版的石印本,收录在《伊朗农业与园艺著作汇编》(*Majmū'a-i 'Ulūm-i Īrānī dar Zirā'at va Falāhat va Bāghbānī*)一书,编者认为"其作者不详",见:'Abd al-Ghaffār Najm al-Daula, *Majmū'a-i 'ulūm-i īrānī dar zirā'at va falāhat va bāghbānī va ghairihi mushtamil bar chahār kitāb. Kitāb-i avval dar 'ilm-i falāhat va zirā'at. Ta'lif-i shakhs-i 'ālim va 'āmil va sayyāhī dar 'ahd-i Ghāzānkhān*, Tihrān, 1905. 第二次由德黑兰大学与麦吉尔大学合作出版:Rashīd al-Dīn Fazl Allāh, *Āthār u Ahyā* (《迹象与生命》), ed. M. Sutūda and Ī. Afshār, Tehran: Mc Gill University-Tehran University Press, 1989.

② 此书的传世孤本收藏于土耳其伊斯坦布尔(Aya Sofya, 3596),1972年出版了影印本:Rashīd al-Dīn Fazl Allāh, *Tanksūqnāma yā Tibb-i Ahl-i Khatā* (《珍宝之书或中国医学》), ed. M. Mīnuvī, Tihrān: Intishārāt-i Dānishkada-yi Adabiyāt va 'Ulūm-i Insānī-yi Dānishgāh-i Tihrān, 1972.

③ 关于这两部作品的更多介绍,可参阅 Karl Jahn. "Rashīd Al-Dīn and Chinese Culture," *Central Asiatic Journal* 14 (1970), pp. 134—147;王一丹:"拉施特与中国文化有关的著作",《拉施特〈史集·中国史〉研究与文本翻译》,北京:昆仑出版社,2006年,第35—47页。

④ Raschid-eldin, *Histoire des Mongols de la Perse*, trans. and ed. É. Quatremère, Paris, 1836 (reprinted in Amsterdam by Oriental Press, 1968).

了拉施特著作以外,其他波斯史家的著作也陆续得到译介,如米诺斯基(V. Minorsky,1877—1966)译注的《世界境域志》①、波伊勒(J. A. Boyle,1916—1978)译注的《世界征服者史》②,也都是波斯文献整理和译介方面影响很大的名作。中国学者在晚清洪钧(1839—1893)著述《元史译文证补》时即已了解波斯文献的价值对元史研究的价值,不过在很长时间里都只是间接利用英、俄、法等西方译本。直接使用波斯语文献来考订汉籍记载,大约始自蒙元史和近代史专家邵循正(1909—1973)先生,他在20世纪三四十年代对《史集》"蒙哥汗纪"、"忽必烈汗纪"和"铁木耳合罕本纪"等章节进行了汉译和笺释,并撰有《〈元史〉、剌失德丁〈集史·蒙古帝室世系〉所记世祖后妃传》等论文,③是中国学界从事波斯历史文献整理的先行者。

目前中国学者进行波斯历史文献整理的重点仍然主要集中于拉施特的著作。2010年开始由北京大学伊朗文化研究所承担的国家社科基金重大项目"波斯文《五族谱》整理与研究",是近年来中国学者从事波斯历史文献整理工作的一个具有代表性的实例。

《五族谱》(又译《五世系》)是拉施特为《史集》撰写的附编,以系谱的形式记述了当时亚欧大陆五个具有不同信仰的民族群体的历史传承,在很大程度上是对《史集》内容的缩写和简编。所谓"五世系",即阿拉伯世系(shu'ab-i 'Arab)、蒙古世系(shu'ab-i Mughūl)、以色列后裔世系(shu'ab-i Banī Isrā'īl)、基督徒和拂朗机世系(shu'ab-i Nasārī va Afranj)、契丹(中国)世系(shu'ab-i Khatāy)。④ 其中,"蒙古世系"记述成吉思汗及其先祖后裔,包括他们各自的后妃、子孙和异密,始自朵奔伯颜(Dūbūn Bāyān,应即《蒙古秘史》中的朵奔篾儿干)及阿兰果阿(Alānqūā),经成吉思汗及其四子术赤(Jūjī)、察合台(Chaghatāy)、窝阔台(Ūktāy)和拖雷(Tūlūy)诸裔,迄于波斯伊利汗合赞(Ghāzān);"中国世系"则记述中国历

---

① V. Minorsky, *Hudūd al-'ālam*: "The Regions of the World", a Persian geography. London 1937 (2nd edition 1970).

② J. A. Boyle (trans.), *The History of the World-conqueror by 'Ala-ad-Din 'Ata-Malik Juvaini*, Manchester University Press, 1958 (2 vols.).

③ 上述诸篇有的发表于20世纪30—40年代的《清华学报》,有的为未发表的残稿,均收录于《邵循正历史论文集》,北京:北京大学出版社,1985年。

④ Rashīd al-Dīn Fazl Allāh, *Shu'ab-i Panjgāna*, MS, Istanbul, Topkapı Sarayı, III Ahmet, 2937, fol. 4a, "muqadama(序言)"。

代帝王谱系，始自盘古，迄于金朝最后一位阿勒坛汗（Altān Khān）。因此，这两部分都属于中国史研究的范畴。

作为中国学者首次对与我国古代民族史关系密切的外国史籍进行全面、彻底研究的一个项目，"波斯文《五族谱》整理与研究"课题具有两个突出特点，一是跨学科合作，二是国际化特色。

跨学科合作体现在语言学与历史学、民族学的结合。《五族谱》项目课题成员来自三个学科领域，即北京大学外国语学院波斯语教研室、北京大学历史系元史教研室以及中国社会科学院民族学与人类学研究所民族历史研究室。这样的团队构成，充分发挥了外语（波斯语、蒙古语及阿拉伯语）和人文（历史学、民族学）学科结合的优势。跨学科合作不仅有利于项目研究工作本身的开展，还加强了外语和历史学、民族学各学科学者之间的交流；不但促进了波斯语—伊朗学学科的发展，也推动了民族史、蒙元史学科的学者更多利用波斯语从事历史研究。其实，历史学与语言学相结合的治史传统在北大由来已久，前文提到的邵循正先生五六十年代曾执教于北大，他的蒙元史研究大量运用汉语、波斯语文献对勘和语言对音考证的方法，迄今仍是值得借鉴的典范。应该说，《五族谱》项目正是对这一传统的继承与实践。

国际化特色首先体现在国际化合作。《五族谱》内容涉及多种语言和多个民族的古代历史，这就决定了研究工作的国际性，需要吸收各国伊朗学、蒙古学、伊斯兰学专家的研究成果。迄今为止，已经先后有来自美国、土耳其、日本、伊朗和德国等5个国家的同行学者参与到《五族谱》项目中，有的提供重要的参考资料，有的参加《五族谱》读书班、提出建设性意见，有的直接参与文本的释读、录写和翻译，以各种不同的方式发挥着作用。2013年11月1－2日北京大学伊朗文化研究所主办的"波斯语文献与蒙元时代研究"国际学术研讨会，可以视作这种国际化合作的一个生动体现，与会发言的34位学者分别来自我国的北京大学、中国社会科学院、南京大学、复旦大学、内蒙古大学等科研机构和高等院校，以及美国印第安纳大学、纽约城市大学，德国波恩大学，日本东海大学、早稻田大学，韩国首尔国立大学，伊朗阿瓦士沙希德·查姆兰大学等各国知名院校，汇聚了国内外蒙元史研究和波斯文献研究领域的重要专家，会议的主要议题之一就是《五族谱》和《史集》等波斯语文献的整理和利用。国际化特色的另一个体现是整理工作的国际化标准。为了使项目研究成果不仅能为国内学者所利用，也能为国外同行所接受，《五族谱》的文本整理始终遵循波斯语文献整理的国际规范,例如,对文本的转写,统一采用国际伊朗学领域使用最广的波斯语转写系统,即《国际中东研究期刊》(*International Journal of Middle East Studies*,简称 *IJMES*)转写系统,避免波斯语转写方面长期形成的随意和混乱之弊。文本中涉及的阿拉伯语、突厥语、蒙古语词,也同样遵循统一的转写体系。

在具体的校勘实践中,陈垣先生(1880—1971)早年在《校勘学释例》中提出的校勘四法(对校法、本校法、他校法、理校法)[①],仍为我们今天所推重。就《五族谱》的校勘而言,由于《五族谱》只有一个孤本存世,没有可供比较的其他抄本(祖本或别本),因此无法采用校勘工作中最基本、最简便、也最稳当的"以同书之祖本或别本对读"的对校法;而"以本书前后互证"的本校法,虽然实用且方便,但遇到前后互相抵牾而无更多旁证之时,仍旧难以决断;至于"理校法"则要求校勘者具备极高深渊博的学问,凭推理来"定其是非",是"最高妙"又"最危险"的做法,只能"用之于最显然易见之错误而已",在没有确证时必须慎用。因此,《五族谱》校勘中最行之有效的方法是四法中之"他校法",即"以他书校本书"之法。前文说过《五族谱》在很大程度上是对《史集》的缩写和简编,其内容多有采自《史集》者,因此,《史集》作为"他书",是校勘《五族谱》的重要参照。除了借鉴、参考已经出版的各种《史集》刊本(如莫斯科集校本[②]、德黑兰校注本[③])以及英、俄、法、德、韩、汉等各种译本以外,还尽力搜求《史集》的各种古老抄本,如伊斯坦布尔的 Hazine 1654, Hazine 1653, Revan 1518 等三种重要抄本,以及塔什干本(东方写本部 MS 1620)和伦敦本(Add. 7628)等等,把它们作为对校的重要依据。校勘时不过于倚重刊本,而同样重视抄本作为"他校本"的作用,能够有效避免受刊本的校勘失误的影响,因而保持我们自己校勘工作的客观和独立。

当然,《五族谱》是一部波斯语著作,它的校勘显然不能照搬汉语文献整理的传统方法,需考虑到波斯文的书写特点,如音点的脱落或连缀、中

[①] 陈垣:《校勘学释例》,北京:中华书局,2004 年(新 1 版),第 133 页。

[②] Rashīd al-Dīn Fażl Allāh, *Jāmi' al-Tavārīkh*(《史集》), ed. A. A. Romaskevich, L. A. Khetagurov, and A. A. Alizade, Moscow: Intishārāt-i Dānish, 1965, vol. 1.

[③] 德黑兰版《史集》"蒙古—突厥史"部分主要有两种排印本,一为两卷版:Rashīd al-Dīn Fażl Allāh, *Jāmi' al-Tavārīkh*(《史集》), ed. Bahman Karīmī, Tehran: Intishārāt-i Iqbāl, 1959 (2 vols.);另一为四卷版:Rashīd al-Dīn Fażl Allāh, *Jāmi' al-Tavārīkh*(《史集》), ed. M. Rawshan and M. Mūsavī, Tehran: Nashr-i Alburz, 1994 (4 vols.)。

心词与修饰语之间的表示方式等，同时还要考虑到十三四世纪波斯语在语法、用词、发音等方面特点。另外，书中记录了大量专名（人名、地名、族名、称号）的波斯语音译，用审音勘同法释读和还原这些专名，要求我们掌握必要的中古汉语语音和波斯语语音知识。以《五族谱》和《史集》等文献中的专名为基础，建立一个蒙元时期的汉语—波斯语专名的译音资料库，有助于今后全面研究汉语—波斯语的译音体系，并为中古汉语音韵学的研究提供新材料。考虑到波斯语文的书写特点，在进行原文录写时，以尊重原文为首要原则，即使原文存在缺陷或不确之处，也依原文录入，在保留原文的基础上指出其缺陷或不确，以保证文本最终形式的科学性和可还原性。

在《五族谱》的整理过程中我们体会到，在整理有关中国的波斯历史文献方面，相对于伊朗或其他国家学者，中国学者由于能够同时兼用汉语、波斯语史料进行分析研究，在释读和判断波斯语文献中记录的汉语专名时，具有一定的先天优势。以前文提到的《班纳卡提史》为例，此书第八章为"中国史"，其中有关中国的内容大多录自《史集·中国史》。德黑兰出版的《班纳卡提史》波斯文校注本中这样写道："中国的第一位帝王是Nīkū，历史自他开始。"[①]这里的 Nīkū 实为 Pankū（盘古）之误，校注者将此词第一和第二个字母，即 PN 两个字母的音点错置，变为 NY，就以 Nīkū 这一波斯语中的常用词替代了陌生的汉语人名译音 Pankū。产生这种失误就是由于对中国历史背景缺乏了解所致。

而在另一方面，我们也惊奇地发现，生活于几百年前、距中国千里之遥的波斯学者对中国文化的认识，有时竟超过今天的我们，整理他们留下的文字，能帮助我们重新认识久被遗忘的过去。例如，拉施特在《五族谱》"乞台（中国）君王世系·前言"中，有一段关于中国历法纪年的介绍："从他们（中国人）所设想的、众人皆知的起点到如今——伊斯兰历 704 年，相当于□年、上元第四十二年——已过去八千八百六十三万九千七百七十二年，即 88639772 年，而从上述设想的起点到成吉思汗杀死王汗（Ūnk Khān）、开始称王那年——猪年，相当于伊斯兰历 599 年——已过去 88639680 年。这就是前面提到的乞台学者向火者纳西鲁丁（Khwāja

---

① Fakhr al-Dīn Banākatī, *Tārīkh-i Banākatī*（《班纳卡提史》）, ed. Ja'far Shi'ār, Tihrān: Intishārāt-i Anjuman-i Āthār-i Millī, 1969, p. 341.

Nasīr al-Dīn)介绍,载入《伊利汗天文历表》(Zīj-i Īlkhānī)中的内容。"①《史集·中国史》中也有与此类似的记述,仅数字略有不同。② 假若我们把这样的记述当作一种没有根据、不足凭信的天方夜谭而不屑一顾,我们就失去了一次了解过往历史的机会。事实上,在对这几个数字的来龙去脉下一番功夫进行探究以后,我们发现这段看似不知所云的记述后面,隐含着一个特别的历史信息。如果我们对中国古代历法有一定了解,就明白《五族谱》这段记述中说中国人"所设想的、众人皆知的开端",指的其实就是我国古代造历传统中十分重要的"历元",或称"上元",即设想中的用来推算历法问题的起算点。《后汉书·律历志》所谓"建历之本,必先立元"③,说的就是造历时首先必须确立上元这个起算点。从上元到所推求的年份之间累计的年数叫做上元积年。积年之法首创于西汉刘歆《三统历》,此后逐渐形成风气,为历代所沿用。④ 直到元代郭守敬等人创制《授时历》,才"不用积年日法"⑤,而采用了更为科学与合理的实测法,元世祖忽必烈至元十八年(1281年)颁用《授时历》后,沿袭了一千多年的积年之法才从此废止。上元的确立与积年数的求得十分复杂繁难,《元史·历志·授时历议》有这样的解释:"昔人立法,必推求往古生数之始,谓之演纪上元。当斯之际,日月五星同度,如合璧连珠然。"⑥推求上元,要求朔、冬至都合于十一月甲子日的夜半,而且五大行星也都合在一起,这种状态叫日月合璧,五星连珠。由于必须同时满足诸多不同的周期值,推求起来极其困难繁琐,求得的上元至实际求算年份间的积年数往往以成千万上亿计,而且结果各不相同。汉代以降诸历从上元甲子到元世祖至元十八年(公元1281年)的积年数,无一相同,如西汉《三统历》的积年数是

---

① Rashid al-Dīn Fazl Allāh, *Shu'ab-i Panjgāna*, MS, Istanbul, Topkapı Sarayı, III Ahmet, 2937, fol. 174a.

② 参见《波斯拉施特〈史集·中国史〉研究与文本翻译》,第121页。

③ (南朝宋)范晔撰,(唐)李贤等注:《后汉书》志第二《律历中》,北京:中华书局,1965年点校本,第3036页。

④ 参阅李文林、袁向东:《论汉历上元积年的计算》,载《科技史文集》(三)(综合辑),上海:上海科学技术出版社,1980年,第70页;中国天文学史整理研究小组编纂:《中国天文学史》,北京:科学出版社,1981年,第106—108页;陈美东:《古历新探》,沈阳:辽宁教育出版社,1995年,第32页。

⑤ (明)宋濂撰:《元史》卷五十三《历志二》,北京:中华书局,1976年点校本,第4册,第1177页。

⑥ 《元史·历志》,第1177页。

144511,唐一行《大衍历》积年数是 96962297,宋姚舜辅《纪元历》积年数则是 28613467①,彼此之间相差不止千万。在查证和推算《金史》、《元史》"历志"中的相关记载之后,我们可以确定,前述《五族谱》和《史集·中国史》中所记的数字,事实上就是据金赵知微《重修大明历》所求得的积年数。② 如果没有这些波斯文的记述,我们今天已不知道元以前通行过这种奇特的积年之法,而以这种方法求得的积年数,除了少数专业学者,也不再有人能够理解了。

整理波斯历史文献,从中梳理有关中国的记述,就如同在亦真亦幻的照世杯中探寻中国镜像。我们的愿望,是通过缜密严谨的考察和研究,擦去这杯中沉积多年的尘埃,让真实的面貌呈现于眼前。

---

① 《元史·历志》,第 1178、1181、1184 页。
② 关于这些积年数与《重修大明历》的关系,笔者有专文《13—14 世纪波斯文献中的中国纪年法》进行讨论,收录于《波斯语文献与蒙元时代研究国际学术研讨会论文集》(待出版)。

西方纸草学研究与方法

戴 鑫

【作者简介】 戴鑫,北京大学历史系博士研究生。研究方向:埃及学与古代东方文明。

1900年,路德维希·米泰斯(Ludwig Mitteis)和特奥多尔·蒙森(Theodor Mommsen)宣称"20世纪将是纸草学的世纪"①。时光荏苒,纸草学从诞生到现在②,早已走过百年,并飞速发展。全世界的纸草学家除了完成了大量纸草的编辑工作,还依托纸草出版了许多历史著作,深化和拓展了对希腊罗马时代文明的认识。新的信息时代更是便利了纸草学研究,范·明纳甚至满怀信心地高呼,新世纪将迎来"纸草学的千年"。③ 西方纸草学正如火如荼地继续向前迈进,而国内却对纸草学的关注似乎不够。尽管纸草学还是一门年轻的学科,但短短一篇文章绝不足以展现西方纸草学全貌。本文意在抛砖引玉,愿有志者进行更深入的研究。

---

① N. Gonis, "Mommsen, Grenfell, and 'the Century of Papyrology'," *Zeitschrift für Papyrologie und Epigraphik* (ZPE) 156 (2006): pp. 195—196.

② 以范·明纳(Peter van Minnen)和爱丽丝·汉森(Ann Ellis Hanson)为代表的许多学者以1892年为纸草学诞生之年,该年乌尔里希·威尔肯(Ulrich Wicken)和他的同事们在柏林对来自法尤姆(Fayum)地区的纸草编辑,在BGU(Berliner griechische Urkunden)上出版了第一批纸草集。基南则指出纸草真正作为一门学科获得认可是在1901年。本文采用了后者的标准。参见:A. E. Hanson, "Papyrology: Minding Other People's Business," *Transactions of the American Philological Association* (1974—), Vol. 131 (2001): pp. 297—313; P. Van Minnen, "The Century of Papyrology (1892—1992)," *The Bulletin of the American Society of Papyrologists* (BASP) 30 (1993): pp. 5—18; J. G. Keenan, "The History of the Discipline," in R. S. Bagnall (ed.) *The Oxford Handbook of Papyrology*, Oxford: Oxford University Press, 2009, pp. 59—78.

③ P. Van Minnen, *The Future of Papyrology*, in R. S. Bagnall (ed.) *The Oxford Handbook of Papyrology*, Oxford: Oxford University Press, 2009, pp. 644—660.

一、纸草学及其诞生

仅就字面来看,纸草学是研究纸草以及纸草上书写内容的学科。实际上,纸草学中的"纸草"不仅指纸草本身,还包括陶片、皮纸、木板、蜡板等所有古代书写材料。纸草文本伴随着公元前3000年埃及文明而产生,一直沿用到中世纪,但纸草学中所研究的纸草在时间范围上仅仅限定为希腊罗马时代以及拜占庭时期。虽然近东包括地中海北部都发现了纸草,近有阿拉伯半岛,远至英国雯都兰达都找到了纸草,但目前所发掘的纸草大多出自埃及,纸草学的研究也主要集中于希腊罗马文明时期的埃及。传统纸草学在文本的语言上有明确的限定,即只研究希腊文和拉丁文文本,以希腊文为主。近几十年来,其它语言(如埃及文、科普特语、阿拉伯语)的文本逐渐被纳入到纸草学研究中,拓宽了纸草学研究的范围。

1752年,在赫库兰尼姆(Herculaneum)发现的图书馆遗存中,有800份已经碳化的纸草书卷,他们属于凯撒的岳父以及哲学家加达拉的赞助人皮索(L. Calpurnius Piso)。在打开这些书卷的过程中,很多纸草被损毁。虽然庞培城没有挖掘出纸草,但是有一些蜡板重见天日。拿破仑于1798年远征埃及,随军科学考察团发现罗塞塔石碑,并在欧洲掀起了埃及热,都灵、巴黎、伦敦和莱顿建立起埃及学藏品,其中就有出自孟菲斯和底比斯的希腊文纸草档案。意大利学者阿梅德罗·佩隆(Amedeo Angelo Maria Peyron)出版了一整系列的纸草,《都灵皇室博物馆中的希腊文纸草》(*Papyri graeci regii Musei Taurinensis*, 1826—1827),内容为托勒密王朝统治时期,埃及祭司和两个希腊化了的埃及人之间的法律诉讼。从1833年到1865年之间也陆续有少量纸草出版,但其价值仅限于古物研究。纸草学尚未真正诞生。

19世纪80年代后期,弗林德斯·皮特里(Flinders Petrie)在法尤姆地区主持考古发掘工作,同时也引领了纸草的发掘。1896年,牛津大学古典系的两位年轻学者伯纳德·格伦菲尔(Bernard P. Grenfell)和阿瑟·洪特(Arthur S. Hunt)开始在奥克西林库斯(Oxyrhynchus)进行发掘。他们从古城的垃圾堆中陆续找到了大量纸草残片(奥克西林库斯此后成为世界上出土纸草最多的地方),并于1898年出版了奥克西林库斯纸草的第一卷。格伦菲尔和洪特采用了新的方式编辑纸草:他们给每片纸草编号定名,标出尺寸和日期;为文本内容添加上简要的介绍;希腊文本采用标示出重音的现代形式刊印;对文本中的缩写和语言上的异常做了鉴别注释;文本每行都附有评注,并且开创性地对大多数文本都进行了翻译,为纸草学的发展翻开了新的一页。奥克西林库斯纸草的编辑模式在学界得到认可,一直沿用至今。他们在奥克西林库斯以及其它考古地点展开了一系列发掘工作,一直持续到20世纪20年代。

丰富的纸草资料为纸草学诞生奠定了基础。1891年被纸草学界称为"奇迹之年",在这一年,瑞士裔爱尔兰人约翰·马哈菲(John P. Mahaffy)出版了皮特里纸草的第一卷,英国人弗雷德里希·凯尼恩(Frederic G. Kenyon)则出版了大英博物馆的《雅典政制》(Constitution of Athens)。1892年,经过威尔肯等一批学者的努力,柏林博物馆的希腊文纸草类文书出版了第一册。四年之后,日内瓦的儒勒·尼科勒(Jules Nicole)首次将纸草编辑者称为"纸草学家"。1898年,英语中出现"纸草学"一词并逐渐被接受,又过了大约三年,纸草学获得认可,成为一门独立的学科。

蒙森的学生威尔肯是20世纪上半叶西方纸草学界的领军人物。他于1900年创建了第一个纸草学期刊《纸草学档案研究》(Archiv für Papyrusforschung),在包括格伦菲尔、洪特、路德维希·米泰斯等多位著名纸草学家共同合作下,次年完成第一卷,收入一系列论文、报告、书评和简评。威尔肯认为纸草学应有自己的研究重点,即文书类纸草和相关历史文化的研究,而涉及纸草学的古代史、碑铭学、钱币学、神学以及语文学等研究工作也都应当严格围绕这一核心展开。他的主张不仅得到德语学界的支持,在英语、法语、意大利语以及拉丁文界也都获得了认可。威尔肯还提出了纸草编辑以外更高的目标,即尽可能生动的还原古代文化。威尔肯和米泰斯合作于1912年出版了权威之作《纸草学基础与文选》,[①]该书共四卷,内容上分为历史和法律两部分,其中历史和法律各附有一卷收入相关纸草文本数百份。威尔肯从此确立了纸草学主要关注的方向,奠定埃及纸草学的千年应为托勒密、罗马以及拜占庭时代,法律类纸草学为学科的首要分区,至今仍有很高的学术价值。同时威尔肯强调了埃及在希腊化世界以及罗马帝国中的独特地位(Sonderstellung),这种观点在学界产生了持久的影响。随着文书类纸草在纸草学研究中核心地位的确

[①] U. Wilcken, and L. Mitteis, *Grundzüge und Chrestomathie der Papyruskunde*, Leipzig: B. G. Teubner, 1912.

立,文学类纸草逐渐被边缘化了。

　　弗里德里希·普莱西克则是纸草学界第一位伟大的组织者,他参与并监督了纸草学的四项主要工程:文摘(Sammelbuch, 1913—　),重新刊印一系列分散的文书类文本;勘误表(Berichtigungsliste, 1922—　),记录对以往出版的纸草文本的校对;姓名表(Namenbuch, 1922),按字母排序人名;字典(Wörterbuch, 1925—　),提供文书类纸草词汇的查询。

　　可以说,编辑文本是纸草学的开端,也是纸草学的一项核心工作。纸草学家从某种意义上来说也是语文学家,在研究某一类纸草文本时,首先需要解读和编辑纸草,第二步则是修订编辑稿。编辑工作包括对文本物质状况的描述(馆藏地、编号、尺寸、书写规则、特质等)、标明日期、来源地、参照莱顿体系(Leiden system)为希腊文文本添加区分符号(diacritical signs)、添加评注、翻译以及评论,最后是修订不同年代编译本中的异文和其它错漏。① 由弗里德里希·普莱西克(Friedrich Preisigke)于1922年开始组织编纂的勘误表已经增加到了3000多页,在进行较早版本纸草编辑校订和研究前必须首先对照勘误表。2005年,世俗体埃及文纸草文本的勘误表(BL)也出版了,更进一步完善了纸草学的工作。②

　　必须指出的是,电子技术的应用革命性地推动了纸草学编辑工作:加利福利亚大学欧文分校建立的希腊文言文库 TLG(Thesaurus Linguae Graecae)收录了大量文学类纸草文本;杜克文书纸草数据库 DDBDP(The Duke Data Bank of Documentary Papyri)几乎收入所有文书类纸草文本,还保存了对原始编辑的修改记录;高级纸草学信息系统 APIS(Advanced Papyrological Information System)提供了网上检索服务,可以搜索到全世界几乎所有已出版的纸草、数字化数据图像、包括翻译和评注;HGV(Heidelberger Gesamtverzeichnis)提供全面的希腊文和拉丁文文书纸草的目录。相关数据库的情况将在下文详细介绍。

---

　　① 格伦菲尔和洪特通过奥克西林库斯纸草的出版,确立了纸草编辑的标准。1920年,意大利最著名的纸草学期刊《埃吉普托斯》(Aegyptus)开始采用系统的目录编辑(bibliografia metodica),此后,这种编辑标准也为其它出版物所采用。1931年莱顿会议上,纸草学家们确立了使用统一的符号系统编辑纸草,对文本进行标注,即莱顿体系(the Leiden system),该体系一直使用至今。

　　② A. A. Den Brinker, B. P. Muhs, and S. P. Vleeming, *A Berichtigungsliste of demotic Documents*, Belgium: Peeters, 2005.

二、数据库

随着电子信息技术的发展和广泛应用,纸草学中出现了一个显著的现象,尽管纸草仍然保存在博物馆里,但是获得纸草信息以及图像的途径更多更便捷了。数码图像使世界各地的学者能够更快更方便的搜索他们需要的纸草集,而优于传统印刷的清晰图像使得纸草学家的编辑工作更准确,纸草学家即使不能接触到原始纸草文献也可以通过虚拟图像对纸草文本进行编辑整理。

耶鲁大学和密歇根大学最早开始对自己收藏的纸草进行电子编目,杜克大学的威廉·威利斯(William H. Willis)和约翰·奥特斯(John F. Oates)两位教授以及戴维·帕卡德博士(Dr. David R. Packard)于1982年开始建立杜克纸草文书数据库(The Duke Data Bank of Documentary Papyri),简称DDBDP,收录已经出版的希腊文和拉丁文纸草、陶片以及木板上的文书。此后,杜克大学和密歇根大学联合成立了高级纸草学信息系统(Advanced Papyrological Information System),简称APIS,通过互联网建立起世界范围的纸草档案,收录各种书写材料的文本、数码图片以及英文翻译,其中包括出版和未出版的文本。截止2007年,其数据库收录的文本和数码图片分别为28,677件和18,670件。有着大量纸草收藏量的耶鲁大学、密歇根大学、加州大学伯克利学院、哥伦比亚大学以及普林斯顿大学都相继加入。纸草文本使用的大飞跃是在20世纪90年代中期。1996年,DDBDP授权美国塔夫茨大学的帕修斯工程(Perseus Project now Perseus Digital Library),将数据beta-code转为SGML文档,得以在网络上查阅使用,并成为希腊文和拉丁文纸草文书编辑工作的首要工具。DDBDP使得那些文字能够辨认出来的纸草文献出版,许多残片也因此不至于束之高阁。通过便捷的搜索程序,可以特定的文书中选取少量词句或是一行字母进行识别和确认,还能找到更多的相关对比数据,学者们可以通过DDBDP更快捷地使用部分已经出版的纸草集进行研究。这是目前纸草学家所使用的最重要的功能。

2006年,DDBDP的创始人奥特斯过世,同年詹姆斯·科威(James Cowey)和乔苏阿·索辛(Joshua D. Sosin)加入DDBDP的工作。自2007年起,DDBDP获得梅隆基金(Integrating Digital Papyrology)的资助,开始将DDBDP的文本和HGV元数据转换进XML系统,配合APIS

的数据录入和PN扩展工作[①]，统合成新的更全面的数据库。

DDBDP逐渐取代了笨拙的词典，通过APIS以及其它类似的数据库，已经出版的希腊文、拉丁文和阿拉伯语纸草文本都已经完成了电子化。不过，DDBDP并未收录所有的希腊文和拉丁文文书，出于分类的考虑，一些包含有文书内容的文本被当做文学文本（如梦的描述）、铭文或者通俗文学（如魔法类文本）排除。不过，一些写在纸草上的希腊文魔法文本已经被收入加利福尼亚大学欧文分校（University of California-Irvine）建立的希腊文言文库TLG中，更多的所谓通俗文学可以在鲁汶大学的文学纸草目录中（Catalgue of Paraliterary Papyri：http://cpp.arts.kuleuven.be/）搜索到。所有的关于魔法的纸草文本都被收入2001年新出版的词典（Muñoz Delgado）中，但是很难作为搜索数据库来使用。文学类的文本目前尚无独立的数据库，标准化的文本则能够在TLG上进行搜索。

但是，纸草文本对于没有经过纸草学特殊训练的人来说常常很难入手，除了独特的印刷形式以及传统莱顿体系等一些专业性的困难，新的技术也带来了新的问题。实际上，DDBDP也带来了更多障碍，许多字符面临在搜索中因为拼写问题不能被识别出来。只有经过特殊训练之后，才能读出经过DDBDP大幅度修缮过的文本。要解决这个问题，可能需要几代纸草学家共同协调，修订DDBDP使用的一些特定符号，辅以更加智能的搜索程序。DDBDP也不提供在线原始文本，只是做索引工作，便于搜索已经出版的文本。

纸草学家还面临着勘误问题，这也是纸草出版的伴生物。旧版的文本有不少错误，而重订工作早已开始。自上世纪90年代起，新的修正版收入《希腊文纸草文本勘误表》（Berichtigungsliste der griechischen Payprusurkunden I-IX）和其它相关资源库中。DDBDP相应的索引修订工作也同时进行着。APIS有望配合这项工作，修订电子文本和图像。

与DDBDP不同的是，APIS的工作不仅涉及已出版的纸草文本，还担负着未出版纸草的整理编辑工作，这意味着APIS需要大量的人工劳

[①] 纸草学导航（Papyrological Navigator），简称PN，于2006年由哥伦比亚大学图书馆发起，基于巴格纳尔教授2003年所获得的梅隆基金资助以及APIS的协助建立起来。2009年，随着巴格纳尔教授成为纽约大学古代世界研究所（NYU Institute for the Study of the Ancient World）主任而迁往纽约大学。

作,而纸草学因技术要求高而不易掌握,增加了保持工作水准的难度。不过,APIS 也不断增加数字图像和更多信息,至少在已经出版的纸草文本中提供翻译,更新新近出版的纸草,追溯纸草流动状况以及丰富的注释,这些可能都是以往所出版纸草版本中缺乏的。使用新的数字图像的主要为纸草学专家,但是,其他学者同样也从中受益,如杰西卡·黛克曼(J. Dijkman)基于 APIS 数据库中有限的文书,对罗马时期埃及村庄中的书吏进行研究,并于 2003 年发表了研究成果。①

特里斯麦吉斯托斯(Trismegistos,简称 TM)和鲁汶古代丛书数据库(LDAB)由比利时鲁汶大学历史系的威利·克拉瑞斯(Prof. Dr. Willy Clarysse)教授负责,致力于交叉文化和语言的研究,关注希腊罗马时代埃及的多元语言和文化。Trismegistos(TM)提供了一个公元前 800 年至公元 800 年的后期埃及历史文献的数据库,可进行联网搜索。其中收录了已出版的和半出版(semi-published)的纸草文本 12,1004 份,除了传统最受纸草学家重视的希腊文和拉丁文文本,还有多种古埃及语(世俗埃及语、圣书埃及语以及科普特语)以及麦罗埃语(Meroitic)、阿拉伯语、阿拉米语、纳巴泰语(Nabataean)、卡里亚语(Carian)等多种语言的文本。参与数据库建设的主要为 HGV(海德堡大学,收录埃及和利凡特的希腊文和拉丁文文书文本,http://aquila. papy. uni-heidelberg. de/gvzFM. html)、DAHT(鲁汶大学与科隆大学合作,收录世俗体埃及文和不规则僧侣体)、LDAB(鲁汶大学,收录包括希腊文、拉丁文、世俗体埃及文和科普特语文学文本)、BCD(布鲁塞尔自由大学,收录科普特语文本,http://dev. ulb. ac. be/philo/bad/copte/base. php? page=accueil. php)、Magic(科隆大学,收录各种语言的魔法文本)、HHP(科隆大学,收录圣书体和不规则僧侣体埃及文)、ATE(慕尼黑大学,收录阿拉米语文本)以及 APD(苏黎世大学,收录埃及阿拉伯纸草文本,http://www. ori. uzh. ch/apd/)。其中 HGV、BCD 和 APD 使用独立的数据库,一般每年提交数据库的更新数据,其它数据库都共用 TM 的系统,即时反映各数据库的更新状况。

特布图尼斯纸草研究中心(CTP)主要研究对象是上世纪(1899/1900 年)英国纸草学家格伦菲尔和洪特组织发掘的希腊罗马时期古埃及城市

---

① J. Dijkman,"De dorpsschrijver in Romeins Egypte," *Tijdschrift voor Geschiedenis* 116 (2003): pp. 5—30.

特布图尼斯(Tebtunis)的纸草文献,残片总数超过30,000,这些史料目前保存在加利福利亚大学伯克利学院的班克罗夫特(Bancroft)图书馆,至今尚未完成全部整理工作。该中心于2001年聘请了纸草学家托德·希基(Todd Hickey)组织研究和授课,在特布图尼斯纸草的保存、数字化、解读以及出版方面取得了稳固的进步。

值得注意的是,对许多纸草学家来说,埃及曾经意味着"说希腊文的"埃及。[①] 因此,那些由各种形式的埃及文包括不规则的圣书体、世俗体以及科普特语写成的文本长期以来不为纸草学家们所关注。同样被忽视的还有同时代早期阿拉伯时期埃及的阿拉伯语文书。它们被划入埃及学家和阿拉伯学家的研究范围,但很少有人关心纸草。自20世纪60年代以来,这种情况发生了改变。纸草学家以及受过训练的古典学家也开始意识到同时期希腊文和拉丁文以外的其它文字纸草文本的重要性。许多埃及学家、科普特学家和阿拉伯学家开始投入到未出版的纸草文本编辑工作中,其中参与世俗体埃及文工作的学者最多。

此外,海德堡大学还提供了已出版希腊文和拉丁文文书数据库的目录(the Heidelberger Gesamtverzeichnis 简称 HGV, http://www.aquila.papy.uniheidelberg.de/gvzFM.html);TM列出了已出版的非常规僧侣体文书书目(http://www.trismegistors.org/daht/index.php);已出版的科普特文书数据库(http://dev.ulb.ac.be/philo/bad/copte/base.php?page=accueil.php);进入21世纪后,科普特语和阿拉伯语纸草学有很大发展。学者们仿效希腊文摘(Greek Sammelbuch)的模式完成了三卷科普特语文本,阿拉伯语纸草学也拥有了自己的数据库(http://orientw.unizh.ch/apd/project.jsp)。

数据库的建立极大的便利了纸草学的研究。如,鲁汶大学的威利·克拉瑞斯和马里奥·帕加尼尼(Mario C D Paganini)通过对TM收录的406,738相关人名数据,分析了托勒密时期萨拉皮斯(Sarapis)这一新神在人名上的影响,推断托勒密时期进行的宗教和社会融和到了罗马时期才开花结果。[②]

---

① A. S. Hunt, "Papyri and Papyrology," *The Journal of Egyptian Archaeology*, Vol. 1.2 (1914): pp. 81—92.

② W. Clarysse, and M. C. D. Paganini, "Theophoric Personal Names in Graeco-Roman Egypt: The Case of Sarapis," *Afp* 55 (2009): p. 68.

三、20世纪西方各国纸草学概况

布鲁塞尔和鲁汶是比利时纸草学研究的重镇,1930年比利时埃及学家吉恩·卡帕特(Jean Capart)在布鲁塞尔发起了第一次国际纸草学会议,开始了更广泛的合作。维戈特(J. Vergote)和佩赫曼(W. Peremans)于1942年出版了《纸草学手册》,①首次充分重视了本土资料(世俗体埃及文和科普特语文书),成为同时代作品的典范。比利时和荷兰学者将各自掌握的希腊文和世俗体埃及文文书文本整合起来,共同研究托勒密埃及。1981年,由佩斯特曼(P. W. Pestman)主编,六位学者共同完成《芝诺档案指南》。②该书将分散在开罗、佛罗伦萨、伦敦、纽约、密歇根等地多达二十卷的泽农纸草做了索引,并且分门别类,划分为六个阶段进行年代学考察。该书按照人名、国王、地理、宗教、行政和军事头衔、贸易、钱币和度量衡等分类,为纸草学界一个重要的贡献,此后的纸草出版物多沿用这种分类。

波兰和德国纸草学家在法律类纸草学方面贡献显著。波兰纸草学以华沙大学的拉斐尔·陶本施拉格(Raphael Taubenschlag)为代表,他著有《公元前332年至公元640年纸草中的希腊罗马时期埃及的法律》。③他在华沙大学历史系成立了纸草学研究所,并创办了《法律纸草杂志》(*Journal of Juristic Papyrology*),简称JPP,作为年刊于1947年在华沙发行。德国的马尔堡也有着尤为突出的法律类纸草研究传统。此外,约瑟夫·克罗尔(Joseph Kroll)和莱恩霍得·麦卡尔巴赫(Reinhold Merkelbach)于20世纪60年代中期在科隆大学成立了考古研究所(Institut für Altertumskunde),成为文书和文学类纸草重要的研究中心。此外,它旗下的《纸草学和碑铭学期刊》(*Zeitschrift für Papyrologie und Epigraphik*)自1967年创刊以来逐渐成为引领世界纸草学的前沿杂志。

奥地利纸草学家则在卡尔·韦斯利(Carl Wessely)的带领下,依靠维

---

① W. Peremans, and J. Vergote, *Papyrologisch Handboek*, Leuven: Leuven University Press, 1942.
② P. W. Pestman (ed.), *A Guide to the Zenon Archive*, Leiden: Brill, 1981.
③ R. Taubenschlag, *The Law of Greco-Roman Egypt in the Light of the Papyri 332 B.C.—640 A.D.*, New York: Herald Square Press, 1944.

也纳纸草集(the Vienna collection)丰富了拜占庭和早期伊斯兰时期的相关研究。

法国纸草学家延续了贾斯通·马斯伯罗(Gaston Maspero)主要研究晚期埃及(712－332BC)纸草、长于历史解释的传统。贝尔(H. I. Bell)则以擅长"拜占庭纸草学"而闻名。1898年,法兰西东方考古研究所(IFAO)在开罗建立,它以近东为研究对象,主要侧重考古,纸草学在其中也扮演着重要角色。IFAO的传统优势在于它与法国本土学界的联系,尤其是与巴黎合作密切。美国学者纳普塔利·路易斯(Naphtali Lewis)曾于1935年赴开罗,师从皮埃尔·朱格特(Pierre Jouguet),并参与弗阿得纸草(Fouad papyri)的解读和编辑工作,同时与巴黎的科拉特(Collart)既是师生又是合作者的关系(尤特也曾前往巴黎投师于科拉特)。此外路易斯的合作者还有在埃及博物馆工作的格罗德(Octave Guéraud)和同样在开罗从事弗阿得纸草编辑工作的希尔(Jean Scherer)。通过路易斯的经历,法国纸草学界相互合作的情况可见一斑。

前苏联纸草学集大成者是泽莱特利(Grigorij F. Zereteli 或 Grigol Tsereteli),他去世后,俄罗斯的纸草学再也未能重塑辉煌。

马塞洛·吉甘特(Marcello Gigante)于1969年在那不勒斯成立赫库兰尼姆纸草国际研究中心(The International Center for the Study of the Herculaneum Papyri),简称C. I. S. P. E.,意大利学者在他的带动下,主要研究赫库兰尼姆纸草。此外,意大利人还孜孜不倦地进行纸草的考古发掘活动,并且非常成功地将妇女研究引入学科中。1908年吉罗拉摩·维特利(Girolamo Vitelli)在佛罗伦萨成立了意大利第一个纸草学研究所(Istituto Vitelli),以考古发掘和纸草为研究基础,注重哲学方法和严谨的纸草编纂体例,也形成了包括麦迪亚·诺尔萨(Medea Norsa)和维多利奥·巴托莱蒂(Vittorio Bartoletti)在内的纸草学梯队。

美国学界在纸草的编辑和广泛利用纸草文献拓展历史研究两个方面之间长期存在分歧,可粗略分为两派,分别是以尤特和布拉福德·威尔斯(C. Bradford Welles)为代表的密歇根传统纸草学派和耶鲁传统纸草学派。前者侧重纸草的编辑和修订,后者侧重纸草与历史的综合。

尤特以精湛的编辑水准和纸草编辑方面的批判而著名,他被看做威尔肯的主要继承者。1929年,尤特受聘于密歇根大学,即开始着手校藏纸草编辑工作。他与伯克(A. E. Boak)合作完成了《奥略留·伊西多鲁斯档案》,①收录公元4世纪早期卡拉里斯(Karanis)一个村庄地方官员和地主的一组纸草。尤特的精力几乎都投入到纸草的编辑上,而伯克则关注档案的历史衍伸信息,他更关心纸草文本以及不同文本间的联系。他沉醉于纸草的编辑和修订,在安娜堡(Ann Arbor)的演讲中指出,纸草学家实际上所做的或者说应该做的事是编辑纸草,其中最困难的是转录纸草上的文字,这就需要从通常有不同程度破损的纸草残片中仔细辨认不同笔迹的文字。

密歇根学派的另一位学者埃利诺·胡塞尔曼(Elinor M. Husselman)身兼密西根大学图书馆手抄本和纸草管理者及凯尔西博物馆(Kelsey Museum)馆长,长期关注卡拉里斯考古的物质证据。

威尔斯分别于1924年和1928年在耶鲁大学拿到学士和博士学位。1925年,罗斯托夫采夫调往耶鲁大学任教,两人不仅结为工作伙伴且情同父子。罗斯托采夫学术兴趣广泛,重视各种历史相关的考古和人文资料。他认为这些资料需要编辑,但最重要的是为更大视野的历史服务。他的《公元前3世纪的埃及大地产》利用了芝诺档案(Zenon Archive),对托勒密王朝统治时期农业和工业状况进行了微观研究,结论是托勒密王朝将整个国家系统建立在强制力的基础上。② 三卷本的《希腊化世界的社会经济史》是罗斯托夫采夫另一部反响巨大的著述③,他以卓越的技巧综合整理了考古学、铭文学、纸草学以及货币学等各方面大量史料,指出希腊化世界的衰落的根源在于其社会和经济结构,而技术停滞以及始终无法解决大众贫困的问题导致了希腊化帝国向东方式的等级制转型。罗斯托夫采夫将历史学家们的视线吸引到政治军事事件背后深层次的社会和经济问题上来,并引发了激烈的讨论。师徒二人合作编辑了杜拉纸草(Dura papyri),并经常加入议论和评注,拓展历史深度。威尔斯虽然是语文学出身,但在罗斯托采夫的影响下转攻碑铭学,于1934年完成《希腊化

---

① A. E. Boak, and H. C. Youtie, *The Archive of Aurelius Isidorus*, Ann Arbor: University of Michigan Press, 1960.

② M. I. Rostovtzeff, *A Large Estate in Egypt in the Third Century B. C. : a Study in Economic History*, Madison: University of Wisconsin, 1922.

③ M. I. Rostovtzeff, *The Social and Economic History of the Hellenistic World*, 3 vols., Oxford: Clarendon Press, 1941.

时代的王室通信》。① 在教学方面,威尔斯更倾向于培养古典系的学生认识纸草上的内容与古代历史的关联,而不是单纯培养纸草学家。耶鲁的学生往往也研究历史的驱动下去学习埃及的纸草。

四、当今纸草学研究

自上个世纪70年代起,能够掌握希腊文和埃及文的学者的影响力就不断扩大。佩斯特曼(P. W. Pestman)注意到帕西里斯(Pathyris)负责希腊文契约的公证员都签署希腊名,但实际上也有埃及名,也写世俗体,拥有军事职位。威利·克拉瑞斯利用这一现象论证了托勒密埃及社会上基于现实功能性的双重认同。② 并根据埃及象形文字铭文等史料(如在埃得夫发现某名门望族成员的几块墓碑,刻有主人希腊的名字和官衔,还有埃及名字以及在埃及神庙中作为祭司的职位)指出,埃及文化和希腊文化没有融合,"仿佛雅努斯神像的双面"。这为人们重新认识托勒密埃及的族群和文化提供了重要线索。

多罗西·汤普森(Dorothy J. Thompson)广泛利用了埃及学证据来重构托勒密时期孟菲斯的生活③,从中央政府和地方神庙在经济和政治上的关系,到希腊文化和埃及文化的相互作用,无所不包。她分析了塞拉皮雍(Serapeum archives)档案,提供了很多祭祀活动的细节,除此之外,该纸草集对于理解整个托勒密埃及社会以及托勒密埃及官僚系统也有重要意义。

近年来,使用埃及文纸草资料进行研究已经屡见不鲜,重视对埃及本土的资料的使用已经成为学者们的共识。约瑟夫·吉尔伯特·曼宁(Joseph Gilbert Manning)的《最后的法老》除了在方法上嫁接了社会学模型④,还开启了一个新的视野——从埃及的角度,利用埃及大量的文

---

① C. B. Welles, *Royal Correspondence in the Hellenistic Period*: *A Study in Greek Epigraphy*, New Haven: Yale University Press, 1934.

② [比利时]威利·克拉瑞斯:《希腊化时期的埃及——一个双面的社会》,颜海英译,《古代文明研究》2002年第1期。

③ D. J. Thompson, *Memphis under the Ptolemies*, Princeton: Princeton University Press, 1988.

④ J. G. Manning, *The Last Pharaohs*: *Egypt under the Ptolemies*, 305 − 30 BC., Princeton/Oxford: Princeton University Press, 2010.

学、文书文本纸草来考察希腊和埃及文明,研究托勒密国家。曼宁认为应当把托勒密埃及作为现代化之前的国家模型对待,反对用现代的国家观念和殖民主义研究经验硬套于古代社会。他指出托勒密王朝有意混合了希腊和埃及元素,带来了复杂的民族和移民反应。此外,托勒密王室没有制定所谓希腊化的政策,维持了地方系统原有的连续性和完整性,其权力在实际操作中受制于祭司、士兵等实权派。在经济上,希腊人和埃及人进行着复杂的博弈式合作(bargained incorporation),国家经济体系即在这种契约方式下运转。因此,应该把托勒密王朝看作埃及历史的一部分而不是非断裂的,希腊式的。

综合法正是纸草学的一个较为常用的研究方法,即通过对大型档案进行综合研究,将大量档案用来应用和验证一种相当复杂的经济行为模型,用更丰富的细节重构出特定的社会。祖克曼(C. Zuckerman)利用阿芙洛狄忒纸草(Aphroditê Papyri),通过对一个帝国时期的典型村庄作个案分析,来倒推拜占庭帝国的社会经济状况。他根据公元526至527年间的财政登记文本,提出查士丁尼时代在埃及进行改革的假说。不过,祖克曼本人是反对在历史研究中使用模型的,而且对于检验他所使用的数据方面不置一词,他描绘的农村社会结构也饱受争议。[①]

同样用纸草文献对晚期古代(late antiquity)的社会和经济状况进行类似假想和推断的还有巴纳吉(J. Banaji)。[②] 他的研究范围扩大至3至7世纪的整个地中海世界,涵盖了文学类和文书类史料(literary and documentary evidence)、考古学、钱币学以及比较数据。巴纳吉认为4世纪的时候兴起的新精英阶层(new elite)源自军事和官僚集团,而资源则不断加速集中于少数显贵。这个论断基本得到了学界的承认。至于所谓雇用劳工阶层则基于大资产的作用在乡村中急剧扩大这种说法则是存在争议。除了对一些主要的史料视而不见,巴纳吉的问题还在于,他的"细节研究"(detailed study)具有一定的局限性,并不适用于他所建的农业资本主义模型(the model of agricultural capitalism)。如,埃及就没有出现

[①] C. Zuckerman, *Du village à I'Empire: autour du Registre fiscal d'Aphroditô* (525/526). Paris: Association des Amis du Centre d'HistoireetCivilisation de Byxance, 2004; T. M. Hickey, "Writing Histories from the Papyri," in R. S. Bagnall (ed.) The Oxford Handbook of Papyrology, Oxford: Oxford University Press, 2009, pp. 495—520.

[②] J. Banaji, *Agrarian Change in Late Antiquity: Gold, Labour, and Aristocratic Dominance*, Oxford: Oxford University Press, 2002.

叙利亚北部村庄那样的有主宰力的地产主,套用其经济模型来分析显然不合适。此外,巴纳吉忽视了同一时期教会力量迅速增强的影响。

尽管建立模型遭到一些学者的排斥,也可能因此误入歧途,但这并不意味着历史研究应该避免使用这种方法。曼宁在研究托勒密土地所有权问题上[①],眼光没有局限在传统的法尤姆的希腊文史料,而是着眼于底比斯(Thebaid)的世俗体埃及文文书,建立起新古典(a neoclassical model)的以制度为基础的国家模型(institutions-based model of the state)。他重新建构了土地所有权模型(landholding patterns),分析地方经济、埃及家庭和他们与土地的关系。在中央和地方经济机构的关系方面,曼宁指出托勒密王室实际上并未改变古老的财产所有权,而是建立起新机构来保证税收和资金流通,保持了社会和经济模型的持续性。他还通过大量证据揭示出,两百年来地方层面上并没有持续的经济衰退迹象,推翻了传统的托勒密衰落模型(model of Ptolemaic decline),打破了传统观念——公元前217年拉菲亚战争(battle of Raphia)后,托勒密王朝政治和经济逐渐走向衰退。

利用计算机建模(computer-aided modeling)是最有发展空间的方式。要达成历史资料和抽象经济模型的互补,其中一个严重的阻碍即数学,很少有纸草学家和古代史学者具备这种能力,因而需要更广泛的跨学科合作。吉奥瓦尼·鲁菲尼(Giovanni Ruffini)引入了社会关系网络理论(social network theory)以及UCINET和Pajek程序分析模型,[②]分析了雅典、亚历山大利亚和上埃及的"异教"学者共同体,得出亚历山大利亚和雅典的联系比跟埃及本土的相应联系更密切的结论,从而推测公元4世纪80年代,亚历山大利亚的崩溃原因即在于此。适用于这种研究方法的资料非常广泛,在研究从5世纪下半页到阿拉伯征服埃及期间拜占庭经济和社会过程中,鲁菲尼同样采用了这种方法。他的《拜占庭时代埃及的社会关系网络》分析了奥克西林库斯的地产主(landowners)和阿芙洛狄

---

① J. G. Manning, *Land and Power in Ptolemaic Egypt: The Structure of Land Tenure*, Cambridge: Cambridge University Press, 2003.

② G. Ruffini, "Late Antique Pagan Networks from Athens to the Thebaid," in W. V. Harris and G. Ruffini (ed.) *Ancient Alexandria between Egypt and Greece*, Leiden: Brill, 2004, pp. 241-257.

托(Aphrodito)的城市精英,①考察社会集中状况。他指出奥克西林库斯完成了经济中心化,形成了以城市为中心,周边乡村按等级链与城市相联系;而阿芙洛狄托的社会关系网络中心化和等级化程度较低。此外,鲁菲尼还尝试勾勒出阿皮奥尼(Apionic)地产增长情况,发现一些家庭在诺姆(Nome)外拥有地产,这说明一些家庭的影响可能已经覆盖整个诺姆,改变了地区的社会地理状况(social geography)。在分析阿芙洛狄托的精英时,鲁菲尼引入了人物和群体研究(prosopography),也属创新之举。

采用结构复杂的模型能够得出更精确的结果,不过这种研究方法的缺点在于,比起传统的方法更容易出错。2002年,卡佳·米勒(Katja Mueller)首次引入地理学的中心地理理论(central place theory)、顺位规模法(rank-size rule)和网络分析(network analysis)来研究希腊罗马时期埃及的移民定居地。② 在2006出版的新作中③,米勒结合这些方法,基于公元前3世纪阿尔西诺(Arsinoe)的统计数据,通过纸草学、铭文学以及考古证据进行分析,指出托勒密王室根据地方现实情况和文化以及行政中心建立起不同类型、不同大小的移民定居地,以此构建起支撑国家统治的网络。此外,通过调查族群名称,米勒发现多数新移民多为本地人,尤其是埃及内地人,并不仅仅是希腊军事殖民者,并得出埃及人接受了"多文化混合"(multiculture mix)的结论。劳伦斯·塔科马(Laurens E. Tacoma)在《脆弱的阶层》一书中,④同样也使用了顺位规模法则,依据赫尔摩波利斯(Hermopolis)和奥克西林库斯的人口统计情况,研究3世纪埃及大都市(metropoleis)中的城市精英。他指出城市精英在人数、寿命、婚姻、生育等方面的情况显示出这个阶层的脆弱性,种种情况导致的财产转移更是令积累的财富以惊人的速度分散。他的结论尚有较大争议。也有学者对顺位规模法有所质疑,指出地理学科因为使用空间和社会整合

---

① G. Ruffini, *Social Networks in Byzantine Egypt*, Cambridge/New York: Cambridge University Press, 2008.

② K. Mueller, "Ptolemaic Settlements in Space. Settlement Size and Hierarchy in the Fayum," *Archiv für Papyrusforschung und verwandte Gebiete* Vol. 48. 1 (2002): pp. 107−125.

③ K. Mueller, *Settlements of the Ptolemies: City foundations and new settlements in the Hellenistic world*, Leuven: Peeters, 2006.

④ L. E. Tacoma, *Fragile Hierarchies: The Urban Elites of Third Century Roman Egypt*, Leiden/Boston/Tokyo: Brill Academic Publishers, 2006.

理论,基本已经弃用了这种技术。也有学者指出米勒所使用的方法实际上在它的主要使用学科里已经过时,这也是进行跨学科研究时所需要注意的问题。①

古代世界所拥有的统计数据往往有不够精密的缺点,而且常常面临数据缺失或者不连续的情况,利用统计学研究古代世界一直饱受非议。②但是通过仔细验算,仍能有所得。近年来有两部研究人口构成的著作,一是巴格纳尔和布鲁斯·弗利(Bruce W. Frier)的《罗马时代埃及的人口统计》,③二是威利·克拉瑞斯与汤普森的《计算托勒密埃及的人口》。④ 前者选取了300份(从公元12年到259年)罗马埃及的户口统计表,其中包含有每个家庭成员的姓名、性别、年龄、亲属关系,甚至职业和税收状况等大量的信息,从中抽样分析埃及的人口状况,重新建构罗马时期埃及人的年龄和性别分布、死亡率、婚姻、生育以及移民模型(pattern),再现两千年前地中海的典型人口状况,研究古代社会的稳定和变化。他重要的贡献,是引入了现代统计学方法、模型和先进技术,并介绍了如何在古代人口统计中使用古代世界的史料。与巴格纳尔和弗利不同的是,克拉瑞斯和汤普森选择了现存的托勒密王朝的盐税(salt tax)登记状况进行研究,统计数据涉及427个家庭,包括1,271个成人,主要来自公元前3世纪晚期法尤姆地区(Fayyum)。选取的盐税样本来自多种类型和功能,并采用了类型学的方法进行研究。作者强调盐税在托勒密埃及界定了一个群体,其象征意义比财务上的意义更重要。盐税登记中出现的专业分工和工作分层则反映了当时经济发展和货币化状况。而通过分析统计信息还能揭示出社会财富分级和家庭构成情况,也是该书的一个重要价值所在。

---

① T. M. Hickey, "Writing Histories from the Papyri," in: R. S. Bagnall (ed.) *The Oxford Handbook of Papyrology*, Oxford: Oxford University Press, 2009, pp. 495—520.

② [美国]罗杰·巴格纳尔:《阅读纸草,书写历史》,宋立宏、郑阳译,上海:三联书店,2007年,第76页。

③ R. S. Bagnall, and B. W. Frier, *The Demography of Roman Egypt* (*Cambridge Studies in Population, Economy and Society in Past Time*), Cambridge: Cambridge University Press, 1994.

④ W. Clarysse, and D. J. Thompson, *Counting the people in Hellenistic Egypt*, Cambridge: Cambridge University Press, 2006.

结　语

　　研究希腊罗马时期埃及的学者拥有者其他古代历史研究者所无法相比的优势,即史料的使用方法更多,可操作性更强。近年来纸草学的研究也体现出在史料和方法上的开放性。实际上,自威尔肯时代起,纸草学就保持了研究范围广泛和史学综合的传统。除了拥有汗牛充栋的史料,保持一种开放的态度可能也是纸草学家对未来的研究充满信心的原因之一。鉴于史料本身的特点,纸草学的研究往往与为微观历史(microhistoria)紧密相连,很多根据纸草书写的作品都属于微观史学。当然,在解决宏观上的问题时,纸草学也大有可为。如考察古代的经济就需要诉诸模型,需要大量的数据资料,能够满足这个条件的只有埃及。①微观史料的丰富也有助于检验和弥补宏观经济模型的缺陷。

　　传统的纸草学工作仍然在继续,纸草学家也通过解读和评注"制造"着新的史料,那些由于种种原因而分散各地的纸草残片,也逐渐在机缘巧合下被编辑和重组。这些历史的碎片被一点点还原到希腊罗马埃及的历史背景下,从微观到宏观,纸草学家的工作还没有结束。

---

　　① P. Van Minnen, "Agriculture and the 'Taxes-and-Trade' Model in Roman Egypt," *ZPE* 133 (2000): pp. 205—220.

认识"东方学"专题研究

浅议简册制度中的"序连"
——以出土战国秦汉简为例

何 晋

【作者简介】 何晋,北京大学历史系副教授。研究方向:先秦史、历史文献学、经学史等。

近现代以来,越来越多的简册不断出土,使我们有了比前人多得多的可资研究的资料遗存,它们极大丰富和补充了我们对简册制度方方面面的知识。一些研究者开始反省过去主要以文字内容为研究重点的做法,逐渐关注简牍的全面形态。[①] 一些以前不太为人注意或所知的有关简册的"细节"知识,开始浮现出来并凸显重要意义。

本文以出土的战国、秦、汉简为例,仅对简册制度中的"序连"现象予以探讨。本文这里所谓"序连",是指竹木简在书写前或书写后对其顺序的排列与标记。而简最终被用编绳编连成册,则是对这种"序连"的最彻底固定。编连固定后的简册,其内在的有序性表现在文本内容自身原有先后顺序的排列,我们姑且称之为"内在顺序";其外在的有序性则表现在编绳对简册在物理形态上的有序编连,我们姑且称之为"外在顺序"。内在顺序是本质上的、占主导地位的,外在顺序是形式上的、从属的,二者本应是相互统一的,但也有打破统一各自失序的时候,前者可能因为后来抄写、增删而被书手、编者(或读者)主观上的调整而失序[②],后者则常常会因客观上编绳坏烂、消亡而失序。因此,简册无论其内在顺序还是外在顺

[①] 日本学者籾山明提出了"简牍形态学",提倡关注简牍的全面形态,"研究简牍从其制造到初期使用、再利用、改造以至废除处理的'生涯'。……形态学的研究给我们最重要的启示是,我们不能光被简上的文字迷住"。引见陶安:《张家山汉简〈奏谳书〉编排商榷两则》,复旦大学出土文献与古文字研究中心编《出土文献与古文字研究(第四辑)》,上海:上海古籍出版社,2011年,第420页。

[②] 这里不讨论作者对文本的修订。

序,其有序性的正确与保持,不管是在编简后的流布中,还是在今天出土后因散乱而重新编连之时,意义都十分重大。如果抛开文本内容其自有次序不谈,过去我们的一般知识是,编绳编简成册似乎是简册序连和固定的唯一方式;现在通过出土简册我们知道,除此之外尚有另外两种关乎序连的重要形式可作补充。综合过去半个世纪以来出土的战国、秦、汉简资料,目前发现对简册序连的"新"知识表现在以下两种形式上,一是"简序码":在简正面或背面标写顺序数字;二是"背划线":在简背面或刻或划斜直线。

一、简序码

在简正面或背面标写顺序数字编号的"简序码",最早在1959年甘肃武威出土的汉简《仪礼》中发现。经整理,这批竹木简包括甲本木简《仪礼》七篇,乙本木简《服传》一篇,丙本竹简《丧服》一篇,大致钞写于西汉末期。[1] 简序码只标写在甲本上,其情况陈梦家有详细叙述,兹引如下:

> 武威《仪礼》九篇的叶数,可分下列各类:(一)一篇通用一个顺序编数的,为甲本《士相见》、《服传》、《燕礼》、《泰射》四篇,《服传》和《燕礼》的记文和经文叶数相接不分;(二)一篇有两个或三个叶数顺序的,为甲本《少牢》与《有司》;(三)一篇通用一个叶数顺序而有一部分无叶数的,为甲本《特牲》,其四十简以后十三简系旧钞本无叶数;(四)不写叶数的,为乙本《服传》和丙本《丧服》。第一类一篇用一个编叶数,占多数,此为后来书卷页数所本。第二类由于易书手而另起叶数,第三类由于利用旧简补钞而补钞者有叶数。凡此叶数,大多数皆在正面(即写文字的一面)下端;《有司》和《少牢》写在背面,但《有司》第六简和下部第十至十五简却又写在正面。后者因易一书手而仍顺续前一书手编叶,但改就他自己的习惯,写叶数于正面。[2]

1987年在湖南慈利一战国中期前段墓中出土了一批楚简,其内容为

---

[1] 参中国科学院考古所、甘肃省博物馆编:《武威汉简》,北京:文物出版社,1964年。陈梦家在《武威汉简》中推定甲本、乙本约为西汉晚期成帝前后抄本,丙本年代更早一些;陈邦怀《读武威汉简》一文则认为甲本盖钞写于王莽时代,见《考古》第11期,1965年。

[2] 见中国科学院考古所、甘肃省博物馆编:《武威汉简》第64—65页;又见陈梦家:《汉简缀述》,北京:中华书局,1980年,第302页。

记事类古书,包括有《国语》等内容,其中部分简背亦标写有数字,但这批楚简尚未完全整理出版,其详情不可尽知,据其整理者张春龙介绍:

> 少部分简简背标有数字,……上述数字或居简背之首,或居中,或居简末。单数有一、二、三、五、七、九,双数有十和廿、三十合文以及它们组成的编码。还有"×"符号两见,明确有别于"五"字,未详何义,是否表示五十。未见四、六、八,四千余片简只有几十片背面尚留墨痕,即使以整简八百余计,亦十不存一。①

1993年在湖北荆门郭店战国楚墓出土了包含多种古书的战国竹简,该墓下葬年代为战国中期偏晚。② 据整理者在《郭店楚简背面记数文字考》中介绍说,这批竹简中有5支简简背标写有数字:在《尊德义》篇原第11号、12号、15号、28号以及《成之闻之》篇第13号简的背面,分别书写有"百八"、"百四"、"百一"、"百"和"七十二":

> 除《成之闻之》1支记数简的数文距竹简上端17.5厘米外,《尊德义》篇4支简的记数文,上距竹简顶端基本都是14.5厘米,在一个横行高度上。……背面有数文的5支简,其书文方向均与正面文字相反。③

2008年清华大学接受捐赠入藏一批战国中晚期竹简,其内容大多亦为古书,从已公布出版的《清华大学藏战国竹简(壹)》看,其中《尹至》《尹诰》《耆夜》《金縢》《皇门》《祭公》6篇,各篇简背均分别有顺序标写的数字,只有《程寤》《保训》《楚居》3篇简背没有;④公布出版的《清华大学藏战国竹简(贰)》中收录《系年》1篇,138支简除末简外,其他137支简背也都顺序标写有数字。⑤

---

① 张春龙:《慈利楚简概述》,艾兰、邢文编《新出简帛研究——新出简帛国际学术研究会文集》,北京:文物出版社,2004年,第5、7页。
② 参荆门市博物馆编:《郭店楚墓竹简》,北京:文物出版社,1998年。
③ 刘祖信、鲍云丰:《郭店楚简背面记数文字考》,见《新出简帛国际学术研讨会会议论文集》第158—161页,转引自陈剑:《郭店〈尊德义〉和〈成之闻之〉的简背数字与其简序关系的考察》,武汉大学简帛研究中心编《简帛》第二辑,上海:上海古籍出版社2007年,第225页。
④ 参李学勤主编:《清华大学藏战国竹简(壹)》图版部分,上海:中西书局,2010年。
⑤ 参李学勤主编:《清华大学藏战国竹简(贰)》图版部分,上海:中西书局,2011年。

此外，李零先生说在整理上博楚简、北大简时也有发现。[①] 以上所述这些简上标写的数字，陈梦家称之为"叶号"或"叶数"，慈利楚简整理者称之为"简背数字"，郭店楚简的整理者称其为"记数文"，李零先生称其为"叶码"，虽然称谓不一，但所指则同。我则更愿意称它们为"简序码"：标写在简上表示顺序的数字。

下面我们分别从这几个方面来探讨这些简序码：

1. 简序码的位置

简序码既可以标写在简的正面，也可以标写在简的背面，二者均有大量发现。标写在简正面的，是在最下端。例如武威汉简，大量简序码都标写在简的正面，位于简的最下端，这种方式可以把简序码和正文区别开来不会混淆，如有四道编绳的甲本《仪礼》，"除去上下简端、简末外，分为等长的三段，每段容字二十字，全行六十字整。简端、简末即后来的天地头。简端不写文字，但章号往往在此，在第一道编绳之上。简末亦不写正文，惟叶号在此，在第四道编纶之下。"[②] 也有少量标写在简的背面，如《有司》和《少牢》。

标写在简背面的，位置似乎并不固定，有在上端的，有在中间的，也有在下端的。其中引人注意的有两点，一是郭店楚简5支简背面的简序码，文字书写方向与正面文字相反；二是两次公布发表的清华战国简，简序码全都标写在简背的竹节上（如果有两个竹节，一般标写在上端的竹节上[③]），不知这是简背标写简序码的通例，还是清华简的特例，因为武威汉简是木简，而慈利楚简和郭店楚简均没有公布简背照片，无法知道是否也都标写在竹节上。简序码之所以特别标写在竹节处，我认为这可能是因为简背为篾青比较光滑不易书写着墨，而从清华简公布的简背照片看，其简背竹节处貌似经过了剔治，故此处宜为书写。

所以在清华简的同一篇内，因竹节高下不一，故简序码的位置亦随之高下不一，但总体看来倒也并非完全参差错出不齐，我们发现常见的情况倒是一篇之内竹节的高度基本相同，例如《尹诰》《金縢》《楚居》《皇门》（后

[①] 李零：《简帛古书的整理与出版》，《书品》第2辑，2011年，第24页；又李零：《简帛古书与学术源流》，北京：三联书店，2004年，第123页。

[②] 见中国科学院考古所、甘肃省博物馆编：《武威汉简》，第59页。

[③] 如《尹至》简一、二、三，《耆夜》简一、二、三、四，《皇门》全部13支简；仅《耆夜》简九、十标写下端的竹节上。

二者未标写简序码),或者一篇之内相邻的一组竹简竹节高度基本相同,如《系年》一篇138支简,简一至四四的竹节高度基本相同,距离竹简顶端约21厘米,简四五至六九的竹节高度也基本相同,距离竹简顶端约34.5厘米,同样,简七〇至九五、九六至一二〇、一二一至一三八各组的竹节高度亦大致一样,这反映了古代制简时、书写取简时还是存在一定的规范。郭店楚简5支有简序码的简中,有4支简序码的标写位置亦在同一个高度,也部分说明了这一点。

2. 简序码的书写者

从目前已有的资料看,这些简序码是钞书人(以下简称"书手")标写上去的基本可以肯定。从简册形态学的角度看,一般来说简册会经历制作、钞写、利用三个阶段①,伴随这三个阶段的分别是三种不同的主体,即制简人、书手、读者②,我认为在简册阅读时代,这三种人的区别很明显彼此很少重合。制简人和书手是不同的人容易理解,因为二者对技能的要求完全不同;书手和读者的区分,可参陈梦家对《武威汉简》的研究,他不仅揭示了《仪礼》九篇为不同的书手钞成(有时甚至一篇亦由不同的书手钞成),还表明了钞成后的篇章,其利用者(读者)另为其人。

而且附写上去的这些数字"简序码",也并不是正文的一部分,正文完全可以脱离这些简序码而文本自足,在内容、意义上无任何损失,这和简册上表示分章、分篇和篇章顺序的那些数字的性质完全不同,后者常常被视为正文的一部分。

此外,这些简序码还与正文的书体风格一致,清华战国简大量的简序码与正文可资对比,这也说明简序码为书手所标写。

3. 简序码编号方法

根据简序码较为完整、系统的武威汉简和清华战国简可以看出,简序码的编号从"一"开始,顺序是依照简文内容的顺序,例如正面书写文字内容的简的顺序是从右往左,那么正面标写的简序码也是从右往左,背面标

---

① 这仅是为研究方便而做的一个大概分段,例如"制作"阶段还可细分为破简、制简、杀青等,在"钞写"前后与"利用"之间还有编连,编连的工作似亦可视为"制作"的范畴,即便如此,我认为编连的人也不是前面破简、制简的人。

② 个别情况下读者也可能充当钞写者的角色,但通常情况下作为职业的制简者、书手和读者是完全不同的三种人。

写的简序码若水平翻转过来则是从左往右。目前发现的最大简序码在清华战国简(贰)《系年》中,编号为"一三七"。①

简序码的起讫,通常情况都是以一篇为单位标起讫。武威汉简中除因更换书手而另有起讫,其他都是一篇一个起讫,如甲本《士相见》、《服传》、《燕礼》、《泰射》等篇;清华战国简亦是如此,无论篇之长短,均各自起讫,如《尹诰》4 简即为一个起讫,而《系年》138 简(内分 23 章)也仅一个起讫。

《系年》的简序码中有两处很特别。一处是重复出现了两个相同的简序码:简五二、五三的简背,都标写着数字"五二",这样造成了从简五三(简序码为五二)开始往后至简八八(简序码为八七)依次编序的简序码,实际上都有一个数字的错位。另一处是漏标了一个简序码"八八":简八八简序码标为八七,但简八九简序码却径标八九。从内容上看,简五二与五三、简八八与八九彼此之间以及与上下简之间是紧密一体的;从简五二与五三、简八八与八九及其前后简的"背划线"均为完整的一条直线看,这里的简序是完整的,②并无事前或事后的增补。所以我认为,这里简序码上的重复和遗漏,是书手标写时因疏忽而导致的失误。这个失误,也许书手当时并未察觉,也许已经发现但也将错就错,并不刮削改正。

(4) 简序码的作用与性质

在目前为止已出土的战国、秦、汉简册中,标写有简序码的简册并不多,但看起来也并非个别和偶然。过去对简册制度的传统描述中未曾提及这一现象,没有专门的术语对其概括。故甫一出现,大家就会关注,简序码起什么作用是什么性质?

陈梦家认为:"简上的叶数是后来刊本书页的滥觞,最初乃书手所编写。书手于缮写时,册已编成,则书写叶数的目的,一则为顺序易检,一则防止烂编更次不至紊乱,以免错简、脱简。"③可见武威汉简上的简序码,陈氏认为是对书写后的简的顺序的标记,也即本文所说的"序连",也就是说简序码直接和书写后的简序相关。

慈利楚简的整理者,也认为简背标写数字的这些简序码,"相当于我

---

① 其最后一支简一三八未标写简序码。
② 关于背划线,详参本文后面的讨论。
③ 中国科学院考古所、甘肃省博物馆编:《武威汉简》,第 64 页。

们今日书籍的页码编次"①,而郭店楚简的整理者则未下定论,认为有待进一步考证。

若陈梦家上述结论所言不误,则简序码将成为我们重新整理编连出土散乱简册时的一个重要参考。但有学者对慈利楚简中有简序码的《国语》部分,和对郭店楚简中有简序码的5支简的编连研究,似乎又不完全支持这一结论推而广之。何有祖在对慈利简中部分《国语》内容的简序码进行研究后,认为这些数字序列是杂乱的,并推测其原因:"这有两种可能,一种,即该数字与简文所形成的上下文并无任何瓜葛,其数字也许与简文顺序无关。作为另一种可能,慈利简文有着比今本《吴语》更为细致的划分,并且每个局部的顺序都是重新从'一'开始。……这就期待简本《吴语》材料的全部公布,从而获得更多的数据,以便更深入的讨论《吴语》各章节之简的关系。"②陈剑对郭店楚简《尊德义》和《成之闻之》两篇中有简序码的5支简与简序关系作了考察,认为:"这两篇简背所记数字序列,通过跟研究者将其竹简重新编联的可靠结果的比较可以看出,跟简序既有完全相合的,也有虽不合但只是略有出入的,还有相差很远无法排入同一组之中的。"③虽然陈剑认为部分简序码跟原来的简序之间存在对应关系,但由于这些简序码是倒书于简背与正面文字方向上下相反,且其序向与正面简文内容的序向亦左右相反,所以他说,"这些数字既不会是先后相次的'简号'或'相当于我们今日书籍的页码编次',也不会是'书手抄写时的编码'。最有可能的,应该是在有关竹简已经抄写好之后,出于某种目的从后往前清点数目,并随手将竹简提起倒过来翻面后记下的数目字。"④

慈利简背遗存的简序码虽然较武威汉简为少,但比郭店楚简多,不过由于这批简及其简背照片没有全部公布出来,其简序码与简序关系还有待进一步研究,在已有的研究中,笔者认为何有祖提出的第二种可能更能

---

① 张春龙:《慈利楚简概述》,艾兰、邢文编《新出简帛研究——新出简帛国际学术研究会文集》,第5页。
② 何有祖:《慈利竹书与今本〈吴语〉试勘》,见"简帛网"(http://www.bsm.org.cn/show_article.php?id=149)2005年12月26日。
③ 陈剑:《郭店简〈尊德义〉和〈成之闻之〉的简背数字与其简序关系的考察》,《简帛》第二辑,第225页。
④ 同上书,第219页。

解释慈利简《国语》简序码的情况，①也就是说，慈利楚简的这些简序码的作用与性质，与武威汉简是一样的。

至于郭店简中的简序码，由于其数量太少②，依靠它们来说明问题实在非常有限。但只有极少几支简有简序码，且这些简序码为反方向倒序书写，由这两点构成的郭店简简序码的特殊性，亦值得探究。笔者这里对此大胆提出一个猜测：带有简序码的这5支简可能是从别的书册中废弃后因再利用而加入了钞写《成之闻之》和《尊德义》的简中，其正面原来书写的文字虽被刮削，但背面的简序码并没有被刮削。③否则，我们很难想象，书手在钞写时只给这5支简标写并不连续的简序码，却完全无视其他简，这在情理上完全说不通。也许正是因为如此，这5支简作为一个整体被取来加入，放置时又不小心将上下反向倒置④，这极好地解释了我们今天所见这5支简反向书写而且倒序的特殊现象。

近年，两次公布出版的清华战国简内容，极大丰富了关于简序码的资料。清华简中的简序码不仅基本保存完整，而且数量多，它们无一例外均是对一篇内容在简序上的标记，可以说清华简的大量数据完全证实了简序码对简的"序连"作用。

（5）简序码与古书

李零先生认为简帛上的文字材料总体可分为两大类："一类是文书，包括律令、账本、信件、占卜记录等（私人的文件也属这一类）；另一类是古书，则专指人文、技术类的各种著作。"⑤我们发现，就目前的资料看，"简序码"从未出现在"文书"类中，而只在"古书"中才有，上述有简序码的《仪礼》、《国语》、《尹至》、《尹诰》、《耆夜》、《金縢》、《皇门》、《祭公》、《系年》等篇全部都属于古书的性质。不知道这是一个偶然的现象还是说有着某种必然。

---

①　萧毅《慈利竹书〈国语·吴语〉初探》一文的研究还提出了另一种可能，即简文《吴语》与今本在叙述的内容和章节上也可能存在差异，这也会导致如果以今本《吴语》为标准来序连简文就会出现"简序码"的"错乱"。见"简帛网"(http://www.bsm.org.cn/show_article.php?id=159) 2005年12月30日。

②　《成之闻之》40支简中仅有1支有"简序码"，《尊德义》39支简中有4支有"简序码"。

③　不被刮削的原因，可能是因为钞写《成之闻之》和《尊德义》这些内容时不再需要标写简序码，所以这5支简原有的简序码也不需要去削改了。

④　不书写文字的简，其实很难区别其上下方向，也许可以说本无所谓上下方向。

⑤　李零：《简帛古书的整理与出版》，《书品》第2辑，2011年，第15页。

二、背划线

在简背发现划线①,最早在 1991 年出版的《包山楚简》中被整理者提及:

> 有少量竹简背面有刻刀划出的斜线,或墨笔划出的墨线,相邻的简有的可据此依次相接,有的则互不相关。这两种线道可能是在编联之前做的某种记号。②

但背划线的大量发现和被关注,则是在近年来清华简、岳麓简及北大简的出版与整理过程中。孙沛阳在《简册背划线初探》一文中,③主要立足于岳麓简(壹)和清华简(壹)对背划线的现象作了较为详尽而系统的探讨,他认为:①背划线中的刻线和墨线,以刻线最常见,墨线情况较少。②背划线绝大部分都是自左起,向右下斜行。③背划线形成于编联之前。其结论是背划线与竹简编连次序相关,"其目的是为竹简标示次序,最终为编联成册做准备"④。

背划线的作用和目的就是起到这种"序连"作用,应该是没有疑义的。笔者在整理编连北京大学藏西汉竹书《妄稽》篇的过程中,亦就其背划线的问题有一些思考,作过一些推测,这里再结合《清华大学藏战国竹简(贰)》和北大汉简中的一些数据,在孙沛阳一文的基础上,再作一点探究。

(1) 背划线中的刻线与墨线

孙沛阳文中说:"从已知材料看,简册背划线可分为两大类,一种是刻线,一种是墨线。刻线的情况常见,岳麓秦简(壹)、清华简(壹)中著录竹简的简背划线皆属刻线,之前已出版材料中可见到的简背划线也多属刻线。简册背有墨线的情况较少,目前仅见于包山楚简和上博简《庄王既成》篇。"⑤

---

① 简背的这些划线或为刀刻(刻线),或为墨画(墨线),笼统称"背划线"。
② 湖北省荆沙铁路考古队:《包山楚简》,北京:文物出版社,1991 年,第 4 页。
③ 孙沛阳:《简册背划线初探》,复旦大学出土文献与古文字研究中心编《出土文献与古文字研究》(第四辑),上海:上海古籍出版社,2011 年,第 449—462 页。以下引孙沛阳说,均出自该文。
④ 同上书,第 457 页。
⑤ 同上书,第 455 页。

岳麓简(壹)中没有收录简背彩色图版,①而仅有简背的红外线图版,致使许多背划线不甚明晰,这使得我们不那么容易去区别刻线和墨线。岳麓简(贰)著录《数》1篇,同样也没有收录简背彩色图版而仅有简背的红外线图版,能看出一些简也有背划线,但这种只有灰度的红外线图版,对于识别背划线来说十分不利,例如《数》红外线图版中个别简背出现了多道大致平行的划线,或左高右低,或基本水平,或左低右高,多者竟有5—7道②,这使我们很难把其中的背划线和其他意外产生的非背划线的划痕区别出来。

幸运的是,清华简全部都附有简背的彩色图版,而且比岳麓简的红外图版清晰得多。③ 检视清华简(壹),能发现《尹至》、《尹诰》、《皇门》的背划线是很明显的刻线;④《程寤》的背划线的刻线特征没有《尹至》、《尹诰》那样明显,有点象细墨线,但考虑到有几支简正好沿背划线整齐断裂,这可能正是用刀在简背划线引起的结果,所以应该还是刻线;《楚居》中既有象《程寤》那样的"细墨线",也有像《尹至》、《尹诰》、《皇门》那样明显的刻线,姑且把二者都视作刻线;但《耆夜》、《金縢》、《祭公》的背划线则非常像是墨线,与《尹至》、《尹诰》、《皇门》中那种明显的刻线看起来有较大区别。如果我们承认这些"细墨线"是墨线,已出版公布的清华战国简(贰)中著录竹简的背划线看起来也全部都是细墨线,虽然北大汉简中的背划线基本都是刻线,但北大藏秦简中木简卷甲发现的背划线亦为墨线⑤,此外,上博简中除孙沛阳提到的《庄王既成》篇外,《王居》、《命》中亦为墨线,那么可以说墨线亦相当常见,在数量上不可谓少。

这些背划线是如何刻划上去的呢?刻线无疑是用锋利的刀或锐器在简背刻划而成,其为刻划的特征,在有些简上比较明显,如清华简(壹)中

---

① 只有极个别简因简背有文字,才有简背彩色图版。
② 朱汉民、陈松长主编:《岳麓书院藏秦简(贰)》,见该书红外线图版简二背、简四三背、简九六背、简一〇五背、简一八六背等,上海:上海辞书出版社,2011年。
③ 之所以说幸运,大概是托清华简背面标写有"简序码"的福,这些简背的彩色照片才得到重视和发表,否则我们极有可能也看不到。所以应该呼吁,今后的出土简册在公布出版时,除了公布简牍写有文字内容的正面,还应给予也许完全不书写文字的简背以同等待遇,并完整公布简背的彩色照片(红外照片对于检视残损文字也许很有用,但对于检视简册的物理形态来说却多有缺陷),甚至也要有简背的放大照片,因为不知有多少秘密会隐藏在简背!
④ 其特征是纯划线,无色。见李学勤主编:《清华大学藏战国竹简(壹)》,第3页原大图版和第38页放大图版。
⑤ 北京大学出土文献研究所:《北京大学藏秦简牍概述》,《文物》2012年第6期,第66页。

的《尹至》、《尹诰》、《皇门》；在有些简上则不太明显，如北大藏西汉简的一些背划线，这些划线大多既浅且细，肉眼在适宜光线下仅勉强可以观察到。① 而我们看到的墨线，均线条极细而且均匀笔直，实在想象不出能用什么样的笔或工具才能划出如此细的墨线，而这些墨线在光滑的简背竹青面又能如此清晰地保留下来。上述清华简（壹）中《程寤》和《楚居》中的背划线情况，有的刻线特征明显，而有的刻线却完全象是墨线，不知是否可以大胆提出这样两个猜测：猜测一：用刀划出这些刻线后，一部分刻线作了填墨处理，由于划线很浅，所以看起来很象是墨线；而有时刻线没有作填墨处理，所以很明显就能看出来是刻线。猜测二：用来刻划背划线的刀或锐器可以蘸墨刻划，或者可以称之为"墨刀"或"墨锥"，所以在简背刻划后既留下划痕同时也形成墨线；而刀（或锥）上的墨在偶尔用尽时就只留下了刻线。这里用作刻划的刀，是否就是用作涂改刮削的刀，目前尚不清楚。

此外，无论是刻线还是墨线，在简背上均十分笔直。无疑，背划线的刻划借助了直尺一类的工具。

（2）背划线的方向、起止

从已有资料看，面向简背时，背划线都是自左起，向右下斜行，即左高右低，清华战国简（贰）和北大汉简中背划线的情况也是如此。② 但一组背划线，划过多少支简，各篇都不太一样。北大汉简中《妄稽》的每一组背划线是划过 9 支简左右，每组背划线互不重合，而其他篇则与此不同，"（《老子》）每道划痕均从接近此道划痕之首简顶端处开始，向右下方斜行，经过 13－18 枚简不等，划至此道划痕之末简中部或稍下方结束，然后再从头端开始另一道划痕；划痕之间基本平行，下一道划痕开始的首简与上一道划痕的末简有时会重合，使这枚简出现上下两道划痕。在北大竹书《苍颉篇》中，这种有两道划痕重出的简是两枚，即下一道划痕开始的前两枚简与上一道划痕末尾的两简重合。"③《清华简》（贰）《系年》中，从背

---

① 北京大学出土文献研究所：《北京大学藏西汉竹书概说》，《文物》2011 年第 6 期，第 49 页、第 55 页注①。

② 唯一的例外是清华战国简（壹）《耆夜》篇中简一一、一二、一三 3 支简上端有左高右低的背划线，下端又有左低右高的背划线，孙沛阳据此认为简册背划线的形态可能还会有"W"或"V"字形，但是这种特殊的情况，目前仅见于此。

③ 见北京大学出土文献研究所：《北京大学藏西汉竹书概说》，《文物》2011 年第 6 期，第 55 页注③。在岳麓秦简（壹）《二十七年质日》中这种有两道划线重出的简则是 3 支，参见孙沛阳：《简册背划线初探》，《出土文献与古文字研究》（第四辑），第 459 页图版。

划线看一共可以分为 7 组。结合孙沛阳的研究,可列表如下:

出土竹简	篇名	一组背划线包括的简数①	备注
岳麓秦简(壹)	《二十七年质日》	第1组背划线:24 第2组背划线:24 第3组背划线:19	简1至23 简21至43 简40至54
	《三十四年质日》	第1组背划线:25 第2组背划线:33 第3组背划线:7	简1至25 简26至58 简59至65
	《三十五年质日》	第1组背划线:35 第2组背划线:24	简1至30 简31至46
清华战国简(壹)	《金縢》	14?②	简1至14
清华战国简(贰)	《系年》	第1组背划线:25 第2组背划线:19③ 第3组背划线:25④ 第4组背划线:26 第5组背划线:25⑤ 第6组背划线:14 第7组背划线:4⑥	简1至25 简26至44 简45至69 简70至95 简96至120 简121至134 简135至138

---

① 这里讨论所说的简数,有时可能不完全是指出土的有划线的实际简数,而是指按其背划线走向,原初划过简背时应该包含有的简数,这个简数会因在钞写中有废简抽掉而大于我们今天出土时一组背划线所包含的实际简数。

② 由于清华战国简(壹)中收录各篇文字都较短,所以没有一篇能让我们看到一组完整的背划线,这里暂列出较长的《金縢》的背划线,但看起来这个背划线也并非完整,所以这里在其简数后加了问号。

③ 第2组最后一支简四四的背划线与前面连贯的背划线有错位。

④ 第3组第一支简四五有2道背划线。

⑤ 第5组第一支简九六、第二支简九七均有2道背划线,它们和第3组第一支简四五的2道背划线以及北大汉简《老子》中一些简上两道背划线的情况相似,重出的那条背划线并不能与前面相邻的连续背划线连贯起来,这与前面所述岳麓秦简(壹)中的《二十七年质日》(参见前引孙沛阳:《简册背划线初探》,《出土文献与古文字研究》(第四辑),第459页图版)中的背划线的重合不是同一种情况。

⑥ 第7组中第一支简一三五的背划线与后面3支连贯的背划线有错位。

北大汉简	《妄稽》	每组 8—9①	
	《老子》②	第 1 组背划线:18	简 1 至 18
		第 2 组背划线:16	简 19 至 34
		第 3 组背划线:19	简 35 至 53
		第 4 组背划线:17	简 54 至 70
		第 5 组背划线:16	简 71 至 86
		第 6 组背划线:14	简 87 至 100
		第 7 组背划线:17	简 101 至 117
		第 8 组背划线:6	简 118 至 123
		(以上为《老子上经》)	简 124 至 141
		第 2 组背划线:16	简 142 至 157
		第 3 组背划线:17	简 158 至 174
		第 4 组背划线:14	简 175 至 188
		第 5 组背划线:16	简 189 至 204
		第 6 组背划线:17	简 205 至 221

可见从战国简、秦简到西汉简，其背划线划过的简数（或者说背划线的起止长度）不太一样。但是在一篇之内，似乎各组背划线划过的简数还是基本相同或接近的，这说明书手在钞写这一篇时，取用的是同一类竹简，它们可能就是同一个制简人制作的同一批简。例如北大汉简《妄稽》，一组背划线基本都是由 9 支左右的简组成，《老子》的一组背划线基本都是由 18 支左右的简组成；清华战国简（贰）《系年》在书手钞写时所取用的简，其原始状态我认为都是 25 支左右的简组成一组完整的背划线，上表中第 2 组只有 19 支简、第 6 组只有 14 支简，这是因为这二组本应分别都由 25 支简组成一个完整的背划线，在这里被"掐头"或者"去尾"了，如果我们把这两组的背划线按其走向前后延伸补齐相应的简，它们正好就是 25 支左右。至于《系年》第 7 组 4 支简、《老子》第 8 组 6 支简，因为是篇终末组，所以可不用讨论。"掐头去尾"（似乎掐头的情况多一些）使得一组完整的背划线不再完整。为什么会出现"掐头去尾"的情况呢？我想，这是因为每篇文字有长有短，在一篇钞写结束时通常很难正好用完一组完整背划线的简，总是或多或少会剩余

---

① 《妄稽》除第 1 组简册完整能明确知道其背划线划过的 9 支简外，其他组大都存在残简且背划线亦多断裂不全，但每组背划线划过的简数大致在 8—9 则可以肯定。

② 关于《老子》背划线的数据，见韩巍：《西汉竹书〈老子〉简背划痕的初步分析》，北京大学出土文献研究所编：《北京大学藏西汉竹书（贰）》第 227—235 页，上海：上海古籍出版社 2012 年。

一些简,剩余的这些简肯定又会被用到别的篇的钞写中,此时这些剩余的简可能会被安排在篇末,但也可能会插入到篇中,于是产生了这种"掐头去尾"的现象,例如清华战国简《系年》中第 2 组是既被掐头也被去尾,第 6 组则被掐头,最后第 7 组中简一三六、一三七、一三八则是掐了别人的头。

　　以上讨论的背划线,都是简正面文字内容从右往左依次排列时,水平翻转后,简背面的背划线便可以自然形成一条左高右低的斜直线。但清华简(壹)中《皇门》和《楚居》中部分简的背划线,只有在简正面文字内容从左往右依次排列时,简背面的背划线才能形成一条左高右低的斜直线,孙沛阳给它取了个专门名称叫"逆次简册背划线",并认为"这一现象也许说明简册可能有小部分从左往右编的情况",①因为,如果按正常的书写阅读习惯把简正面文字从右往左依次排列编连后,其背划线就会彼此错位完全不能形成一条左高右低的斜直线,因而也失去了"序连"的作用。这一特殊现象的产生,笔者认为可以有这样两个解释:①首先这里我愿意再次强调本文前面所述制简、钞写分别为不同的主体这一观点,背划线为制简人所为,钞写则为书手所为,他们分别处在简册书籍制作的不同阶段,人各不同;然后我们就不妨可以设想这样一个场景,制简人制好简并排好竹简划上背划线,且予以重迭堆放,书手在钞写时去取用这些已有一定顺序重迭堆放的一支支空白简,可是有那么极少数的时候书手在取简时弄错了上下方向(用于书写文字的空白简正面是难以区分上下倒正的),于是这些上下方向倒置的简,其背划线便形成所谓的"逆次简册背划线"。为方便理解,这个过程可图示如下:

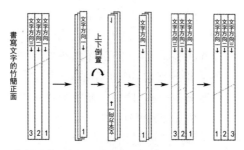

"逆次简册背划线"形成示意图一(图中斜虚线为不可见的背划线)

②竹简背面划上划线后并未翻过来,书写者取用时可能从右到左把简翻

---

① 孙沛阳:《简册背划线初探》,《出土文献与古文字研究》(第四辑),第 458 页。

过来一支书写一支，于是也形成了"逆次简册背划线"，可图示如下：

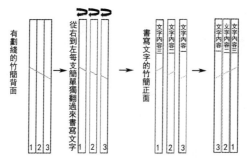

"逆次简册背划线"形成示意图二（图中的背划线，实线为可见，虚线为不可见）

由于以上两种情况都能造成所谓的"逆次简册背划线"，所以，可能这个现象并不能用来说明简册可能有小部分从左往右编的情况。

（3）背划线与书写、编连的先后关系

我认为，无论书写和编连孰先孰后，背划线的制作都在它们之前。

背划线的制作在书写之前，可以从这些方面得到说明：

一是如上所述，从流程上讲，背划线的制作属于制简人的工作，书写是书手的职责，本属两个前后不同的阶段。

二是完整连续的一组背划线，会因后来书手钞写时出现废简将其抽掉，或者书手钞写时偶尔拿错简（或者说拿了未完全按背划线顺序排序的简），而使本来连续的背划线出现断裂或错位。如果是先书写后划线，则不会出现这种情况。北大汉简《妄稽》篇首第一组背划线，最开始的两支简（简1903、简2077)在内容上十分契合，但我发现其这两支简的背划线却出现了错位如下图，二者中间应该插入一支简才能使这组背划线连贯起来，如下图：

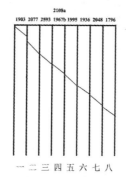

北大西汉简《妄稽》简背划线示意图

可这支简却苦寻不得,我后来意识到这支简可能因某种原因废弃而被抽掉了,在内容上这里并非出现了缺简,这才释然。这是抽简的情况。那么,书手在书写中为什么会只是简单地把废简抽掉,而不是把写错的简刮削后重写或者再制作一支空白简补进来呢?这又得联系到本文前面所说的,书手就是书手,专司其职,只负责钞写这一事务,为钞写效率和方便计,一旦出现废简恐怕就会直接摒弃抽掉而不会刮削改错,正如我们今天在本子的一页纸上书写错误时,往往会撕掉这一页直接从下一页开始写,而不会再费事地找来一页纸粘贴在撕掉的地方,如果我们的本子编有页码的话,那么这里就会少一个页码。

在清华战国简(贰)中也能看到有补简的情况,例如简八明显就是一支补入的简,它在各种形态上都与其前后相接的简有较大差异,宽度明显较窄,高度也与左右不一,竹节位置也不太一样,且没有背划线。但这支补简,可能是在简册书写编连之后甚至是在后期的流传阅读过程中因原简或脱或损而补入的,并不是书手钞写时的补简。

此外,清华战国简(贰)《系年》中简四四、简一三五的背划线与前后相邻简连贯的背划线出现了错位的情况(见下图),我认为则属于书手偶尔取简错误(或者说拿取了顺序稍有排错的简)这种情况,也不是抽简造成。书手在钞写中顺序取简时偶尔出点错误是可能的;而制作背划线是制简人的工作,将这些简有序放置以供书手钞写的过程中偶尔出点小错也是可能的,不管是哪一种出错,都会导致背划线的这种错位。

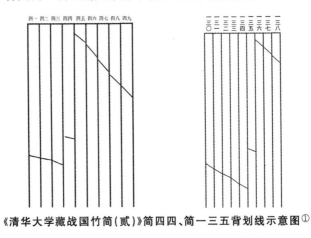

《清华大学藏战国竹简(贰)》简四四、简一三五背划线示意图①

---

① 根据李学勤主编《清华大学藏战国竹简(贰)》图版部分绘制。其中个别简上端略残。

这一错位或不密合的现象也存在于岳麓简(壹)和清华简(壹)中,对此孙沛阳已有探析,他推测说:"形成这个现象的原因,可能有两个:(1)在划线的时候,个别竹简的排列有些高低错落,导致编联后划线错位;(2)在抄写的时候,由于遇到抄写错误或竹简损坏,造成真正意义上的废简,再按顺序取用下一支空白简来抄写,编联后此处就出现了划线错位。我认为后者的可能性较大。"①这个推断很合理,只是没有考虑到书手取错简或制简人排错简的可能性。

清华战国简(壹)中《金縢》篇部分简的背划线,还呈现出有规律的错位,孙沛阳认为这不太可能是抽简所致,他推测这是在划线→制简→编连的流程中,破筒成牒时竹简边缘被略微削去了一点造成的。② 这个推测有一定道理,但也有疑问,从他所附《金縢》背划线图版看,有错位的简彼此之间的空白较大,完全能够插入一支空白简,似乎不是竹简边缘被略微削去一点所能形成;另外《金縢》中同时也有两简彼此十分密合的现象,为何这些简又没有削去那么多边缘呢?划线恐怕不在制简之前。《金縢》简背的这一现象还有待于再研究。

至于因"掐头去尾"而出现错位的现象,上面已有讨论,此不赘述。

三是从清华战国简中"简序码"与"背划线"并存的一些篇看,简序码都是连续不中断的,而背划线却不尽然,亦可知是先有背划线后有简序码,而简序码是书写中或书写后标写的,所以亦可推知背划线的制作是在书写之前。

从目前已有的资料看,似乎还没有坚实的证据能表明,存在孙沛阳在文中所说"书写→划线→编连"这一顺序的流程。

背划线的制作在编连之前,这也有充分的证据。一是从许多连贯的背划线看,若忽略极小的误差,③那么前一支简背划线结束处,往往就是后一支简背划线的开始处,十分密合,由此可知背划线是在编绳编连之前就刻划上去的。二是,许多竹简背划线经过了编绳所在的位置,例如北大汉简《老子》和《妄稽》,大多数划线的起始都从竹简最上端开始,向右下斜划经过了第一道编绳的位置,可证明背划线产生在编连之前,此外除了孙沛阳提到在岳麓秦简(壹)《质日》三篇、清华战国简(壹)《金縢》篇、睡虎地

---

① 孙沛阳:《简册背划线初探》,《出土文献与古文字研究》(第四辑),第456—457页。
② 同上书,第462页《金縢》图版及第457页所述。
③ 竹简经过长时期可能会有物理上的收缩发生,有时会导致背划线的位置发生变化。

秦简《日书(甲种)》中能看到背划线穿过编绳位置,清华战国简(贰)中简七〇、七一的编绳处亦能明显看到被背划线划过。

根据北大汉简《老子》的背划线资料,整理者韩巍甚至提出了一个更大胆的推论,他认为北大汉简《老子》的背划线不仅在书写、编连之前,而且是在破筒制简之前就先在竹筒上刻划的,"也就是说,制简工匠先在截成适宜长度的竹筒上划出螺旋状的划线,然后再将竹筒劈破,制成一枚枚竹简。"这一推论,他图示如下:①

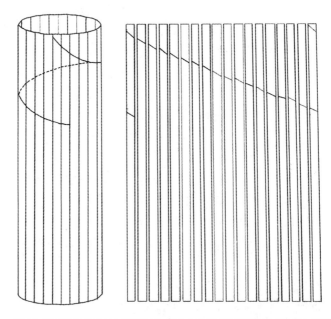

这一推论虽然能很好地解释汉简《老子》背划线的现象,但我对此持怀疑态度,因为从更多其他的背划线数据看,并不支持这一推论。首先从简数上看,汉简《老子》一组完整的背划线划过的16至19支简也许能正好凑成一个竹筒,但《妄稽》简每组背划线却只划过9支左右,而《老子》简与《妄稽》简的简宽是一样的,所以《妄稽》简每组9支只能组成半个竹筒;此外清华战国简(贰)中一组背划线是25支简左右,而岳麓秦简(壹)中《三十四年质日》《三十五年质日》中的一组背划线有多达33、35支的,它们则不可能由一个竹筒制成。其次从竹节位置看,清华战国简(壹)中《耆夜》篇简一〇与一一、一二的竹节位置完全不同,但三简的背划线却能连

---

① 见韩巍:《西汉竹书〈老子〉简背划痕的初步分析》,第229、232页。

贯一致，①这说明背划线不是在同一个竹简上完成的，而是在破筒制简后将许多简排铺在平面上刻划的。另外，一些木简也发现有背划线，这就更与螺旋划简的方式无关了。如果我们不承认背划线在制作方式上具有普遍性和规范性，那么也可以把上述方式视为《老子》背划线制作的特殊方式。

随着大家对背划线越来越关注，过去不太受重视的没有文字的简背开始受到更仔细的检视，发现其实包山楚简、郭店楚简、上博楚简、睡虎地秦简、张家山汉简都存在有背划线的现象，除了三国吴简外，从战国、秦、西汉直到东汉如此长时期内各阶段的简都出现了这一现象，这绝不是偶然的。虽然并不是所有的简都必然有背划线（有很多简没有背划线），但背划线的制作一定有其目的，我认为就是对简起到序连作用：即对竹简的顺序进行标示。这种标示是对书写文字之前的竹简所作的一种初始序连，②这一序连着眼于竹简物理形态上的顺序；书手在钞写中取用这些竹简时可能完全遵守这种初始序连也可能有时不太那么严格遵守，书手在钞写时有时可能会在简上标写简序码，简序码的标写是对钞写文字的竹简所作的进一步序连，这一序连着眼于竹简文字内容上的顺序；编连成册则是最终的序连，在这里无论是竹简的物理顺序还是文字内容顺序都被固定下来。由此来探讨初始序连的背划线和最终序连的文字内容顺序之间的相应关系时，就要看到二者之间的距离，给予背划线"同情之理解"，既不把这二种序连之间作必然的等同，也不能认为二者毫无关系。

清华战国简（貳）的公布，让我们看到了"简序码"和"背划线"在竹简"序连"上的较完美结合。相信随着北大汉简、秦简的公布出版，会让我们更进一步深入了解和认识背划线。

值得一提的是，这种划线序连的智慧，不仅出现于简册时代的中国，而且在世界其他地区的书册制度里也能看到，下图是藏于法国卢浮宫的一个7世纪的埃及木板书册，左边书口的斜划线，便是书写者解开编绳后书写完再重编这些书板时所遵循的顺序标记。

---

① 其中简一〇没有明显的背划线，但有与简一一、一二背划线斜度、方向一样的整齐断口，我认为这个断口就是背划线划过的地方。

② 对这种初始序连的要求可能并不太严格，或者说不是必然的，所以有些简有背划线，有些简没有。这可能和具体的制简人和对他的制简要求有关。对他制简划线的这种要求，我们不知道是来自于书手，还是来自于制简程序本身的规范。我们也还不清楚，背划线是给书手准备的，还是给编连者准备的，亦或是给读者准备的。

7世纪埃及木板书册

三、序连的意义

对上述三种序连的理解，首先，直接关乎今天出土简册简序的恢复与重新编连。三种序连中，使用编绳的最终序连占据决定性的地位，出土简册如果保留有完整的编绳，那么简序没有任何理由不按照编绳的编定次序来排列，如果从考古与文物的角度讲，这里"外在顺序"（编绳对简册在物理形态上的有序编连）的重要，甚至要超过"内在顺序"（文本内容自身原有的先后顺序）。如果没有完整的编绳，那么作为起进一步序连作用的"简序码"无疑是简序排定最重要的参考，它基本起到了后世页码的作用，虽然偶尔也发现有重码、遗码的个别情况。作为初始序连的背划线，对简序编连的作用则具有不确定性，也可能完全与简序相对应，也可能不那么对应；背划线虽本为序连而产生，不过它在最终编连中实际能起到多大的作用是另一回事，但我们不能因为有些背划线没有起到序连的作用，便说背划线不是用来序连的。

其次，"简序码"和"背划线"的发现，丰富了我们对古代简册的物质形态及其制度的认识，对了解古书的钞写、形成甚至流传都有重要意义。由于简册自身的特点（单简可聚合编连成册，册中可抽简、补简，甚至册可再解散为单简），夏含夷先生认为，不仅作者可以不断修订自己的著作，"写作的材料——竹简和木牍——也对这样的修改提供了一个方便，特别是为了添加或是删去某些段落。作者会很简单地解开自己'笔记本'的编线，把一条竹简插在这一处，或者将另外一条竹简——也许为数众多的竹简——从这一处搬到另一处，甚至从一篇文献中搬到另外一篇文献中去"，① 而且在流传中编者也可能对篇中那些另行独立钞写但已失序的各章被迫作顺序上的重排，他举简本《缁衣》为例，认为郭店本和上博本《缁衣》比传世《礼记》本更接近《缁衣》的原貌，因为"《礼记》本的编者所利用的底本不像郭店本和上博本那样从头到尾从一条简到另一条简是连接写的，反而每一章都在一条简上头重新开始。因为每一章都始于新简上，底本的编线假如折断，简条分散，编者就没有办法以语言方面上下文的联系将之再拼缀起来，只能根据他自己对每一章的内容的了解来安排次序。"② 清华战国简（贰）《系年》篇也由许多章组成，每章也都在一条新简上头重新开始，另行独立钞写，但是其"简序码"和"背划线"却严格限制了各章在出土散乱后可能有的其他组合顺序，在如此长的一篇之内的各章顺序，通过"简序码"和"背划线"的双重限制，得到了有效的序连和保持。

战国秦汉古书的文本，来国龙认为是具有流动性的，但他同时也认为文本的流动性会受到控制，例如各篇连续钞写不另起行、在篇末记字数等就是控制的措施。③ "背划线"和"简序码"，无疑也对竹简及其上面书写的内容的随意流动起到了限制作用。

（附记：本文的部分内容，曾在北京大学"东方学研究方法论"课题组2012年7月的研讨会上与同仁们讨论，颜海英教授为我提供了木板书册的数据和信息，特在此致谢。）

---

① 夏含夷：《〈重写中国古代文献〉结论》，武汉大学简帛研究中心编《简帛》第二辑，上海：上海古籍出版社，2007年，第510页。
② 夏含夷：《古史异观》，上海：上海古籍出版社，2005年，第345页。
③ 来国龙：《论战国秦汉写本文化中文本的流动与固定》，武汉大学简帛研究中心编《简帛》第二辑，上海：上海古籍出版社，2007年，第519—526页。

云冈石窟和北魏王权[1]

曾庆盈

【作者简介】 曾庆盈,北京大学外国语学院博士后。研究方向:北魏时期中外文化交流中物质文化的融合与再创造。

> 凿石开山,因岩结构,真容巨壮,世法所希。
> 山堂水殿,烟寺相望,林渊锦镜,缀目新眺。
>
> ——《水经注》[2]

北魏地理学家郦道元眼中的奇观就是距今山西省大同市(公元398—494之间为北魏都城,历史上又称平城)16公里以西的云冈石窟。第20窟的大佛仿佛透过山间的云雾,以亲切而宁静的眼神注视着敢于与它对视的世人。这尊佛像高13.7米,双脚交叉在身前,整体暴露在一个岩壁面已被侵蚀掉的石窟之外。该石刻是云冈石窟共45个主要石窟里所保存的最大的一尊佛像。这些雕刻在武州山南壁上的石窟和佛像均是北魏时期开凿的。云冈石窟所处的山脉为沙岩石质,东西向延伸大约1公里,另有252个大小石龛,总共51,000座雕像。这些石窟都开凿于北魏时期,当时中国北方在拓跋的统治下,所以云冈石窟又可以被称作为一本北魏王朝的史书。除了昙曜五窟(今编号16、17、18、19、20窟)之外,云冈石窟里最常见到的洞窟形式为一或二室,中心柱或有或无,而主佛的造

---

[1] 以本人博士论文 *The Making of the Tuoba Northern Wei: Constructing material cultural expressions in the Northern Wei Pingcheng Period* (398—494 CE) (2013)的部分为基础翻译、修改而成。

[2] 郦道元:《水经注》卷十三,杭州:浙江出版社,2000年,第208页。

像则依附在后壁上。① 这些石窟的独特之处在于其:(1)将建筑群的元素直接雕刻在低矮的山壁上;(2)从而把超出于人体大小的石刻佛像与崖面的石龛和石柱进行结合;(3)最终在武州山的山壁间创造出一个具有纪念碑性的多层建筑群体。

在云冈石窟里有大量从西亚和印度经中亚进入中国的富有西方古典建筑风格的石刻,这并不是个偶然。它是历代拓跋帝王所做的一系列包含政治和地理因素在内的有意识的抉择、从而延伸出的属于北魏时代的新的物质文化的应用。昙曜五窟内的主佛像都从早先的凉州石窟继承了一个共同点:面相浑圆,眼多细长型,深目高鼻,身躯健壮。② 它们的异域面孔正是受到了来自犍陀罗和马图拉的石刻技法和美学造像的影响。

在我看来,借由图像来传达一种视觉的爆发,并将强大的情感播种在观者的意识里,这种纪念碑性在北魏时期拓跋开凿云冈石窟之前并不存在于中国的物质文化传统中。应该要强调的一点就是拓跋统治者所做的一些决定恰恰就是把他们和同时期的南朝统治者所区分开的选择,因为后者未必一定会接纳并且采用这些来自异域的物质和文化入侵。在云冈石窟的设计和创作的过程中,帝王的参与体现出了拓跋作为新晋统治者的态度。本文将通过石刻造像和石窟的各方面来探索北魏平城时代(公元398—494)的王权和纪念碑性。

当我们想到云冈石窟,许多我们既有的了解是通过最终看到的结果所获得的。我们不再思考这些超出人体正常尺寸的石刻佛像是为何,又或如何,出现在游牧民族所统治的北方中国,又恰巧正是在这个时期中国通过欧亚大草原与中亚地区有着密切的往来。现在看来理所当然的云冈石窟,北魏时期初次在中国登场,并不全然是因为石窟和佛教一定捆绑在一起,而其实是拓跋统治者有目的并且发挥创造力的设计。

云冈石窟相关的传统学术研究主要是在北魏佛教领域里进行探讨。当然,石窟的开凿和佛教进入中国北方的时间点相呼应,是这个特殊历史文化背景下的产物。这个时期的佛教被看作是通过南北两条不同的途径被吸收并且本土化的新思想体系。荷兰汉学家许理和(Erik Zurcher)特别指出佛教进入北方中国的过程深受来自中亚的僧人、经书以及思想的

---

① 宿白:《平城实力的聚集和"云冈模式"的形成与发展》,《北朝研究》,1994年第2—3期,第35—36页。

② 宿白:《凉州石窟遗迹和"凉州模式"》,《考古学报》,1986年第4期,第442页。

影响,而且主要都是经由皇家所扶持的大范围经书翻译项目。① 处于这种传统中的北魏拓跋统治者,作为来自大草原的征服者,建立了北方中国第一个将佛教视为国教并且将其大范围普及的政权。具有实际功能性的石窟寺的出现,更加证明了这个时期的佛教已经在社会各层面,通过地方性的建造庙宇、造像和其它积功德的基层活动与家族祭祀结合在了一起。

另外,由文成帝(拓跋濬,公元452—465在位)所诏令开凿的昙曜五窟普遍被认为是以北魏早前五位帝王为原型的造像,而这几个石窟的佛像在云冈石窟里属于最大的几尊。由北魏道武帝所设第一任统监全国僧尼事务之僧官,道人统法果(生卒年不详,活跃于道武帝时期),还以其独特的王教合一概念将现任帝王尊为如来佛。法果"每言太祖明散好道,即是当今如来,沙门宜应尽礼,遂常致拜。谓人曰:能鸿道者,人主也,我非拜天子,乃是礼佛耳。"②

由于云冈石窟内丰富的佛教意象,艺术史学者们对于如何作为一个图像系统来解读昙曜五窟内的五尊主佛持有极大的兴趣。这个观点的支持者包括1930年代的关野贞和常盘大定,1960年代的亚历山大·苏波(Alexander Soper)以及1980年代的约翰·杭廷顿(John Huntington)。在他们看来,云冈石窟的设计将家族祭祀这一概念具体化,因其具备作为一处皇家宗庙的功能,并且符合儒家传统所提倡的君主如同家族族长这一观念,因此带有为北魏国运祈福的功效。如此的诠释表现出拓跋帝王将云冈早期石窟用于纪念祖先的这一做法开启了采用神明的面貌作为王权图像系统的先河。但是针对云冈石窟所承载的君主寓意之作用,以及云冈石窟所展现出的北方中国公元5世纪初期对于物质和技法的独特性等题材,这些早期的研究缺少关注。

在上述研究的基础上,本文会专注于云冈石窟在佛教范畴之外所体现的君主寓意,将石窟看作北魏帝王面对臣民的一个直接的平台。文章将暂时把云冈石窟从佛教的叙述当中抽离出来,转而探讨拓跋在宗教之外所构思的北魏君主纪念碑性。拓跋的创新立足于他们能成功地将佛教图像作为便利的视觉载体,并将其转换成为一种新的表现模式,这与传统中国的君主习惯截然不同。而这正与泛希腊化地区以及西亚借由视觉图

---

① Erik Zurcher, *The Buddhist Conquest of China: the spread and adaptation of Buddhism in early medieval China*, third edition, Leiden: Brill, 2007, p. 114.
② 魏收:《魏书》卷一一四,北京:中华书局,1974年,第3030—3031页。

像来表达征服和胜利的纪念方式不谋而合。

在他们寻求王权的过程中,拓跋君主不懈的寻找一种能够允许他们作为统治北方中国的帝王的"双重面貌"(dual presence)。[①] 北魏在其鼎盛时期统治着从欧亚大草原东端延伸至中原地区的整片疆域。一方面,中国王朝自古以来使用碑文作为其纪念传统,通过文字将帝王的思想传递出来,而不将帝王本人的相貌进行公开展示。对于拓跋来说,继承这一传统极为重要,这样他们在新征服的汉族臣民面前不会显得不得体。然而他们与草原的地缘接壤又注定了拓跋与草原文化和习惯有着密切关联,而同时期的萨珊(224—651)君主们所采用的山体纪念碑传统(今伊朗境内的鲁斯塔姆(Naqsh-e Rostam)与塔伊波斯坦(Taq-e Bostan)岩壁最为著名)则不可避免地会成为拓跋所熟悉并且愿意接受的一种王朝纪念方式。在公元3到7世纪之间,萨珊王朝在与拜占庭王朝进行富有竞争性的文化较量的过程中,积极的开展视觉文化的创造。当拜占庭王朝在城市间开辟活动空间来庆祝君主的成就,萨珊王朝则继承了西亚将纪念碑放置在大自然间的这么一个传统。[②] 马修·坎妮帕(Matthew Canepa)的研究涉及到了这两个王朝间的实力较量是如何催生了这两种截然不同的王权表现方式。

在拓跋自身的游牧习惯中以及在中原王朝的传统中都没有将君主的形象具体化的表现手法,他们只能通过不断的尝试才能创造出属于自己的石刻纪念碑传统。当然,他们获利于佛教所输送进入北方中国的石窟和塑像等题材。本文将对拓跋如何采用佛教所引进的各种物质形式和习惯进行解构。借用斯图尔特·皮哥特(Stuart Piggott)的"技术复合体"(techno-complex)这一概念我们能将僧侣、译经、图像、建筑以及石头雕刻技法等元素罗列成通过佛教所输入的"技术复合体"。[③] 作为最先跟随佛教一起传入中国的一组活动和视觉图像,这个特殊历史文化背景使得拓跋能更自如地运用这个技术复合体并使其服务于北魏王朝的需求。更何况,拓跋正是通过在云冈石窟发展出来的佛教石刻传统来巩固并展示

[①] 这个词在作者博士论文中原文为"dual presence",是导师杰西卡·罗森(Jessica Rawson)教授在与作者讨论拓跋在中原和大草原两种文化圈之间的定位所提出的思考角度。

[②] Matthew Canepa, *The Two Eyes of the Earth: Art and Ritual of Kingship between Rome and Sasanian Iran*, Berkeley, California: University of California Press, 2009, p. 99.

[③] Stuart Piggott, *Wagon, Chariot and Carriage: symbol and status in the history of transport*, London: Thames and Hudson, 1992, pp. 45—48.

其所获得的王权。

云冈石窟作为一个整体其实等同于一枚希腊化时代的钱币的两面，只不过它采用的是属于北魏的视觉符号系统，将帝王自身的形象与权利和胜利的符号合并在一起。石刻佛像是作为北魏帝王的象征创造出来的，而石头作为材料以及这些石刻佛像超乎寻常的尺寸都展示出帝王的魄力和永恒。拓跋的"双重面貌"非常巧妙地在云冈重叠了。我们或许可以这么理解：一方面，作为胜利的征服者，拓跋迫切地希望能如同希腊化帝王的习惯一样通过建立纪念碑和钱币的制造以展示他们新获得的权利；另一方面，中原王朝的帝王是通过神秘感和其超然的存在来验证天命至高无上的存在，迫使他们和臣民保持一定的距离，将自己隐藏起来。而云冈石窟的雕像正好符合这两种需求，在维持着北魏帝王的至高无上感的同时在视觉表现上展现了作为帝王的成就，最终将拓跋统治者和当今如来两种身份融合在一起。

一、昙曜五窟：新的王权纪念碑

我们对于拓跋充满新意的纪念碑构思或许可以从和平年间（460—465）文成帝所诏令的昙曜五窟这个皇家工程谈起。当时的沙门统（原道人统，后更名沙门统）昙曜（生卒年不详）提出在武州山开凿五个石窟的想法。《魏书》里记载：昙曜白帝，于京城西武州塞，凿山石壁，开窟五所，镌建佛像各一。高者七十尺，次六十尺，雕饰奇伟，冠于一世。①

有人或许会质疑一个由沙门统昙曜所提议的项目如何能成为王权的载体。宗教和政治错综复杂的关系是自古以来就存在的现象。法国社会学家皮耶·布迪厄（Pierre Bourdieu）认为宗教的两个基本社会功能是：1.将现有的社会秩序巩固为正统的；2.提供人们厘清自己在这个社会秩序中所处位置的一个手段。②他还称，"宗教通过巩固当权者的权利以及被统治者的顺从以维护这种社会秩序。"③如同从罗马派往盎格鲁撒克逊英格兰的基督教传教士了解到改变信仰需先从君主下手，然后才能影响

---

① 魏收：《魏书》卷——四，第 3037 页。
② Pierre Bourdieu, "Genesis and Structure of the Religious Field," trans. by Jenny Burnside, Craig Calhoun and Leah Florence, *Comparative Social Research* 13(1999)：pp. 39—41.
③ Ibid, p. 4.

其余的群众,北魏帝王成了佛教僧侣最渴望获得的"施主"。① 拓跋君主和佛教双方利益的结合通过云冈石窟这一构想物质化了。昙曜的请求则成为一个便宜之技,促使文成帝推进实现替拓跋王权寻找一个新的表现形式的抱负。

从它们巨大的尺寸,我们可以假设这些石刻佛像不仅仅只是现任君主为了达到拜佛的目的而创造的。这些佛像的物质性作为王权的载体,能以帝王的权威震慑观者。同时,云冈石窟不只是一个礼佛的宗教场所,还包含了浓厚的祖宗涵义。尤其是考虑到拓跋自身的石窟传统,在山壁上开凿出一个功能性的空间作为宗庙是可能的。《魏书·礼志》记载:魏先之居幽都也,凿石为祖宗之庙于乌洛侯国西北。自后南迁,其地隔远。真君中,乌洛侯国遣使朝献,云石庙如故,民常祈请,有神验焉。②

石窟的开凿作为拓跋君主表示他们对于佛祖的虔诚心的同时还展现了拓跋王权的延续性。从这点,我将论证云冈石窟的原构想不仅拥有石窟寺的功能还考虑到了作为拓跋宗族的祭拜场所包含的意义。虽然应用了佛教图像作为主要的符号体系,云冈的石刻和雕像其实都是作为拓跋王权的纪念碑所设计的,无论是通过昙曜五窟的帝王形象所直接表现出视觉上的庄严和权利感,或者是双窟和二佛并坐等佛教石窟设计所影射的政治氛围。

早在1980年代,约翰·杭廷顿(Huntington)就提出了这么一个想法,那就是拓跋君主通过昙曜五窟的佛像造像将他们的祖先神化了。他将昙曜五佛解读为一个具有庇佑功能的整体图像系统③:

20窟:西方净土之阿弥陀佛　　　　(Sukhavati Amitabha)
19窟:翅头末国城之弥勒佛　　　　(Ketumati Maitreya)
18窟:释迦摩尼佛/毗卢遮那佛　　　(Sakyamuni/Vairocana)
17窟:兜率天之弥勒佛　　　　　　(Tusita Maitreya)
16窟:来迎阿弥陀佛　　　　　　　(*Laiying* Amitabha)

这一独特的图像系统将每个雕像和一个特定的佛配对在一起,但是

---

① Henry Mayr-Harting, *The Coming of Christianity to Anglo-Saxon England*, London: B. T. Batsford Ltd., 1972, pp. 18−21.
② 魏收:《魏书》卷一零八,第2738−2739页。
③ John Huntington, "The Iconography and Iconology of the 'Tan Yao' Caves at Yungang," *Oriental Art* 32:2(1986), pp. 142−160.

这种解读近期也被一些佛教艺术史的学者视为有漏洞的。王静芬（Dorothy Wong）和周伯戡（Pokan Chou）两位教授都曾对我指出过毗卢遮那佛是在《华严经》里最常出现的佛，而《华严经》则是流行于辽代的佛经。北魏时期流行的佛经是《妙法莲花经》，那是当时影响力最广泛的佛教经典。鉴于此，云冈的昙曜五窟会将毗卢遮那佛作为这一系列的主佛让人质疑。①

虽然昙曜五窟的图像体系是个值得佛教艺术史学者继续深入讨论的论点，但本文的目的是将大家的注意力转移到云冈所承载的宗教意义以外的讨论范围。为了达到这个目的，避免将昙曜五窟的雕像与一个特定的佛像图像体系配对在一起能让我们把注意力集中在云冈石窟作为王权的象征所释放出的威慑力上。通过石刻对于观者在感官上的感染力，云冈石窟成为拓跋君主释放威慑力的载体，如同希腊化地区和萨珊王朝使用征服和顺从等题材作为视觉图像的纪念碑表现方式。以此，云冈作为拓跋展示其王权的平台，最终将文字表述和塑像表现两种纪念方式结合在一起。

这个史无先例的重大项目背后需要一个全新的纪念碑模式和思维框架作为推动力。西方观点中的纪念碑预先设想的概念是可触及的物质体现了一种永恒性和固性，通过时间的考验，独特的图像应用能唤起普世的情感，比如胜利和征服等感官认知。但是早期中国的纪念碑文化中君主纪念通常采用祖先祭拜这种形式，祖先祭拜是通过仪式化的回忆，并基于背诵、沉思和反思等实践手法。② 语言和回忆物质化后所得到的重要性组成了早期中国纪念碑性的独特性，造就了秦汉时期立碑刻文的传统。石碑作为载体的功能来自于回忆和背诵等手法，将情感和认知物质化并保存在生者的记忆中。

通过采用佛教界共享的教义和图像体系，云冈石窟的石刻被塑造成一个符合西方纪念碑传统中可触碰的载体，同时又包含了传统中国通过文字进行回忆的认知概念。这不仅需要拓跋对于新物质的认识还要它熟练于尝试将王权通过不同的载体表现出来。接下来，我们要探讨云冈石

---

① 在此，我要感谢 Dorothy Wong 和 Pokan Chou 两位教授在 2011 年于夏威夷举办的 AAS 大会上跟我探讨有关昙曜五佛的图像系统并给予指正。

② K. E. Brashier, "Text and Ritual in Early Chinese Stelae," in Martin Kern edt., *Text and Ritual in Early China*, Seattle: University of Washington Press, 2005, p. 260.

窟是如何使拓跋从文字转变进入图像的纪念碑形式并建立属于北魏的一套王权体系,而石窟内的佛像和石刻又是如何改变了拓跋君主在北魏老百姓心中的形象。

1. 从文字到图像

中国社会从古至今一直都是以文字作为思想的核心所主宰的文化体系,并以此为基础建立起传统的世界观。书写出的文字成为社交体系中依赖的枢纽,将人与人的关系明确的表达出来,并用以维系社会秩序。除了使用毛笔书写之外,这些文字还经常以碑文的方式被保存在石头上,不仅能流传下来,还能被公开展示出来。当我们将碑文视作被公开展示的文字,就必须注意到这些文字在有限的公众空间里所承担的角色。清代金石学家叶昌炽所提出的训诂学归类法里把儒家传统中的立碑分类成四种表现方式:述德、铭功、记事、纂言。① 文字和石头完美地结合在一起后成为中原帝王歌功颂德的平台,用来纪念战争的胜利或新王的即位。

这种被帝王拿来作为歌功颂德的媒介接着发展成为帝王封禅祭典中重要的元素。在中国历史上最为著名的封禅碑文应该是秦始皇帝于公元前221年统一中国后,与儒学家游览东部群山时让李斯撰写的碑文,歌颂始皇帝统一六国的丰功伟业。《史记》里记载了这一系列七篇碑文里六篇的文字。以下将公元前218年在之罘山上立的碑文全文举例,让不熟悉封禅碑文的读者能对于这类文体有个大致的了解。

> 維二十九年,時在中春。陽和方起,皇帝東游。巡登之罘,臨照于海。從臣嘉觀,原念休烈。追誦本始,大聖作治。建定法度,顯箸綱紀。外教諸侯,光施文惠。明以義理,六國回辟。貪戾無厭,虐殺不已。皇帝哀眾,遂發討師。奮揚武德,義誅信行。威燀旁達,莫不賓服。烹滅彊暴,振救黔首。周定四極,普施明法。經緯天下,永為儀則。大矣□哉,宇縣之中。承順聖意,群臣誦功。請刻于石,表垂常式。②

秦始皇帝所建立的封禅传统将文字——石头——山这三个元素集成一体,成为一种帝王的纪念碑以及一个朝代正统性的标示。正是这种象

---

① 叶昌炽:《语石校注》卷三,北京:今日中国出版社,1995年,第315页。
② 司马迁:《史记》卷六,北京:中华书局,1959年,第249页。

征王权的礼制成为了从秦代之后的帝王所熟悉的模式,即通过文字建构的共同认知,而不使用视觉图像进行世界观的表述。这种帝王的礼制所依赖的世界观将帝王的成就和德行视为能使天地神明满意的行为,而帝王所制定的"明法"和"仪则"不仅在百姓的身上产生了影响,还能穿越自然界和人界,在天地宇宙之间也被遵守。柯马丁(Martin Kern)指出这种通过石碑所传递的君主的意念,从人间延伸进入天地之间,还能把一个属于大自然的景点转变成充满人文历史感的环境。① 石碑的观者也从而成为这种群体回忆的接受者和传载者。

这样一来,中国历代王朝的纪念传统都和希腊化地区以及波斯所盛行的帝王的图像所不同,因为后者利用视觉上的冲击将胜利等情感注入观者的心中,公元 315 年建于罗马的君士坦丁凯旋门以及波斯萨珊王朝沙普尔一世(Shapur I)在鲁斯塔姆岩壁上的雕像都是这种例子。凯旋门上的浮雕描绘了君士坦丁大帝(Constantine)与马克森提乌斯(Maxentius)的战役,将君士坦丁大帝的军队在米尔维安大桥的胜利,以及敌人淹没在台伯河流中的情景生动地描绘出来。同样的,建于公元 3 世纪的沙普尔一世的岩壁雕像刻画了其战胜罗马皇帝菲利普的场景,后者跪倒在地乞求征服者的宽容。这些雕刻出的场景通过直接的视觉冲击所传递的讯息与石碑上的碑文可以达到异曲同工的效果。始皇帝的之罘碑文里使用的,例如"遂發討師"、"烹灭疆暴"等形象化的叙述体,不是让观者自己去感受图像传递的情感,而是更加直接了当地如同教条般告诉观者应该如何体会君主胜利的喜悦以及征服者的蛮力。也只有在云冈石窟,当视觉上的冲击和君主的教条合并在一起后,一种新的王权的载体形成了。

2. 王权载体的转变

北魏时期这种从文字到图像的转换,不仅仅只是君主采用一种不同的沟通方式,而是整体王权载体的转变。从中国原有的天命思想(这也就是为什么君主要例行进行封禅祭典以表达对于天地的感谢),转变成将王权直接赋予到君主的手中。现存于今伊朗的克尔曼沙汗省的贝希斯顿山

---

① Martin Kern, "Announcements from the Mountains: The Stele Inscriptions of the Qin First Emperor," in Fritz-Heiner Mutschler and Achim Mittag edts., *Conceiving the Empire: China and Rome Compared*, Oxford: Oxford University Press, 2008, p. 225.

石刻(Mount Behistun)就是一个很好的例子,展现出大流士一世如何一边使用文字来重中他从天命所获取的权威,一边同时使用图像的应用来表现通过他自身作为君主的力量所建立的王朝。

在贝希斯顿山铭文的开头,大流士(Darius)是这么说的:"拜阿胡拉马自达神(Auramazda)所赐,这片土地按照我所制定的法则在行走,因为这是我对它们下的命令,它们因此而服从。"①这种因为通过获得天命或神祈而一统天下的概念显示出中国秦代和波斯的阿契美尼德(Achaemenid)王朝对于王权概念的共同点。但是如果我们转向刻文边上的岩壁石雕像就会看到另外一种大流士所信奉的王权概念。如同真人大小的石雕像展现的大流士形象非常的伟岸,手拿代表王权的弓,左脚踩在被征服者的胸口。大流士的左边有两名随从,而右边则是十位代表被征服者的人物,有着较小的体型并且双手被绳子绑住,在脖子处以绳子绑住连成一串。在大流士为了保住王位的斗争中,仅仅拥有阿胡拉马自达神的神意是不够的。石刻中刻意描绘的对于被征服者的严酷手段是为了警醒世人,并预示君王的权威会给他带来最终的胜利。

接下来本文要讨论的问题是,将北魏帝王视作当今如来的态度,通过云冈石窟巧妙地把这两种王权的概念结合在一起,模糊了天命以及君主自身作为权威来源的载体两者之间的区分。

的确,如果我们将云冈的石刻与萨珊王朝的纪念碑进行比较,首先得到的印象就是前者的佛教图像显得过于平和,作为表现拓跋帝王权威的载体似乎有些不妥。但是虽然它们不像萨珊以及罗马的纪念碑凸现出帝王的勇猛和被征服者的惨败,拓跋通过佛教图像表现出的却是在含蓄间透露出的令人敬畏的宁静和宏伟之气势。

我们不该忘了,和其他人物的雕塑不同,佛像自身的作用就是为了强调佛祖庇护人间的普遍性。在传递这种精神的同时,将佛祖的相貌展示出来也会让观者联想到各种世俗的事物。在信仰者的眼中,这些佛像昭示着佛教的基本戒律或行为准则:不杀生、不偷盗、不淫邪、不妄语、不饮酒。

这些戒律如同世俗社会中的法律,给处在同一社会中的成员以相处的准则。虽然这些戒律并未像贝希斯顿山的刻文那般雕刻在崖面上,或

---

① A. T. Olmstead, "Darius as Lawgiver," *The American Journal of Semitic Languages and Literatures* 51:4(1935), p. 247.

像秦始皇的封禅碑文一样以文字的方式昭示世人,但可以说佛教的戒律存在佛祖的画像中。

这是不是拓跋君主设计云冈石窟时原本的构思目前无从得知。但云冈石窟内的石刻像的确将纪念碑性以及王权的正统性当中的精华融合了在一起:萨珊石刻中将帝王的权威通过图像表现的传统,秦汉时期歌功颂德的石碑文通过教条式的叙述传统,都浓缩在了云冈的佛像中。另外,通过大自然的再创造,拓跋君主尝试创造新的叙述方法以巩固其统治的正统性。正统性的正当性在任何统治形式里都源于既得利益团体或个人为了证明自己所获得的地位或利益是应得的。云冈石窟中表现出来的被神化的王权就是一个强而有力的例子,通过帝王德行的传播和接收以巩固自己作为君主的正统性。拓跋君主不仅藉由自身的成就取得了王者的品德,还通过自身帝王的象征将佛教的教义与王权结合在一起。

在帝王的纪念碑性从传统的文字叙述过渡到以佛像石窟艺术为主体的图像系统的变化中,拓跋君主其实是建构了一个全新的叙述和感知的空间。在此之中,他们能给王权的正统性进行再定义。另外,通过云冈石窟内物质上和视觉上的各类应用,拓跋展示出他们能在自我表现之中做到所谓的"双重面貌"。其实"云冈模式"本身在宿白给予的定义中就是一个集中国、印度以及希腊化石刻等美术传统为一体的有机复合体。① 而正是这个复合体成为了北魏帝王纪念碑性传统再造的土壤。

二、作为交流空间的石窟寺:新的皇家行为

云冈石窟的开凿标示着拓跋君主不但采用了一个王权表现的新媒介,还尝试利用不同的接触面将北魏的臣民作为其正统性的受众。传统中国的帝王纪念碑性,因为其对于文字叙述的侧重,仅限于识字的臣民以及统治阶级层面。选择石头作为材料、人形作为雕塑形式以及使用佛教艺术作为图像系统,这些抉择对于传统帝王纪念碑性的受众来说显得生疏。但是佛教在北方中国传播的普遍性以及其有意识地接纳不识字的信众作为教徒的独特性都使得这种结合了佛教和石窟艺术的复合体成为帝王与其臣民之间的新接触面。

---

① 宿白:《平城实力的聚集和"云冈模式"的形成与发展》,第 23—47 页。

1. 感官上的触动

云冈石窟同时作为附有宗教性质的雕塑以及具有功能性的空间,提供给了观者一个独特的关系体系。早年的学者认为是佛教的外来性所形成的一个新的思想体系给了拓跋取得正统性的途径,因为在这个环境里拓跋不会被他们的汉族臣民当成外人。但是我要指出的是,正是塑像和石窟在视觉上和触觉上给观者的感官影响让拓跋作为北魏的君主能借用新的方式给他们的王权进行再定义。

进入云冈石窟的人其实都成为一系列感官体验的参与者。首先引发的是视觉(自远处就可以看到石刻的佛像),紧接着走近石窟后引发的是触觉(石头表面的冰凉感),最后进入洞窟中所引发的躯体的紧迫感(屈身进入石窟时所感受到的对于佛祖的崇敬)。根据观者个人的过去以及探访云冈的目的,这些被云冈石窟所触动到的感受,涵盖个人情感、公众记忆以及宗教信仰等不同方面。在此,我们要探讨的是云冈所产生的公众记忆其背后的帝王意向,使它作为一种新的纪念碑性来表现拓跋王权。昙曜五窟各自供奉着一尊超大尺寸的佛像,都是从武州山的山壁上雕刻出来的。佛像体积占用了窟内几乎所有的空间,只留下左右一点余地来雕刻侍奉佛和菩萨,再加上装饰了满窟的忍冬纹、莲花纹和连珠纹。[①] 这样的构图强迫观者将注意力放在主像的身上,并且将其它所有的视觉元素都归纳为衬托主像的背景。显然,这种独特的摆列的目的在于突出每个石窟里主佛的载体作用。

杰西卡·罗森(Jessica Rawson)在观察图像和物体通过写实感所释放出的能量当中提出了一个想法,那就是美学上让人看了舒服或者恐惧的图像有影响观者的能力,将其主题或者物品的所有者的价值观印在观者的脑海中。[②] 非动态图像的"社会载体"作用取自于其通过与观者的互动所引发的特定的反应。[③] 第16,17,18,19窟都由石壁罩着,因为这几窟几乎是工匠直接掏空崖面所形成的。外壁面上都有两个纵向排列的开孔作为窟门和天窗,对外展示出佛像的面部和上半身。这种框景导致石

---

① 宿白:《平城实力的聚集和"云冈模式"的形成与发展》,第29页。

② Jessica Rawson, "The Power of Images: the model universe of the First Emperor and its legacy," *Historical Research* 75:188(2002), p.124.

③ Alfred Gell, *Art and Agency: An Anthropological Theory*, Oxford: Oxford University Press, 1998, pp.7—9.

窟外部观者的视觉被刻意地扭曲,使得全部的注意力都放在佛像的面部。因此,佛像实际的尺寸在进入洞窟前是无从得知的。直到探访者踏入石窟后,才会被窟内的冰凉以及从深处探出的佛像的形象所震撼。为了将佛像的全身收入眼中,观者被迫尽可能地仰视,而此时佛像的面部似乎比从窟外遥望时更加地有距离感,其非世间的凝望更将观者置于一种臣服于其脚下的状态。

云冈第 20 窟是唯一一个暴露在外的石窟,但这其实不是设计师的初衷。后壁上的几个方形小洞似乎是木椽和岩壁的接触点,20 窟应该也曾经有过如同现今第 5 和 6 窟前的木质结构。不管当时窟前有着怎样的建筑结构,如今都已腐蚀坍塌,因此窟内的一切现在都一览无遗。这其实是个美好的偶然。正因如此,20 窟炫耀似的精美雕刻才能从远处被观赏到,并带给现今过路的探访者一种全新的视觉感受,使他们有机会首次将 20 窟主佛的面貌收入眼底。终于,云冈褪去了拓跋从中原君主那儿所继承的谦逊传统,以闪耀的姿态绽放在武州山壁上。

虽然没有确切的文字记载来证明昙曜五窟的主佛是昙曜以拓跋帝王为原型所创作的,但昙曜五窟无疑是拓跋展示其帝王家系的重要体现。也就是说,看到这五个石窟就能在臣民的心中引发其对于统治者家族的祖先记忆。北魏帝王借用昙曜五窟内巨大的石雕所达到的自我神化与西亚的希腊化王朝所奉行的帝王纪念碑性其实是同一种概念。① 公元前 1 世纪科马基尼（今中南部土耳其）的安条克一世（Antiochus I of Commagene）就是一个很好的例子,它将自己的形象与其它神像一起展现出来。艾尔佛莱达·诺尔（Elfriede Knauer）认为公元前 2 至 3 世纪的贵霜王朝之类的东方游牧王朝所创造出的超常人尺寸并且富有民族特色的石像正是继承了这种源自西亚的传统。②

学者们普遍认为《魏书》里的两段文字可以作为证明昙曜五窟的构想就是将北魏帝王以佛祖的面貌展现给世人的辅助文献。公元 452 年,在云冈石窟还未动工前,《魏书》记载着:"诏有司为石像,令如帝身。既成,颜上足下,各有黑石,冥同帝体上下黑子。"③接着于 454 年,"敕有司于五

---

① Elfriede Regina Knauer, "The Fifth Century A. D. Buddhist Cave Temples at Yunkang, North China," *Expedition* 25:4(1983), p. 35.
② Ibid., p. 38.
③ 魏收:《魏书》卷一一四,第 3036 页。

级大寺内,为太祖已下五帝,铸释迦立像五,各长一丈六尺,都用赤金二十五万金。"①从这两段话,我们不难看出佛像作为北魏帝王王权的表现是个刻意的构想。

《魏书》告诉我们,文成帝的石像在创作过程中刻意的被赋予了帝王的形象,将帝王身上的黑痣作为这种形象表现的标志。因此,北魏时期,至少到了文成帝的时代,已经开始使用"形似"这种雕塑手法来创作真人像。另一方面,当五尊释迦佛像以文成帝之前的五位北魏帝王的形象铸造而成,"五"这个数字成了有特殊意义的符号。由此可见,昙曜五窟的构想结合了使用"形似"和"五"这两种表现手法来呈现出北魏王权的延续性。同样的,这些石窟诱发了观者的想象力,并且使他们相信所见到的图像及其所代表的身份。克里斯和科尔兹(E. Kris and O. Kurz)强调,当观者被图像的"魔法般的作用"所吸引,图像本身是什么已经不重要了。②

更广泛的受众

云冈石窟的开凿可以被视为北魏初期巨大的政治斗争中的产物。在这个过程中,北魏帝王学会如何掌握宗教所带来的影响力,并将其转换成帝王权威的延续以及王权的象征。帝王的动机将原本作为宗教场所开凿的云冈石窟变成了一个帝王王权的载体,而作为观者的受众也不再仅仅是佛教信徒。当北魏臣民注视着云冈的佛像,我们无法得知他们看到的究竟是佛还是北魏帝王。正是这两者之间的模糊界定符合了拓跋作为君主的利益,尤其是作为这些新任君主接触臣民的方法。

我们可以看到,作为长期竞争对手,佛教在进入新环境的过程中借用道教作为民间宗教的草根性融入地方的习俗。通过两边信众的激烈争论,佛教的教义,虽然源于外来传统,也终究接受了部分本土中原人士的习俗和世界观。佛教的教义在进入中原后结合了两种主流思想——对于不死之躯的渴望以及儒家思想中对于社会的责任和道德的强调。另外,佛教对于图像的重视致使佛祖的造像与其他本土神明的形象重合,更加容易被中原的观者所接受。关于佛教造像的兼容性,让·詹姆斯(Jean James)甚至认为佛祖、老君和/或太上老君在佛教初进中原时在百姓的心

---

① 魏收:《魏书》卷一一四,第3036页。

② E. Kris and O. Kurz, *Legend, Myth, and Magic in the Image of the Artist: A Historical Experiment*, New Haven: Yale University Press, 1979, p. 77.

中其实是一体。① 而 3 世纪四川地区的两件摇钱树的底座所呈现的西王母与佛祖的相似度更加地让我们相信当时佛教与地方宗教的重合。② 这种图像的流通使得佛教的教义更加迅速地进入北魏社会的日常生活和思想中。

寺院以其独特之处,不可避免的成为北魏社会生活的中心。根据谢和耐(Jacques Gernet)的数据,北魏时期大约有 47 个大寺院、839 个皇家和贵族家庭常去礼佛的寺院,以及多于 3 万个地方供平民参拜的寺院。③ 就算当中一些皇家和贵族寺院不允许百姓出入,我们从数据仍然可以看出多数寺院还是属于平民信众的,也代表在当时,佛教是北魏皇家的信仰同时也是百姓的信仰。而佛教,通过故事的叙述来传递教义,又被称作"象教",成为一种与不识字的百姓沟通的渠道。也因为如此,佛教寺院成为草根教育的接触面,并逐渐获得了作为中国中古世纪社会活动中心的声誉。④

如果佛教寺院能通过使用画像和雕塑作为向不识字的信众传递佛教教义和思想的方法,云冈石窟则采用了相同的图像体系作为传递王权的载体,而对象则是平日与帝王距离遥远的百姓。这并不代表云冈作为皇家石窟寺会对平民全面开放,尤其是本文所重点提到的几个代表皇家身份的关键石窟,但是既然石窟寺是宗教场所,我们就可以大胆地设想在特定的佛教节日云冈石窟会对一般老百姓开放。正因为云冈独特的地位,在云冈出现的图像系统非常可能会成为当地其它寺庙所尊崇的、并且被广泛传抄的。

除了昙曜五窟,在云冈出现的"双窟"被视为另一种北魏石窟概念,其中包含了映射平城时代皇家权威的图像象征,以不难被普罗大众理解的佛教故事进行比喻。今标号 9 和 10 窟以及 7 和 8 窟的两组双窟应该是

---

① Jean James, "Some Iconographic Problems in Early Daoist-Buddhist Sculptures in China," *Archives of Asian Art* 42(1989), p. 72.

② Susan N. Erickson, "Money Trees of the Eastern Han Dynasty," *Bulletin of the Museum of Far Eastern Antiquities* 66(1994), pp. 70—72.

③ Jacques Gernet, *Buddhism in Chinese Society: An Economic History from the Fifth to the Tenth Centuries*, trans. by Franciscus Verellen, New York: Columbia University Press, 1995, p. 4.

④ 谢重光:《中古佛教寺院为社会文化中心说》,《北朝研究》,1990 年第 3 期,第 56—65 页。

在昙曜五窟之后,开凿于孝文帝年间(公元 471—499),早于 494 年北魏都城迁至洛阳之际。① 目前对于双窟的定义是两个并排的石窟,开凿于同个时期,有着相同的设计理念,并且在空间运用上有关联,所以窟内的塑像所代表的图像系统也是互补的。

目前比较可以确定的是这两组双窟的开凿年代为年幼的孝文帝当政但冯太后摄政期间,也就是公元 471—490。前者只是名义上的帝王,而实际的决策权则在太后手中。因此在这段期间,二圣这个词经常出现于《魏书》中。太和五年,"沙门法秀谋反伏诛。骏表曰:忽有狂竖,谋逆圣都。明灵幽告,发觉伏诛……于穆二圣,仁等眷生。"②太和十年,"今二圣躬行俭约,诏令殷勤。"③从这我们可以看出"二圣"明显的是在描述孝文帝与冯太后的共同执政。这个词汇出现在《魏书》中的频繁性代表在北魏时期它的普遍性和接受度,可以从而推测"二圣"成为孝文帝在平城当政期间的代表性词汇。

从双窟所引申出的"共同君主"这个概念或许源于拓跋所喜爱的《妙法莲华经》这部北魏时期传播最为广泛的经文。《妙法莲华经》的见宝塔品中,多宝佛在修行菩萨道时曾许诺:"若我成佛,灭度之后,于十方国土有说《妙法莲华经》处,我之塔庙,为听是经故,踊现其前,为作证明,赞言善哉。"④接着当释迦摩尼佛在灵鹫山众佛前讲《妙法莲华经》,听众见证了从地面崛起并悬浮在空中的七层宝塔的开启过程。《妙法莲华经》里写道:"于是释迦牟尼佛以右指开七宝塔户,出大音声,如却关钥开大城门。即时一切众会,皆见多宝如来,于宝塔中坐师子座,全身不散,如入禅定。又闻其言,善哉,善哉。释迦牟尼佛快说是法华经,我为听是经故而来至此。尔时四众等,见过去无量千万亿劫灭度佛说如是言,叹未曾有,以天宝花聚散多宝佛及释迦牟尼佛上。尔时,多宝佛于宝塔中,分半座与释迦牟尼佛,而作是言,释迦牟尼佛,可就此座。即时释迦牟尼佛入其塔中,坐其半座,结跏趺坐。"⑤

---

① 王建舜:《云冈石窟双窟造像的审美文化研究——模式、分解与对称、互补》,云冈石窟研究院编《2005 年云冈国际学术研讨会论文集》(研究卷),北京:文物出版社,2006 年,第 722、727 页。
② 魏收:《魏书》卷六十,第 1348 页。
③ 魏收:《魏书》卷六十二,第 1383 页。
④ 《妙法莲华经》,大正新修大正藏经 T.9/262,第 32c11—13 页。
⑤ 《妙法莲华经》,大正新修大正藏经 T.9/262,第 33b23—33c8 页。

自此之后，凡是与法华经有关的语境，"二佛"这个词都用来代表多宝佛和释迦摩尼佛。前者因为被释迦摩尼佛的讲经所震撼，邀请其进入宝塔并分享自己的宝座。而拓跋对于《妙法莲华经》的喜爱大概源于这种并坐的概念，允许二佛一同出现在众人的面前，通过佛教经典将冯太后摄政时期两位君主共同当政的这种非典型状态合理化。① 如同多宝佛的出现代表其对于释迦摩尼佛的认可，冯太后与孝文帝的"并坐"也成为前者对于后者执政认可的标识。② 因此，也就是在这种独特的环境中，一种新的图像系统产生在云冈，在一龛内放置二佛，又称之为"二佛并坐"。

在 9—10 双窟中，"二佛并坐"的雕塑都出现在两个前室的北墙上，成为一个固定的模式。但是在 7—8 双窟中，"二佛并坐"只出现在前者的北墙下方。在后者窟内的同个位置，只有一个圆龛供奉着一尊单佛。由此可以看出"二佛并坐"的图像系统并不是硬性的概念。或许随着冯太后的逝世，当孝文帝开始独立执政后，这种从二佛并坐到单佛的图像转换可以反映出孝文帝在平城时期最后几年的执政状态。这种原先只有北魏重臣以及贵族才会知道的政治环境，通过云冈的双窟以及二佛并坐的视觉表现，从潜意识的层面将皇家的形态权威传递给更广泛的受众。

三、石头：新的皇家材料

在杰西卡·罗森看来，云冈石窟所呈现出的各种视觉图像系统成为将西方石质建筑样式传输进入北方中国的最主要的渠道。③ 而作为具有中国北方佛教代表性的石窟寺传统则成为了北魏王权的象征，也就是云冈石窟延续了在西亚盛行的石刻传统，将一个山面雕刻成帝王的纪念碑。

值得强调的是，自从有文字记载的商（公元前 1600—前 1046）和周代（公元前 1046—前 256）以来，石雕像的传统在中国就不常见到。在传统中，早期时代主要的神明和儒家的先贤很少被描绘出来。因此，在早期中国宗教生活中，神灵从来都不以人像展现出来，而帝王形象的描绘之所有

---

① 张艳：《云冈石窟中的二佛并坐和文殊问疾》，《文物世界》2005 年第 4 期，第 16—18 页。
② 殷宪：《云冈石窟所反映的一些北魏政治社会情况》，云冈石窟研究院编《2005 年云冈国际学术研讨会论文集》（研究卷），北京：文物出版社，2006 年，第 417 页。
③ Jessica Rawson, *Chinese Ornament: The Lotus and the Dragon*, London: British Museum Publications Ltd, 1984, pp. 36—39.

没有形成传统也可能是这个原因。① 也因为如此,用石头,一种在中国人的眼中在礼制上比玉石和青铜更为不受重视的材料,来雕刻帝王的形象就更不可能了。

直到汉代,石刻开始普及,并主要用于墓葬之中。汉代墓葬中的石刻画主要采取两种刻画法。第一种是源于早期雕刻玉石和青铜的线刻法;第二种是浅浮雕法。当这种画像石的传统普及于西汉和东汉的墓葬中,石雕像也初次作为汉代墓葬的一部分登场了。最为著名的例子莫过于公元前117年的霍去病的"马踏匈奴"石雕像。马和征服这两种表现主题都是外来的概念,用来强化霍去病作为征服匈奴并且开启汉以西的通道的大将军的身份。"马踏匈奴"的雕刻手法以用在玉石上的传统线刻法为主。② 首先,"马踏匈奴"的出现并不代表到了汉代对于石雕像的重视。其次,霍去病的这尊石雕是作为墓葬的一个陪侍,这也是汉代大多石雕的功能。从东汉以来并在南朝所延续的神道这一墓葬元素正是汉代多数石雕的摆设环境。而在北方,拓跋则以超大的崖面石雕像用来作为王权的延伸,将其功能从墓葬中移出,并赋予其一种独特的社会载体的功能。③

我们可以把云冈石窟理解为一个从西亚以及希腊化地区延伸进入北方中国的一个石刻纪念碑传统的东段。在这一过程中,帕提亚(今伊朗东北部)和贵霜(今阿富汗北部、巴基斯坦北部、塔吉克斯坦南部以及乌兹别克斯坦)等地方元素也都丰富了这一纪念碑传统。④ 并不是说在北魏之前中国没有人像塑像的传统,但是早期的例子都是作为功能性的人像,如那些支撑着曾侯乙编钟的青铜人像。拓跋在材料(石头)以及概念上(崖面作为宗教目的雕刻)的新选择都在中国物质文化的传统中前所未见。而正是这些抉择最终汇聚成我们在云冈所看到的,也就是拓跋在当时历史背景下所做出的回应。而这一切之所以会发生源于拓跋在公元439年

---

① Lucy Lim, "Form and Content in Early Chinese Pictorial Art", in Lucy Lim edt. *Stories from China's Past: Han dynasty pictorial tomb reliefs and archaeological objects from Sichuan*, San Francisco: Chinese Culture Foundation of San Francisco, 1987, pp. 51—53.

② Ann Paludan, *The Chinese Spirit Road: the classical tradition of stone tomb statuary*, New Haven: Yale University Press, 1991, p. 18.

③ Ann Paludan, *Chinese sculpture: A great tradition*, Chicago: Serindia Publication, 2006, pp. 100—106.

④ Elfriede Regina Knauer, "The Fifth Century A. D. Buddhist Cave Temples at Yunkang, North China", *Expedition* 25:4(1983), pp. 35—37.

征服了北凉并统一了北方中国,以及太武帝随后的灭佛运动等历史事件。

1. 佛从西方来

十六国时期(公元304—439)在拓跋征服北方中国之前,在各国君主的支持下,佛教的僧侣、经书、图像和寺庙蓝图都大量从天竺和中亚的各佛教中心输入中国。到了开凿云冈石窟时期,窟内所使用的各种石刻建筑系统还是源于中亚王国所继承的来自作为佛教中心的马图拉(今印度北部)和健陀罗(今巴基斯坦北部和阿富汗东部)等地方的影响。在这些地区,亚历山大在公元前4世纪曾经建立了他最东段的王国,而古典建筑的一些地域风格也在此时期形成,这些地域沿途包容各种地方特色后最终进入北方中国。

正是在印度我们看到一种叫做支提窟(Chaitya hall)的独特建筑样式,也就是后来云冈石窟内常见到的中心塔柱的原型。梵语里支提的意思是"放有值得让人注目的东西的殿堂"①。一般来说,在殿堂的后方有宝塔,让信众绕行礼拜。公元120年建造的卡尔拉(Karla)石窟(今印度)就是一个好的例子。当这种建筑样式抵达中亚后产生了一定的变化。龟兹的克孜尔38窟(今新疆自治区境内)展示出4世纪末期中亚石窟的一个特色。虽然石窟建筑样式相似,都有一个中心柱,但是克孜尔石窟的柱子是将三条通道挖入主室的后墙所形成的。而最终云冈石窟内中心柱所采用的样式是位于凉州的天梯山和马蹄寺等石窟的多层圆龛中心塔柱。

当佛教教义和图像输入中国西北的凉州地区之后,这里成为接下来中原石窟艺术发展的原点。《魏书》里对于凉州的描述:"凉州自张轨后,敬信佛教。敦煌地接西域,道俗交得其旧式,村坞相属,多有塔寺。"②因为凉州独特的地理位置,坐落在通往西域的通道上,4至6世纪的凉州是个商贸中心,通过大量的粟特商人的来往将北方中国同波斯和印度连接在一起。由此,佛教僧侣和教义通过这条西北丝路进入中国,各地域的雕塑和表现形式也在凉州地区得到整合以及再输出。

十六国时期,前秦(公元351—394)、后秦(公元384—417)、西秦(公元385—400;409—431)以及北凉(公元397/401—439)等国的君主都积极地参与今甘肃地区这一带石窟的开凿。最为著名的莫过于莫高窟、麦

---

① 不列颠百科全书。
② 魏收:《魏书》卷一一四,第3032页。

积山、炳靈寺、天梯山、馬蹄寺和文殊山等石窟。拓跋应该是以这些石窟作为设计云冈石窟的蓝图，也因此宿白才会将这一批石窟和窟内的雕塑统称为"凉州模式"。其主要特色为长方形主室、中心塔柱、释迦摩尼佛或弥勒佛作为主佛像，以及遍布满壁的千佛及花草纹座位装饰体系。①

其实在所有先例里，北凉的佛教传统才是北魏最重视的，北魏将其视为自己佛教技术复合体的来源。太武帝于439年征服了北凉后，北魏将自西晋316年以来分解成各小国的北方中国完整地统一了。《魏书·太武帝传》里记载："太延五年冬十月辛酉，车驾东还，徙凉州民三万余家于京师。"②《魏书·释老志》更深入的解释这次的迁徙如何将北凉的佛教传统传入北魏都城平城："太延中，凉州平，徙其国人于京邑，沙门佛事皆俱东，象教弥增矣。"③

我们可以想象这些从凉州地区迁徙入平城的僧侣、工匠和画师后来都成为日后设计云冈石窟的主心骨。通过这些人，从西方输入的建筑样式包括石像、圆龛、石柱以及忍冬纹的装饰图案都转交到拓跋的手中并在云冈大量应用。当然，这些都是通过印度和中亚的地区变化后所延伸出来的。当斯坦因踏上古丝绸之路时，他发现了各种古典希腊式佛教特色的建筑遗迹。在今新疆米兰古城遗址的一座寺庙地基处，斯坦因发现了泥塑残片的佛头，与希腊式佛教的浮雕采用了同一手法。到了罗布泊，在清理一批木头残骸的时候，他找到了曾属于一个木制建筑物的装饰部件。几件木板和木杆，上带有花样的浅浮雕，让斯坦因联想到了犍陀罗浮雕的花样。而一块原本应该是上门框的木件展现出更为古典的装饰，有缠绕在一起的忍冬和铁线莲两种纹案。④

这些装饰在云冈石窟壁上的花草纹是个很好的例子，表现出从中亚输入的母题如何在经过一些转换后继续被当地的工匠所使用。中国传统的装饰图案一直以来偏好使用几何以及动物图形，这是自商周以来的青铜传统。而忍冬纹这一类的棕叶纹饰源于西亚以及希腊罗马地区的传统，并在中亚被广泛使用。也是在犍陀罗地区这种纹饰产生了转变，以一种新形式东入北魏，成为了佛教技术复合体之一的元素。装饰佛像和佛

---

① 宿白：《凉州石窟遗迹和"凉州模式"》，第441—442页。
② 魏收：《魏书》卷四，第90页。
③ 魏收：《魏书》卷一一四，第3032页。
④ Sir Aurel Stein, *Ruins of desert Cathay: personal narrative of explorations in Central Asia and westernmost China*, vol. 1, London: Macmillan, 1912, p. 353, p. 405.

教有关的建筑物时,棕叶纹经常转变成莲花的形式来迎合宗教的需求。但是这种纹饰也在北魏的日常生活中广泛的应用,在宗教以外的场合也都经常能看到。

除了中心塔柱和棕叶纹饰显示出这一组建筑系统在抵达云冈后产生的一些变化以及风格的延续,几座在文殊山石窟(今甘肃张掖)内找到的大约制作于420和430北凉年间的石经塔雕与云冈早期的石窟在雕刻表现手法上有相似之处。① 云冈7窟(460年代)前室的西墙上布满了重叠的圆龛,与文殊山的令狐飒塔雕近似,虽然前者在尺寸和细节上不如后者古典。云冈13窟的两尊立于窗边左右的菩萨(大约同云冈7窟开凿时期相同,但完工较晚)保留了文殊山田弘塔上菩萨衣摆的飘逸和丝巾尾端的开叉设计。

这种对于北凉佛教图像表现的依赖不仅是雕刻风格上。其实,北凉王沮渠蒙逊(401—433年间)给拓跋立了个榜样,前者作为君主亲自参与了石窟寺的开凿。从这方面看来,正是沮渠蒙逊开了先例,将石窟寺中的佛像从由地方家族供奉的社区宗教空间提升到作为皇家的统治符号。唐代释道宣的《广弘明集》里写到:"凉州南百里崖中泥塑行像者。昔沮渠蒙逊王有凉土专弘福事。于此崖中大造形像。千变万化惊人眩目。有土圣僧。可如人等。常自经行。无时暂舍。遥见便行。人至便止。观其面貌。如行之状。有罗土于地者。后看足迹纳纳。今见如此。"② 这段文字中所提到的造像普遍被学者认定为在天梯山石窟寺中。③ 除了进行岩壁上的石窟寺的开凿,沮渠蒙逊还尝试了将另一个世界的能量吸收到石像中。从文献中我们得知:"北凉河西王蒙逊。为母造丈六石像在于山寺。素所敬重。"④ 而这被认为正是在天体山16窟中被严重毁坏了的一尊3.6米高的佛像。⑤ 由此得知,北凉将自身对于祖先的念想与礼拜佛祖这两种行为重合在了一起,这也成为了昙曜五窟借鉴的先例。

这一连串的接触与传播显示出凉州地区在接收来自印度和中亚的人

---

① Alexander Coburn Soper, "Northern Liang and Northern Wei in Kansu", *Artibus Asiae* 21:2(1958), pp.148—149.

② 释道宣:《广弘明集》卷十五,T.52/2103,第202b21—26页.

③ 张学荣、何静珍:《论凉州佛教及沮渠蒙逊的崇佛尊儒》,《敦煌研究》1994年第2期,第104页.

④ 释道世:《法园珠林》卷十三,第467页.

⑤ 陆庆夫:《五凉佛教及其东传》,《敦煌学辑刊》,1994年第1期,第17页.

和事物方面的重要性,其影响一直延伸至平城。当"凉州模式"被拓跋接收并且发展成后来的"云冈模式",一种新的石刻传统在北魏时期形成了。在这个过程中,外来的建筑和装饰系统在与传统中原元素融合在一起,诞生了像云冈 6 窟南壁上的佛塔建筑代替石柱,或是 9 窟西壁上的斗拱房顶。这种视觉元素的流动性让各种文化圈的图像都能有机地被整合在一起。拓跋也藉由石窟寺这种"技术复合体"所引进的西亚和希腊化石刻传统的物质文化创造出属于北魏的纪念碑传统。

这样一种物质文化的转变需要一个"动力",一个关键的变数创造出适当的环境,使其余的事件能被一一推动。① 文成帝在其祖父太武帝的灭佛行动之后非常有可能在寻找一种新的方式能让佛教重新回到北魏社会中,并希望通过皇家的资助通过佛教将拓跋王权实质化。云冈石窟因为石头的性质所被赋予的永久性和坚固性使其成为文成帝的理想选择。

2. 佛教的复兴与王权的实质化

公元 446 年,一个由统治者直接下达的灭佛行动在太武帝年间震撼了北魏朝野。这是一位在他登基的第一年间在佛祖诞生之日为了表示尊重亲自撒花瓣的帝王,并且也是他在 439 年征服凉州之后将沙门佛事一并东迁至平城。学者针对太武帝对于佛教立场的转变有几种看法。有些人认为这从根本上的一场政治斗争,因为皇太子拓跋晃同沙门走得太近,导致后者被牵累了。② 另外一些人认为是由于宰相崔浩作为一名虔诚的道教徒,因此将一场原来的宗教之争上升到政治的高度。③

寻找一个具体的人或时间作为中国历史上第一次大规模的灭佛行动的导火索并不是本文的用意。重要的是认识到这个举动的前后对于北魏社会政治的各种影响,以及当沙门的实力逐渐壮大之际统治者如何平衡这种挑战。这个时期的沙门享受一系列的待遇,包括免课税、免服役、免徭役劳动。给出这些待遇的前提是因为按照常理沙门理论上没有生产,也就不拥有任何资产,因此沙门是不用交税的。他们只需要献身于认识

---

① Stuart Piggott, *Wagon, Chariot and Carriage: symbol and status in the history of transport*, pp. 45—48.
② 韩府:《略论"太武灭佛"的原因》,《北朝研究》2004 年第 4 期,第 78—79 页。
③ 栾贵川:《北魏太武灭佛研究二题》,《北朝研究》1995 年第 1 期,第 57—61 页。

佛祖、负责教义的传播并且为王朝众生祈福。① 但是这种特权的滥用造成寺院开始累积大量财富,并且拥有众多的劳动力供其使用。② 由此,宗教场所在地方管理上成为了王朝的竞争者,并成为逃避兵役的百姓的避风港,这些都鼓励了人们加入沙门。就这样,沙门和王朝的紧张关系逐渐白热化,而前者任何一个越界的动作都会被视为对帝王的挑战,因为他们忘了从一开始这些待遇都是帝王为了展示其王权的仁慈才会赏赐给沙门的优惠政策。

公元438年,庞大的北魏沙门对于王朝的社会影响终于爆发了。那一年与北方柔然的征战需要大量人力与财政的储备,但这种储备因为沙门的免兵役待遇受到了影响。③ 为了准备这场战役,太武帝只好第一次下旨,"罢沙门年五十已下"。④ 当太武帝在前往关中地区去镇压盖吴的叛变而路经长安时,在寺庙中查阅其财产时,发现许多酿酒器具以及富人所寄藏的财物,同时又发现密室供僧人与贵室女私行淫乱。⑤ 这些发现激怒了太武帝,他立即"诏诛长安沙门,焚破佛像,敕留台下四方,令一依长安行事"。⑥ 紧接着又一诏,"彼沙门者,假西戎虚诞,妄生妖孽,非所以一齐政化,布淳德于天下也。自王公以下,有私养沙门者,皆送官曹,不得隐匿。限今年二月十五日,过期不出,沙门身死,容止者诛一门。"⑦

文成帝于公元452年即位时,北魏对不到二十年前的全国性灭佛行动应该还记忆犹新。作为已逝世的前太子拓跋晃的儿子,文成帝不会忘了自己父亲一直到死(451年)都在保护沙门,避免他们遭难。⑧ 也正是拓跋晃的这些举措让文成帝能迅速地重振佛教,并迎接之前藏匿起来的僧侣回到都城。提议开凿云冈石窟的沙门统昙曜正是作为凉州沙门在太武帝年间被带到了平城,在灭佛期间成功地躲避了灾难的一个案例。在文成帝年间昙曜持续活跃于北魏社会和政治生活中,并在云冈石窟的开凿

---

① Jacques Gernet, *Buddhism in Chinese Society: An Economic History from the Fifth to the Tenth Centuries*, pp. 30—31.
② John Kieschnick, *The Impact of Buddhism on Chinese Material Culture*, Princeton: Princeton University Press, 2003, pp. 9—16.
③ 李雪芹、李立芬:《解读云冈》,北京:学苑出版社,2006年,第12页。
④ 魏收:《魏书》卷四,第88页。
⑤ 魏收:《魏书》卷一一四,第3032—3034页。
⑥ 同上。
⑦ 同上书,第3034页。
⑧ 同上书,第3035页。

过程中扮演决定性因素。

公元452年文成帝在即位之际便下诏重振佛教:"今制诸州郡县,于众居之所,各听建佛图一区,任其财用,不置会限。"①有帝王的支持和资助,沙门活动复兴了。在短时间内,寺院修复、塑像和经书还原。② 也正是因为先前的灭佛行动促使沙门统昙曜和文成帝两者达到共识,那就是必须寻找一种比土木更为坚固的材质进行纪念碑的建造,这对于双方都有独特的意义。对于昙曜以及整个佛教社会,这个纪念碑将标志佛教的重生及其在北魏社会中的复兴。同样的,我们也可以预料到对于文成帝来说,他肯定在心中有个清晰的纪念对象,并且希望通过制作纪念碑让臣民尊崇。而这个对象就是拓跋家族及与其相辅相成的北魏王权。如果我们将云冈早期的石窟视为在振兴佛教之际献给拓跋先祖的纪念碑,那么文成帝就如同历代中国帝王那样,在即位之初便将先祖奉为先帝并将其墓葬改为皇家陵园,并由此重新建构王权的历史以巩固其正统性。

来自凉州的昙曜在认识到了图像在中国社会中的威力之后,一定很快便发觉石窟寺和石雕像是传播信仰最好的媒介。虽然佛教中的哲学思想并不容易理解,但连不识字的百姓都能感受到视觉图像中所传递的力度。佛祖的形象本身就是佛教基本思想,即众生都能从世俗中解脱的载体。鉴于双方的利益,拓跋将佛教图像的威力用来服务于王权。通过云冈石窟的开凿,石雕像的象征意义转变成拓跋王权的实体。在这种历史背景之下,首次出现在中国的超常尺寸的佛像落户在云冈。拓跋通过王权的实体化来巩固其统治,将云冈所代表的王朝的权威与宏伟传递给百姓,而最终使得北魏成为获得了佛祖祝福的王朝。

四、结语

乔治·华盛顿、托马斯·杰斐逊、西奥多·罗斯福以及亚伯拉罕·林肯这四位美国总统的头像于1941年刻在南达科他州西部的拉什莫尔山面上。这些石刻像的神圣光辉来自于将美国历史演进的过程浓缩在一幅图像当中。拉什莫尔山刻像的倡议者和原雕刻者格曾·博格勒姆(Gutzon Borglum)曾期望总统的面貌能"历久弥新直到雨水和风尘将其

---

① 魏收:《魏书》卷一一四,第3036页。
② 同上。

抹去",而他们所拥有的持久性代表总统面貌背后所象征的价值观会延续并影响数代子孙。① 比拉什莫尔山的总统像早约1500年并矗立在北方中国地平面上的云冈石窟也饱含了拓跋帝王对于其王朝的寄托。无论最后北魏国运的走向如何,云冈的石刻展现给后代的是拓跋君主达到物质文化的极致。没有人能否认这么一个将山体雕刻成佛的宏伟形象的王朝所代表的权威与胆识。

当云冈石窟的石刻像所表现出来的充满异域风情的人物和建筑系统逐渐地渗透进入北魏社会的物质文化当中,石窟背后的皇家资助者也正在寻找新的叙述模式来展现拓跋新获得的王权。通过历次武力的征服而统一了北方中国的拓跋,在北魏王朝形成期的平城时代尝试着获取符号上的统治权。通过这种新的统治符号进行王权的再定义,并且发展出新的与北魏臣民交流的接触面。正是佛教所带来的石窟这样一种"技术复合体"让拓跋的王权符号在北魏王朝结束后持续存在中华大地上。

---

① Gutzon Borglum, "First Survey and the Development of the Memorial," in Mount Rushmore National Memorial Commission edt., *Mount Rushmore National Memorial: A Monument Commemorating the Conception, Preservation and Growth of the Great American Republic*, University of South Dakota Archives, 1930.

"空间的文本 文本的空间"
——浅议日本文学中的"都市空间论"

翁家慧

【作者简介】 翁家慧,北京大学外国语学院日语系副教授。研究方向:日本近现代文学。

都市空间论在日本文学评论界的流行大约是在20世纪70年代中期,以前田爱为代表的文艺评论家们,对文学中的都市和都市中的文学之间的关系产生了浓厚的兴趣,他们试图利用空间理论去寻找文学与都市之间的某种联系,并由此产生了一系列具有划时代意义的论著。其中,最具代表性的当属前田爱的论文集《都市空间中的文学》。他采用了符号学和文化论的方法,从都市空间论的角度重新解读了文学文本。在题为《空间的文本,文本的空间》的序言中,前田爱试图用拓扑学的相关概念和符号学原理建立关于文学作品内部的空间理论,并由此解析都市空间在文本中所具有的物质性、象征性和隐喻性。可以说,在前田爱的都市空间论的刺激和带动下,日本文艺评论界开始尝试用这种方法重新解读文学文本。

在前田爱之前,也有部分日本文艺评论家关注过都市空间论这个课题,杂志《都市》的创刊可以说是个象征性事件,作家兼文艺评论家吉本隆明曾在该杂志的创刊号上发表了题为《都市何以为都市?》(1969年2月)的文章,但是,该杂志仅出了几期就停刊了。1972年,奥野健男创作的《文学中的原风景——原野、洞窟的幻想》(集英社),也涉及到了文学作品中出现的都市形象,但其中的论述更接近于风景论。前田爱认为,杂志《现代思想》(1975年10月)出版的特刊——《都市的文体学》,或是矶田光一的《作为思想的东京》(《月刊经济学家》1976年1月——3月)才是利用都市空间论展开文学批评的滥觞。尤其是《现代思想》中刊登的罗兰·巴尔特的《符号学与都市的理论》、清水彻的《作为书本的都市,作为都市的书本》以及多木浩二的 Noise and Pattern 等文章,对前田爱的都市空间论产生了重要的影响。

一

毋庸赘言,作为法国著名的结构主义文学理论家和文化评论家,罗兰·巴尔特在结构主义和符号学方面的理论观点对日本文艺评论界所产生的影响是极其深远的。20世纪70年代末80年代初,西方文艺理论中有关空间和符号学的著作大量地被译介到日本。其中,罗兰·巴尔特的符号学理论中与空间论相关的《符号帝国》(宗左近译,新潮社,1979年)和《埃菲尔铁塔》(宗左近、诸田和治译,审美社,1979年)的日译本均在1979年出版。这对日本都市空间论的形成产生了直接的影响。不过,罗兰·巴尔特对都市意象的解析主要是从符号学的角度切入并展开,比如他用符号学风格创作的散文《埃菲尔铁塔》就是一篇都市空间理论的经典之作。埃菲尔铁塔在建成之初曾遭到法国文化名流如普吕多姆、莫泊桑和小仲马等人的联名抗议,因为它一无是处且造价昂贵,是"巴黎之耻"[1]。而罗兰·巴尔特却不吝溢美之词,大书特书铁塔所具备的现代唯美主义价值,并把它看作是一个物体、一种眼光、一个象征,甚至认为"它是一个纯记号,向一切时代、一切形象、一切意义开放,它是一个不受限制的隐喻"[2]。可以说,巴尔特对埃菲尔铁塔的符号学解读与释义完全摆脱了固有文化对地标性建筑物的定义方式,开拓出了理论基础更为宽广、适用范围更大的都市空间理论。正如他在书中所指出的那样,"建筑物永远既是梦想物,又是功能的体现者,既是某种空幻之表现,又是某种被使用的工具,这种双向运动却具有十分深刻的意义。"[3]这一观点在前田爱的都市空间论中得到了充分的展开,比如,他的《塔的思想》一文便是罗兰·巴尔特的《埃菲尔铁塔》影响下的产物。

虽说罗兰·巴尔特的《埃菲尔铁塔》对前田爱反观日本社会中"塔"的形态并由此引申出文明开化的意义时起到了催化和促进的作用,但是,在对具体文本进行解读和分析时,前田爱并没有使用以叙事结构和故事功

---

[1] 罗兰·巴尔特:《埃菲尔铁塔》,李幼蒸译,北京:中国人民大学出版社,2008年。
[2] 同上书,第33页。
[3] 同上。

能分析为中心的文本内符号论,而是采用了以莫斯科—塔尔图学派为代表的文化符号论的一些理论工具,尤其是洛特曼的文化符号论中的一些观点和概念被直接运用到了具体文本的解读当中。在《艺术文本的结构》一书中,洛特曼提出了这样一个观点,即艺术作品是无限世界的模型,作品是反映外在世界的一个空间。艺术文本通常由成对的结构组成,比如上方和下方,远处和近处,开放的外部和封闭的内部等。这种方位上的结构不仅是出场人物的组织和配置的原则,同时也是反映更为普通的社会、宗教、政治、精神价值的语言。洛特曼还引入了"下位文本"的概念,并将其分为反映外在世界结构的"无题材文本"和表示出场人物的位置、地位和活动的"题材性文本"。另外,洛特曼还使用拓扑学概念,提出了"拓扑学上的边界点"的说法,并根据约丹曲线定理,认为边界线将平面分割成内部和外部两个领域。对这一文化模型的最单纯的解释就是我们和他们之间的对立,内部和外部之间的对立。根据洛特曼的解释,"内部"是有组织的、有结构的;与之相对的"外部"是没有组织也没有结构的,而两者之间的对立可以解读为文明与野蛮,知识分子与普通大众,有序与无序等各种文化文本上的可变体之间的对立。进一步说,作为文化文本的次级文本,文学作品中的对立项就是城墙包围之下的都市和城墙之外的广阔的田野,有钱人居住的城市中心和穷人们居住的城市边缘。[①]

洛特曼空间理论的基础,可以追溯到海德格尔关于"居住"本质的观点。海德格尔从现象学角度入手,以身体论为核心,提出了"居住"的本质就存在于作为必死之物的人,进入大地、天空和神灵所构建的关系到实存性体验的过程的观点。而先于"居住"的"建造",就在"空间"中设定了把这四要素整合起来的"场所"(ottho 希腊语,意为正规,正,原),人在"居住"的过程中,建立起和"场所"之间的联系,之后进一步和"空间"联系起来。海德格尔通过对希腊语和拉丁语词源的验证,证明了空间——场所的成对结构,比二分法下的外部空间——内部空间,更加接近"居住"的本质。

前田爱认为,海德格尔的空间理论和加斯东·巴士拉的《空间的诗学》(岩村行雄译,思潮社,1969年)有相互呼应之处。而《空间的诗学》本身就是对各种空间所作的诗性描述,家宅被认为是"居住空间的价值,它

[①] 参见前田爱:《都市空间中的文学》,东京:筑摩书房,1978年,第28、29页。

是保护自我的非我"①。而地窖、阁楼、茅屋的朝向、抽屉、箱子和柜子、角落等空间词汇都被巴士拉用诗性和想象力再度描述。他反对用几何学解释诗的空间,他认为:"内与外的辩证法依赖于一种强烈的几何主义,它把边界变成了壁垒。"他主张应该"摆脱一切确定不变的直观(几何主义就是记录确定不变的直观),才能跟随诗人的大胆放纵"②。巴士拉引用了里尔克的诗来证明内部空间与外部空间之间存在的动力的连续性,他认为在诗歌所建立的文学空间中,"内部空间和外部空间并没有停留在它们在几何学上的对立。"存在的实体会从某种分叉的内在空间的满溢中流淌出来。外在空间就是一个消失在记忆阴影中的古老的内心空间。③

还有,舒尔茨的建筑理论《存在·空间·建筑》(加藤邦男译,鹿岛研究社出版会,1973年)和O. F. 博尔诺夫的《人与空间》(大塚惠一等译,Serika书房,1978年)可以说都受到了海德格尔空间理论的影响。

以C. N. 舒尔茨为代表的西方建筑家和他们的建筑理论无疑将抽象的空间理论和现实中的都市建筑有效地结合起来,并将西方建筑的理念通过存在主义、结构主义、现象学和符号学的语言加以阐释,以至于建筑学理论的影响很快地跨过了水泥砖瓦的世界,一跃进入到文化论的范畴。

舒尔茨在《存在·空间·建筑》中指出,存在空间的概念基于一个事实,就是任何人类行为都具有空间性,并将"存在空间"定义为"环境方面为人形成稳定形象的空间",也就是比较稳定的知觉图式体系,亦即环境的'形象'。其中,"稳定形象"和"环境形象"和凯文·林奇在《城市的印象》(丹下健三、富田玲子译,岩波书店,1968年)中提出的"环境印象"有关,两者在概念界定上有一定的相似之处:即"存在空间不等同于纯粹物理因素所确定的几何空间,而是由人们体验到的特性、过程和相互关系所决定"。④ 另外,舒尔茨还提出了"存在空间"的三个要素:中心与场所;方向与路线;区域与领域(后简化成"场所、路径、领域")。同时,分为五个环境层次:地理(geographical)、景观(landscape)、城市(urban)、住房(house)、用具(thing)。舒尔茨认为"存在空间"表达的是环境的印象,而建筑则包含着决定或决定于这种印象的具体形式。基于此,他认为"建筑

---

① 加斯东·巴士拉:《空间的诗学》,张逸靖译,上海:上海译文出版社,2009年,第3页。
② 同上书,第235页。
③ 同上书,第251页。
④ 参见《译后记》,收入[挪威]舒尔茨:《西方建筑的意义》,李路珂等译,北京:中国建筑出版社,2005年,第245页。

帮助人们,使人们的存在富有意义。通过建筑,人们拥有了空间和时间的立足点……建筑应该理解成富有意义的(象征式的)形式"①。

舒尔茨从建筑现象学的角度对景观、城市、单体建筑和人之间的关系进行了阐释,他认为"景观层次通常是彰显存在空间结构的背景"。"因为自然不是人工物,它总是与我们保持着一定的距离,并给予我们宏大而浑然一体的体验。相对地,景观中的形式结构则由拓扑关系组成,园林和景观建筑史都显示出人们正试图使他的景观形式变得更清晰,或把它们变得更加适合人们的环境印象。"②

关于城市和人的关系舒尔茨指出:"城市的层次,其结构主要由人的自身行为所决定,这一层次的基本形式就是'我们的场所'(our places)。在自身的发展中,个体会发现一个可与他人分享的构造好的整体,这比其他任何东西都更能给他以认同感(identity)。在历史上的大部分时期,城镇还是个'城邦'(civitas),是人们在位置环境中安全的立足点。它的根本属性是简单性和可识别性——这些属性使得聚居点相对于景观,有着图形的特点(figural character)。"③林奇对此也有相同看法,他认为"人需要一个城市环境来促进印象的产生:他需要有独特个性的区域(districts),和引导到某处的路径(paths),以及作为'明确而令人无法忘怀的场所'的节点(nodes)"。④

至于人和住宅的关系,舒尔茨认为:"住宅真正地将我们带入内部,并体现了'在某处'(being somewhere)的基本需求,这是'居住'(dwelling)的本质功能。住宅仍旧是人类存在的中心场所,是儿童开始理解他在世上的存在的场所,以及人们出发和归来的场所。"因此,"住宅结构主要是一个围合的场所,同时它还包括一个由次一级中心和互相联系的路径组成的内部结构。比如说壁炉,自古以来便是住所的中心,餐桌则是一家人聚会的场所。而床,可能更加雄辩地象征着中心,因为它是人一天生活的起点,也是他夜晚回到的地方。在床上,一天或者说一生的循环才圆满。"⑤

---

① 参见《译后记》,[挪威]舒尔茨:《西方建筑的意义》,李路珂等译,北京:中国建筑出版社,2005年,第245页。
② [挪威]舒尔茨:《西方建筑的意义》,第226页。
③ 同上。
④ 同上。
⑤ 同上。

可以说,舒尔茨的建筑现象学理论有其独特之处,他试图将存在主义和符号学放置到建筑当中,并使其成为解释人类存在的空间性及其具体特征的万能学说。但是,由于其考察对象仅限于西方建筑,其中的很多观点和结论并不适用于带有强烈的本土特性的日本式建筑和空间理念。

二

日本的建筑家们虽然也受到了西方存在主义、符号学以及建筑现象学等学说的影响,但他们很早就关注到本土建筑的特性和日本独特的空间观。曾任日本建筑学会主席的芦原义信在《街道的美学》(1979年)中就指出欧洲和日本在面对相同概念时存在着思想意识上的巨大差异。

首先就是"内部"和"外部"的关系。和辻哲郎早就指出:

> 日本人一个最平常的现象是把"家"作为"内"来理解,家以外的社会是"外"。而在这个"内"里,个人的区别消失了。对妻子来说,丈夫是"家里"、"家里人"、"宅",对丈夫来说,妻子是"家内"。家族也是"家里的人",同外人的区别是非常显著的,可是内部的区别则被忽视了。亦即作为"内"来说,的确是抓住了"亲密无间"的家属整体性,它同看成"外"的社会是有距离的。这种"内"与"外"的区别,在欧洲的语言当中是见不到的。日语中内与外的相对应,有着重大意义:第一是个人的心理上的内外,第二是家的内外,第三是国家或城镇的内外。也就是说精神与肉体、人与自然、以及广大人类社会共同体的对立被看做是主要的,把家族关系作为基准的看法,在这里是不存在的。这样,内与外的用法,可以说表现为日本对人类存在方式的直接理解。①

芦原义信也认为,对日本人来说,"脱了鞋进去的舒畅空间就是'内',穿着鞋进去的空间也就是'外'"②。"日本的城市空间是个人之'外'的无关的空间领域,因此,对于壁龛摆设实物美化家中的日本人来说,整顿城市空间,在广场设置雕塑的想法,是难以产生的。"③

---

① 和辻哲郎:《风土——人间学的考察》,东京:岩波书店,1935年,第144页。转引自芦原义信:《街道的美学》,尹培桐译,天津:百花文艺出版社,2006年,第6页。
② 芦原义信:《街道的美学》,第6页。
③ 同上书,第10页。

其次,就是"边界"。"边界"的概念在建筑中的具体体现既可以是房屋的"墙",也可以是城市的"城墙"。在欧洲的住宅中,"墙"所产生的防护性确保了家的存在。博尔诺夫主张坚固的边界,反复强调人只是在居住上达到自己本质的实现。日式住宅的墙壁要轻薄得多,而且还有木拉窗和木移门,它们只能起到视觉上的约束,和修那种封闭式的厚实的门有着本质上的区别。另一方面,作为防御外敌和在其内部划定共同空间的城墙,对于干燥地区的人们而言是不可或缺的,而作为岛国的日本却不需要这样的"城墙"来保护自己。芦原义信认为,日本人心理上的"边界"就是海洋,这一天然"城墙"并不需要他们去修建,同时又能使他们安心生活。同时,芦原义信也指出,战后初期日本的家族主义已经开始崩溃,当内部出现反对意见时,传统的做法是忍耐,但是现在为了维护个人尊严,人们开始谋求建立新的"边界"观。

最后,还有关于"中心"的问题。在《续街道的美学》(1983年)一书中,芦原义信指出,日本传统木结构建筑的特点是轻快、透明、非对称和非中心的,这与西欧古典石结构建筑的厚重、非透明、对称、正面性和中心性的特点正好相反。在城市规划和布局上,以东京为代表的日本的城市即便在经历了地震和战争之后,也不曾借机谋求城市环境的彻底改善,继续保持混乱而缺乏中心性的特点。这和以基督教思想为核心的西方城市整齐有序的面貌截然不同。而要想建立西欧式井然有序的街道,就必须改变日本的土地私有制。不过,芦原义信认为"从江户时代起的多次火灾和战祸中,在不断毁坏中生存下来的日本城市,具有适应木结构建筑变化的简易结构般的土地制度。"因此,"西欧理性主义的观点,本来就不应该原封不动地搬到日本的现有城市中。"①

日本文化学家山口昌男在《文化和两义性》中强调了"边界"的双重意义。一方面,他认为:"边界是多重意象叠加的场所,比如内和外、生和死、此岸和彼岸、文明与自然、固定与移动,农耕与荒废、富饶与灭亡。和边界有关的习俗,可以认为是此种多重意义在形式上的对应物。"另一方面,他又指出:"在特定时间里,人可以把自己放在边界上、或者边界中,把自己从受日常生活的功利性支配的时间和空间的轨道解放出来,直接面对自己的言行所具有的潜在的意义作用,从而获得'重生'的体验。"②

---

① 芦原义信:《街道的美学》,第184页。
② 参见前田爱:《都市空间中的文学》,第30页。

和山口昌男的文化论视角不同，奥野健男对都市空间论的关注点侧重于对日本现代都市的起源及其与文学之间的关系进行根源性的探索。在他看来，战后日本的大都市都是在废墟之上建立起来的，所以战后文学的主题几乎都是一些大命题，诸如近代自我的确立、马克思主义革命等，而没有涉及到任何跟都市有关的主题。但是，到了70年代，随着经济高度增长期的到来，日本各地的都市化进程使得都市呈现出恶俗的面貌。居住在其中的人在面对巨大都市时，急需构建的不再是个人自我的确立，而是各种各样的关系，包括人和时间、人和空间，以及人和人之间的关系，而且，这种关系不再是以前的大家长制之类的封建关系，也不是农村社会中的地缘和血缘关系，而是一种全新的人和他周围的东西之间的关系。这是原有文学所没有关注过的新主题，60年代末70年代初，在文坛崭露头角的"内向的一代"作家群，在作品中较早地涉及到了这一新主题。以黑井千次、后藤明生、古井由吉等作家为代表的这批新人作家，敏锐地捕捉到了新空间的产生对人所产生的各种影响，并将其表现在作品中，由此也激发很多评论家去寻找新的评论视角和文本解读方法。①

前田爱也在"内向的一代"的作品中发现了文学空间的这种变化，他透过"内向的一代"作家古井由吉的小说《围成圆圈的女人们》，已经洞见到1970年前后文学"从时间、历史、精神到空间、神话、身体，从意识形态、男性原理、主语中心的叙事到乌托邦、女性原理、谓语中心的叙事"等方面的重大转变。同时为了从"外部"解构以"自我表现"为中心的近代文学架构，他将符号化、话语化的现代都市作为一种特殊的"文本"，又把文学作品视为都市的隐文本以透视两者的相互关系，在此基础上建立起空间化的"都市文学"理论。这从根本上改变了以往作家——作品，作品——时代关系为中心的传统文学研究模式，实现了由重视文学内外指涉关系的线性分析向重视"外部"和"空间性"的立体研究的方法论转换。尤为重要的是，前田爱在"文本"的多层分析中，由文学领域进入作为分析对象的话语世界，形成了从某个时代的话语状况来展现该时代的历史、文化、社会状态的分析方法，他试图创造一种将刻在语言深层的权力与制度之不可

---

① 参见奥野健男和前田爱的谈话录：《出现在文学里的都市空间》，《国文学解释与鉴赏》，1980年6月，第7、8页。

见的意识形态性凸显出来,使之可视化的批评实践。[1]

三

前田爱的著作《都市空间中的文学》由19篇论文组成,在收入该书之前,曾于20世纪70年代末80年代初发表在《现代思想》、《展望》、《国文学》等杂志,结集成书出版时作者对大部分论文的原题都做了修改,并以《空间的文本,文本的空间》为题作了一篇理论性较强的序言,试图将所有论文统一归入"都市空间论"的框架之内。

正如前田爱在《后记》中所言,"这本书的目的,就是要通过文学的文本,将从都市政策和都市社会学的理论网中漏出来的、作为软件的都市、作为生存空间的都市,展现出来。"还有一点必须指出的是,前田爱对以往文学史研究范例的看法显然也跟此书所采取的视角密切相关。他对迄今为止的文学史研究的范例持有异议,认为"那种研究始终站在俯瞰的角度,把日本近代文学当作是自我的发展史。那种研究就是把作为文本的都市和作为超文本或次文本的文学作品对应起来进行操作,这也就意味着把作为实体概念的作者用关系概念的括号括了起来。"

尤其是对日本近代文学作品的解读,前田爱认为传统的"自我——社会"图式已经使文学研究走进了死胡同,必须用"身体——都市"的图式来进行逆向解读。这正契合了作者在该书卷首所引的萨特的话——"我们发现我们的地方,不是那种什么都不是的秘密场所。而是作为物中之物的马路上、街道上,和人群的最中间。"简言之,人类存在的空间性成为自我确认的重要标志。

全书所收录的19篇论文都建立在文本细读之上,并从"都市空间论"的角度分析各自的特点。在文本特征和解读方法上,西方文艺理论的影响是显而易见的。一方面,"《塔的思想》《二楼的寄宿》分别受到了罗兰·巴特的《埃菲尔铁塔》和《拉辛论》影响,还有,《BERLIN 1888》是从本雅明的《巴黎——19世纪的首都》中获得的灵感。"另一方面,在相当于"都市空间论"方法论综述部分的"序"中,作者引用了大量现象学和符号学的西方文艺理论。比如:普莱的《圆环的变化》、海德格尔的《存在与时间》、

---

[1] 参见小森阳一:《前田爱的都市论》,收入《小说与批评》,横滨:世织书房,1999年,第265、266页。

加斯东·巴士拉的《空间的诗学》、博尔诺夫的《人与空间》等。此外，前田还将拓扑学理论中的"领域"、"边界""不可分拓扑空间"、"可分拓扑空间"、"约丹曲线"等概念引入"都市空间论"，试图利用拓扑学定律来解释文学文本中各种空间之间的内在关系。

同时，和其他日本学者一样，对于日本文化中空间这一符号所具备的本土特性，前田爱也颇为关注。比如，前田爱在序言中着重介绍了广末保的《恶场所的逻辑》，引用了广末对近代都市建立过程中各种空间象征意义的界定，并把日本房屋中"表"与"里"、"内"与"外"等二元对立的空间概念对应到"日常"与"非日常"等的符号体系中。

四

《国文学解释与鉴赏》曾于1980年6月出了一期题为《作为文学空间的都市》的专刊，汇集了从各个角度对都市空间论的理解和应用。一方面，前田爱和奥野健男的谈话录（《出现在文学中的都市空间》）讨论了70年代中期日本文化界出现的有关都市空间论的空前热潮，并通过都市空间论的视角撷取了近现代日本文学史上较有代表性的作品。另一方面，又以"作家的空间意识"、"作为文学空间的都市"、"以空间为轴的新的作品论"和"反都市的文学空间"为题，收录了多名评论家的论文。这期专刊可以说是对都市空间论的一个回顾式的综述，同时也是对其作为文艺理论的合理性的深入研讨和反思。

围绕"文学中的原风景"、"日本的都市，欧洲的都市"、"日本特有的空间——小巷"、"震灾前后都市认识的变化"、"战后的都市小说"等话题，前田和奥野交换了各自的看法。他们同时关注到作为文学中的原始风景，都市空间的变化对文学提出的新要求。尤其是当战争和灾害使得城市归位到零时，文学作品中的身体性和神话性就凸显出来。另一方面，他们一致认为，日本的城市区别于欧洲或中国的地方就在于日本的都市中包含着农村，而非由城墙将两者一分为二。通过回顾《源氏物语》和《枕草子》等古典文学中的都市观，再次确认了日本文学中人与自然主客合一的历史。

谈话中所涉及的文学作品颇多，不过均被置于都市空间论的视野之下。比如，前田认为森鸥外的《舞姬》是日本都市小说的原点，并指出，小说主人公丰太郎的自我构造与柏林这个城市的构造巧妙地形成了对应关系。樋口一叶和永井荷风的小说采用了从小巷注视大路的视角。新感觉派的作品中,横光利一的《上海》是都市小说中的杰作,因为当时的上海比东京或大阪还要都市化,而且,《上海》最先描写了土耳其浴室等时尚元素。另外,自然主义作家的作品中,田山花袋的《棉被》、德田秋声的《霉》和《足迹》对东京的描写非常客观。不过,战后文学多关注废墟和黑市,作为上流都市人物的白桦派反倒很少写都市小说。真正关注都市空间,并有意识地将其写入文学作品的是"内向的一代"。古井由吉的《妻隐》、黑井千次的《奔跑家族》、后藤明生的《夹击》等作品都运用了都市这个特殊空间的重层结构,并通过将其内化为人物的内心或历史,使都市空间呈现出丰富的时间性。①

关于都市空间的意义,两人都认为,都市,尤其是大都市,毫无疑问是游离于自然的,是反自然的,它就像是丑陋的浮萍,不知何时又会还原为沙与土。但城市又是以人为中心的、人类本能地追求快乐原则的必然结果,因此,文学的主题既要包括反都市空间的角度,同时却又要关注都市中的人、因人的欲望而必然产生的都市,以及在其中所产生的自我形成空间、生活空间,甚至包括时间以及人与人之间的关系。另外,人作为依存于风、火、水、土地之上的生物,是如何在大都市中生存以及制造神话等问题也应是文学关注的对象。②

在专题论文中,"作家的空间意识"主要关注对某些城市有特殊偏好的作家,比如,坂上博一在《永井荷风的东京》中追溯了东京在永井荷风人生各个时期的意义,野口武彦则对谷崎润一郎在东京和关西之间的游走,以及两者对谷崎而言的不同意义做了深入探讨(《"女人"的空间和"母亲"的空间——谷崎润一郎的东京和关西都市》)。

"作为文学空间的都市"系列论文则是以京都、大阪和地方城市为关键词,选取文学史上以此为舞台展开的代表性作品,将都市空间在文学中的意义进行了更为深入的阐释。比如,山崎国纪在《京都——其悲剧性之样貌》中指出,作为文学空间出现的"京都"无疑是优雅、高贵、华丽的,正如以《源氏物语》和《枕草子》为代表的正统文学。但《今昔物语》《方丈记》《平家物语》《保元物语》《平治物语》和《太平记》等作品却记录了"京都"的

---

① 参见奥野健男和前田爱的谈话录:《出现在文学里的都市空间》,《国文学解释与鉴赏》,第11—23页。
② 同上书,第24页。

另一面,更为悲惨和真实的一面。同样,在近代文学史上,谷崎润一郎和川端康成留下了《细雪》和《古都》等弥漫着乡愁和对京都之美的倾倒与追慕情节的作品,三岛由纪夫却在《金阁寺》中预言了潜藏于京都这个都市深处的幻灭感。因此,山崎认为三岛由纪夫的《金阁寺》敏锐地捕捉到了京都这个城市印象中所具有的历史性,并成功地将其塑造成为一个文学空间。

作为乡村和大都市之间的过渡地段,地方城市也是文学所关注的一个特殊空间。木村幸雄在《地方都市》中选择了中野重治《歌别》中的金泽和伊藤整《年轻诗人的肖像》中的小樽作为地方城市的代表,在考察了两位作家与这两个地方城市之间的关系之后指出,地方城市对于自我形成具有重要意义。一方面它是确保自我存在的标志,在自我形成的青春期促进个性发展,另一方面它也是压制自我存在的标志,是青年们产生反抗情绪,积蓄能量去追求更高文化和价值,实现自我发展的地方。处于"农村"和"中央大都市"之间的地方城市所具有的中间性和过渡性,无疑给文学中的都市空间又增加了一种可能性。

"以空间为轴的新的作品论"[①]中既有关注特殊类型作品的《梦幻都市:江户——关于时代小说》和《迷宫都市——明治书生小说谱系》,也有对文本的空间论角度所作的新解,比如《〈烧尽的地图〉(安部公房)》、《异国的都市空间——〈旅愁〉的意义》等。

"反都市的文学空间"系列论文[②]将关注的焦点投向"都市空间"的背面,亦可以看做对都市空间的一个补充。乡土性和民俗性特征较为突出的文学作品成为该系列论文的解读对象。评论家们认为,中上健次的《枯木滩》等作品所描述的"农村印象"中,基于血缘关系的共同体与个人之间的关系是都市小说所忽略的。丸山健二的《正午》表现出对都市的批判和对田园的赞美,都市生活抹杀人性,而金钱更被其视作罪恶的根源。

---

① 这一系列的论文包括:助川德是《无缘坂和〈雁〉(森鸥外)》、柘植光彦《〈砂上的植物群〉(吉行淳之介)》、栗坪良树《〈烧尽的地图〉(安部公房)》、池内辉雄《〈傍晚的云〉(庄野润三)》、神谷忠孝《四十岁的奥普洛莫夫(后藤明生)》、秋山和夫《异国的都市空间——〈旅愁〉的意义》、浜田义一郎《梦幻都市:江户——关于时代小说》、筱田浩一郎《迷宫都市——明治书生小说谱系》。

② 这一系列的论文包括:佐佐木冬流《〈土〉(长塚节)》、日高昭二《〈甲州童谣〉(深泽七郎)》、冈本惠德《〈枯木滩〉(中上健次)》、渡部芳纪《〈正午〉(丸山健二)》。

五

可以说，都市空间论的诞生为文学作品解读提供了一个新的视角，尤其是对以时间为轴的文学史而言，这是一个具有颠覆性意义的理论。以前田爱为代表的文艺理论家们尽管是受到了西方文艺理论如符号学、现象学等的直接触发而产生了构建都市空间论的想法，但是他们始终立足于日本文学的本土特征，力图在空间论基础上重述文学史的努力是该理论得以发展和成长的重要推动力。

尽管都市空间论中所运用的很多原理、概念、图式等的应用因受西方文论文化局限性的影响而被认为过于冒失和草率，但是这一理论的建设者们一边不停衡量着本国文明与西方文明的实际差距，一边保持与西方采用同一套话语系统的积极姿态却是日本文论得以在20实际70年代与西方同步的主要原因。而前田爱在其中所发挥的主导性作用是功不可没的。有中国学者认为，前田爱是敏感地意识到70年代以后文学及人们思想观念"从时间、历史、精神到空间、神话、身体"（或者说"从存在到结构"）的深刻转变，同时在文学批评方法上有力地推动了这种转变的杰出的文学研究者。他与哲学家中村雄二郎、文化人类学家山口昌男、连同以杂志《赫米斯》为中心的学术同仁圈一起，开拓了"68年革命"以后日本学术思想上的结构主义新潮。这个学术思潮为此前以观念论、科学主义为中心的知识谱系和此后以语言解构为中心的后现代思想话语之间的一个过渡性存在，具有特殊的承前启后的意义，它作为日本知识界走出背负战争责任与历史逻辑重压（如丸山真男所谓"悔恨共同体"、重建战后日本民主社会等）的沉重时代，摆脱作为科学世界观的马克思主义（包括"广松理论"和"宇野经济学"所代表的"新马"）对人文科学的理论统摄，或者说为"历史的转弯"提供了不可或缺的契机。80年代前后日本后现代批评之所以能够形成大潮而影响至今，就在于有着一脉解构主义新潮作为深厚的思想学术背景。①

---

① 赵京华：《日本后现代与知识左翼》，北京：三联书店，2007年，第15页。

印度"国民性"新论[①]

尚会鹏

【作者简介】 尚会鹏,北京大学国际关系学院亚非研究所教授。研究方向:比较文化,印度、日本社会与文化,文化与国际关系。

一、心理文化学的分析框架:"生存谱"、"基本人际状态"与"心理社会均衡"

"国民性"(有时候也称"民族性",但两个概念略有区别)研究盛行于上个世纪五六十年代,后来衰落了。心理文化学提出了"生存谱"、"基本人际状态"和"心理社会均衡"概念,来取代"国民性"分析,将这方面的研究向前推进了一步,可以说是一种升级版本的国民性研究。

什么是"生存谱"? 心理文化学把人看作一个"心物交互多维动态平衡体",将其置于一个由人、物、社会,心理与文化,个体与他者等多种要素动态平衡的"场"中进行考察,这个"场"由内而外共分九层(分别是"超意识"、"无意识"、"前意识"、"限表意识"、"可表意识"、"亲密的社会关系与文化"、"作用的社会关系与文化"、"远离的社会关系与文化"、"外部世界"),这个"场"就称为"生存谱"(如下图所示)。

[①] 本文内容是作者应邀于 2012 年 10 月 19 日在北京大学"东方学研究方法论"项目组举办的"专家讲坛"上所做的讲座。

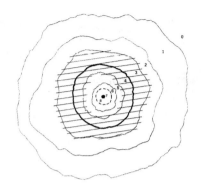

8. 超意识(superconscious),7. 无意识(unconscious),6. 前意识(preconscious),5. 限表意识(unexpressed conscous),4. 可表意识(expressed conscious),3. 亲密的社会关系与文化(intimate society and culture),2. 作用的社会与文化(operative society and culture),1. 远离的社会关系与文化(wider society and culture),0. 外部世界(outer world)

说明:图中的斜线部分是"基本人际状态",即中国文化语境中"人"的概念。此图式由许烺光提出①,尚会鹏对其进行了补充(增加了第8层:"超意识")并将其作为描述人类生存状态的基本框架——生存谱。②

什么是"心理社会均衡"? 我们人就生活在上述这样一个多层的"场"(生存谱)中。那么,我们与这个生存谱各层的关系是怎样的呢?遵循怎样的原理,回答是:遵循"心理社会均衡"原理。"心理社会均衡"(Psychosocial Homeostasis,简称PSH)是美籍华人心理人类学家许烺光提出的,这个原理的基本内容可表述为:人在这个多层同心圆组成的模型中,需要对某些人、某些物和某些文化规范投注更多的情感,从而建立起更密切的联系。其中,第3层("亲密的社会与文化")层对人最为重要,这一层由"亲密之人"、"心爱之物"和"执着之念"三部分内容构成。我们人的所有需要,特别是高层次的需要,大部分是在这一层中获得满足。这一层的重要程度不亚于空气、水、食物之于我们,可将其称为人的"生命包"。人与"生命包"之间大体处于一种动态的均衡之中,不均衡就会带来某种心理

---

① [美]A.马塞勒、德弗斯、弗朗西斯·许(烺光)主编:《文化与自我:东西方人的透视》任鹰,等译,杭州:浙江人民出版社,1988年6月第一版,第262页。此图式还有其他表述方式,参见许烺光:《许烺光著作集9彻底个人主义的省思》,南天书局,2002年,第197—204页。

② 详见尚会鹏:《心理文化学要义:大规模文明社会比较研究的理论与方法》,北京:北京大学出版社,2013年,第三章。

紧张并力图恢复均衡。假如这一层少了某些人、某些物或某些文化规范，人就会动用其他层的内容来填补。人就是这样一个心理社会动态均衡体。

什么是"基本人际状态"(human constant)？ 基本人际状态是"人的系统"，是人存在的基本方式，它由生存谱中的第3层与第4层，再加上部分第5层和部分第2层，构成（上图中斜线部分）。简单地说，就是个体加上"生命包"，再加上自己内心的一部分"限表意识"和外部的一部分"作用的社会关系与文化"，组成"基本人际状态"。这是一个相对稳定的存在系统，也是中国文化语境中"人"的概念。人的社会心理的动态均衡过程主要在此范围内进行的。基本人际状态由外而内可划分为四个维度，即集团维度、交换维度、自我认知维度和感情控制维度。前两个维度属于人的社会文化(S)存在状态，后两个维度属于心理(P)状态。这四个维度的内在联系是：情感维度是基本人际状态心理层面的主要内容，情感的配置和控制模式决定着人生活的意义。自我认知是基本人际状态的内化形象，它与情感的配置和控制模式相互影响。交换维度是基本人际状态社会层面的主要内容，是与他者的互动方式，交换维度与情感维度相互影响。集团维度是基本人际状态的外部表现形式，它受人的交换维度的影响，是交换维度向外的延伸，但同时也影响人的交换方式。这几个维度的有机结合、相互影响而构成了"整体人"，基本人际状态可谓这四个维度的统合体。简单说来，要想真正把握人，至少需要从四个方面入手，即人与他人的关系是何种模式，人所处的群体有何特点，人是怎样界定自我的，人的感情模式是怎样的。①

怎样用生存谱来研究"国民性"？ 人的"心理社会均衡"模式有个体差异（即同一文化背景下不同个体的"生命包"类型及其均衡方式不同），还有文化差异（即不同文化中人的"生命包"类型和均衡模式不同）。基本人际状态可分出不同的类型。不同的基本人际状态及其动态均衡特点，在"生存谱"中会呈现不同的特点。这种情况可类比于自然界的光谱现象。我们知道，在自然界，可见光经过折射可显现出不同色彩，形成光谱。进一步研究可知，每种元素的原子只能发出（或者吸收）具有本身特征的某些波长的光，故呈现的光谱是不同的，显示出独特的谱线。物质在光谱中

---

① 关于基本人际状态的四个维度，笔者在《心理文化学要义：大规模文明社会比较研究的理论与方法》第四、五、七章中有详细论述。

的谱线如同人的指纹,不同物质不会有相同谱线。因此,可根据光谱来鉴别物质的化学组成,甚至可根据这种方法了解宇宙深处天体的物质构成。人类社会文化进化出不同的样态,每个族群都以特有的方式处理人与人、人与自然、人与超自然、意识与物质等关系,生活会有不同的重心,这会在生存谱中呈现出某种特性,犹如物质在光谱中的谱线。每个民族都可以根据其特性在生存谱中得到大体的定位并得到描述。这就是心理文化学的基本研究思路。

印度"国民性"如何在生存谱中定位?与"国民性"研究路径不同,在生存谱中把握一个群体,不是要把握某种"性格",而是一种"状态",故心理文化学用"基本人际状态"取代"国民性"概念。印度人(主要指印度教徒)的基本人际状态类型是"阶序人"(the Hierarchicus)。这个名字是法国人类学家和比较社会学家路易·杜蒙(Louis Domont,1911—1998)提出的。阶序人是"间人"(与"个人"相对应)的一种亚类型,其在生存谱上的特点可概括为:

第一,阶序人生存谱的第3层("亲密的社会关系与文化",即"生命包")中的"亲密之人",除了亲属成员,还有神明、宗教导师和圣职者;"执着之念"和"心爱之物"也多与宗教超越有关。

第二,生存谱第6层以内的内容(即"潜意识"和"超意识")受到特别的重视和开发,追求与神明合一成为个体获得心理社会均衡的重要手段。

第三,阶序人的物质世界和人际关系(生存谱第2层以外诸层)因与神明和圣职者的密切关系以及对超自然的追求而被淡化或虚幻化。

阶序人这种基本人际状态在生存谱中表现出的特性,决定了阶序人四个维度的特点,即集团维度上的种姓制度,交换维度上的"单惠型"交换模式,情感维度上的"障碍型"控制机制以及自我认知维度上的"神性自我"特点。[①]

二、从基本人际状态看印度人的一些特点

印度教社会是一个阶序人优先的社会。这个社会有最为发达的与阶序人相适宜的集团形式——种姓集团,建立在这种基本人际状态上的社

[①] 详见尚会鹏:《心理文化学要义:大规模文明社会比较研究的理论与方法》,北京:北京大学出版社,2013。

会称为"阶序人社会",表现这种基本人际状态的价值观体系称为"阶序人主义",阶序主义在印度教(其前身是婆罗门教)中得到了最完备、最深刻的表述。印度教文明可以说是人类在"阶序人"这种基本人际状态下结出的最灿烂之果实。

采用生存谱和基本人际状态的视角详细阐述印度人"国民性",是我计划出版的一部著作的内容。这里,我从这个角度简单谈谈阶序人的一些特点。

第一点,"超自然中心"的生活方式。 阶序人"生命包"中的"亲密之人"有神明、宗教导师和圣职者,"执着之念"和"心爱之物"多与宗教超越有关,追求与超自然的合一是个体心理社会均衡的重要途径。这表现为阶序人的"超自然中心"的生活方式,对宗教的笃信。现在印度的宗教情况是:印度教徒占82％,穆斯林占12％,基督教徒占2.3％,无信仰者0.05％。阶序人主义的关键词:Branhma(宇宙"终极实在")、Atman(灵魂)、Dhmar("法",达摩)、Maya(幻)、Moksha(解脱),重点解决的人与超自然的关系,即精神超越问题。

在印度旅行,当知道你是从中国来的时候,印度人通常会问:"中国人信什么神?"我开始想,我信什么神呢? 我不能说我信马克思主义,他们不懂。说中国人不信神,他们还很吃惊。后来才知,在印度不信神是占0.05％,他们会想:中国是一个具有古老文化传统的民族,怎么能不信神呢? 怎么能把中国人归到0.05％的人里面呢? 不信神在印度是一个什么概念呢? 这个概念跟江洋大盗、跟土匪大概差不多。我们中国人也是有信仰的呀,后来,我就说,我们中国人信孔夫子。这样他们就理解了:不能把中国人归到那个0.05％那一类中!

印度最引人注目的名胜古迹是宗教建筑,最热闹繁华的地方是神庙,最精美的手工艺品神像祭祀用品。不进印度人的寺庙就无法了解印度人巨大的活力和忘我精神。我们这些来自无神论文化背景下的人,到了印度,要对印度人的宗教信仰有足够的敬意。

在印度,宗教不仅仅是一种信仰,还是一种生活方式,一种民族认同。在印度,可以说物以宗教定性,人以宗教分群。印度很多观光地就是宗教圣地。恒河边上的城市瓦拉纳西(古称贝那勒斯)是印度教四大圣地之一。印度教以恒河为圣河,在恒河沐浴是印度教徒的理想,每年到这里沐浴的人很多。这里有很多简陋的火化场,有的只是准备一些干柴烧尸体。一些老年人,感到自己的末期将到,就从印度各个地方来到这里等死,死后在这里火化,将骨灰撒在恒河里。这个地方的卫生状况实在不敢恭维:恒河里水污染非常严重,加上撒开的骨灰,有的还没火化彻底。但令人惊讶的是,很多人跳到河里沐浴,有的甚至还用手捧水喝下去。多少个世纪以来,每天都有成千上万的印度教徒为寻求洁净和解脱跳到恒河中沐浴。在日出之时,他们两臂高举向着日神,耐心地呼唤"奥姆——奥姆——"。

印度有很多教派,他们的信仰非常虔诚,你可以看到很多不同教派的信徒。这是耆那教的一个教派。他们主张以天为衣,不穿衣服,绝对地不杀生,走路的时候拿着个孔雀毛,驱赶蚊虫,怕不小心伤了它们。说到这里,我要说,这个宗教可能只能产生在南亚,在我国的东北地区是不会产生这样的宗教的,不穿衣服还不冻死?印度教的习惯跟南亚气候有关系,印度天气很热,夏天不想动,坐在屋子里也会浑身出汗。印度教、佛教的一些生活习俗,如沐浴、冥想,都跟这种气候有关。

关于印度人的宗教信仰,我想以两个我遇到的两个人为例子加以说明。第一个例子是尼赫鲁大学的研究生宿舍管理员古德尔。他大学毕业后在学校工作,每天下午的6点钟是他祭祀的时间,这个时间你要去打电话、敲门,他是不开的,他的房间墙上贴着神像哈努曼,旁边是世界各个地区的电话号码表。现代化的东西跟宗教信仰是并行不悖的。

另一个例子是B女士。她毕业于尼赫鲁大学中文系,正在撰写一篇"观音菩萨在中国的转变",打算申请博士论文。她属于南印度的Siva教派。她家里专设一间祭祀神明的房间,每天早中晚祈祷三次。

第二点,阶序人的集团特点:种姓制度。对阶序人来说,亲属关系虽然也很重要,但是尊师、神明在家庭中有重要地位,这使其亲属关系受到淡化,亲属体系有了一定的离心力和分裂倾向。有几点可以说明这一点:1)出家(即为了追求精神超越而脱离亲属体系)行为在印度社会受鼓励。2)印度教认为,家庭只是人生的旅栈,是代替死去的祖先和未出世的子孙管理的一个暂时的场所。3)印度教徒认为人生负有多种"债",而对父母的"债"只是许多种"债"的一种,更为重要的是对尊师、圣哲、神明的债。这表明,印度教徒是以更超越的观点看待亲属集团和亲属关系的。印度教徒(尤其是高种姓)把人生划分为四个阶段,称为"四生活期":1)"梵行期"(Brahmacarya)学习各种知识,熟悉各种宗教戒律。2)家居期(Garhasthya)娶妻生子成家立业履行世俗义务。3)林栖期(Vanaprasthya)在森林中冥想。4)遁世期(Sannyasa)独身云游,潜心于最终的解脱。四个阶段,有两个阶段是要脱离亲属集团的。这说明印度教徒的亲属联系有一定的淡化，亲属集团有一定的离心性。

阶序人没有从家庭发展出发展出发达的宗族集团（像中国人那样），阶序人的主要的次级集团是种姓而不是宗族。所谓"阶序人"，就是人按种姓排列的。种姓制度下，人处在一个长长的阶梯上，这个阶梯通向"终极实在"，每一个人都在阶序之梯中有一个位置，而且，这个位置的高低，主要不是由经济、政治、因素决定的，而是宗教因素决定的，是人与"终极实在"（宇宙灵魂）的距离，测量这个距离的标尺是宗教上的"洁净"与"污秽"。

通常说有四个大的种姓集团。婆罗门，是祭司、知识分子；刹帝利，是国王、国家的管理者、武士；吠舍，是工商业者、农民；首陀罗，是农民、奴仆、工匠。在这四大种姓又分成许多亚种姓集团，婆罗门就有两千多个亚种姓。除了这四个种姓以外，还有一个最低层，称为"不可接触者"，他们不属于种姓印度教徒。

简单说来，种姓制度有几个特点。

（1）职业世袭。即从事一种职业的人，世世代代不变。现在印度的种姓职业有了很大变化，城市化以后，人们从农村到了城市，陌生化了，自己以前是干什么的，谁也不知道。还有，都市中出现很多新的职业，是原来种姓体制中没有的。

（2）内婚。种姓之间是不通婚的。高种姓的女子不能下嫁到低种姓，但低种姓的女子可以上嫁。高种姓的女子下嫁叫"逆婚"，女子上嫁叫"顺婚"，顺婚是允许的，逆婚则不允许。这一点，在今天仍没有大的改变。其结果，产生了两个问题。一个是许多高种姓女孩子成了"剩女"，因为高种姓女子不愿意、也不允许下嫁。而低种姓，女子都流走了，男子过剩，许多男子讨不上老婆。中国农村的女子流往城市，从穷的向富的地方流动，结果是大城市的单身女子多，农村贫穷的地方的娶不上老婆的男子多。另一个结果是嫁妆制。嫁女儿要花钱，低种姓要改变自己的种姓地位，上嫁，需要大量嫁妆。印度报纸上的一则"征婚启事"，这里面的广告能看出什么样的问题？这里面有两个信息，一个信息说，这是一个高种姓的女子，第二个暗示是，她有可观的嫁妆。征婚广告上有各种各样的暗示，如"父母有体面的收入"，意思是说嫁妆没有问题。

（3）隔离。最严格的隔离表现为"不可接触制度"，"不可接触者"从事贱业，被认为是污秽之人，而且会将污秽传染给其他高种姓。你到印度去，种姓是一个敏感的话题，最好不要随便跟他们谈论，但在现实生活中可以观察得到,可以根据人们的肤色、行为举止、居住情况分别出来。四个种姓之间的区别已经不大,特别是在大都市,如果不仔细观察几乎看不出。但种姓印度教徒与"贱民"的区别还很明显。都市一些贫民居住的大部分是"贱民",他们的肤色也较黑。印度的村落跟中国的村落有很大的不同,印度村落分主村和副村,主村住的是种姓印度教徒,副村住的是"贱民",在空间上隔离开的。在印度坐公共汽车,公共汽车写着:"不可接触制度是违反宪法的"。但在实际生活中,仍然存在这种歧视现象。

种姓制度在今日印度仍有影响,这主要表现在两个方面:第一,种姓印度教徒(即四个种姓集团)之间的区分已经不甚明显,但种姓印度教徒与"不可接触者"的区分仍较明显,所谓种姓歧视、种姓迫害,多发生在这二者之间;第二,内婚制。许多种姓实践已经衰落,但种姓集团之间通婚仍然比较严格。印度政府鼓励跨种姓婚姻,有的地方政府出台了奖励种姓间通婚的政策,政府拿钱补助,即便这样,种姓间通婚的人仍然很少,甚至有时候还会出现迫害跨种姓通婚的人。

种姓制度根植于宗教上的"洁净"与"污秽"观念。由于人们生活的重心在超自然方面,人们之间的差距主要是礼仪上的而不是政治和经济上的,地位最高的人,是那些具有宗教体验的人和醉心于超自然体验的人。虽然现实生活中并非人人都是不食人间烟火者,但朝着这样的目标生活的人受到人们很大的尊敬,历史上,圣职者、祭司、出家人、苦行者往往比国王和政府官员更受尊敬。印度教徒对宗教上的洁净与污秽有一种特殊的敏感,惧怕那些处于阶梯最底层的人带来的污染,行为上尽力与他们隔离。种姓是自我封闭的集团,人们处在一个个由内婚、共食、宗教仪式等种种限制构成的封闭的樊篱之中,使自己与其他种姓隔离开来。种姓制度的宗教基础,就是人与神明的距离。测量这个距离的尺度是洁净与污秽。但由于这个尺度很难把握,有很大的随意性,所以,现实生活中,哪些行为洁净,哪些行为污秽,有很多说法。印度教徒家庭,神龛和厨房是最洁净、最神圣的地方,外人不能随便触碰和进入。

种姓是阶序人最重要的社会文化脉络。一个外来者,来到这个脉络中,也会逐渐接受种姓制度。譬如,如果你是肉食者,你到印度你就会感到有些难受,因为印度的主流社会是食素的,上层人大都不吃肉。穆斯林不吃猪肉,印度教不吃牛肉,所以尼赫鲁大学的食堂只有鸡肉,而且每周只吃两次肉。喜欢吃肉的中国人难以忍受,就自己到市场去买鸡腿、鸡翅,在宿舍烧着吃。有一次,一个中国同胞可能是实在难以忍受"食无肉"

的生活,便将飞到屋子里的野鸟宰了吃了,这事给印度学生发现了,学生向中国学生提出抗议,说中国学生在杀野鸽子。他们派人监督中国学生,检查中国学生吃剩下的骨头。吓得中国学生只得把吃剩下的鸡骨头,用纸包起来扔掉,怕被别人怀疑是野鸽子骨头。这一点对我们是一个冲击。在印度,会有人问我:听说中国人吃鸽子,吃青蛙、老鼠,真的吗,我回答:"鸽子、青蛙是人工饲养(老鼠我不知道是不是也有人工饲养)的,这跟现在吃鸡没什么区别。"我知道中国有的地方的确吃这些东西。他们的提问,使我反省:我们中国人在吃的方面是不是太过分了?如果你在印度住上一段时间,我想你也会变成素食主义者。为什么?第一,印度的气候比较热,它们的肉不容易存放,很容易变质;第二,它的主流社会素食,所以肉的烹调不发达,做的不好吃。卖肉的地方,一般的环境很差,你去几次就不想去,也就不想吃了。到那个地方这个跟生活环境有很大关系。食素主要不是健康考虑,而是与宗教有关。食素者比食肉者更"洁净",距离神明更近。你若食肉,就会被上层人看不起。所以,如果你在印度居住,要想受人尊敬,你也会放弃食肉,也可能会成为一个种姓主义者,因为你生活上面临选择,你跟谁交往,你得有个交往的圈子,你得有住的地方,而在印度,有富人区和穷人区,不可接触者居住的地方都不一样,你若长期跟低种姓的人交往,高种姓的人自然就跟你疏远了。种姓之间是隔离的,不同种姓的人,不在一个地方买东西,不在一起吃饭,不在一个庙里拜神,平日也基本上不交往,富人与穷人是两股道上跑的车,井水不犯河水,少了攀比和妒嫉之心。少了攀比和妒嫉之心。穷人的心态比较平和,你是个穷人,但当你周围居住的和打交道的人也都是穷人,甚至有的比你还穷时,你可能就没有穷的感觉了。穷人富人混居一起,更会增加穷人的被剥夺感,徒增痛苦。

第三点,交换模式的特点:"单惠型交换模式"。人与神的关系是单方面依赖,而不是相互依赖。人向神祈祷,神会赐给人一切,而人却不必对神还报,这就是"单方面依赖"。阶序人的交换模式是一种"单惠型"模式。印度教徒在处理人际关系时,也受与神明关系的影响,具有一种不去使"责任"与"报酬"达到平衡的心理倾向。人与人交换的平衡,是通过那个无所不包的超自然之"法"达到的。此种模式下,人也是依赖性的,但这种依赖并不是建立在互酬基础上,而是基于超自然之"法",是通过履行那个以"终极实在"为顶点、无所不包的超自然之"法"达到平衡。给与者不一定期望有具体的还报,而是希望获得解脱或改变来世的地位。领受者并不对自己所处的领受地位感到有什么不好,也不认为从别人那里领受的东西一定要还报,而是认为这种还报会通过神来自然安排。布施和乞食行为的普遍存在可以说是印度教徒非互惠关系的最彻底的表现。一方是不希求任何报偿的给与,另一方是不打算作任何报偿的领取。此种模式下,人与人之间较难建立相互信赖、相互依赖的关系,也较难建立忠诚心。

印度的乞讨现象为什么特别多?文化上的原因就是单惠型人际关系模式。在印度,遇到一个很小的孩子,就会伸手跟你要钱。有材料说,印度有几百万乞丐。但须注意,印度很多乞丐并不是穷人,而且地位并不低,按照过去的规定,最高种姓婆罗门,就以乞讨为生。并不是因为生活贫困而乞讨,在印度的古典记录里,乞讨是人解脱的一种手段,所以一些富人乞讨,国王有权势,有财富,但是他们每年也象征性地乞讨。所以在印度教文化中,乞讨并不被认为是可耻的,相反,没有任何财产,可能被评价为离神更近。平均每125人中就有一名是乞食者。其中有的是"白领乞丐"乞讨,一种可以不考虑回报的索取。"'至高绝对者'是公平的,我们只是拿回了我们应得的部分。"(乞丐语)有一些文明乞丐,他们大多数是受过教育和有钱家庭的人。他们有的是为了求得精神安慰而离开了家,也有的是为了逃避不满满意的婚姻。人们把这一类乞丐称为"白领乞丐"。这些乞丐以自己的行当为荣,并振振有词地进行辩解。一个乞丐对一位西方记者说:"你当然对印度非常了解,我国笃诚的宗教信徒尤其多,你大概也听说过施舍,越是乐施好舍者,其业绩越大,功果越佳。所以富人施舍积德业,而我们也不无自豪,因为是我们给了他们积德的机会。"

但另一方面,施舍行为在印度也相当普遍。许多印度知识分子、富人,都看轻身外之物,不注重物质享受,很容易放弃财产。甚至一夜之间就决定把终身积攒的财富全部贡献出来,用来造福社会。施舍在印度宗教中是非常受推崇的美德。施舍是一种不要求还报的给予。印度很多著名的人把财产施舍给别人,施舍给更需要帮助的人。如果你很富有,应当施舍,如果你不富有,没有财产,也同样可以施舍,施舍精神通过佛教影响了中国人。如,佛教提倡的的"无财七施":和颜施、言施、心施、眼施、身施、座施、房施。我在南印度泰米尔纳德邦坦焦尔县的库土尔村考察时了解到,该村有一个做生意发财的人,每年向坦焦尔神庙施舍。印度的神庙是救助单位,社会救济所。很多人没饭吃,就到庙里面去,所以,印度最大的慈善机构是神庙。施舍是很伟大的事业。这样,施舍和乞讨这两个东西看似是相反的行为,一个是我不打算给你回报的,我没有任何回报地向你乞求东西,一个是我给你东西不要求任何回报,这两种行为遵循的是一个原理,什么原理?单惠型交换原理。什么是单惠型交换原理?印度教中,有一个"法"的概念,这个"法"不是法律的"法",而是宗教上的"法",是超自然的"法"。他对所有人都是平等的,等价的,但是这个等价不是像我们中国人的"礼尚往来","投桃报李","你敬我一尺,我敬你一丈",而是在宗教的"法"之下的平衡。我向你乞讨,不回报你,最高的神会安排的,你会得到好报。向你乞讨,不是你在帮助我,而是我在帮助你;给你做好事、获得宗教超越的机会。所以,印度的乞丐不仅比中国多,而且比中国的乞丐更理直气壮,更具有理论上的支撑。

美国富翁比尔·盖茨和沃伦·巴菲特在 2011 年 3 月访问印度,劝说印度富豪捐助美国富人办的慈善事业,其实,盖茨和巴菲特应当向印度人学习慈善。印度人是施舍精神是最彻底,最无私的。美国有许多慈善家拿出自己财产的一部分捐献给慈善机构,并高调地宣传自己的行为。美国人慈善事业的特点是:第一,一定是很有钱的人才这样做,有钱人一般只是拿出一小部分钱来办慈善事业,而在印度,再穷的人也施舍,没有财产,也可以施舍;第二,美国人的慈善,从社会得到丰厚的利益回报。办慈善能提高知名度,获得高尚的名声,可以避税,对事业发展有利。慈善事业还是富人(并不一定高贵)成为上等人身份的重要标志。也就是说富人搞慈善,也是经过现实利益回报算计的,特别是一些大型企业的慈善行为,更是具有广告的性质,即所谓花少量的钱赚更多的钱。阶序人社会所鼓励的施舍行为,不要求有现实利益的回报,施舍的人不要爱好名利,不要贪图福报,实行彻底的单惠型交换,才是真正的施舍,才被认为是接近神明、达到精神超越的手段。所谓"施比受更有福"就是这个道理。

单方面依赖对人际关系也产生了影响。一些与印度人交往的中国人常常抱怨说,印度人爱占小便宜,他们会主动向你索要东西。我在南印度村落调查时候就遇到了这样的情况。为我做翻译的,是一个印度小伙子,大学毕业。我雇他做翻译,每天付他工钱,他仍向我要东西:看到我的圆珠笔,想要,就把笔给了他。又向我要袜子、电子表。他看到我的衬衣,说中国的衬衣不错啊,你可不可以送我一件?我感到为难,不想给他,却又不好意思驳回他的面子,便推脱说,没有带多余的衬衣,回德里以后看看有没有多余的,若有,再送你吧。其实我是在搪塞,用中国人的话说是"婉拒"。回德里后,我就忘记了这件事。后来他的爸爸打电话给我说,听说你要送我儿子一件衬衣。我很惊讶：他怎么还记得（笑）？我那是搪塞呀。后来他爸爸出差到新德里找我，问我要衬衣，我只得给了他一件短袖。当时我就觉得，印度人的确是爱占小便宜！但是后来想想，想明白了：是它们的想法跟我们的想法不一样，这是交往中的"文化冲突"。我们中国人通常是礼尚往来，重视人情，不轻易的向别人张口要东西，因为你索要东西，就要还报别人的。如果向别人开口要东西，那肯定是很重大的事情，别人一般也不会驳回你的面子。但是在印度不是这样。你是一个外国人，虽然我们也不是很富有，但他们把外国人看成地位很高的人，地位低的人和地位高的人之间不是相互回报的关系，而是单惠型关系。就像人跟神的关系，人向神祈祷，获得一切，但是人不需要向神还报什么。我们中国人认为，拒绝别人的要求，"面子"上不好受，"面子"思想是我们中国人的想法。这一点对印度人不灵。你如果不想送他东西，可以明确地拒绝他，但是你不能搪塞，不能说了送，而实际不送。我以为我是委婉地拒绝，但他们不是这样想，认为你是一种承诺。有机会跟印度人交往，你要多考虑考虑，不想答应的事情，要明确拒绝。很多时候，问题是出在我们自己身上。

阶序人的交换模式也影响到印度官员的腐败方式上。印度与中国都有腐败现象，并且都很严重，也有很多是相似的。但两国的腐败有两点不同：一，印度的腐败，下层官员比上层严重，呈金字塔型。中国腐败，上层比下层严重，呈倒金字塔型。原因就是阶序人的"单惠型"交换模式：地位越低，越有依赖思想，向地位高、富裕的人索贿是正常的，正像乞丐乞讨一样。而地位高的官员，较不容易腐败。二，中国一旦某个官员受贿，他就信守承诺，这笔贿赂肯定会有"回报"，这出于中国人"相互依赖"的人际关系模式。我们讲"吃人家嘴软"、"拿人家的手短"，而在印度，当某个人受贿之后，你不能保证会看到立竿见影的效果，也不能保证他不会马上再次索贿。

三、如何看待印度人和印度文化

印度是古代中国知识分子仰慕的地方，唐僧西天取经就是去印度。近代知识分子，谭云山、徐梵澄等人都很崇拜印度文化，并在印度学习过。大学者梁漱溟对印度文化的观点是：西方文化偏重解决人与物质关系，取得了很大的成就。中国文化偏重解决人与人的关系，现在的世界很需这方面的经验。印度文化偏重解决精神问题,未来的世界将是印度的世界。

现在的中国太浮躁,太物质主义,所以瞧不起印度。到印度去过的中国人,有正面评价的不多,大都抱怨印度落后、经济不发达,脏、乱、差。我看到一篇游印度的文章,最后得出的结论竟是:"你想惩罚他吗?那就让他去印度吧!"但印度是一个曾经对人类文明做出贡献、对今天我们的生活仍能带来启发的伟大文明。对印度,我们应当谦虚一点。

我想,印度人身上至少有两点,是我们应当学习的。

首先,是印度人文化上的自信。诺贝尔奖获得者阿马迪亚·森有一本书,叫《惯于争鸣的印度人》,讲印度人喜欢争论,敢于表达自己的观点,又包容不同观点,这是现代印度政治民主的民性基础。的确,印度人有这样的特点。印度大学生,个性比较鲜明,有独立思考能力。大学的学生社团很有活力。我们看到,今日的印度,仍在有力地抵制西方文化、价值观对印度侵蚀。媒体报道,今日印度人仍在抵制美国麦当劳公司在印度开店,抵制过西方的情人节。你在世界上一些大机场和城市,会看到大包头、光脚的印度人,充满信心地行走,你不能不佩服他们身上的勇气和自信。当年圣雄甘地,裹着一块布,牵一头山羊(因为要喝羊奶),跟西装革履的英国绅士坐在一起讨论印度独立问题,那是一种多么强大的文化上的自信!中国人缺乏根深蒂固的宗教,很在意外界的看法,容易"跟风",想法和行为容易变化。印度人的这种自信,源于阶序人自我认知模式的特殊性。阶序人的"自我",既不是像西方"个人"那样的独立型自我,也不是像中国人(其基本人际状态为"伦人")那样的相互依赖型自我,而是一种神性自我,这种类型的自我是高度精神性的,它能够给个体以更大的精神上的支撑和文化上的自信。在世界正在"全球化"、人们普遍产生文化认同困惑的今天,阶序人自我认知上的这种特点能够给印度人更强的对自身文化的认同感。印度人总是感觉良好,不太在别人如何评价自己。有时候,这种自信甚至达到自恋的地步。据美国皮尤研究中心的一份调查材料,对全世界47个国家进行的调查后得出结论:"世界上,印度人最自恋。"该调查显示,93%的印度人认为本国文化是世界上最好的文化;另有63%的印度人认为印度在任何方面都比别的国家好。有一个段子说,印度人到中国上海,说上海发展太快了,快赶上我们的孟买了。实际上,上海的发展远超过孟买。

太强烈的自我认同,有时候会拒绝外来的东西。我们在印度的时候,有一次到外面旅行,早上起得很早,没有公共汽车,我们想坐三轮车,我们给司机双倍的价钱,司机却不拉我们,他的理由是:我还没有祈祷呢。在我们看来,他的这种有钱不挣的行为很奇怪。但在他的思想里,有比钱更重要的东西。印度这些年的发展没有中国快,新德里修一条公路,几年还是老样子,没有进展。不像我们北京修路,头一天是这样,第二天再去看,就大变样了。但印度的经济发展,没有到中国这样不惜一切代价的地步。印度人不慌不忙地生活,不怕别人笑话他们落后,这一点对我们中国人有启示作用。

还有一点,是强调精神生活,对物质生活的淡定。中国和印度都在努力实现代化,发展经济,但是必须认识到,目前的蔓延世界的经济发展模式是不可持续的。消费主义像瘟疫一样在全世界蔓延,这也可以说是西方社会"贡献"。举个生活中的例子。过去中国人和印度人入厕都不使用手纸,因为在过去,纸是一种昂贵的东西,日常生活中很少用到。现在生活习惯改变了,包装纸、手纸、餐巾纸、卫生巾等在日常生活中大量使用。如果印度人和中国人都达到美国人的生活水平,仅就入厕用纸一项,数量就大得惊人。有人计算过,中国和印度若都赶上目前美国人的用纸量,总消费量将达到5亿多吨,是全世界目前纸张产量(1.61亿吨)的三到四倍!若全世界都达到这样的标准,恐怕把所有森林砍光也不够造纸!再如,美国年人均粮食消费量大约是1046公斤,是印度人粮食消费量的6倍;人均年消费肉类124公斤,是印度人的30多倍。印度有相当多的素食人者(关于印度素食者占人口的比例,从30%到60%有各种说法,按最保守估计,印度食素人口为3亿多),印度主流社会大部分食素。60年前中国肉类消费人均每年4公斤,随着生活方式的不断西化,2008年这个数字为54.8公斤。虽然还不到美国人均消费量的一半,但却比60年前增长了12.7倍。目前世界人口已经达到70亿,而根据科学家的推算,如果所有人都食素,地球上14亿公顷的耕地最多能养活90亿到100亿人。但目前世界上相当一部分人不愿意食素,而随着非西方社会的"现代化",西方的肉食生活方还在逐渐扩散。这样下去,地球能养活的人口会大大下降。因此,抛开肉食带来的健康问题、精神问题不说,至少从保护环境的角度看,印度人的这种生活方式给现代人带来启示。圣雄甘地曾经清醒地认识到这一点,认为中国和印度如果都过上西方那样的生活,一个地球根本不够用。在这一点上,我认为印度文化能够为我们人类未来提供借鉴作用。

试论印度经典的汉译①

姜景奎

【作者简介】 姜景奎,北京大学东方文学研究中心、南亚研究中心教授。研究方向:印度近现代语言文学、印度宗教及南亚文化。

一、概念界定

何谓经典?经,"织也",本义为织物的纵线,与"纬"相对,后被引申为典范之作。典,在甲骨文中上面是"册"字,下面是"大"字,本义为重要的文献,例如传说中五帝留下的文献即为"五典"。② 又《尔雅·释言》中有"典,经也"一说,可见早在战国到西汉初年间,"经"、"典"二字已经成为近义词,"经典"也被用作一个双音节词。

先秦诸子的著作中有不少以"经"为名,例如《老子》中有《道经》和《德经》,故也名为《道德经》,《墨子》中亦有《墨经》。汉罢黜百家之后,"经"或者"经典"日益成为儒家权威著作的代称。例如《白虎通》有"五经何谓?谓《易》《尚书》《诗》《礼》《春秋》也"一说,《汉书·孙宝传》有"周公上圣,召公大贤。尚犹有不相说,著于经典,两不相损"一说。然而,由印度传来的佛教打破了儒家对这一术语的垄断。自汉译《四十二章经》以来,"经"便逐渐成为梵语词 sutra 的标准对应汉译,"经典"也被用以翻译"佛法"(dharma)③。随着佛教在中国的传播和发展,类似以"经典"指称佛教权

---

① 本文是教育部人文社会科学重点研究基地重大项目"《苏尔诗海》翻译与研究"(项目批准号:11JJD750006)的阶段性成果之一。
② "典,五帝之书也。"——《说文》
③ "又睹诸佛,圣主师子,演说经典,微妙第一。"——《妙法莲华经》卷一·《序品》(T09, no. 262, c18—19)。

威著作的说法也多了起来。① 到了近代，随着西学的传入，"经典"不再局限于儒释道三教，而是用以泛指权威、影响力持久的著作。

来自印度的佛教虽然影响了汉语"经典"一词的语义沿革，但这又可以反过来帮助界定何为印度经典。汉译佛经具体作品的名称多以 sutra 对应"经"，但在一般表述中，"佛经"往往也囊括经、律（vinaya）、论（abhidharma）三藏。例如法显译《摩诃僧祇律》（Mahasanghika-vinaya）、玄奘译《瑜伽师地论》（Yogacarabhumi-sastra），均被收录在"大藏经"之中，其工作也统称为"译经"。来华译经的西域及印度学者多为佛教徒，故多以佛教典籍为"经典"。不过也有一些非佛教徒印度学者将非佛教著作翻译为汉语，亦多冠以"经"之名，其中不乏相对世俗、与具体宗教义理不太相关的作品，例如《婆罗门天文经》《婆罗门算经》《啰嚩拏说救疗小儿疾病经》（Ravankumaratantra）等。如此，仅就译名对应来说，古代汉语所说的"经典"可与 sutra、vinaya、abhidharma、sastra、tantra 等梵语词对应，这也基本囊括了印度古代大多数经典之作。

然而，古代中印文化交流也有一定的局限性，若以现在对经典的理解以及对印度了解的实际情况来看，"吠陀"、"梵书"、"森林书"、"奥义书"、"往世书"等古代宗教文献，两大史诗、古典梵语文学著作等文学作品以及与语法、天文、法律、政治、艺术等相关的专门论著都是印度经典不可或缺的部分。从语言来看，除梵语外，巴利语、波罗克利特语、阿波布朗舍语等古代语言，伯勒杰语、阿沃提语等中世纪语言，印地语、孟加拉语、乌尔都语等现代语言，以及殖民时期被引入印度并在印度生根发芽的英语都在不同的历史时期承载了印度经典的传承。

二、古代中国对印度经典的汉译

经典翻译，是将他者文明的经典之作译为自己的语言，以资了解、学习，乃至融合、吸纳。这一文化行为首先需要一个作为不同于自己的"他者"客体具有足以令主体倾慕的经典之作，然后需要主体"有意识"地开展翻译工作。印度文明在宗教、哲学、医学、天文等方面的经典之作具有较高的知识水平，在不同时代对中国社会各阶层产生了独特的吸引力。中

---

① "佛涅槃后，世界空虚，惟是经典，与众生俱。"——白居易《苏州重玄寺法华院石壁经碑》。

印文明有着甚深渊源,很早就有了互通记录,在商品贸易、神话传说、天文历法等方面已有学者尝试考证。① 随着张骞出使西域,佛教传法僧远来东土,中印之间逐渐建立起"自觉"的往来,古代中国对印度经典的汉译也在汉代以佛经翻译的形式得以展开。

1. 佛教经典汉译

毫无争议,自已佚的《浮屠经》②以来,佛教经典汉译在古代中国对印度经典的翻译中占有主流地位。译经人既有佛教僧人,也有在家居士,既有本土学者,也有西域、印度的传法僧人。仅以《大唐开元释教录》以及《贞元新定释教目录》的统计为例,从东汉永平十年至唐贞元十六年的734年间,先后有185名重要的译师翻译了佛经2412部7352卷(详见表1),成为人类历史上少有的翻译壮举。

表1 东汉至唐代汉译佛经规模③

朝代	时代	重要译师人数	部数	卷数
东汉	永平十年—延康元年(154年)	12	292	395
曹魏	黄初元年—咸熙二年(46年)	5	12	18
孙吴	黄武元年—天纪四年(59年)	5	189	417
西晋	泰始元年—建兴四年(52年)	12	333	590
东晋	建武元年—元熙二年(104年)	16	168	468
苻秦④	皇始元年—太初九年(45年)	6	15	197

---

① 季羡林《中印文化交流史》(新华出版社,1993年)及薛克翘《中国印度文化交流史》(昆仑出版社,2008年)中部分内容均介绍了相关观点。

② 学术界关于第一部汉译佛经的认定,历来观点不一。不少学者认为,《四十二章经》是第一部汉译佛经;但有学者经过考证发现,西汉哀帝元寿元年(公元前2年)大月氏使臣伊存口授的《浮屠经》应该是第一部,可惜原本失佚,后世知之甚少。目前,学术界基本倾向于认为《浮屠经》为第一部汉译佛经,并已意识到《浮屠经》在中国佛教史及学术史上的重要地位。参见方广锠"《浮屠经》考"(载《法音》,1998年第6期)。

③ 本表主要依据《大唐开元释教录》整理而成,其中唐代的数字引用的是《贞元新定释教目录》。

④ 即前秦。

姚秦[1]	白雀元年—永和三年(34年)	5	94	624
西秦	建义元年—永弘四年(47年)	1	56	110
前凉	永宁元年—咸安六年(76年)	1	4	6
北凉	永安元年—承和七年(39年)	9	82	311
刘宋	永初元年—升明三年(60年)	22	465	717
萧齐	建元元年—中兴二年(24年)	7	12	33
前梁	天监元年—太平二年(56年)	8	46	201
后魏[2]	皇始元年—武定八年(155年)	12	83	274
高齐[3]	天保元年—承光元年(28年)	2	8	52
周[4]	闵帝元年—大定元年(25年)	4	14	29
陈	永定元年—祯明三年(33年)	3	40	133
隋	开皇元年—义宁二年(38年)	9	64	301
唐[5]	武德元年—贞元十六年(183年)	46	435	2476

自东汉以来的约6个世纪中,大量佛教经典被译为汉语,其历程与佛教在中国的传播历程基本同步。在这一过程中,涌现出了许多重要译师,仅译经50部或100卷以上的译师就有16人(详见表2),其中又以鸠摩罗什、真谛、玄奘、义净、不空所作出的贡献最为卓越,故此他们被称为"汉传佛教五大译师"。他们的生平事迹和具体贡献在许多佛教典籍中均有叙述,此不赘述。

---

[1] 即后秦。
[2] 包括北魏、东魏、西魏。
[3] 即北齐。
[4] 即北周。
[5] 唐代数据至德宗贞元十六年(公元800年)为止,并不完整。但考虑到贞元年后,大规模译经基本停止,故此数据亦有相当高的参考价值,至贞元十六年,唐代已经译经435部2476卷,足以确立其在中国译经史上的地位。

表 2　译经 50 部或 100 卷以上的译师

时代	朝代	人名	译经部数	译经卷数
三国西晋	孙吴	支谦	88	118
	西晋	竺法护	175	354
东晋十六国	东晋	竺昙无兰	61	63
		瞿昙僧伽提婆	5	118
		佛陀跋陀罗	13	125
	北凉	昙无谶	19	131
	姚秦	鸠摩罗什	74	384
南北朝	刘宋	求那跋陀罗	52	134
	魏	菩提留支	30	101
	陈	真谛	38	118
隋唐	隋	阇那崛多	39	192
	唐	玄奘	76	1347
		实叉难陀	19	107
		义净	68	239
		菩提流志	53	110
		不空	111	143

自唐德宗之后，译经事业由于政局等多方面因素影响而受阻，此后又经历了唐武宗和后周世宗两次灭佛，佛教在中国的发展受到冲击。直到公元982年，随着天竺僧人天灾息和施护的到访，北宋朝廷才重开译经院，此时距唐德宗年间已有约两百年，天灾息等僧人不得不借助朝廷的力量重新召集各地梵学僧，培养本土翻译人才。在此后的约半个世纪中，他们总计译出五百余卷佛经。此后，汉地虽有零星译经，却再也不复早年盛况，古代中国对印度经典的汉译逐渐落下帷幕。

2. 非佛教经典汉译

佛教经典汉译占据了古代中国对印度经典汉译的主流，除此之外，其他一些印度经典也被译为汉语。这些文献大致可以分为两类：第一类是在翻译佛教经典的过程中无意之中被译为汉语的,尤其是佛教文献中所穿插的印度民间故事等。① 第二类是在翻译佛教经典之外,有意翻译的非佛教经典,例如婆罗门教哲学、天文学、医学著作等,尽管数量无法与佛教经典相提并论,但这些非佛教经典的翻译在一定程度上体现了中华文明对印度文明的关注开始逐渐由佛教辐射到印度文明的其他领域,不过从译者的宗教信仰以及对经典的选择来看,这类汉译大部分是佛教经典翻译的附属产品。

其他哲学经典汉译

自产生以来,佛教与印度其他思潮之间既有争论,也有共通之处。因而,在佛教经典的汉译过程中,中国人也逐渐接触到了印度的其他哲学。有关这些哲学派别的基本介绍散见于包括佛经、梵语工具书、僧人传记的作品中,例如《百论疏》对"吠陀"、"吠陀支"、数论、胜论、瑜伽论,甚至与论释天文、地理、算术、兵法、音乐法、医法的各种学派相关的记载、注释和批判也可以在这些作品中找到。② 很有可能出于佛教对数论派和胜论派知识的尊重以及辨析外道与佛法差别的需要等原因,真谛和玄奘才分别译出了数论派的《金七十论》和胜论派的《胜宗十句义论》。③ 这两部经典的汉译在一定程度上拓宽了中国知识界对印度哲学的视野,但其翻译在很大程度上受到了佛教对其他哲学派别好恶的影响,依然是在佛教经典汉译的主导思路下完成的。

非哲学经典汉译

除宗教哲学经典外,古印度的天文学、数学、医学在人类科学史上也具有重要地位,其中一些著作也被译为汉语。早期印度天文学经典多以佛教经典的形式由传法僧译出。④ 隋唐时期,天文学著作汉译逐渐出现了由非佛教徒印度天文学家主导的潮流。据《隋书》记载,印度天文著作

---

① 新文化运动以来,这一领域已有多部论著问世,此不赘述。

② 宫静:"谈汉文佛经中的印度哲学史料——兼谈印度哲学对中国思想的影响",《南亚研究》,1985 年第 4 期,第 52—59 页。

③ 《金七十论》译自数论派的主要经典《数论颂》(Samkhya-karika),相传为 3、4 世纪自在黑(Isvarakrsna)所作。《胜宗十句义论》的梵文原本已佚,从内容看属于胜论派较早的经典著作。参见黄心川"印度数论哲学述评——汉译《金七十论》与梵文《数论颂》对比研究"(载《南亚研究》,1983 年第 3 期,第 1—11 页)。

④ 例如安世高译《佛说摩邓女经》、支谦等译《摩登伽经》、竺法护译《舍头谏太子二十八宿经》等。

有《婆罗门天文经》《婆罗门竭伽仙人天文说》《婆罗门天文》。① 瞿昙氏（Gautama）、迦叶氏（Kasyapa）和拘摩罗氏（Kumara）三个印度天文学家氏族曾先后任职于唐代天文机构太史阁，其中瞿昙氏的瞿昙悉达翻译了印度天文学经典 *Navagraha-siddhanta*，即《九执历》。② 此外，印度的医学、数学、艺术经典也因其实用价值通过不同渠道被介绍到中国，其中一些著作或部分或完整地被译为汉语。

3. 落幕与影响

中国古代的印度经典汉译在唐代达到巅峰，此后逐渐走向低谷，无论是数量还是质量都难以达到唐代的水平。造成这一现象的原因主要有两个方面：一方面，唐代中后期，阿拉伯帝国的崛起以及唐朝与吐蕃关系的恶化阻断了中印之间两条重要的陆路通道：西域道和吐蕃道，之后五代十国以及宋代时期，这两条通道均未能恢复，只有南海道保持畅通。③ 另一方面，中国宗教哲学的发展和印度佛教的密教化这两种趋势决定了中国对印度佛教经典的需求逐渐下降。在近千年的历程中，佛教由一个依附于黄老信仰的外来宗教逐渐在汉地生根发芽，成为汉地宗教生活不可缺少的一部分，其作为"中国佛教"的独立性日益增强。甚至权威如玄奘，也不能将沿袭至那烂陀寺戒贤大师的"五种姓说"完全嵌入汉地佛教的信仰之中。汉地"伪经"的层出不穷也从某种角度反映了佛教的中国本土化进程。不空等人在中国传播密教虽然形成了风靡一时的"唐密"，但未能持久。究其根本在于汉地佛教的发展受到本土儒家信仰的影响，很难与融合了婆罗门教信仰的佛教密宗契合。此外，本土儒家、道家也在吸纳佛教哲学的基础上有了新的变革。至宋代，三教合一的趋势逐渐显现，源自印度但已本土化的佛教与儒家、道家的融合进一步加深，致使对印度经典的

---

① 《隋书·经籍志》，中华书局，1982 年，第 1019 页。

② 参见 P. C. Bagchi, *India and China: A Thousand Years of Cultural Relations*. 1981, Calcutta, Saraswat Library, p. 212. 此后，依然有传法僧翻译佛教天文学著作的记载，具体参见郭书兰"印度与东西方古国在天文学上的相互影响"（载《南亚研究》，1990 年第 1 期，第 32－39 页）。

③ 菩提迦耶出土的多件北宋时期前往印度朝圣的僧人所留下的碑铭证明，宋代依然有僧人前往印度朝圣，且人数不少。法国汉学家沙畹（E. Chavannes）、荷兰汉学家施考德（G. Schlegel）、印度学者师觉月（P. C. Bagchi）等国外学者在这方面均有讨论，具体参见周达甫"改正法国汉学家沙畹对印度出土汉文碑的误释"（载《历史研究》，1957 年第 6 期，第 79－82 页）。

诉求越来越少。由此，义理上的因素使得中国的知识分子不再追求印度佛教的哲学思想；再者，随着佛教在印度的衰落，以及中国佛教自身朝圣体系的建立和完善，前往印度朝圣也失去了意义。

中国古代对印度经典的汉译始于佛教，也终于佛教。尽管如此，古代中国对以佛教经典为主的印度经典汉译已经在中国历史上烙下了深刻的印记，其影响是持久和多方面的。在这一过程中，译师们开创的汉译传统给后人翻译印度经典留下了巨大财富：

其一，汉译印度经典除早期借助西域地方语言外，主要翻译对象都是梵语经典，本土学者和外来学者编写了不少梵汉工具书。其二，一套与印度宗教哲学术语对应的意译和音译相结合的汉译体系得以建立。由于佛教经典的流传，很多术语已经成为汉语的常用语，广为人知。其三，除术语对应外，梵语作品译为汉语需要克服语法结构、文学体裁等方面的限制，其实践在一定程度上影响了汉语的一些表达法。① 如此等等都为后人继续翻译印度经典提供了便利之处。

更为重要的是，历史上重要的译师摸索出了一套大规模翻译经典的方式方法，他们的努力对于后继的翻译工作来说具有很高的参考价值。经过早期的翻译实践，鸠摩罗什译经时便开始确立了译、论、证几道基本程序，并辅之以梵本、胡本对勘和汉字训诂，经总勘方定稿。在姚秦朝廷的支持下，鸠摩罗什建立了大规模译场，改变了以往个人翻译的工作方式，配合翻译方法上的完善，大大提高了译经的效率和质量。唐代译场规模更大，翻译实践进一步细化，后世记载的翻译职司包括译主、证义、证文、度语、笔受、缀文、参译、刊定、润文、梵呗等十余种之多。

此外，先人还摸索出了一套翻译人才的培养模式，隋代译师彦琮曾以"八备"总结了译师需具备的一系列条件，具体内容为：

> 一诚心受法，志在益人；二将践胜场，先牢戒足；三文诠三藏，义贯五乘；四傍涉文史，工缀典词，不过鲁拙；五襟抱平恕，器量虚融，不好专执，耽于道术，淡于名利，不欲高衔；六要识梵言；七不坠彼学；八博阅苍雅，粗谙篆隶，不昧此文。②

---

① 例如汉语中常见的"所＋动词"构成的被动句就可能源自对佛经的翻译。参见朱庆之"汉译佛典中的'所 V'式被动句及其来源"（载《古汉语研究》，1995 年第 1 期，第 29—31、45 页），及其他相关著述。

② 《释氏要览》卷 2，T54, no. 2127, b21—29。

这八备之中,既有对译者宗教信仰、个人品行的要求,也有对梵语、汉语表达的语言技能以及对佛教义理的知识掌握等方面的要求,今天看来,依然有很大的借鉴意义。

三、近现代中国对印度经典的汉译

佛教在印度的衰落及消亡使中印失去了最为核心的交流主题。中国对印度经典的汉译停留在以梵语为主要媒介、以佛教经典为主要对象的时代,自11世纪末[①]至20世纪初,这一停滞状态持续了数个世纪之久。19世纪中后期,印度士兵和商人随着欧洲殖民者的战舰再次来到中国,中印之间的交往以一种并不和谐的方式得以恢复。中印孱弱的国力和早已经深藏故纸堆的人文交往传统都不足以阻挡西方诸国强势的物质力量和文化力量,中印人文交往便在这新的格局中,借助西方列强构建起来的"全球化"体系开始复苏。

由于缺乏对印度现代语言和文化的了解,早期对印度经典的译介在语言工具和主题设置两个层面均在一定程度上受制于西方的话语体系。20世纪上半叶我国对泰戈尔作品的译介便是明证。1913年,泰戈尔自己译为英语的诗集《吉檀迦利》以英语文学作品的身份获得诺贝尔文学奖,这在当时的世界文坛引起了轩然大波,对当时正在探索民族出路的中国知识分子来说同样具有很大的震撼力和吸引力。陈独秀在1915年10月15日出版的《青年杂志》上刊载了自己译自《吉檀迦利》的四首《赞歌》,为此后持续了近一个世纪、并且至今依然生机勃勃的泰戈尔著作汉译工程拉开了序幕。据刘安武统计,至1949年中华人民共和国成立止,"我国翻译介绍了印度文学作品40种左右(不包括发表在报刊上的散篇)。这40种中占一半的是泰戈尔的作品"。[②] 泰戈尔之所以在我国受到格外关注固然始于西方学术界对他的重视,但他的影响如此之大亦在于他的作品恰好满足了当时中国在文学思想领域的需求。首先,从语言文学来看,泰戈尔的主要创作语言是本土的孟加拉语,而非印度古典梵语。这引起了当时正致力于推广白话文的中国知识分子的广泛关注,并被视为白话文

[①] 宋神宗元丰五年(1082年)废置译经院,佛教经典汉译由此不再。
[②] 刘安武:"汉译印度文学",《中国翻译》,1991年第6期,第44—46页。

替代古文的成功榜样。① 此外，泰戈尔的文学创作，尤其他的散文诗为当时正在摸索之中的汉语诗歌提供了一个重要的参考对象。其次，从思想上来说，泰戈尔的思想与当时作为亚洲国家"先锋"的日本截然相反，为当时正在探索民族出路的中国知识分子提供了另一个标杆。于是，泰戈尔意外地成为中印之间自佛教之后的又一重大交流主题。尽管中国知识分子对其思想和实践的评价并不一致，许多学者依然扎实地以此为契机重启了中国翻译印度经典的进程。当时中国尚未建立起印度现代语言人才培养机制，因此早期对泰戈尔作品的汉译多转译自英语。凭借译者深厚的文学功底，不少经典译作得以诞生，尤其是冰心、郑振铎等人翻译的泰戈尔诗歌，时至今日依然在中国广为流传。

与泰戈尔一同被引介到中国的还有诸多印度民间故事文学作品。② 如前文所述，古代翻译印度经典时就有不少印度民间故事被介绍到中国，但多以佛教经典为载体。③ 近现代以来，印度民间文学以非宗教作品的形式被重新介绍过来。这在很大程度上是因为"中国缺少创作儿童文学的传统"④，印度丰富的民间文学正好满足了中国读者的需求。与此同时，印度民间文学与中国文学之间的关系也日益进入中国学者的视野，"中印文学比较研究"这一新的研究领域开始初露端倪，其研究领域最广为人知的课题之一便是《西游记》中孙悟空形象与《罗摩衍那》中哈奴曼形象渊源，当时许多新文化运动的大家都参与其中，鲁迅、叶德均认为孙悟空形象源于本土神话形象"无支祁"，胡适、陈寅恪、郑振铎则认为孙悟空形象源于哈奴曼。⑤

---

① 胡适向青年听众强调泰戈尔对孟加拉语文学的贡献时说："泰戈尔为印度最伟大之人物，自十二岁起，即以阪格耳（孟加拉）之方言为诗，求文学革命之成功，历五十年而不改其志。今阪格耳之方言，已经泰氏之努力，而成为世界的文学，其革命的精神，实有足为吾青年取法者，故吾人对于其他方面纵不满足于泰戈尔，而于文学革命一段，亦当取法于泰戈尔。"（载《晨报》，1924年5月11日）

② 参见刘安武"汉译印度文学"（《中国翻译》，1991年第6期，第44—46页）。

③ 参见薛克翘：《中国印度文化交流史》，昆仑出版社，2008年，第261—265页。

④ 刘安武："汉译印度文学"，《中国翻译》1991年第6期，第44—46页。

⑤ 参见鲁迅《中国小说史略》（《鲁迅全集》第9卷，人民文学出版社，1981年）、《中国小说的历史的变迁》（《鲁迅全集》第9卷，人民文学出版社，1981年）、胡适《〈西游记〉考证》（《胡适文存》第2集第4卷，亚东图书馆，上海，1924年）、陈寅恪《〈西游记〉玄奘弟子故事之演变》（《金明馆丛稿二编》，上海古籍出版社，1982年）、郑振铎《〈西游记〉的演化》（《郑振铎全集》第4卷，花山文艺出版社，石家庄，1998年）、叶德均"无支祁传说考"（载《戏曲小说丛考》，中华书局，北京，1999年）等。

自西方语言转译印度经典的尝试为增进对印认知、重燃中国知识界和民众对印度文化的兴趣起到了积极作用,许多掌握西方语言的汉语作家投身其中,其翻译作品受到读者喜爱。然而,转译的不足也显而易见,因此,对印度经典的系统汉译需要建立一支如古代梵汉翻译团队一样的专业人才队伍。

1942年,出于抗战需要,民国政府在云南呈贡建立了国立东方语文专科学校,设有印度语科,开始培养现代印度语言人才。1946年,季羡林自德国学成回国,在北京大学创设东语系并教授梵语;[①]1949年,国立东方语文专科学校并入北京大学东语系。东语系开设梵语——巴利语、印地语、乌尔都语三科印度语言专业,并很快培养出了第二代印度语言专业队伍。随之,印度经典得以从原文翻译。第一代学者季羡林、金克木领衔的梵语团队翻译了印度大史诗《罗摩衍那》及以迦梨陀娑为代表的印度古典梵语文学作家的许多作品,如《沙恭达罗》《优哩婆湿》《云使》《伐致呵利三百咏》等,并启动了《摩诃婆罗多》等经典作品的翻译;旅居印度的徐梵澄翻译了"奥义书"[②]及奥罗宾多创作、注释的诸多哲学著作。季羡林、金克木的弟子黄宝生等延续师尊开创的传统,完成了《摩诃婆罗多》、"奥义书"[③]、《摩奴法论》、古典梵语文论、故事文学作品等一系列著作的翻译。与此同时,由第二代学者刘安武领衔的近现代印度语言团队译介了大量的印地语、乌尔都语、孟加拉语等语言的文学作品,其中尤以对印地语/乌尔都语作家普列姆昌德和孟加拉语作家泰戈尔的作品的汉译最为突出。[④] 殷洪元对印度现代语言语法著作的翻译以及金鼎汉对中世纪印度教经典《罗摩功行之湖》的翻译也开拓了新的领域。巫白慧等学者陆续将

[①] 北京大学在上世纪20年代曾聘请俄国学者钢和泰开设梵语课程,但系统的印度语言教学始自季羡林1946年回国任教之后。参见王邦维"北京大学的印度学研究:八十年的回顾"(载《北京大学学报(哲学社会科学版)》,1998年第2期,第100—106页)。

[②] 参见徐梵澄译:《五十奥义书》,中国社会科学出版社,1995年。

[③] 参见黄宝生译:《奥义书》,商务印书馆,2010年。

[④] 刘安武自印地语译出的普列姆昌德作品(集)有《新婚》(贵州人民出版社,1982年)、《如意树》(上海译文出版社,1983年)、《普列姆昌德短篇小说选》(人民文学出版社,1984年)、《割草的女人:普列姆昌德短篇小说新集》(湖南人民出版社,1985年)等,加之其他学者的译介,普列姆昌德的重要作品几乎全被译为汉语。此后,刘安武又主持编译出版了24卷本《泰戈尔全集》(河北教育出版社,2000年),泰戈尔的主要作品均被收录其中。

包括"吠檀多"在内的诸多婆罗门教哲学经典译为汉语。[①] 文献资料是学术研究的基础,这一系列经典汉译成果打破了古代中国对印度经典汉译中存在的"佛教主导"的局限,增加了现代视角,并以经典文献为契机,首次较为全面、系统地介绍了印度文明,奠定了现代中国印度学研究的基础。由这两代学者编订的《印度古代文学史》《梵语文学史》《印度印地语文学史》等著作成为我国现代印度学研究的必读文献。

由于印度文化的独特之处及其在历史上形成的巨大影响力,以现代学术研究的方式开展的印度经典汉译所产生的影响进一步辐射了包括语言、文学、哲学、历史、考古等多个学科领域,并形成了一些跨学科研究领域:

其一,中印文化比较研究。由胡适等老一辈学者开创的"中印文学比较"取得了新的进展,其中一部分研究形成了"中印文化交流史"这一新的学术研究领域;另一部分研究成为"东方文学"研究领域最重要的组成部分,东南亚、西亚等区域文学研究也受益于印度文学研究的开展和所取得的成就。此外,从具体作品到文艺理论的印度文学译介也从整体上进一步拓展了比较文学研究的视野。

其二,佛教研究。现代中国印度经典汉译的范围不再局限于传统的汉语系佛教传统经典,在许多领域都取得了新的突破。在佛教文献来源方面,开拓了对巴利语系和藏语系佛教的研究。[②] 由于梵语人才的培养,我国学者得以恢复梵汉对勘的学术传统。[③] 对非佛教宗教思想典籍的译介也使得对佛教的认识跳出了佛教自身的范畴,对其与其他宗教思想之间的互动与联系有了更加全面的认识。

其三,语言学研究。对梵语及相关语言的研究推动了梵汉对音以及对古汉语句法的研究。一些接受了梵语教育的汉语言学学者结合古代语

[①] 其中重要的译著成果包括巫白慧译《圣教论》(乔荼波陀著,商务印书馆,1999年)、姚卫群译《古印度六派哲学经典》(节译六派哲学经典,商务印书馆,2003年)、孙晶译《示教千则》(商羯罗著,商务印书馆,2012年)等。

[②] 相关成果包括郭良鋆译《佛本生故事选》(与黄宝生合译,人民文学出版社,1985年)、《经集:巴利语佛教经典》(中国社会科学出版社,1998年)以及段晴等译《汉译巴利三藏·经藏·长部》(中西书局,2012年)等。

[③] 自2010年以来,黄宝生主持对勘出版了《入菩提行论》(中国社会科学出版社,2011年)《入楞伽经》(中国社会科学出版社,2011年)《维摩诘经》(中国社会科学出版社,2011年)三部佛经的梵汉对勘本,叶少勇以梵藏汉三语对勘出版了《中论颂》(中西书局,2011年)。

料,尤其是汉译佛经,对古汉语的语音、句法等做出了研究。

四、现状、展望和汉译例解

尽管取得了上述成就,但由于印度文明积累深厚、经典众多,目前亟待翻译的印度经典还有很多。其中,以梵语创作的经典包括四部吠陀本集、"梵书"、"森林书"、"往世书"、《诃利世系》《利论》《牧童歌》等;以南印度语言创作的经典包括《大往世书》《甘班罗摩衍那》等;以波罗克利特语创作的经典包括《波摩传》等;以中世纪北印度地方语言创作的经典包括《地王颂》《赫米尔王颂》《阿底·格兰特》《苏尔诗海》《莲花公主》以及格比尔、米拉巴伊等人的作品等;以现代印度语言创作的经典包括帕勒登杜、杰耶辛格尔·伯勒萨德、般吉姆·钱德拉·查特吉、萨拉特·钱德拉·查特吉、拉默金德尔·修格尔等著名现代文学家的作品以及迦姆达普拉沙德·古鲁、提兰德尔·沃尔马等人的语言学著作等。此外,20世纪以来,一些印度思想家、政治家、文学家以英语创作的作品也可列入印度现代经典之列,目前我国仅对圣雄甘地、贾瓦哈拉尔·尼赫鲁、辨喜、纳拉扬、安纳德、拉贾拉奥、奈都夫人等人的个别作品有所译介。

这些经典汉译的背后离不开相关学者的努力。我国目前从事印度经典汉译的人员大致可以分为两支队伍:第一支队伍是自20世纪40年代以来成型的印度语言专业队伍,其人员构成以高等院校和研究机构从业人员为主,兼有相关外事机构从业人员,他们均接受过系统、专业的印度语言训练。第二支队伍可以追溯至上世纪初译介包括泰戈尔作品在内的印度文学作品的作家和出版业者,随着80年代改革开放以来的市场化进程,越来越多的接受过英语教育的人或全职或兼职地参与到印度作品的汉译工作之中。相比第一支队伍,这支队伍的人员构成较为复杂,水平也参差不齐,但在市场经济的推动下,一些能够成为市场热点的著作往往很快就被翻译过来,例如两位与印度相关的诺贝尔文学奖得主泰戈尔和奈保尔的作品一版再版,四位印度裔布克奖得主萨尔曼·拉什迪、阿兰达蒂·罗伊、基兰·德塞、阿拉文德·阿迪加的作品也被先后译出;此外,由于瑜伽的普及,包括克里希那穆提在内的一些现代宗教家的论著也借由英语被译为汉语。一方面,随着市场化改革的深化,第二支队伍日益蓬勃发展,但其翻译质量、受制于西方引导等问题依靠市场机制自身难以克服。另一方面,由于现行科研体系对从事翻译研究者的不利情况,第一支队伍也面临着许多问题。如何在接下来的实践中取长补短,既尊重市场机制的作用,又以学术传统克服市场失灵的状况是需要进一步思考的问题。

应该说,印度经典汉译主要依靠第一支队伍,原典翻译比通过其他语言转译更为重要。目前,第一支队伍的第三代甚至第二代学人仍在努力工作,第四第五代学人也已加入进来。值得一提的是,第四第五代学人的汉译意识很强,他们就印度梵文原典和中世纪及近现代原典的汉译工作令人刮目。可以预见,印度经典汉译将会迎来又一个高潮,汉译印度经典的水平也将有新的提升。

从某种角度说,在前文罗列的种种有待翻译的印度经典中,印度中世纪经典首当其冲。中世纪时,随着传统婆罗门教开始融合包括佛教、耆那教等在内的异端信仰与民间的大众化宗教传统,加之伊斯兰教的进入,印度进入了一个新的"百家争鸣"时代。这一时期留下了许多经典之作,它们对后世印度的宗教、社会、文化均产生了重要影响。长期以来,我国对印度中世纪经典的译介几乎一片空白,仅有一部《罗摩功行之湖》和零星的介绍。近年来,笔者开始在北京大学南亚学系组织团队着手翻译印度中世纪经典《苏尔诗海》,并初步总结了以下心得:

第一,经典汉译并非简单的语言转换,除需要精通相关语言外,还需要译者具备与印度文化相关的背景知识,以便能够精准地理解原文含义。例如,在一首描写女子优雅体态的艳情诗中,作者直接以隐喻的修辞手法描述了包括莲花、大象、狮子、湖泊等在内的一系列自然景象和动植物,若不熟悉印度古代文学中一些固定的比喻意象,则很难把握这首诗的含义。[①] 由于审美标准不同,被古代印度诗人视为美丽的"象腿"在当今语境中已经成为足以令女子不悦的比喻。此类审美视角需要辅之以例如《沙恭达罗》中豆扇陀国王对沙恭达罗丰乳肥臀之态的称赞才能理解。

第二,古代中国对印度经典汉译的传统在很大程度上为现代翻译经典提供了便利,许多专有词汇在汉语中已有完全对应的词汇可供选择,省去了译者的诸多麻烦。但是,这也要求译者了解相关传统,并能将其中的一些内容为己所用;同时,还应避免由于古代中国对印度经典翻译在视角、理解上的偏差所带来的问题。例如,triguna 这一数论哲学的基本概念已由真谛在《金七十论》中译为"三德",后来的《薄伽梵歌》等哲学经典

---

① 参见姜景奎等:"《苏尔诗海》六首译赏",载《北大南亚东南亚研究》第一卷,中国青年出版社,2013年,第261—262页。

的汉译也已沿用,新译经典中便不宜音译为"三古纳"之类的新词。此外,由于受佛教信仰的影响,一些读者在看到"三德"时往往容易将之与佛教中所说的法身德、般若德、解脱德等其他概念联系起来,对此需要给出注释加以说明以免误解。

第三,现代中国对印度经典的汉译虽然已经取得了不俗的成绩,但由于时间、人员等条件的限制,在翻译体例、内容理解等方面依然存在不少可改进之处。笔者以《苏尔诗海》中黑天的名号为例予以说明。黑天是印度教大神毗湿奴最重要的化身之一,梵语经典中通常称之为 Krsna,字面义为"黑",汉语之所以译为"黑天",很可能是因为汉译佛经将婆罗门教诸神(deva)译为"天",固在 Krsna 的汉语译名"黑"之后加上了"天",大约与 Brahma 被译为"梵天",Sri 被译为"吉祥天"相当。后世对相关经典文献的介绍都沿用了这一名称。然而,若实际对照各类经典,可以发现毗湿奴名号十分繁多。① 中世纪印度语言继承并发扬了这一传统,在伯勒杰语《苏尔诗海》中,黑天的名号有数十个之多,其中仅字面义为"黑"的常见名号就有四个,分别是 Krsna, Syama, Kanha, Kanhaiya。这四个名号之中只有 Krsna 是标准的梵语词,且使用最少,只用于黑天摄政马图拉之后人们对他的尊称;其他三个均为伯勒杰语词,多用于父母家人、玩伴女友对童年和少年黑天的称呼。因此,汉译中如果仅使用天神意义的"黑天"一名就违背了《苏尔诗海》所描述的黑天的成长情境。为此,结合不同名号的使用情状以及北印度农村生活的实际情况,笔者重新翻译了其他三个名号,即将多用于牧女和同伴对少年黑天称呼的 Syama 译为"黑子",多用于父母和其他长辈对童年黑天称呼的 Kanha 和 Kanhaiya 分别译为"黑黑"和"黑儿"。此外,还有一些名号或表明黑天世俗身份,或描述黑天体态,或宣扬黑天神迹,笔者也重新进行了翻译,例如:nanda-namdana"难陀子"、madhava"摩图裔"等称呼说明了黑天的家族、家庭身份,kesau"美发者"、srimukha"妙口"等以黑天身体的某一部分代指黑天,giridhara"托山者"、manamohana"迷心者"等以黑天在其神迹故事中的表现代指黑天,等等。

结合以上几方面的思考,进行中的《苏尔诗海》汉译实际上兼具深入而系统的研究性质,包括四部分:第一,校对后的原文。到目前为止,印度

---

① 参见葛维钧"毗湿奴及其一千名号"(《南亚研究》,2005 年第 1 期,第 48—53 页)及相关著述。

出版了多个《苏尔诗海》版本,各版本虽大同小异,但仍有差异,笔者团队搜集到了影响较大的几个主要版本,并进行核对比较,最后确定一种相对科学的原文进行翻译研究。第二,对译。从经典性和文献性出发,尽可能地忠实于原文,在体例选择上尽量保持诗词的形态,在内容上尽量逐字对应,特殊情况则以注释说明。第三,释译。从文献性和思想性出发,尽可能客观地阐明原文所表现的文献内容和宗教思想。该部分为散文体,其中补充了原文省略的内容并清楚地展现出情节的发展、人物的心理变化以及作品的思想内涵。第四,注释。给出有关字词及行文的一些背景知识,例如神话传说故事、民间信仰、生活习俗、哲学思想等以及翻译中需要说明的其他问题。

试以下述例解说明:

【原文】略[①]

【对译】

此众得乐自彼时

听闻诃利[②]你之信,当时即刻便昏厥。

自隐蔽处蛇[③]出现,欣喜尽情吸空气。

鹿[④]心本已忘奔跃,复又撒开四蹄跑。

群鸟大会高高坐,鹦鹉[⑤]言称林中王。

杜鹃[⑥]偕同自家族,咕咕欢呼唱庆歌。

自山洞中狮子[⑦]出,尾巴翘到头顶上。

自密林中象王[⑧]来,周身上下傲慢增。

如若想要施救治,莫亨[⑨]现今别耽搁。

苏尔言,

---

① 由于原文字体涉及较为复杂的排版问题,这里仅呈现该首诗的对译、释译和注释三部分,原文略。本诗为《苏尔诗海》(天城体推广协会版本)第 4760 首,参见 Dhirendra Varma, *Sursagar Sara Satika*,Sahitya Bhavan Private Ltd.,1986, No. 181, p334.

② 诃利,原文 Hari,"大神"之义,黑天的名号之一。

③ 此处以蛇代指罗陀的发辫,意在形容发辫柔软纤长、乌黑发亮。

④ 此处以鹿的眼睛代指罗陀的眼睛,意在形容眼睛大而有神、灵动美丽。

⑤ 此处以鹦鹉的鼻子代指罗陀的鼻子,意在形容鼻子又挺又尖、美妙可爱。

⑥ 此处以杜鹃的声音代指罗陀的声音,意在形容声音甜美悠扬、清脆嘹亮。

⑦ 此处以狮子的腰代指罗陀的腰,意在形容腰身纤细柔顺、婀娜灵活。

⑧ 此处以大象的腿代指罗陀的腿,意在形容腿脚步态从容、端庄稳重。

⑨ 莫亨,原文 mohana,黑天的名号之一。

如若罗陀①再这般,一众敌人大欢喜。

【释译】

　　黑天离开牛村很久了,养父难陀、养母耶雪达以及全村的牧人牧女都非常思念他,希望他能回来看看。牧女们对黑天的思念尤为强烈,其中又以罗陀最甚。罗陀是黑天的恋人,两人青梅竹马,两小无猜,曾经你欢我爱,形影不离。可是,黑天自离开后就再也没有回来,甚至连信也没有寄过一封。伤离别,罗陀时刻处于煎熬之中。为了教育信奉无形瑜伽之道的乌陀,也为了看望牧区故人,黑天派乌陀来到牛村,表面上让他传授无形瑜伽之道,实则置他于崇尚有形之道的牛村人中间,让他迷途知返。乌陀的到来,打乱了牛村人的生活,一者,牛村人沉浸在思念黑天的离情别绪之中,乌陀破坏了气氛,于表面的宁静之中注入了不宁静。二者,牛村人本以为乌陀会带来黑天给予牛村的好消息,但适得其反,乌陀申明自己是为传授无形的瑜伽之道而来,甚至说是黑天派他来传授的,牛村人对此不解、迷茫。他们崇尚有形,膜拜黑天,难道黑天完全抛弃了他们?他们陷入了更深一层的痛苦之中。三者,对牧区女来说,与黑天离别本就艰难,但心中一直抱有再次见面再次恋爱的期望,乌陀的到来打消了他们的念头,从精神上摧毁了她们。当然,罗陀尤甚,她所遭受的打击要比别人更胜千筹。由此,出现了本诗开头提及的罗陀晕厥以及晕厥之后乌陀"看到"的情况,具体内容是乌陀向黑天口述的:

　　乌陀对黑天说道:"黑天啊,你的恋人罗陀非常思念你,她忍受离别之苦,渴望与你相见。可是,你却让我去向她传授无形的瑜伽之道。唉,她一听到是你让我去的,当即就昏了过去,倒在地上,不省人事。唉,真是凄凉啊,这边罗陀昏迷不醒,那边的动物界却出现了一派喜气景象:黑蛇从洞里出来了,它高兴地尽情享受空气;此前,罗陀的又黑又亮的长发辫曾使它羞于见人,认为自己的身体丑陋,不得不躲藏起来。已经忘记奔跑的小鹿出来了,它撒开四蹄,愉悦地到处奔跳;此前,罗陀那明亮有神的大眼睛曾使它羞于见人,认为自己的眼睛丑陋,不敢出来乱逛。鹦鹉出来了,它参加群鸟大会,坐在高高的枝桠上,声称自己是林中之王;此前,罗陀又尖又挺的鼻子曾使它羞于见人,认为自己的鼻子丑陋,躲藏起来。杜鹃出来了,它和同族一起,咕咕叫个不停,欢庆胜利;此前,罗陀那甜美悠扬的

---

① 罗陀,原文 Radha,黑天最主要的恋人。

声音曾使它感到拘束,认为自己的声音难听,不敢开口。狮子从山洞中出来了,他得意洋洋,悠闲自在,尾巴翘到了头顶上;此前,罗陀纤细柔软的腰肢曾使它羞于见人,认为自己的腰肢粗笨僵硬,不敢示人,躲进山洞。大象从茂密的森林里出来了,它一步一昂头,傲慢自大,目中无人,盛气凛然;此前,罗陀稳重美丽的妙腿曾使它自惭形秽,认为自己的腿丑陋不堪,羞于展露,躲进森林。唉,黑天啊,你快救救罗陀吧,如果再不行动,稍后想要施救就来不及了……"

"此众得乐自彼时"是本诗的标题,意思是罗陀晕倒之时,即是众动物高兴之时,它们羞于与罗陀相比,虽然视罗陀为敌,却不敢直面罗陀,纷纷逃遁躲藏。听说罗陀遭到黑天抛弃,晕厥不醒,它们自然高兴,便迫不及待地恢复了原来的自由生活。"如若罗陀再这般,一众敌人大欢喜。"是诗外音,是苏尔达斯的总结性话语。在这首诗里,苏尔达斯主要展现了罗陀的美,但整首诗中没有出现任何对罗陀的溢美之词,没有提到罗陀的名字,更没有提到她的发辫、眼睛、鼻子、声音、腰肢和腿等,甚至没有提到蛇、鹿、鹦鹉、杜鹃、狮子和大象的相关部位,仅以这些动物对罗陀晕厥不醒后的反应进行阐释,这就给听者和读者留下了巨大的想象空间,似形似景,情景交融。这种手法似乎是印度特有的,其审美视角值得深入研究。

上述例解仅为笔者及笔者团队之于印度经典汉译的一己之见,希望能开拓印度经典汉译与研究的新视角、新路子,以期印度经典在中国能得到更为深入系统的翻译与研究。

自《浮屠经》以来,汉译印度经典已有两千多年的历史。这一人类历史上少有的浩大文化工程背后既有对科学技术的追求,也有对宗教信仰的热忱;既有统治者的意志,也有普通民众的需求。印度经典汉译一方面极大地丰富了中华文化,另一方面也保存和传播了印度文化,既形成了自己的学术传统,又推动了许多相关领域研究的发展。在中印关系不断深化的大背景下,继续推进对印度经典的汉译是两国人文交流的重要一环。2013年5月,中国总理李克强在访印期间与印度总理 M. 辛格(Manmohan Singh)共同启动"中印经典和当代作品互译出版项目"。两国将在2014—2018年各自翻译出版对方国家的25种图书。这是对中印关系黄金时期交往模式的继承与发扬,既有助于加深两国之间的认知和了解,构建更为均衡、深厚的国际关系,也有助于在学术层面推动相关领域研究的持续发展。

印度文学汉译史小议(1949—2009)[①]

曾 琼

【作者简介】 曾琼,天津外国语大学比较文学研究所副教授。研究方向:中印比较文学、印度现当代文学与文化等。

一、印度文学汉译的成就

1949年至2009年,我国对印度文学的译介有三次明显的高峰。第一个高峰是在20世纪50年代。在实际上只有7年左右的时间内,我国翻译出版了近60种印度文学作品。译介过来的古典文学作品中,以古典梵语诗歌和戏剧为主,主要有迦梨陀娑的《云使》和《沙恭达罗》,戏剧《小泥车》和《龙喜记》,此外还有寓言故事集《五卷书》。印地语文学主要是普列姆昌德的作品,如《戈丹》、《妮摩拉》,孟加拉语文学主要是泰戈尔的作品,包括诗歌和小说、戏剧,以及马尼克的《帕德玛河上的船夫》等。乌尔都语以克里山·钱达尔的作品为主,还有一本小册子《伊克巴尔诗选》。印度英语文学以安纳德的作品为主,共有9部作品,包括他的长篇、短篇和儿童文学。此外还有一部旁遮普语小说,和零散地夹杂在短篇小说集中的几篇其它语种短篇作品。

这一时期的译介,在语种上翻译的主要是梵语、印地语、乌尔都语、孟加拉语和印度英语这五种语言的文学作品;从作品的风格来看,除迦梨陀娑和泰戈尔的部分诗歌外,基本上以现实主义作品为主;从翻译本身来看,除梵语作品外,大部分作品译自俄文或英文的转译本,直接从原语翻译的作品不多。这一时期对印度文学的研究也比较有限,最主要的研究成果是相关译介作品的译者前言或后记。其中对迦梨陀娑和泰戈尔论述

[①] 本文系国家社科基金青年项目"印度文学中国20世纪传播史"(13CWW015)阶段性成果。

相对来说较多,大多数批评具有以阶级论为主导的时代特征。

这种译介与研究状况的形成有多重原因,文学作品本身的质量当然是一个重要方面,但此外还有更复杂的因素。迦梨陀娑和泰戈尔,在1949年之前均已有作品译介,迦梨陀娑的《沙恭达罗》有几种不同译本,泰戈尔的诗歌更是在20世纪20年代形成了一次译介的高潮。因此20世纪50年代对他们作品的译介也是之前译介的一种延续。1956年,迦梨陀娑入选世界和平理事会号召纪念的十位世界文化名人之一,这一消息有力地刺激了我国对其作品的翻译和研究,一时之间,不但印度文学工作者,其它国别文学研究工作者、中国文学工作者和戏剧文学工作者也都纷纷将眼光投向了迦梨陀娑。泰戈尔因第一位亚洲诺贝尔文学奖得主的身份,对中国文化的热爱、对中国反帝反殖战争的支持、对中国人民的友谊,以及他作为现当代中印两国友好关系的象征等多重原因,也在这一阶段得到了较多的关注和译介。但20世纪50年代的国际形势与格局和我国当时的社会文化诉求是这种译介状况形成的深层原因。

20世纪50年代,第二次世界大战结束之后,冷战格局形成,美国和苏联是世界力量的两极,分别代表资本主义和社会主义,世界上的其它国家被迫在这两个国家中选择其一,世界的资本主义阵营和社会主义阵营逐渐形成。中国在这种世界格局中,紧随苏联"老大哥",是社会主义阵营的主要力量。这一点在印度文学译介上的直接表现,即在最初的译介中,我国学界对印度文学作品的选择大都参考苏联文学界的标准,在苏联文学界得到好评的作品即被译介到我国,俄文转译本也成为这一时期的主要翻译文本。研究方面,在对作家作品的评论中,我国学界也往往以苏联文学界的批评为主要参考和依据。

从接受的角度来看,翻译什么作品总是与当时文学和文化需要什么联系在一起的。亚非国家在近代以来大多沦为西方的殖民地或半殖民地,二战后随着殖民体系的瓦解,民族解放运动开始高涨,民族主义成为20世纪五六十年代亚非国家最主要的思潮。同时,深受殖民压迫的亚非国家对于世界格局中的两大力量的极端强权也怀有警惕心理,不愿意因依附再重蹈被奴役的覆辙。从20世纪50年代中后期开始到60年代初,美苏力图保持两极格局,但其内部盟国的独立自主倾向也在发展。在这样的情况下,亚非国家之间出现了著名的不结盟运动,中国是这一运动的主力。这些参与不结盟运动的国家也成为了后来第三世界的主要力量。这一时期亚非国家之间的团结合作在文学的交流中得到了体现和加强。

1956年第一次亚洲作家会议在印度首都新德里召开,1958年10月7日第一次亚非作家会议在塔什干召开,40多个亚非国家的200多名代表济济一堂,就亚非国家的文学与文化发展及其价值进行了讨论。1962年2月12日在开罗召开了第二次亚非作家会议,会议对当前的形势与作家在反帝、反殖中的责任与翻译工作在加强亚非人民团结和文化交流中的作用进行了讨论。两次亚非作家会议,实际上包括塔什干会议、东京会议(1961年3月)、开罗会议和北京会议(1966年6月),有三个中心命题:第一,反帝反殖,要求民族与发展;第二,亚非民族、作家之间的团结与合作;第三,建设民族新的文学与文化。① 这三个命题显示出当时亚非国家的整体诉求。在这样的社会、政治大环境中,亚非国家的优秀文学成果成为我国20世纪50年代文学翻译的主要对象,尤其是一些以反帝、反封建为主要内容的作品以及进行此类创作的作家更受欢迎,这是我国20世纪50年代译介大量印度现实主义作家作品以及带有现实主义倾向的古典作品的内在原因。这也是在当时的论述中,如在对泰戈尔和泰戈尔作品的论述中突出强调带有现实主义倾向的诗歌、小说之重要地位的社会政治原因。

　　对于作家之间合作的具体展开以及这三个命题如何实现,中国作家萧三在塔什干会议上提出过两个非常具体的建议:第一,亚非国家作家之间要经常性地互访;第二,亚非国家要大量地、有系统有计划地彼此翻译各国的文学作品,古典的、现代的,大(长)的、小(短)的……都要尽量翻译出来,并推广到各个国家的读者中去。……亚非国家的作家组织或个人,每年最好开出一份名单,把自己认为需要翻译成亚非各国文字的书名开列出来,分寄给亚非各国,并且把原文书本或其他译本都寄去,这样各个国家就可以根据来件从事翻译,就不至于想要翻译而没有书可译,或者没有选择地乱译了。② 从这段话可以看出当时的作家们对于应该翻译什么是具有较强的自觉意识的。20世纪50年代安纳德童话故事的汉译即是当时冰心直接接受安纳德赠书后的产物。这种由一国作家向另一国推荐作品的做法在文学交流之初的情况下有其优势,可以保证被译介作品的水平。但被译介作品是否能得到译入语读者的接受和认可,是一个需要

---

① 黎跃进:《东方现代民族主义文学思潮发展论》,北京:中国社会科学出版社,2011年,第266页。

② 转引自黎跃进:《东方现代民族主义文学思潮发展论》,见第272页。

通过文学阅读和时间来考察的问题。

由于历史的原因,20世纪60年代和70年代前八年,除了1961年出版的《泰戈尔全集》十卷本和古典戏剧《优哩婆湿》、两大史诗的节译本《腊玛延那·玛哈帕腊达》与《罗摩衍那的故事》的汉译之外,没有新的印度文学汉译作品出现。金克木先生撰写的《梵语文学史》也只能作为内部参考。我国的印度文学译介和研究都处于停滞之中。

20世纪80年代是我国印度文学译介的第二次高峰。经过十多年的压抑之后,印度文学的汉译在80年代的前七八年出现了井喷式的增长,我国目前能阅读到的大部分印度文学作品在当时即已问世。其突出的表现是《罗摩衍那》全译本的出版,《摩诃婆罗多》的开始翻译,普列姆昌德作品的大量译介,此外还有泰戈尔作品、梵语诗歌戏剧的补充译介,以及部分其他语种优秀成果的翻译。这一时期对印度文学翻译深化的另一个重要标志,是出现了对印度文学理论和文学史的翻译,这说明学界已经有意识地在尝试勾勒印度文学的整体轮廓。

这一时期的翻译与20世纪50年代的相比,基本上摆脱了早期从俄译本和英译本转译的局面,大部分作品都是直接从原语翻译过来,对早期的一些转译作品也进行了重译;在语种上,保持了早期的5个主要语种的优势,有意尝试译介了其它语种的文学,如翻译了泰米尔语作家阿基兰的小说;译介过来作品的风格流派,也出现了多样化的倾向,既有早期颇受关注的现实主义作品,也有心理分析作品,还有个别当代新小说短篇,甚至还翻译了几部当代印地语文坛的通俗小说,且取得了不俗的发行成绩;从文学作品的断代来看,既延续了早期古典梵语文学的翻译,也对现当代的作品给予了一定的关注。这一时期,还出现了不少对印度古代文学进行整体介绍的文章,文学史方面,金克木先生的《梵语文学史》公开出版,黄宝生先生推出了一部《印度古代文学》的小册子,刘安武先生出版了《印度印地语文学史》。

20世纪80年代出现高峰与改革开放之后我国出现的外国文学译介的高潮是一致的,它是我国思想、文化在长久压抑之后爆发的表现。其中出现的不少成果也是在近20年表面停滞的现象下掩藏着的学者个人积累的展现。如《罗摩衍那》的全译本,就是季羡林先生十来年"开灯以继晷,恒兀兀以穷年"的硕果,刘安武先生的《印度印地语文学史》也是他多年积累研习的心血结晶。这种印度文学的汉译高潮,也是前期重视亚非文学的一种惯性延续。但当时中国整体的社会、文化氛围已经发生了改变，因此印度文学译介在80年代的高峰并没有延续多久，便在90年代进入了一个低谷期。在20世纪90年代，除了部分作家作品的重译之外，新翻译出版的印度文学作品比较有限。其中一个重要的原因是从20世纪80年代中后期开始，对西方文学和文化的介绍和翻译成为外国文学译介的主流，西方文学对人性的回归的追求、对个体个性的强调、在艺术上的实验和创新色彩，更符合饱受政治意识形态迫害、对自由充满渴望的中国文学界的追求。世界政治中两极格局的崩解，也进一步瓦解了以为社会主义追求为旨归的文学评判标准，而为文坛昭示了多元发展的可能。在这样的情况下，东方文学失去了早期在外国文学中的主导地位，甚至是被过度忽视，此时印度文学也不能幸免。在外国文学的翻译中，东方文学相对于西方文学而言，处于一种补充的地位，如在现当代作家中，除了泰戈尔、普列姆昌德这两位的作品之外，其余作家作品已极少再版或再印，遑论出现重译新译。而20世纪80年代开始的出版业的商业化转向，使印度文学译介的低落状况雪上加霜。以《摩诃婆罗多》的翻译出版为例，当时《摩诃婆罗多》的第一卷在1986年即已译出，但却由于出版的商业化，由于印度文学属于"冷门"，这部作品迟迟未能出版，直到1993年才与我国读者见面，而作为主要译者的赵国华却已在出版之前猝然离世。又如在早期颇受重视的印度英语文学大家安纳德，他的"拉卢三部曲"之三《剑与镰》也早已译就，但书稿直到2011年才面世，译者王槐挺老先生却早已驾鹤数年。

进入21世纪之后，我国的印度文学研究出现了一个新的高峰。这个高峰不是指译本的数量，而是针对译本所取得的成就而言。在2000年，由刘安武先生主编的《泰戈尔全集》24卷本出版，是这个高峰的第一波。其中收入了不少直接从泰戈尔孟加拉语原文翻译过来的诗歌，及从印度语转译而来泰戈尔的戏剧。这个全集虽然并未收入泰戈尔的所有作品，但仍不掩其在文学和学术上的重要地位。高峰的第二波是《摩诃婆罗多》全集在2005年底的出版。这是一部凝聚了我国两代梵语学者的心血、前后耗时20余载的巨著，对于我国的印度文学研究的发展以及外国文学、史诗研究、民间文学文化研究等领域而言，都极具意义。2007年《梵语诗学论著汇编》的出版是这一高峰的第三波。梵语诗学是与中国诗学、西方诗学截然不同的诗学体系，但梵语诗学著作的翻译在我国印度文学的译介中一直十分薄弱。这部汇编极大地弥补了这一缺憾，为印度文学研究的深入发展、中外诗学比较研究都提供了极为重要的资料。此外，这段时期，白开元先生推出了不少从孟加拉语直接翻译的泰戈尔作品，并对孟加拉语民族诗人伊斯拉姆的诗歌进行了大量翻译，迦梨陀娑的诗歌《云使》的新译本和《时令之环》的全译本也在近年出现。21世纪印度文学翻译新高峰的另一个侧面是对当代印度英语文学的翻译。从20世纪90年代开始，我国文坛表现出对印度流散作家拉什迪的兴趣，而奈保尔2001年获得诺贝尔文学奖更是把印度英语文学推到了世界文坛的前台。近年来，我国翻译界对获得布克文学奖的印度当代作家表现出了高度的关注，从1997年的阿兰达蒂·罗易开始，之后每一位获得布克奖的印度作家的获奖作品均迅速得到了汉译和出版。

21世纪印度文学的汉译高峰具有一些新的特点，其一高度追求从原语翻译。在上文提到的三套译著中，有两套是完全从梵语原文译出。《泰戈尔全集》虽未能做到全部从孟加拉文翻译，但也尽力做到从与孟加拉文更为接近的印地语翻译。目前，由白开元先生和董友忱先生领衔的我国孟加拉语人才队伍，已投入一项全新的翻译工作，即全部从孟加拉语原文翻译泰戈尔作品的全集。这项翻译工作预计在2015年全部结束，届时这又将是我国印度文学译介与研究史上的一份硕果。其二是梵语古典文学作品的翻译成就突出。其三是对当代作品关注度极大提升。这主要是体现在对当代印度英语文学的关注上。

21世纪以来的印度文学译介高峰，首先是我国印度文学工作者长期积累的结果。上述三部译著，没有任何一部是可以在短期内完成的，都是学者们默默坚持和耕耘的成果。这也充分体现出我国老一辈印度文学研究踏实、严谨、低调、实事求是的学术作风，和他们淡泊名利的学术追求。对印度英语的文学关注，主要的原因是来自于对英语文学，而非印度文学的关注。就学界的整体状况而言，对印度英语文学的译介和研究，很大程度上是我国外国文学研究工作者对欧美文学、文化关注之下的副产品。目前北京大学南亚学系正在积极开展的印度英语文学研究工作有望在一定程度上拨正这种情况，还印度英语文学以独立性。整体来看，21世纪以来，我国文坛对印度文学文化的关注度较之上一个时期有所提升。其中一个重要的原因是21世纪文学与文化的多元化发展所带来的冲击，西方文学的中心地位正在不断地被消解和结构，文学文化的多极化发展已成必然，整个东方文学都正在逐渐受到更多关注。而西方现代文学与文化长久以来的积弊也正在引起世界的反思。季羡林先生曾断言，21世纪是属于东方的世纪。东方不谋求争霸，但东方文学和文化所具有的价值在今天正日益显现。21世纪我国也开始反思在现代化建设中的出现的一些弊端,更重视传统文学、呼唤传统文化的回归。传统在某种程度上总是与东方联系在一起,印度古典文学译介在这样的文化环境下的回暖,也就更易理解。

我国严格意义上的印度文学的研究,始于20世纪70年代末、80年代初。在30年的时间里,我国印度文学研究经历了一个发展的过程。在研究方法上,初期对作品研究与评价以阶级论为主导,20世纪80年代后期研究者开始有意识地矫正这种政治论的偏向,从80年代末90年代初开始,绝大部分的研究都已经摆脱了初期的阶级论影响,开始尝试从文学自身的角度、从文化研究的角度,借鉴新出现的理论工具对作品进行研究。其中大部分的研究以文本分析为主,加以对思想内容、艺术特色的评价。长期以来,印度文学研究对象重点突出。这表现为一是作家作品研究多,理论研究少。对具体作家作品的研究占了印度文学研究的九成以上,对文学整体发展的思考、对流派思潮的考察很少,对文学理论的研究也较少,只在最近五六年来出现了一些这方面的成果;二是在作家作品研究中重点突出,基本集中在两大史诗、迦梨陀娑、普列姆昌德、泰戈尔这几个点上,对其它作家作品的研究的关注较少,论述不多。从研究所借用的资料来看,大部分的研究所依靠资料比较固定,对于新资料的收集和发掘不足,对国外新成果的借鉴也有限。当下对当代印度英语文学的研究,又过于依赖和追随西方评论界的观点,在后殖民理论的大框之下,如何突显中国学者的立场是一个值得思考的问题。

二、若干不足与展望

总的来说,从1949年到2009年的60年中,印度文学的译介和发展已经取得了较大的成就。一部分有代表性的文学作品都已得到了译介,翻译作品的题材也涉及了史诗、诗歌、戏剧、小说、散文和民间文学等多种形式。但认真思考,就会发现其中还存在一些不足。

印度在语言上是一个多语种的国家,其文学也是多语种的文学。除前文提到的5个主要语言之外,古吉拉特语、旁遮普语、奥利雅语、马拉雅拉姆语、泰米尔语、泰卢固语、马拉提语也都是印度主要的语言,其中泰米尔语和泰米尔语文学与梵语和梵语文学有着几乎同样长久的历史。

印度文学拥有悠久的历史,丰富、优秀的作品。在远古时期,即有四部吠陀。在公元前4世纪到公元2世纪左右的史诗时代，在梵语中有两大史诗，在巴利语中有佛本生故事，在泰米尔语中有桑伽姆文学的代表《八卷诗集》和《十卷长歌》。在紧承史诗时代的古典梵语文学时期，从公元1世纪到12世纪梵语文学达到了鼎盛时期，不但出现了举世闻名的迦梨陀娑与他的梵语诗歌《云使》和梵语戏剧《沙恭达罗》，还有十八部往世书，有马鸣的梵语佛教诗歌《佛所行赞》，有丰富的故事文学《五卷书》与《故事海》，还出现了古典梵语小说以及发达的梵语文学理论。同时，这一时期的泰米尔语伦理文学也出现了不少精品。

梵语文学在12世纪衰落之后，印度文学迎来了地方语言文学的兴起和发展。从12世纪到19世纪中期，先有泰米尔语宗教诗、印地语英雄赞歌和波斯诗人阿密尔·霍斯陆，后有虔诚诗歌的蓬勃发展。印地语的虔诚诗歌取得了极大的成就，出现了印地语文学史上四位著名的虔诚诗人：格比尔达斯、加耶西、苏尔达斯和杜勒西达斯，格比尔达斯的格言诗、加耶西的《伯德马沃德》（莲花公主传）、苏尔达斯的《苏尔诗海》和杜勒西达斯的《罗摩功行之湖》是印地语文学的宝贵财产。乌尔都语文学中同样涌现出"德里诗派"及四位代表诗人，密尔、苏达、达尔德和哈森。

从19世纪中期开始，印度文学进入现代化进程。英语文学的影响和西方文化的冲击是印度文学现代化的直接动因，民族主义运动的高涨是对它的强烈刺激，对古代文学和历史的挖掘和重新阐释是其文学现代化的突出特点，各个语种文学的文艺复兴是现代化全面展开的表现。在这场印度文学的现代化进程中，孟加拉语文学一马当先，印地语文学后来居上，其余各语种文学和英语文学之花全面绽放，在20世纪前40年的印度文坛上，民族主义、浪漫主义（阴影主义）、现实主义、进步主义、心理分析写作等流派纷陈，印度传统文化、甘地主义、马克思主义、弗洛依德理论等思想并存，般吉姆、泰戈尔、普列姆昌德、伊克巴尔、巴拉蒂、瓦拉托尔、萨拉特·钱德拉·查特吉、安纳德、菩塔代沃·巴苏、介南德尔等一大批优秀作家涌现。印度独立之后，印度文学进入更多元的发展时期，新一代的文学家一方面极力摆脱泰戈尔的影响，一方面在传统文学与西方文学的浸润和夹缝中不断进行新的尝试和突破，出现了新诗、新小说、边区文学、非诗、非小说等新的创作流派，印度当代英语文学更是从20世纪80年代起在世界文坛迅速崛起，产生了一批优秀的英语文学作品和杰出的当代英语作品。

反观我国这60年来的印度文学译介，在语种上的缺失是一个比较突出的问题。既然印度文学是多语种的文学,语种文学的缺失就会使读者和学界无法全面了解印度文学的面貌,无法欣赏到各具特色的地方语言文学,同时也会形成一些偏颇的认识。语言人才的缺乏是制约语种文学的瓶颈之一,但正如王晓丹和刘安武先生均已经在各自文中所提到的,印度有每年一次的全国性文学大奖——知识宝库奖的评比,参加评比的作品必须先译成印地语,以便统一评选。这便意味着,那些获得了知识宝库奖的其它语种文学作品,都有印地语译本。我国目前已培养了不少印地语人才,新的人才也在不断地出现,因此,在其它语种人才缺乏的情况下,若能从这些作品的印地语译本译介出一部分最有代表性的作品,那将能有效地、极大地填补这种语种上的空白。

印度自古就是诗的国度,拥有发达的诗歌和戏剧传统。但在我国已有的译介中,除了对泰戈尔的诗歌进行了大量的译介之外,整体而言,译介过来的小说数量远胜于诗歌和戏剧。即便在印度现代文学史上,也不乏优秀的诗歌,如由奥罗宾多创作的、同样是神秘主义长诗的《莎维德丽:传说和象征》,又如近代印地语三位杰出的浪漫主义诗人:尼拉腊、本德和伯勒萨德以及他们的作品,以及与伊斯拉姆齐名的印度近代民族主义诗人巴拉蒂、瓦拉托尔的诗歌。对诗歌的忽视也许与泰戈尔诗歌的大量译介有一定关系,由于泰戈尔的诗名太过耀眼,其余的诗人和诗歌也就被学界有意无意忽视,或认为泰戈尔的诗歌就能代表印度现代诗歌的全貌。目前为止,我国翻译的印度戏剧主要是古典梵语戏剧与泰戈尔戏剧,其余的戏剧作品非常少见,这种文学体裁上的缺乏,是目前译介中的另一个不足。

从文学史的纵向上看,我国对印度文学作品的译介有严重的断裂。两大史诗之前的"吠陀"文集,在21世纪之前仅有对《梨俱吠陀》的片段翻译,近年,对《梨俱吠陀》的关注有所增加,但其他的吠陀作品仍没有译介。史诗时代的十八部往世书的翻译目前也是阙如。对12世纪到19世纪语种文学的译介非常有限,除了一部杜勒西达斯的《罗摩功行之湖》之外,虔诚时期的四大诗人的其它作品再无译介。乌尔都语"德里诗派"的四位诗人,也只有密尔的一部《花园与春天》得到了汉译。此外,翻译界对印度当代文学的关注也不够。除了印度英语文学,其余语种,包括印地语、乌尔都语、孟加拉语的当代作家作品译介有极为有限。目前,在姜景奎教授的主持之下,《苏尔诗海》的翻译工作正在进行。这部诗集的译出,将是对这种文学翻译之断裂的一点修复。

对当代印度文学译介与研究来说,可能更重要、也更需要解决的问题是如何获得一种独立的角度和立场。由于历史的关系,我国文学翻译和研究总是在不同程度上受到意识形态的影响。在早期,表现为自觉地运用阶级理论进行文学评判和文学批评。在当下,意识形态的影响可能更为隐蔽一些。以我国对当代印度英语文学的关注来看,首先必须承认当前翻译与研究的日盛。但也应该看到,在很大程度上,这些翻译过来的印度英语文学作品并不是被作为印度英语文学作品被承认,而是被作为布克奖获奖作品而得到承认。学界目前对这些作家作品评判标准,源于布克奖以及布克奖所代表的文化对他(它)们的认同与否;学界目前对他(它)们的研究,也大部分是套用目前世界文坛流行的后殖民理论。而另一些印度英语文学,一些在印度文学史上占有重要地位的作家和作品,却始终没有得到应有的重视。在这里,纳拉扬可以作为一个很好的个案来分析。纳拉扬是印度现代英语三大家之一,在印度和国际文坛都享有较高的声誉。但是在20世纪80年代的中国,纳拉扬的作品被认为带有消极色彩,没有得到重视;在20世纪90年代和21世纪初,他又被淹没在西方文学汉译的大潮之中;当奈保尔获得诺贝尔文学奖并一再在作品中提到纳拉扬,纳拉扬为中国学界所逐渐注意,但对他的注意更多的是一种学术消费,没有更多学者或翻译工作者将他的作品译为汉语。因而到目前为止,纳拉扬作品的汉译仍仅有一部《男向导的奇遇》而已。与纳拉扬有同样的遭遇的还有般吉姆、拉贾·拉奥等。又如,安妮塔·德赛是当代印度英语文坛的一位杰出作家,曾数次获得印度政府颁发的荣誉,也曾3次获得布克奖提名,但她在中国为学界广泛关注,却是在基兰·德赛——也就是她的女儿——获得布克奖之后。布克奖当然可以作为评判一部作品和一个作家的借鉴之一,但在文学的欣赏和研究中更重要的应该是如何去发现和发掘作家作品的内在价值。在进行印度英语文学研究时,或者应该先问3个问题:究竟什么是印度英语文学?中国的学者应该用一种什么样的标准来衡量一部印度英语文学作品?我国学界对印度英语文学的研究应该持有怎样的立场和角度?

由于印度文学日益受到重视,目前越来越多的研究者加入到印度文学翻译与研究的行列中来。对于学科的发展来说,研究队伍的扩大无疑是有益的。印度文学文化虽也属于东方文学文化之中,但它与汉文化圈的文学文化传统有着极大的差别,它的宗教、哲学思想与中国、日本、朝鲜、韩国等完全不同。它与西方文学文化的差异同样巨大。因此,对于从事印度文学文化研究来说,研究者懂得一些起码的印度文学文化知识是必须的。曾经有文章在论述梵语诗学时,在开篇便提印度是一个佛教国家,梵语诗学与佛教有着极大的渊源。这样的论述,即便其资料再如何丰富,由于方向不对,也无法得到令人满意的答案。因此,在翻译印度英语文学作品时,也并不能因为对英语语言的熟悉就可以贸然进行,因为对文本背后文化的熟悉和了解是准确地翻译文学作品,尤其是长篇小说的必要条件之一。

加尔各答华人佛教信仰与实践[①]

张 幸

【作者简介】 张幸,北京大学外国语学院讲师。研究方向:南亚文化和孟加拉语言文学。

生活在印度加尔各答的华人至今仍是鲜为人知的独特群体。大多数在这里聚居的华人祖辈于19世纪和20世纪上半叶为逃避灾难或谋求生计先后来到了印度。20世纪初,这些华人移民已在加尔各答建立起南亚地区迄今唯一的唐人街。长期以来,这些主要从事制革业、木工业等工作的华人群体相对孤立地生存于当地孟加拉社会,直到目前他们与当地印度族群的通婚现象也鲜有发生。与之相反,这一华人群体通过内部联姻、宗教习俗和社会规范,较为完好地保留了他们的华人认同。本文对于加尔各答华人佛教信仰的探讨不仅着眼于它作为这一群体宗教信仰的主要成分,同时也揭示其对维系华人认同的意义。加尔各答华人的佛教信仰与实践也体现出佛教信仰经过在中国的汉化之后又回到印度社会的回流现象,不过,汉化后的佛教信仰并未能在加尔各答当地社会产生更为广泛的影响,本文也就其原因做出简要分析。

一、加尔各答华人历史与现状

杨大钊[②]通常被加尔各答华人视为第一位移居印度的华人。1778年,作为茶商的广东省香山县(今中山市)人杨大钊从中国广东省经海路来到现今印度西孟加拉邦。尽管他知道销售运来的茶叶等商品定能获得

[①] 本文主要内容刊载于《北大南亚东南亚研究》第二卷。
[②] 杨大钊的名字在英文资料中有许多不同的拉丁字母转写,多根据发音拼写为Atchew、Achi、Acchi等,其中目前最常用的来源于当时东印度公司资料中的拼写Atchew。

可观利润,有远见的他仍决定把大量商品赠送给当地官员,寻求获得长期合作的可能,从而很快赢取了当时总督的信任。据东印度公司记载,1773年至1786年的首任总督沃伦·黑斯廷斯(Warren Hastings)仅以每年45卢比的租金将650比加(Bighā)①的土地划归杨大钊使用。在这片土地上,杨大钊开始种植甘蔗,并从广东地区陆续带来华人在此工作,继而开设了制糖厂。②这一地区后来依据当地人对杨大钊的称呼Achi而定名为阿奇普尔(Achipur),位于加尔各答以南约33公里。当时来到这里的华人还有些在英国人的造船厂中工作,同样也不乏居无定所者来此寻找其它生计。

18世纪末,华人移民逐渐开始定居加尔各答。在1788年4月7日的一份警方报告中提到,"华人通常是清醒和勤劳的,而当醉酒时会发生暴力事件,特别是会彼此互相攻击。"③1820年杨炳南根据海员谢清高口述而编纂的《海录》,以及1830年访问过加尔各答的越南华裔黎文馥(Le Van Phuc)所留下的记录中都有关于加尔各答华人的记载。黎文馥提及,加尔各答生活着数百名华人,主要来自中国福建和广东。他们大多数比较贫穷,有些是流浪汉;他们还建立了一座关帝庙,供奉这位被中国商人广泛崇拜的神祇。④

黎文馥的描述与英国人阿查利(Chaloner Alabaster)相吻合。1857年,在香港的贸易总署(Superintendency of Trade)担任翻译的阿查利曾陪同当时被英国人送往加尔各答囚禁的两广总督叶名琛一同前往。根据他的记述,加尔各答的华人主要居住在卡塞图拉(Kasaitollah)、达摩图拉(Dharmatallah)和新娘市场(Bowbazaar)等区域,有些是鸦片和大麻的商贩,除了兼具当地华人聚会场所功用的关帝庙,华人木工还修建了一座寺

---

① 比加(Bighā),面积单位,多用于尼泊尔、孟加拉国和印度的西孟邦、阿萨姆邦、比哈尔邦和古吉拉特邦。在不同地区比加所指面积亦不相同,在印度西孟邦,1比加大约等于1337.8 ㎡。

② Bose, Basanta Kumar. "A Bygone Chinese Colony in Bengal." *Bengal: Past and Present* 47 (January-June), 1934, pp. 120－122.

③ Haraprasad Ray, "Chinese," *Banglapedia*, http://banglapedia.search.com.bd/HT/C_0202.htm, assessed January 9, 2009.

④ Claudine Salmon, "Bengal as Reflected in Two South-East Asian Travelogues from the Early Nineteenth Century", in Om Prakash and Denys Lombard eds., *Commerce and Culture in the Bay of Bengal*, 1500－1800 (Delhi: Manohar, 1999), pp. 383－402.

庙供奉海神天后。①

晚清时期太平天国运动和土客冲突②的发生使更多华人移民来到加尔各答。1901年加尔各答人口普查数据显示，当地华人人数已达1640名。20世纪30年代的政局动荡，1937年至1949年的抗日战争与国共内战，不断引发华人移居印度城市。1953年，华人在加尔各答的人口数增长至有统计数据的高峰大约1万5千人。③其中大多数是来自中国南部广东省的客家人和广府人，也有来自福建、湖北、山东、江苏、浙江等省的华人移民。

制革和制鞋是20世纪印度华人从事的最为常见的职业。其他人主要从事木匠，牙医，餐饮，干洗等。不同籍贯的华人先后建立起会馆、同乡会等地缘性组织和民间社团。④其中有1894年建立的南顺会馆，1907年建立的嘉应会馆，1931年成立的塔坝华侨联合会，1944年成立的印度中华总商会等。这些社团组织在华人社区中组织文化活动，促进商贸交流，出版华文报纸，资助华人学校等。⑤一些致力于传播佛教、基督教和民间信仰的宗教组织和机构，主要位于比哈尔邦，北方邦的贝拿勒斯（Beneras），以及西孟加拉邦加尔各答的新娘市场和达尔豪西（Dalhousie）区域。20世纪上半叶，在加尔各答形成了华人居住的两大社区：位于市中心的新娘市场地区和东郊的塔坝（Dhapa）亦称丁加拉（Tangra）地区。

根据1959年的人口普查数据，加尔各答的华人人数为8127名。⑥此外还有数以千计未经登记的华人移民。1962年中印边境冲突发生后，许

---

① Chaloner Alabaster, "The Chinese colony in Calcutta," reprinted in Chaudhury, P. and Mukhopadhyay, A. eds., Calcutta: People and Empire: Gleanings from Old Journals (Calcutta: India Book Exchange, 1975).

② 此处主要指1855至1867年间发生在中国广东地区的土客械斗。

③ Ramkrishna Chatterjee, "The Chinese Community of Calcutta: Their early settlement and migration", in Madhavi Thampi ed., India and China in the Colonial World (Delhi: Social Science Press, 2005), pp. 55—65.

④ 加尔各答华人先后建立的会馆包括义兴会馆（1838）、四邑会馆（1845）、东安会馆（1864）、南顺会馆（1894）、嘉应会馆（1907）和南顺会馆（1908）。

⑤ 吴俊才主编：《印度华侨志》，台北：华侨志编纂委员会，1962年，第6章。

⑥ Ramkrishna Chatterjee, "The Chinese Community of Calcutta: Their early settlement and migration", pp. 55—65.

多印度华人被驱逐出境,数百名华人被关押在印度多处集中营中。① 中印边境冲突加深了华人社区与当地居民间的隔阂。在印度华人的经济活动受到印度政府制约的同时,当地居民也用怀疑的目光审视着这一群体。无论是印度政府还是百姓都未能充分区别对待边境冲突与印度华人,实际上,这些华人中有许多都出生于印度。直到1998年,印度政府才开始允许华人移民入籍。而此时,政治与社会生活剧烈动荡的经历早已使大多数印度华人移居北美、欧洲、澳洲等地区。如今,印度华人社区在加拿大多伦多不断发展壮大,在那里,他们通过建立自己的文化协会,内部联姻,推广独具中印特色的饮食,与仍生活在加尔各答和其它印度城市的亲友保持联系等方式,一直维系着他们独特的文化传统和认同。

加尔各答的华人人数如今仅剩约4000人,此前不少人已卖掉原有的皮革厂,餐馆,洗衣店等,移居以加拿大多伦多为主的其它国家和地区。继续生活在加尔各答的华人,连同他们的商铺或是餐馆,都成为了这座城市独特的风景线。也确实没有另一个印度城市拥有华人聚集的唐人街,路边鳞次栉比的华人商铺,以及中国农历新年时的舞狮等庆祝活动。

加尔各答华人也把多元化的中国宗教传统和民间信仰带到了加尔各答。除了以上提及的关帝庙和天后宫,华人建造了中华佛寺、玄奘寺等多座佛寺,此外还有供奉地方神祇的庙宇,如伯公伯婆庙等,以及具有驻地创新信仰特色的场所,比如同时供奉广东通灵妇人黄谢寿、加尔各答华人移民廖李秋和玉皇大帝的太寿宫。②大多宗教场所位于同样作为华人聚会场地的会馆内部。同时,几乎每一个加尔各答的华人家庭中都有供奉观音或是财神等其他神祇的供台。

基督教、伊斯兰教和印度教也对加尔各答华人产生了不同程度的影响。20世纪40年代开始,从中国来到加尔各答的基督教传教士在扩大华人基督教信仰方面发挥了重要作用。由于华人与穆斯林的频繁交往,

---

① Leng Shao-chuan and Jerome Alan Cohen, "The Sino-Indian Dispute over the Internment and Detention of Chinese in India", in Jerome Cohen ed., China's practice of International Law (Cambridge, Mass: Harvard University Press, 1972), pp. 268–320.

② 张幸:"文化认同的传承与创新:印度加尔各答华人的多元化宗教信仰研究",《华侨华人历史研究》,2008年第4期(总第84期),第55–56页。

极少数加尔各答华人开始信奉伊斯兰教。① 这些华人穆斯林后来大多已离开了印度。加尔各答华人中也不乏一些印度教信仰，尤其是迦梨（Kālī）女神的信奉者。在华人居住的塔坝地区，有一座中式建筑风格的迦梨女神庙，一年一度的印度教重要节日迦梨普迦（Kālī pūjā）时，当地华人，无论是否印度教徒，都会在此聚集朝拜。

二、加尔各答华人佛教场所与机构

佛教是加尔各答华人的主要信仰之一。事实上，在20世纪40至50年代基督教进入华人社区以前，绝大多数华人居民都称自己为佛教徒。尽管近年来华人基督教徒逐渐增多，也定期去教堂参加宗教活动，一些佛教传统尤其是拜观音的习俗，仍在这些华人中继续留存。佛教在公元前后由印度传入中国，在10世纪以前一直在中印文化交流中起着主导作用。而加尔各答华人的佛教信仰与实践的重要之处在于它体现了佛教经汉化之后又回到印度社会的回流现象。尽管那些华人佛教机构及其宗教活动在加尔各答当地居民中的影响有限，它们仍应作为汉化佛教重返印度的重要例证。

华人在加尔各答修建的两座佛寺分别是位于城北的中华佛寺和城东的玄奘寺，都建立于20世纪60年代。而在此以前，以加尔各答华人为主的印度华人已在印度各大佛教胜地建造了五处华人佛寺，它们是1921年建于鹿野苑（Sarnath）的中华佛寺、1923年建于菩提伽耶（Bodhgaya）的中华大觉寺和巴尔兰普尔（Balrampur）的华光寺、1927年建于格拉普尔（Gorakhpur）的双林寺和1931年建于那烂陀（Nalanda）的中国庙。② 此外，华人佛教机构印度华人佛教会于1932年在阿杰梅尔（Ajmer）成立。

在加尔各答，佛堂最初都设在广东移民所修建的会馆中。其中1845年建于四邑会馆中的观音庙和1908年建于会宁会馆中的阮梁佛庙大约

---

① Hasan Ali, "The Chinese in Calcutta: A Study of a Racial Minority", in M. K. A. Siddiqui ed., *Aspects of Society and Culture in Calcutta* (Calcutta: Anthropological Survey of India, 1982), pp. 88—89.

② 吴俊才主编：《印度华侨志》，第103页。原书中华光寺所在的地点名称拼写为"Kakampur"，笔者认为拼写有误，根据调查，正确名称比较大的可能性应是巴尔兰普尔（Balrampur），位于舍卫城（Sravasti）旁。因此做了相应更改。

是在印度建立最早的华人佛教场所了。① 观音庙设在四邑会馆的二层，正殿正中供奉的是一尊木质观音坐像，两旁是几尊稍小的白观音像。正殿内上方连接屋顶的位置悬挂着一座雕刻精致的大型木雕，根据镌刻其上的文字记述，制于光绪 31 年，也就是 1905 年。尽管观音在加尔各答的其他华人佛寺中也有供奉，四邑会馆中的这一尊因为被当地华人认为最为灵验而总是迎来络绎不绝的信徒。在连接于正殿的侧殿内供奉的是关帝，来到观音庙拜观音的人们也会以同样的方式燃香拜关帝。实际上在中国南方地区，关帝作为武财神，常被称为"关帝菩萨"。显然，这类经汉化融合后的佛教思想在 20 世纪初似乎也开始随着观音庙的建造而传播于加尔各答。

位于会宁会馆中的阮梁佛庙则通过起源于广东四会地区的阮梁二佛信仰将这一移民群体与他们的故乡联系在了一起。会宁会馆中的阮梁佛庙一侧连着会馆大厅，一侧临街，供奉着右阮左梁两尊佛像。佛庙的占地面积虽不算大，却是祖籍为四会的加尔各答华人经常光顾的地方。阮、梁二佛原名分别为阮子郁（1079—1102）和梁慈能（1098—1116），都是宋朝时期的广东四会人，被当地人供奉为佛。② 据传二人出生贫寒，拥有异常相似的身世背景和人生经历，同拜六祖慧能（618—907），后与六祖结缘，双双作为护法童子，最终得道高深，坐地成佛。二人成佛后，当地风调雨顺、国泰民安。如今，在广东四会建于 1071 年的北宝林和建于 1290 年的南宝胜两座寺庙中，也分别供奉着阮、梁二佛。许多关于他们的传奇故事至今仍在流传，在当地及周边地区拥有不少信奉者，多为祈求家庭和睦、福寿安康。③ 这样的信仰模式在加尔各答以四会人为主建立的会宁会馆中已完好保留了近百年，具有典型的民间佛教信仰特征。

随着祖籍四会的华人移民在东南亚和南亚地区的增加，阮梁二佛的信仰也传播到这些地方。在加尔各答的阮梁佛庙中除了阮梁二佛的两尊坐像外，同时供奉着鲁班和杨大钊的神位。对木匠行业祖师爷和印度华人先祖的尊崇，源于来到加尔各答的早期移民来自广东并大多从事木匠

---

① 张幸："文化认同的传承与创新：印度加尔各答华人的多元化宗教信仰研究"，第 53 页。
② 吴大猷编：《四会县志》，台北：成文出版社，1967 年，第 491—492 页。
③ "北宝林南宝胜"http://www.zqdcn.gov.cn/literature/Print.asp?ArticleID=1443，最后查证日期 2009 年 1 月 9 日。

工作，他们渴望获得行业神和移民先祖的庇护与保佑。① 因此，阮梁佛庙对于加尔各答华人社区来说，已超越了民间佛教信仰的宗教意义本身，还同时起到追溯华人移民历史，维系地域文化认同的重要作用。

当生活在加尔各答市中心的广府人在他们的会馆中建造起前面提及的两座佛庙时，作为主要华人移民群体的客家人当时还没有自己的佛庙。大约在上世纪40年代末50年代初，一位名叫李黄香妹的客家人创办了名为"莲社佛教"的佛教社团，活动地点就设在她位于市中心的家中。最初倡导和支持"莲社佛教"创办的是当时从新加坡去加尔各答的转逢法师。成立之初所供奉的佛像由印度大觉会（Mahabodhi Society of India）捐赠。后来，当西藏的福金喇嘛赴缅甸请佛时，李黄香妹委托他多请了一尊供在家中。福金喇嘛当时共请回了三尊佛像，除了这一尊，另两尊分别供奉在那烂陀的中国庙和加尔各答的中华佛寺中。这一华人佛教社团不仅吸引了当地华侨，还有当地的印度佛教信徒时常前往，李黄香妹也因此受到大家的尊敬。她去世以后，家中原有的佛像在1999年12月30日被迁到了东郊塔坝地区的儿子家中，在房屋顶层辟出一间作为佛堂。除了专设的佛龛，还供奉着李黄香妹和转逢法师的照片。②

加尔各答的中华佛寺建成于1964年，占地近9000平方尺。由当地华人潘松妹在上世纪40年代末动议，联合了12位华人佛教信徒，经过近10年的筹措，于1958年终于购得城北一块适合用地，后经过募集资金，在1960年开工建造，共有170多位加尔各答善信参与了捐助。佛寺主体于1962年2月5日完成，大殿供奉释迦牟尼佛，后经扩建增设观音龛和地藏龛。1972年10月12日由当时印度大觉会的吉纳拉塔纳（N. Jinaratana）长老正式主持开寺法会，并开始对社会公众开放。③

加尔各答的玄奘寺位于距华人聚居的塔坝地区约5公里的东郊，占地约70000平方尺，建成于上世纪70年代末。它的建造历经坎坷，凝聚了一位华人僧侣的心血和功德，他就是常年在印度生活并在华侨中享有声望的悟谦法师。悟谦法师生于1922年，陕西咸阳人，早年是西安兴教寺的比丘，后赴西藏奉习佛法，并追寻佛法来到印度。1964年开始管理

---

① 行业神崇拜始于清代，在当时反映了民间信仰的自由性和多样化。这些行业神多是历史名人神化而成，如鲁班、杜康、张伦、张飞等。
② 根据2008年8月20日在加尔各答塔坝地区对李黄香妹的儿媳妇侯梅容女士的采访录音编写。
③ 张幸："文化认同的传承与创新：印度加尔各答华人的多元化宗教信仰研究"，第51页。

加尔各答的佛教事务,之后曾担任过格拉普尔双林寺和鹿野苑中华佛寺住持。在 1965 年召开的中国佛教会华僧代表大会上,被委派为印度地区华僧代表,受到印度华侨的广泛信任和拥戴。悟谦法师是在担任鹿野苑中华佛寺住持期间萌生建造玄奘寺想法的,当时印度已有的华人佛寺都是由华人佛教信徒组织建造的,他认为如果改由僧侣直接创建并管理,会更加便捷。60 年代末,悟谦法师在加尔各答购地并开始玄奘寺的建造。由于资金不足工程进度缓慢,法师在工地督造期间还曾遭遇歹徒持枪抢劫,不但钱财被洗劫一空,还被严重打伤,致使工程雪上加霜。凭着法师的坚定信念,玄奘寺建造历经千辛,终于在 70 年代末完成了主体工程,实现了法师的夙愿。1985 年,悟谦法师被推选为印度华侨佛教总会理事长,并开始担任菩提伽耶中华大觉寺住持,同时依然忙碌于玄奘寺旁玄奘纪念堂的建设。①

目前在加尔各答的华人社区中最有影响力的佛教机构是台湾国际佛光会。1992 年国际佛光会决定在印度设立分会,定名为印度加城鹿野苑佛光协会。最初的佛事活动由马来西亚籍慧性法师组织,在鹿野苑租借的中华大觉寺内进行。由于当时参加这些活动的绝大多数华人信徒都是加尔各答华人,而慧性法师也需要经常往返鹿野苑与加尔各答两地,于是华人们提议在加尔各答另寻固定场地。1998 年佛光会于鹿野苑组织召开国际佛教会议,会上在加尔各答华人的再次建议下,佛光会派第一任职事满睿法师来到加尔各答,主持佛教活动,并将原先的印度加城鹿野苑佛光协会更名为印度加尔各答佛光协会。1998 年 5 月 16 日,加尔各答佛光协会成立了佛光山加尔各答禅净中心,地点位于塔坝地区。这之后,由佛光山相继指派法师前来管理和组织活动,曾先后有满净法师、觉明法师、慧慈法师和慧思法师等来此弘法,2005 年 4 月起由妙如法师带领信众修持,推动慈善、教育等活动。禅净中心不仅致力于推广佛教精神,也十分注重与当地其他宗教团体的交流,曾多次与基督教、天主教开展交流活动,如 2007 年向特蕾莎修女创办的孤儿院、精神病院赠送衣物;应天主教团体邀请开展素食讲座;深入印度民间开展佛诞节云水佛车浴佛法会等。

由于场地问题,禅净中心旧址在几年前停止使用,但是活动并没有因此而停止。目前中心临时设在一位已移居加拿大的华人的住所,主要的

---

① 刘锐之:《悟谦法师简历》,手抄本,1986 年,第 2、4、5 页。

两间房屋内一间作为临时佛堂,一间用作学习和会议。2008年2月笔者在加尔各答做田野调查期间,曾参加过禅净中心负责人妙如法师组织的接待国际基督教团体访问的活动。包括禅修、燃灯、念诵等内容,之后妙如法师就中心的历史和发展回答了来访者的提问。目前禅净中心约有20多名加尔各答华人义工,还有其他来自印度、尼泊尔的居士在中心学习汉语和佛法。禅净中心所组织的内容丰富、形式多样的活动不分种族和阶层,体现了佛教和谐包容的思想,受众较为广泛,也以此扩大了在当地的影响。

三、加尔各答华人的佛教实践活动

加尔各答华人的佛教实践活动呈现出多元化,多为早期华人移民从广东等省带来加尔各答的汉化佛教信仰。通常举办法会的佛教节日除了每年农历四月初八的佛诞,还有农历七月十五的盂兰盆节,即中元节。这一起源佛教宣扬孝亲思想的的法会在南北朝梁武帝时期由印度传入中国,又随着印度华人重返印度。而拜观音不仅常见于华人佛寺中,也在大多华人家庭中成为日常习俗。此外,在殡葬等传统礼仪中,也常包含佛事活动。加尔各答的一些华人家庭中,即便有晚辈选择信奉基督教或天主教,家庭中的年长者依然坚持他们的佛教信仰。对整体华人移民而言,无论实际信仰,大多都会参与平时的佛教活动和仪式。其中一个原因是佛教活动在华人群体中的广泛影响力。通常在一个大家庭中,至少会有一人称自己为佛教徒,其他家庭成员即便不直接称自己为佛教徒,也表示他们会拜观音或释迦牟尼佛。另一个原因或许是在加尔各答华人中,即使是非佛教徒,也大多将这些佛教活动和仪式当作一种传统中国文化来对待,而并非纯粹的一种宗教信仰。对于他们来说,参加此类活动或可作为维系其华人文化认同的途径。其中最典型的例子是大多数加尔各答华人家庭在每年农历新年的第一个月都会参加的,去印度各大佛教圣地的朝拜活动。

加尔各答华人通常以佛教活动作为每年农历新年第一天的重要内容,大年初一的这一天,中华佛寺与玄奘寺几乎是每一个华人家庭必去的地方,无论是否佛教信徒,往往举家前往这两座华人佛寺拜佛、祈福、随喜、食素。这样的活动虽然从地点和形式上说是具备明确宗教性的,但从长期的实践过程来看已然超越其信仰范畴,成为一种传统习俗保持并续存于华人家庭之中。加尔各答华人还一直延续有每年正月去菩提迦耶、那烂陀、鹿野苑等印度佛教圣地礼佛的传统。菩提迦耶是大多数加尔各答华人选择的佛教圣地。通常他们会住在中华大觉寺旁华人管理的朝圣会馆,并用至少两个整天的时间在当地朝拜,参加由中华大觉寺负责组织的静修、法会、素食会等活动。加尔各答华人从何时起开始此类一年一度赴佛教圣地的礼佛活动虽还未经考证,或许可以推测是在20世纪初印度各大佛教圣地的华人佛寺建成之后逐步形成的。

农历正月十五日,佛光山加尔各答禅净中心通常会组织素食餐会,邀请当地华人参加。与一年一度的礼佛之旅相似,参加素食餐会的包括各种宗教信仰的华人。如同农历新年的其他文化活动一样,由佛教机构组织的素食餐会给华人们提供了相聚和分享同一种文化渊源的机会。事实上,加尔各答华人无论从政治上还是文化上都未真正融入印度社会之中,在华人社区内部,也因地域、方言、经济状况等差异存在诸多不同,而这些与佛教相关的文化活动,从某种意义上说,也起到了促进华人社区内部融合的作用。

近年来,由佛光山加尔各答禅净中心组织的各类佛教活动有所发展。如四月初八的佛诞日法会一直作为重要佛教活动之一,2007年5月20日佛诞日时,首次在加尔各答举办了云水佛车浴佛法会。根据新闻报道,包括当地印度人在内的800多位信徒参与了当天的浴佛、诵读《般若波罗密多心经》等活动。加尔各答的中华佛寺与玄奘寺也时常组织此类佛教仪式和诵经活动。尤其值得一提的是,这些佛事活动的参与者并不仅仅是华人,也有当地印度信众。从这个角度来说,华人佛教组织的出现,对汉化后佛教向印度社会的回流起到了推动作用。

加尔各答华人中的佛教信徒主要集中在老年群体,他们中的大部分都会在自己家中安置观音龛,每逢农历初一和十五供奉鲜花斋果,每日敬香恭拜。在年长的佛教徒中,78岁的钟女士是一位虔诚的观音信徒。用她自己的话说:"观音有着有求必应之灵,有难之时口念观世音菩萨大慈大悲,就能感应会渡过难关。"她还举例说前几年自己的眼睛出了问题,医生诊断需进行手术,此后她仍坚持每天通过拜观音的方式为自己祈福,"天天祈求观音菩萨给我带来光明,后来真的不需手术。"她这样描述,"从这点启示真心信奉一定能有求必应。"①另外还有些年长的佛教徒也提及

---

① 根据杨晓红于2008年12月9日用电子邮件发回的调查问卷整理。

了自己拜观音后愿望得以实现的例子。在华人信徒中,观音菩萨多因其大慈大悲、有求必应的灵验传闻而被人们虔诚供奉。

观音信仰在加尔各答华人间盛行的另一个原因则源于来自沿海地区华人移民的民间信仰。根据李天锡在《华侨华人民间信仰研究》中的论述,观音信仰在海外华侨华人中广泛传播的原因,主要由于早期华侨通过海上交通到达国外,因觉得在茫茫大海中生命安全毫无保障,便把"大慈大悲、救苦救难"的观音奉为航海保护神,这与对天后的崇拜供奉相似。李天锡还认为,华侨群体中妇女对观音的虔信进一步推动了观音信仰的传播。① 这在加尔各答的华人妇女中也得到了体现。作为汉化佛教的典型,观音信仰在中国被不断的民间化和世俗化,成为中国传统文化的一个组成部分,也具有了中国传统文化所具有的向心力和凝聚力。因此它在被传播到海外之后,不仅在促进华侨华人社会的形成发展、兴办公益慈善教育事业等方面发挥了积极作用,也一直维系着华侨华人与故乡间的联系。

已经 80 多岁的侯女士被当地华人称作"老菩萨",尽管已经移居加拿大,她每年都会回到加尔各答常住。她是一同发起修建加尔各答中华佛寺的佛教徒之一,也曾为玄奘寺的修建捐资出力。她通常每天凌晨 4 点起床,然后在自己家中供奉的观音和其他佛像前念佛约两个小时。她也常去中华佛寺和玄奘寺拜佛。较之玄奘寺历史上曾有的妥善管理,侯女士对目前的寺院状况并不十分满意。在田野调查期间,她领笔者去寺庙参观时曾说,目前寺院组织的佛教活动远不如以前丰富。侯女士认为其中一个原因是佛教信众的减少,年轻一代华人多信奉基督教或天主教,除了一年几次的大型活动,佛寺并不是他们平时常去的地方;另一方面,缺少华人法师主持佛事活动也是法会等活动不再被频繁组织的原因。②

另一位 58 岁的加尔各答华人佛教徒熊女士认为,"随着年龄增长,对佛教的理解和认识慢慢加深"。③ 这或许可以作为华人佛教徒高龄化现象的解释之一。加尔各答的华人葬礼中也通常包括佛教仪式。一般来说,在葬礼开始前,一般会请法师诵《阿弥陀经》和《地藏经》,这种仪式被认为可为往生者助念,使之安然离去,得往生西方净土。主持仪式的佛光

---

① 李天锡:《华侨华人民间信仰研究》,北京:中国文联出版社,2004 年,第 61—63 页。
② 根据 2008 年 8 月 19 日对侯女士的采访录音整理编写。
③ 根据杨晓红于 2008 年 12 月 4 日用电子邮件发回的调查问卷整理。

会法师告诉笔者,无论往生者的宗教信仰是否为佛教,家属一般都会请法师诵经、念佛,佛光会的成员也都会应允去诵经结缘。葬礼之后家属可按照佛教仪式举行入殓、火葬,而后将骨灰奉安佛寺的纳骨塔,七七佛事等往生佛事可以在华人佛寺中进行,也可以在家中诵经念佛来完成。

尽管年轻一代华人已有不少成为了基督教徒或天主教徒,佛教信仰仍能被大部分年轻人理解和接受。26岁的郭女士就是一个合适的例证。她与大多同龄人一样是一名基督徒,但依然认为佛教在她的生活中扮演着十分重要的角色。在家庭佛教氛围的影响下,她也常拜白观音和释迦牟尼佛。与她相似,36岁的陈女士也表示了她对拜观音和参加佛教活动的兴趣。① 不少加尔各答华人认为,近年来佛光山加尔各答禅净中心等一些佛教团体组织的佛教活动引起了更多华人对佛教的关注,同时,这些活动通过对当地印度人的影响和吸引也在促进佛教在印度的复兴。

四、结语

华人在加尔各答200多年的生活中,保持了佛教为主导并融汇儒教、道教思想的中国传统信仰,虽有一些以年轻人为主的华人在印度定居后选择信奉基督教、天主教和伊斯兰教。华人的佛教信仰与实践在这个移民群体的日常生活中一直扮演着重要角色。正如上文所述,无论是否佛教徒,加尔各答华人大都会举家去佛教圣地及佛寺拜佛祈福。这种多元化的宗教信仰方式在其它海外华人社会也有相似表现。陈志明在一篇关于马来西亚华人宗教信仰的论文中指出:"华人的宗教信仰是华人生活方式的一部分,是一种传承而来的文化传统。…… 华人宗教包含了佛教道教神祇、自然物象、祖先崇拜等。"②陈志明还在论文中阐述了基督教、伊斯兰教和印度教对马来西亚华人社区的影响。

加尔各答华人的宗教信仰也与之相似地融入了印度教、基督教等宗教信仰的成分。在他们多元化的宗教实践活动中,佛教一直占据着不可替代的重要位置。华人群体在加尔各答的生活历史中,佛教理念起到了宗教的主导作用,也因此在印度各大佛教圣地建立起华人佛寺和佛教协

---

① 根据杨晓红于2008年12月10日用电子邮件发回的调查问卷整理。
② Chee-Beng Tan, "Chinese Religion in Malaysia: A General View", *Asian Folklore Studies* 42 no. 2 (1983): 217—252.

会，佛教与道教神祇一直被大多数加尔各答华人供奉朝拜。尤其是汉化佛教中的观音，至今仍被不分籍贯性别的华人在佛寺或是家中普遍供奉。与此同时，只在四会华人中盛行的阮梁二佛信仰则体现出浓厚的地域特色。这些汉化后的，或是地域性的佛教信仰依然会作为一种文化传统在加尔各答的华人社会代代相传。尽管年轻一代的华人对佛教与佛法的理解或许并不如老一辈深入，然而在家庭生活中佛教实践的耳濡目染之下，他们也将具备把这种文化传统保持下去的能力。

　　加尔各答华人佛教信仰的另一个值得关注之处在于它正体现了源于印度的佛教信仰经过在中国的汉化之后又回到印度社会的回流现象，尽管还仅仅是限于不大的范围之中。由于华人的佛教实践活动大多在华人社区内部举行，对当地印度社会的影响还很局限。然而近年来，在华人佛教协会组织的不少佛教节庆的仪式与活动中，已经可以看到当地印度人的身影。从这个角度来说，这些佛教活动的意义已不仅是在华人社区内部复兴佛教实践，更在佛教重新进入加尔各答当地社会方面取得了进展。对于生活在加尔各答又并未与当地社会完全融合的华人群体来说，佛教信仰或许最终会成为一个重要纽带，将这个移民群体与移居地本土社会联系起来。

波斯语叙事诗里的中国形象浅析

刘英军

【作者简介】 刘英军,北京大学外国语学院亚非语言文学专业西亚系博士生。研究方向:波斯文学。

引 言

古时,中国与伊朗是两个相邻的文明中心。在卷帙浩繁的波斯语叙事诗中可以见到大量对中国的地域、人物和物产的描写,以及与中国有关的传说故事等元素,这些中国元素共同勾勒出了层次丰富的中国形象。这里我们所说的波斯语叙事诗,指的是达里波斯语古典叙事诗,包括文人整理的次生史诗和文人创作的叙事诗。本文试图通过对《列王纪》(Shāhnāma)、《库什王纪》(Kūshnāma)、《七美人》(Haft Paykar)、《亚历山大王纪》(Iskandarnāma)、《玛斯纳维》(Masnavī-yi Ma'navī)和《霍马与胡马云》(Humāy va Humāyūn)等不同时代具有代表性的波斯语叙事诗进行文本挖掘,来梳理出其中的中国形象大致轮廓。

在这些波斯语叙事诗里,有几个表意"中国"的关键词,我们用以考察中国形象的文字材料多与它们相关。指向中国含义的专有名词和定语名词主要有秦(Chīn)、马秦(Māchīn)和秦斯坦(Chīnistān)。在波斯语文学作品中,秦一般被用作对中国地域的笼统泛指,有时也特指在伊朗东方与其毗邻的西北中国地区;秦斯坦意为秦之地;马秦多指向与伊朗有秦相隔且滨临东洋大海的东南中国地区;秦和马秦也时常并列在一起使用,笼统泛指伊朗东方的中国地域。引导中国相关内容的形容词主要是 Chīnī,意为中国的,也是中国人和中国语言的意思。

《列王纪》里的中国：与伊朗战多和少的东方邻邦

提到波斯语叙事诗，首先就要谈到伊朗民族史诗的集大成者，由菲尔多西（Firdawsī）作于公元 980 年至 1011 年间[①]的《列王纪》。这部整合了萨珊王朝史、伊朗民间传说与诗人再创作而成的伊朗民族史诗，叙事范围上起创世之初，下抵萨珊王朝亡于阿拉伯征服。在叙事时间跨度如此之大的诗作中，涉及到中国这个重要邻邦的情节自然不少。《列王纪》被其研究者划分为三部分，按时间顺序分别是神话时代、英雄和传说时代以及历史时代，我们将逐一考察其中的中国形象。

1. 神话时代的中国

《列王纪》在这一部分涉及的中国内容，主要有关于传说中的俾什达迪王朝（Pīshdādiyān）著名君王法里东（Firīdūn 或 Āfarīdūn）三分天下时赐给次子图尔（Tūr）的领地——土兰与中国（Tūrān va Chīn）。天下诸王之王法里东把大地分为三部分，中央之地伊朗（Īrān）封给三子伊拉治（Īraj），西方的鲁姆[②]和哈瓦尔（Rūm va Khāvar）封给长子萨勒姆（Salm），东方的土兰与中国则封给了次子图尔。图尔率大军前往封地，当地的贵族们随即承认他为土兰与中国之王。诗中对图尔的称呼有多种，比如"中国的首领"（Sālār-i Chīn）、"土兰之主"（Tūrān Khudāy）、"突厥人与中国的首领"（Sālār-i Turkān va Chīn）、"中国国王"（Shāh-i Chīn）以及"突厥人与中国的王中王"（Shāhanshāh[③]-i Turkān va Chīn）等[④]。

我们可以看出，中国形象在此是模糊不清的，它与土兰被划归一个国度；相对于最受上天眷顾的大地中央之国——伊朗，中国与土兰，以及鲁

[①] "有一种说法，到诗人生命接近终点时，即公元 1020 年之前，他又把这部巨著修改了一次"。张鸿年：《列王纪研究》，北京：北京大学出版社，2009 年，第 28 页。

[②] Rūm 一词在现代波斯语中是罗马的意思，但在古代，它泛指伊朗西方的地域，在不同的历史时代所指不同。比如亚历山大时代的 Rūm 当指希腊，中世纪的 Rūm 主要指东罗马，即拜占庭帝国。本文中按原文对音译为"鲁姆"。王治来在《世界境域志》汉译本（转译自米诺尔斯基的英译本）中译为"罗姆国"。参见佚名：《世界境域志》，王治来译注，上海：上海古籍出版社，2010 年，第 186 页，及脚注①。

[③] 在诗歌中也写作 Shahanshāh 或 Shahanshah。

[④] 参见 Abū al-Qāsim Firdawsī, *Shāhnāma*, Volume I, on the Moscow Copy Basis, Tehran: Hirmis, 2003 (H. S. 1382), pp. 54—76。

姆等其他地域都被贴上了文明边缘区域的标签。尽管根据近现代的研究，没有充足证据表明上古的土兰之地居民与中古的突厥人二者间存在必然联系，但在菲尔多西创作《列王纪》的年代，或者说在那个叙事中的神话传说时代，伊朗古人没有把土兰与突厥乃至连同中国相互辨析开来，而是笼统地混为一谈。

按照《列王纪》的叙事，萨勒姆和图尔共同谋害了伊拉治，于是法里东培养伊拉治的外孙玛努切赫尔（Manūchihr），后者为伊拉治复了仇并继承了法里东的王位。伴随着玛努切赫尔与图尔各率大军在阿姆河附近的中国边疆地区展开激战，《列王纪》里中国与伊朗不断冲突的序幕被揭开。

2. 英雄和传说时代的中国

这一部分中国元素的广度和密度明显加大，出现在诗中的有"中国的勇士们"（Gurdān-i Chīn）、"中国的贵族们"（Buzurgān-i Chīn）、"中国的智者"（Dānā-yi Chīn）、"中国的偶像"（But-i Chīn）①、"中国的偶像寺庙"（Butkhāna-i Chīn）②、"来自中国的稀罕货"（Tarāyif zi Chīn）、"中国的集市"（Bāzār-i Chīn）、"中国的丝绸"（Dībā-yi Chīn）、"中国的马匹"（Asbān-i Chīn）、"中国的纸"（Qirtās-i Chīn）以及"中国的笔"（Khāma-i Chīn）等等。

从上述中国元素勾勒出的中国形象，可以看出中国人勇敢而智慧；中国是个偶像崇拜的国度；中国物产丰富，尤其盛产丝绸等对于伊朗来说是稀罕货的物品。

《列王纪》英雄和传说时代的诗句中，对中国君主的称呼与上一部分——神话时代相比有明显不同。上一部分常用的是"王"（Shāh）和"首领"（Sālār）等词汇，这一部分则首次出现并主要使用"中国可汗"（Khāqān-i Chīn）与"中国天子"（Faghfūr-i Chīn）等几个称呼，"中国可汗"和"中国天子"分别出现了八十余次和近二十次。当然，在第三部分——历史时代的行文中，它们出现得更为频繁，分别是近二百次和三十多次。

文字表述上的这一变化大概可以说明，叙事时间到了这个时代，中国

---

① 或译为"中国的美人"。

② 在汉译《列王纪全集》中，有时也译作"中国画廊"，因为中国的偶像寺庙中，大都满满地展现着为伊朗人所称道的精细逼真、金碧辉煌的中国绘画和塑像艺术。参见菲尔多西：《列王纪全集（二）》，张鸿年、宋丕方译，长沙：湖南文艺出版社，2001年，第112页；菲尔多西：《列王纪全集（三）》，张鸿年、宋丕方译，第14、18页。

形象有逐渐具体化的趋向。"王"和"首领"这样的波斯语固有词汇,可以在注视者与被注视者之间未必有直接接触,或即便有也仅存在于模糊的远古集体记忆中的情况下被使用。"可汗"与"天子"却不是波斯语固有词汇。"可汗"(Khāqān)最初借自突厥人对自己首领的称呼,是"汗之汗"(Khān-i Khān)的意思,类似于波斯语固有的"王中王"(Shāhanshāh),后来在波斯语中被用来指代中国和突厥君主①。"天子"(Faghfūr)一词广泛应用于中古时期阿拉伯语和波斯语文献中,源于波斯语词汇 Baghpūr。Bagh 是天神之意,pūr 意为儿子,合在一起是"天神之子"或"天子"的意思,专门用来指代中国的皇帝或国王②。我们有理由相信,这个词在波斯语中的出现,受到了来自中国信息的影响③。因此,这些词汇的使用似乎表明,《列王纪》这一部分的叙事主体已经从他者一方获得了一些具体信息,并转化为自己的语言再用来描述他者。

  在汉语语境中,天子与可汗一般分别指定居族群和游牧族群的首领。这两个称谓同时指代一个目标的情况比较少见,关于这一点,可以考察一下《木兰辞》中的现象。《木兰辞》中"归来见天子,天子坐明堂。策勋十二转,赏赐百千强。可汗问所欲,木兰不用尚书郎"这一段,天子与可汗就明显指同一位君主。作为民歌的《木兰辞》大概产生于后魏时期,诗中情节同后魏与柔然战争的历史背景也基本吻合。后魏是起源于中国北方游牧部落的鲜卑拓跋氏在北中国地区建立的政权,大致可以把魏孝文帝汉化改革与太和迁都作为分水岭,之前其文化的游牧性质偏重,之后农耕定居性质占了上风。可以认为,《木兰辞》生成于后魏自游牧向定居农耕过度的社会文化语境中,诗中把君主同时称为可汗与天子就有了合理性。同时,这也没有改变二者分别具有的定居族群君主和游牧族群首领的含义,因为后魏君主本就兼有二者性质。《列王纪》在英雄和传说时代与历史时

---

  ① Aliakbar Dehkhodā, *Loghatnāme* (*Encyclopedic Dictionary*), Chief Editors: Mohammad Mo'in & Ja'far Shahidi, Tehran: Tehran University Publications, 1993—94, p. 8192.
  ② Aliakbar Dehkhodā, *Loghatnāme* (*Encyclopedic Dictionary*), p. 15159.
  ③ 在《〈列王纪〉辞典:人名与地名》(*Farhang-i Shāhnāma: Nām-i Kisān va Jāyhā*)的 Faghfūr 词条中明确解释说:"在古代的中国,人们把国王称为 T,ientszé,意思是天的儿子(=天神的儿子)。T,ien 在中文里意为天,tszé 意为儿子。伊朗人把这两个词转化为自己的语言造出了 Baghpūr(阿拉伯语化:Faghfūr)这个词"。参见 Hussayn Shahidī Māzandarānī, *Farhang-i Shāhnāma: Nām-i Kisān va Jāyhā*, Tehran: Nashr-i Balkh, Intishārāt-i Bunyād-i Nayshābūr, 1998 (H.S. 1377), pp. 526—527。

代的情节中对"中国可汗"和"中国天子"的混用与《木兰辞》不同。《列王纪》中的伊朗作为"定居农耕的中央文明",与其周围诸"边缘文明"处于频繁的战争之中,这些作为边缘文明的异族邻邦很多都具有游牧文明的性质,中国也位列其中。无论《列王纪》中称中国君主为可汗还是天子,都不改变伊朗时人有幻象式"游牧中国"认知的状况。

《列王纪》英雄和传说时代的故事中讲到凯扬王朝(Kayāniyān)的凯霍斯鲁(Kay Khusrū)在位时期,伊朗与土兰之间爆发了一场规模宏大的战争。在土兰国王阿夫拉西亚伯(Afrāsiyāb)的动员之下,秦、马秦、贵霜匿(Kushānī)①、巴尔赫(Balkh)、赫拉特(Hirāt)、沙坎(Shaknān)②、和田(Khutan)、石汗那(Chaghānī)、柏柏尔(Barbar)、莫克兰(Makrān)、信德(Sind)、印度(Hind)、鲁姆(Rūm)以及萨格拉布(Saqlāb)③等地都卷入了这场与伊朗敌对的战争。终因伊朗勇士鲁斯塔姆(Rustam)英勇无敌,土兰及其诸盟军被击败。在这场大战中,中国可汗作为土兰国王最得力的盟友出场很多,鲁斯塔姆与他的战斗被浓墨重彩地描写。最终,中国可汗兵败被俘。在这个叙事时间段里,中国形象仍然同伊朗的宿敌土兰搅在

---

① 本段中的地名汉译大都按照《列王纪全集》里的译名列出,参见菲尔多西:《列王纪全集》张鸿年、宋丕方译,第二册和第三册。只有贵霜匿和鲁姆例外。关于鲁姆的译法,前文注释中已经加以说明;至于贵霜匿,说明如下。根据 Loghatnāme (Encyclopedic Dictionary),这个地名在波斯语中有 Kashānī 和 Kushānī 两个读音,《列王纪全集》取前者译为喀沙,本文取后者译为贵霜匿。原因是,这个词按照 Loghatnāme (Encyclopedic Dictionary) 中的解释,指 Kashān 或 Kushāniya,是那个在撒马尔罕的粟特(Sughd)之地的城市,它和撒马尔罕之间有十二法尔生格的距离。另据《世界境域志》(Hudūd al-'Ālam) 解释,Kushānī 是粟特(Sughd)之地最繁荣的一座城市。参见 Hudūd al-'Ālam: Min al-Mashriq Ilā al-Maghrib, edited by Manūchihr Sutūda, Tehran: Kitābkhāna-i Tahūrī, 1983 (H. S. 1362), p. 107.《〈列王纪〉辞典:人名与地名》中把这个地名的读音直接标注为 Kushānī,并基于《世界境域志》中的简要解释又做了大篇幅的解释说明。参见 Hussayn Shahīdī Māzandarānī, Farhang-i Shāhnāma: Nām-i Kisān va Jāyhā, pp. 565—567。另据《西域地名》Koshania 词条:"《隋书》何国,《西域记》屈霜你迦,《新唐书》云:'何或曰贵霜匿,即康居小王附墨城故地'"。冯承钧原编、陆峻岭增订《西域地名(增订本)》,北京:中华书局,1982 年,第 54 页。综上,贵霜匿是其汉语发音最接近目标地名原文发音的译名,故采用之。

② Loghatnāme (Encyclopedic Dictionary)中解释为瓦罕(Wakhān)的一个地区的名字,锡尔河穿过该地区,位于印度北界与河中地区边境之间。大概就是王治来译注的《世界境域志》中关于瓦罕的注释中提到的"什格南"。参见 Hudūd al-'Ālam: Min al-Mashriq Ilā al-Maghrib, edited by Manūchihr Sutūda, p. 121;佚名:《世界境域志》,王治来译注,第 120 页,脚注④。

③ Loghatnāme (Encyclopedic Dictionary)中解释为从突厥斯坦直到靠近鲁姆北部尽头的地域。王治来译注的《世界境域志》中译为斯拉夫国。参见该书,第 190 页。

一起,是伊朗与之斗争的对象。

这个叙事时代最后一场与中国有关的大戏是亚历山大(Iskandar)①东征时,他扮作自己的信使去给中国天子下书要求贡赋。中国天子答复说,他虽然有信心击败亚历山大,但不愿牺牲人命去逞强争霸,因此要给亚历山大以比他要求的更多的财物,来彰显自己的富有与慷慨,于是亚历山大与中国天子之间没有发生战争。该情节里中国天子的形象表现为仁慈、智慧、强大而谨慎。

3. 历史时代的中国

《列王纪》在这部分讲述的主要是萨珊王朝的历史故事,其中的中国继续作为伊朗的一个重要邻国,在伊朗几位著名君王当政时期与其或战或和,联系不断。有这样几个重要情节:沙普尔·祖尔阿克塔夫(Shāpūr Zu al-Aktāf)②当政时期,来自中国的画家兼摩尼教创始人摩尼(Mānī)③到伊朗传教,因未能辩论过琐罗亚斯德教大祭司而被伊朗国王处死;巴赫拉姆·古尔(Bahrām Gūr)④为王时期,中国可汗进攻伊朗,兵败被俘⑤;阿努席尔旺(Kisrā Nūshīnravān)⑥在位时期,伊朗与中国联合击败嚈哒(Hitāl),阿努席尔旺还娶了中国可汗的女儿,双方以联姻来巩固联盟⑦;在霍尔姆兹德(Hurmuzd)和霍斯鲁帕尔维兹(Khusrū Parvīz)当政时期,伊朗大将巴赫拉姆·楚宾(Bahrām Chūbīn)反叛,成为中国可汗身边的重臣,并率中国军队攻击伊朗。

立足于《列王纪》自身文本来考察,这部分的中国形象仍是个与伊朗

---

① 按照《列王纪》的内容,亚历山大是伊朗凯扬王朝第八位国王之子、第九位国王的同父异母兄弟,他自己是凯扬王朝的第十位、也是最后一位国王。

② 即波斯萨珊王朝沙普尔二世。

③ 世界性宗教摩尼教的创始人摩尼是伊朗人,但在《列王纪》中被描述为来自中国。

④ 即波斯萨珊王朝的巴赫拉姆五世。王治来在《中亚通史》中称其为巴赫兰五世(Bahram V)。参见王治来:《中亚通史·古代卷上》,乌鲁木齐:新疆人民出版社,2004年,第167页。

⑤ 历史上,萨珊波斯的巴赫拉姆五世曾击败嚈哒人的进犯并杀其王。参见王治来:《中亚通史·古代卷上》,第169—170页。

⑥ 即波斯萨珊王朝的库思老一世,或称霍斯劳一世(不朽的灵魂)。《旧唐书》中称为库萨和。王治来在《中亚通史》中称其为胡思老一世(Khusrau I Anushirvan),参见王治来:《中亚通史·古代卷上》,第167页。

⑦ 历史上,萨珊波斯的库萨和一世曾与突厥可汗联姻,双方联合攻灭了嚈哒。参见余太山:《嚈哒史研究》,北京:商务印书馆,2012年,第126—138页。

战多和少的异族邻邦。

《库什王纪》里的中国：友善而弱势的边远国度

伊朗尚·本·阿比尤黑尔（Īrānshān Ibn Abī al-Khayr）所作的《库什王纪》完成于公元1107至1110年之间。要考察波斯语叙事诗里的中国形象，不应忽略这部《列王纪》之后的伊朗民族史诗，因为这部作品在行文中曾称自己为"中国国王的故事"，而且其大半篇幅确实在讲述发生于中国或与中国密切相关的故事[①]，的确值得关注。在《库什王纪》里，与中国概念相关的秦、马秦和巴希拉（Basīlā）等地理名词清晰地表现出并列关系，我们提到这部史诗有关中国的内容时将直接使用这几个地名。

《库什王纪》的过半篇幅讲述了这样的故事。上古著名君王贾姆希德（Jamshīd）因失去灵光——神的庇佑，被阿拉伯人首领佐哈克（Żaḥāk）擒杀。贾姆希德在大难将至之时把妻子族人送往秦的丛林中躲避，他的妻子是秦的国王之女。佐哈克入主伊朗后，先后委派他的兄弟库什（Kūsh）和侄子象牙库什（Kūsh-i Pīldandān）——面容凶恶的本书主角去作秦的国王并追杀贾姆希德族人。贾姆希德的曾孙阿贝廷（Ābtīn）率领族人从秦取道马秦避往了名叫巴希拉的岛屿。象牙库什与阿贝廷之间在秦、马秦和巴希拉发生了多次战争。最终，阿贝廷与巴希拉公主之子法里东击败了佐哈克和象牙库什，重夺伊朗王位。《库什王纪》后三分之一的篇幅接着讲述了法里东三分天下，伊拉治遇害，以及玛努切赫尔为伊拉治复仇并君临天下的故事，与《列王纪》中有关情节大致吻合，不同的是图尔和萨勒姆多了象牙库什这个同谋。

构成这些故事里中国形象的元素同样广泛地包括中国各地区、中国城市、中国人物以及中国的物产等。关于中国各地区，《库什王纪》中秦、马秦和巴希拉指向的地域相对明确，即秦是毗邻伊朗的区域，马秦是经由秦翻山可抵而与伊朗不相邻的滨海国度，自马秦又可渡海到达名为巴希拉的岛屿。纯就诗中描述的地理方位而论，《库什王纪》的整理者贾拉尔·马提尼（Jalāl Matīnī）认为，巴希拉可能指古时日本之一岛，更可能是

[①] 当代整理出版的《库什王纪》共有一万零一百余联诗句，讲述与中国有关的故事占了六千余联。参见 Īrānshān Ibn Abī al-Khayr, *Kūshnāma*, edited by Jalāl Matīnī, Tehran: Ilmī, 1998 (H. S. 1377)。

朝鲜半岛古国新罗①。但本文意图不是做详尽的历史地理考证,而是要考察波斯语叙事诗里的中国形象,巴希拉就也可作为构成中国形象的元素被考察。首先,诗中讲到马秦国王巴哈克(Bahak)给阿贝廷的信中曾把巴希拉称为"另一个马秦":

> 有两个马秦一个在[我]这儿,[要去另一个]应该首先来我的马秦②

其次,巴希拉的城市数量和繁荣程度都大大超过了秦和马秦:

> 在那山中挑出八十个城市,任何一个都比马秦和秦更美好
> 在那四千个城市中,有十个满是花园和硕果累累的果树③

再次,巴哈克提到巴希拉国王时说:

> 他和我是岁与月的一对兄弟,是那样名誉卓著的仁慈君主④

另外,巴希拉还是一个遍布华丽丝绸的国度。综上,巴希拉可以被看作伊朗民族史诗的叙事主体想象出来的中国幻象之一。

《库什王纪》基本未提到《列王纪》中涉及的中亚地区诸古城,但描述了秦、马秦和巴希拉自有的众多繁华城市。这一点恰是农耕定居文明的表现,因而这些中国城市赋予了中国形象以农耕定居文明的色彩。

这部史诗里中国人物众多,比如秦的国王马汉格(Māhang)、马汉格之女即贾姆希德之妻、马秦国王巴哈克、巴希拉国王醍醐尔(Tīhūr)、醍醐尔之女即阿贝廷之妻法拉兰格(Farārang)、库什之妻即皮尔古什(Pīlgūsh)⑤部族的美女,以及中国的贵族们和中国智者(Farzāna)等等。中国国王的形象,包括马汉格、巴哈克和醍醐尔等,相对于他们的主要敌手佐哈克与象牙库什,大都表现出善良、贤明但不够强势的特点。马汉格和巴哈克都帮助了贾姆希德的族人,随后分别被佐哈克与象牙库什攻杀,导致秦与马秦都落入异族手中,象牙库什坐上了秦与马秦的王位。中国智者们在故事里的表现也仅限于向法里东求援,是一副弱者的面孔。这

---

① 参见 Īrānshān Ibn Abī al-Khayr, *Kūshnāma*, edited by Jalāl Matīnī, pp. 73 – 77, "Muqadama"(Foreword), written by Jalāl Matīnī。
② 参见 Īrānshān Ibn Abī al-Khayr, *Kūshnāma*, edited by Jalāl Matīnī, p. 263 & note 1。
③ Īrānshān Ibn Abī al-Khayr, *Kūshnāma*, edited by Jalāl Matīnī, p. 263.
④ Ibid., p. 264.
⑤ 意为"象耳"。

些情节都致使《库什王纪》里的中国形象展现为对伊朗友善却自身难保的边远国度。中国女人们也值得注意。阿贝廷是贾姆希德与秦的公主的嫡系后裔,法里东是阿贝廷与巴希拉公主的孩子,致使正统伊朗王族有浓重的中国母系血统色彩。关于库什和象牙库什在这里说明一下,他们虽然被称为中国国王,但都是阿拉伯人首领佐哈克的至亲,在此就不纳入中国形象的范围来讨论了。

《库什王纪》里的中国物产仍以丝绸为代表,出现的频率非常高。当然还有另外一些奇异之物,比如海中神马等,它们共同描绘出了美丽而神奇的中国形象。

《七美人》里的中国:二重形象
——史诗中的敌国与乌托邦般的美女之乡

内扎米(Nizāmī Ganjavī)的《七美人》,又称《巴赫拉姆王纪》(Bahrāmnāma),创作于公元1196年。按照一些前辈专家的观点,这部作品应归入文人创作叙事诗之列。在笔者看来,《七美人》明显由两部分内容构成。一部分讲述了与《列王纪》中一段情节相类似的故事——萨珊王朝著名的巴赫拉姆·古尔国王传奇的一生,包括他凭勇力争得王位、战胜中国可汗而称雄天下以及娶回印度等国公主等故事,这些内容约占全诗一半的篇幅;其间穿插了内扎米自己创作的巴赫拉姆所娶七国公主分别给他讲的七个独立故事,算作另一部分,也占全诗篇幅的一半。我们知道《列王纪》是把散佚的巴列维语历史文献和伊朗民间口传故事由文人加以整理再创作而成的次生史诗,那么《七美人》应当可被看作次生史诗与文人创作叙事诗的混合体,是史诗文化在伊朗叙事文学中影响的延伸。

正因如此,《七美人》中表现出明显不同的两种中国形象。其一是源于伊朗古代历史传说的主线部分中,那个与伊朗之间征伐不断的敌对邻邦;其二是诗人出于说理的需要,自己创造出来的作为故事发生场景的中国。前者对《列王纪》里的中国形象有所继承,中国可汗、中国大军以及宏大的战争场面等元素共同构成了史诗化的敌对异族形象;后者则展现为奇异而美丽的中国城市和中国人的形象,尤其在以"无知觉者之城"的天仙美女为主角的故事中呈现出来的异域风情。

《七美人》写到中国可汗率领大军入侵时,用史诗式的宏大文学话语,令表现为敌对异族的中国形象跃然纸上:

诸汗之汗从中国出发,要令王的领地遭到侵袭

三十万名强弓硬弩手,如马蹬上咆哮的恶龙①

与此不同的是,印度公主讲给巴赫拉姆旨在说明人享有幸福时不应贪多心切之道理的寓言式故事里,中国是一个有着美丽至极的城市和人们,又神秘得不真实的国度:

在中国地区有个城市,这个城市装饰得如天堂一般

它的名字叫无知觉者之城,是穿黑衣人们的悼念室

所有人都有如月的脸庞,都像黑色丝绸上的月亮②

在那里,连前去猎奇的印度国王结识的屠户都容貌俊美且有修养:

我考虑了所有方面,见到一个高尚的屠户

面容姣好脾性温柔且和缓,不说任何人的坏话

他的善良和良好见识,令我找到与他结识之路③

自那个城市可到达的天园般奇幻之地,以及那里仙子般的美女们之异常美丽就更不消说了。总之,这个内扎米自己创作的故事中,中国形象呈现为一种奇幻美丽的异国情调。

此外,《七美人》中还有一个关于巴赫拉姆与婢女的小插曲。故事中说,巴赫拉姆极为宠爱一个美貌伶俐又擅抚琴的中国婢女,她不愿迫于王威殷勤谄媚,因直说实话招来杀身之祸,终又凭借机智说明了道理而令巴赫拉姆回心转意。在这个寓言式的小故事中,该婢女来自哪个国度其实无关紧要,但她在诗中被称为"中国婢女",可能由于美貌且多才艺、高洁而有智慧的女性形象,比较符合诗人内扎米以及当时伊朗人集体对中国美女的想象。

《亚历山大王纪》里的中国:
物产丰饶、君主智慧而人民多才艺的国度

内扎米的《亚历山大王纪》,创作于公元 1200 年前后,分为《光荣书》

---

① Nizāmī Ganjavī, *Kulliyāt-i Khamsa-i Nizāmī*, edited by Shiblī Nu'mānī, Tehran: Intishārāt-i Jāvidān, 1987 (H. S. 1366), p. 768.

② Nizāmī Ganjavī, *Kulliyāt-i Khamsa-i Nizāmī*, edited by Shiblī Nu'mānī, p. 790.

③ Ibid., p. 791.

（*Sharafnāma*）和《幸福书》（*Iqbālnāma*）——又称《智慧书》（*Khiradnāma*）两部分。虽然扎毕胡拉·萨法（Zabīh Allāh Safā）把《亚历山大王纪》划归历史史诗之列①，但它与后世那些赞颂当世君王功业，以及记载相对准确的重要历史事件的多数历史史诗还是有明显不同，或许可把它看作历史史诗与文人创作叙事诗的混合体。

《光荣书》中记载了一个类似《列王纪》中亚历山大东征中国的故事，但两者情节有所不同。《光荣书》中讲到，亚历山大率大军从印度（Hindūstān）经吐蕃（Tabat）向中国进军。吐蕃之地水草丰美，遍地是麝，亚历山大带领军队在那里扎营猎麝一个月之久，此情节与古时伊朗人偏爱使用麝香并持续自东方输入大量麝香的史实相呼应②。顺带补充一点，在《七美人》"对语言、智慧与箴言的赞颂"的章节里，内扎米写有这样的诗句：

中国富商装载麝香，用阿魏脂③把麝香围绕④

意思是说中国商人在贩运麝香时，用阿魏脂刺鼻的气味来掩盖珍贵麝香的香气，这样可以起到防盗贼的作用。这联诗句至少传递了两个信息，一是在诗人看来中国商人有智慧；二是佐证了古时伊朗有从中国输入麝香的大宗贸易。

《光荣书》中还讲到，中国可汗扮作自己的使者去见亚历山大，因他的福运聪慧和能说会道，亚历山大把原本要求的七年贡赋减为一年之量。随后，中国可汗在向亚历山大展示其强大的军队之后，仍表示要安天命而臣服于亚历山大，亚历山大就把索要的一年贡赋都免去了。值得注意的是，诗中讲到中国可汗听闻亚历山大率领大军前来，有段这样的诗句：

可汗感到害怕，并把对那样一个敌人的恐惧与人商议
他给每个边疆统治者写了血书，在我们的边境尘土与鲜血混合

---

① 参见 Zabīh Allāh Safā, *Hamāsa Sarāyī dar Īrān*, Tehran: Amīr Kabīr, 1954 (H. S. 1333), pp. 343—352.

② 关于伊朗自中国输入麝香的情况可参见王一丹：《波斯、和田与中国的麝香》，《北京大学学报（哲学社会科学版）》，1993 年第 2 期，第 78—88 页。

③ 阿魏是出产于印度的一种草本植物，因有浓烈的类似大蒜的气味，属佛教徒禁食的五辛之一。切断其根状茎，有乳汁状液体流出，待其干涸可制成阿魏脂，或称阿魏胶。

④ Nizāmī Ganjavī, *Kulliyāt-i Khamsa-i Nizāmī*, edited by Shiblī Nu'mānī, p. 703.

发送给从乞台①国王到和田汗,并安排大家集合
有塞兰②和费尔干纳的军队,还有其他明智的边疆军队
从黠戛斯③、赭时④和喀什⑤,召唤了众多金腰带的勇士
当军队集结在一起,众汗之汗的心情放松了⑥

这段诗句说明与亚历山大打交道的这位中国可汗治下属国众多,包括了北中国到中亚的多个地区,是名副其实的众汗之汗。另外,在中国可汗扮作自己的使者去见亚历山大时,诗中这样写道:

中国的统帅和田的君王,把自己装扮成一名使者⑦

这联诗中"中国的统帅"与"和田的君王"互为同位语,都指中国可汗。

---

① Khatā,据 Loghatnāme (Encyclopedic Dictionary),是突厥斯坦一座城的名字,是出产麝香之地,还以美女和美男子而著称;并请参见 Khatā 词条。Khatā 词条的解释是:由 Khatāy 变化而来的一个词,是突厥人的一个地区的名称,在波斯语诗歌和散文中有时把 Khatāy 写作 Khatā。Khatāy 词条解释可概括为:是一个广大而著名的地区的名字,它的南方是中国(秦),它的西方是突厥斯坦和蒙古。Khatāy 这个词,现在一般认为是"契丹"的波斯语对音,指当时的北中国。内扎米创作《亚历山大王纪》一个世纪之后,拉施特(Rashīd al-Dīn)主持编纂的《史集》(Jāmiʿ al-Tavārīkh)中是这样定义的:"当地人自己称之为汉族中土,蒙古人称之为札忽惕(Jāuqūt),忻都(印度)人称之为秦(Chīn)在我们这里则以乞台(Khitāy 或 Khatāy)闻名"。王一丹:《波斯拉施特〈史集·中国史〉研究与文本翻译》,北京:昆仑出版社,2006,第 115 页。本文以《史集》中 Khatāy 的汉译名为准译为"乞台"。

② Sipanjāb,据 Loghatnāme (Encyclopedic Dictionary),是突厥斯坦一个地区的名字,《列王纪》中被鲁斯塔姆杀死的卡姆斯·喀沙尼(贵霜匿)是那里的人,该地也被称作 Ispanjāb,也就是那没有"Nūn"字母的 Sipijāb,据说在 Saqnāq(锡尔河高地附近一村镇名)和突厥人之地被称作 Sayram 和 Sīrān。Sayram 汉译名是"塞兰",在今哈萨克斯坦共和国境内,古时为丝绸之路上的重镇。

③ Kharkhīz,据 Loghatnāme (Encyclopedic Dictionary),是突厥斯坦、乞台与和田的一座城市名称,出产上好麝香和一种丝绸外袍。《世界境域志》中对其有记载,王治来将其汉译为"黠戛斯"。参见 Hudūd al-ʿĀlam: Min al-Mashriq Ilā al-Maghrib, edited by Manūchihr Sutūda, p. 79;佚名:《世界境域志》,王治来译注,第 74—75 页。

④ Chāch,据 Loghatnāme (Encyclopedic Dictionary),是乌兹别克斯坦共和国首都塔什干附近的一座城市名称;曾为河中地区古城,以出产杨木(Khadang)弓箭而闻名。又据《西域地名》"Tashkend"词条,"昔名 Chaj,《魏书》作者舌,《隋书》为石国都柘折城(Binkath),《西域记》作赭时,《经行记》谓其国一名赭支,一名大宛,《新唐书》曰柘支,曰柘折,谓为故康居小王窳匿城,《元史·西北地附录》作察赤,《明史》作达失干,清时名塔什罕……"。冯承钧原编、陆峻岭增订:《西域地名(增订本)》,第 93 页。取其中发音近原文读音者"赭时"充作本文中地汉译名。

⑤ Kāshghar,旧译喀什噶尔。

⑥ Nizāmī Ganjavī, *Kulliyāt-i Khamsa-i Nizāmī*, edited by Shiblī Nuʿmānī, p. 1206.

⑦ Nizāmī Ganjavī, *Kulliyāt-i Khamsa-i Nizāmī*, edited by Shiblī Nuʿmānī, p. 1220.

在两位君王、两支军队结成朋友之后,欢聚饮宴的情节中穿插了中国、鲁姆两国画家斗技和摩尼在中国传教并展示画技的故事。中国、鲁姆两国画家斗技的故事曾以不同的面目出现在不同的波斯语叙事诗中。在内扎米笔下,鲁姆画家老实地绘画,中国画家则把画室墙壁打磨成镜,映照出对面鲁姆画家的画作。这里的结论是鲁姆人画技高超,中国人的研磨手艺娴熟。《光荣书》中的摩尼故事不同于《列王纪》里的那段故事。摩尼从雷伊(Ray)①来到中国传教,中国人在他的必经之路用纯净水晶伪造了一个逼真的水塘。口渴的摩尼用陶罐取水,却在水晶上打破了陶罐。于是摩尼在假水塘上画了以假乱真的生满蛆虫的死狗,使口渴者不至于在此受骗匆匆取水。中国人叹服于他的画技而成了他的追随者。

《幸福书》里的中国有关情节主要是,亚历山大再次来到中国,在中国可汗的陪伴下,他先在海港目睹了水中仙女吟唱的奇景,之后乘船出海探险。这是亚历山大与中国可汗的再次见面,他们已经成了朋友,而且前者的文化深刻影响了后者:

> 两位国主坐在一起,或多或少谈及每个国度
> 当日子长久以后,他们更新了所有的盟约
> 可汗接受了他②的信仰,学会了他的经典和法规③

我们需要注意的是,亚历山大在波斯语叙事诗中以伊朗国王和世界之主的身份出场,因此这段文字的意思可以理解为中央文明伊朗对边缘文明中国的教化。同时,这段故事里的中国仍是个奇幻国度,关于亚历山大目睹海中仙女吟唱的场景,诗人这样写道:

> 在那海港远远地扎下营帐,珍宝从海中带来光芒
> 在其中看到水波里的美人们,举起太阳般的旗帜④
> 发辫披散在自己的身躯上,犹如黑色麝香撒在天然白银上
> 每个吟唱者歌唱的都不一样,是比百倍祝福还要时新的歌曲
> 当那甜美的音调传到他⑤的耳朵里,他内心炙热血液沸腾
> 为那音调与歌声稍作哭泣,再笑起来——哭泣是怎么回事

---

① 伊朗古城,位于今天的德黑兰地区。
② 指亚历山大。
③ Nizāmī Ganjavī, *Kulliyāt-i Khamsa-i Nizāmī*, edited by Shiblī Nuʻmānī, p. 1473.
④ 也可理解为"美人们如日出般挺立起身躯"的暗喻。
⑤ 指亚历山大。

那起伏的音调令人惊奇,因为它会一起带来欢笑与哭泣①

夜幕下的海滨,美丽的仙女和曼妙的歌声勾勒出唯美奇幻的异国情调。

《幸福书》中还有一个希腊哲学家阿尔史米德斯(Arshimīdis)在学生时代迷恋中国艳婢的故事。不过这个故事以说理劝谕为目的,其中的中国美女仅仅是使人丧志的美色象征,形象显得较为单薄。

虽然没有确凿史料证据能够证明亚历山大到过中国,但有关他与中国的传说影响还是很广的,也引起了一些著名东方学学者的关注。劳费尔(Berthold Laufer)在《中国伊朗编》(Sino-Iranica)里专题归纳了亚历山大故事中的中国人,讲到了菲尔多西和内扎米的著作中写到亚历山大在中国的故事②。

《玛斯纳维》里的中国:绘画与人物皆美的符号化形象

谈论波斯语叙事诗,苏菲诗歌也是不容回避的内容,因为伊朗著名的诗人们大多受到苏菲思想的影响。诗人莫拉维(Mawlavī)③也是一位苏菲长老,他凭借自己创作于公元1260年至1273年之间的六卷苏菲哲理叙事诗《玛斯纳维》跻身于伊朗文坛四柱之列。

苏菲思想源于一些穆斯林对部分上层穆斯林热衷于世俗物质享受的批判,主张坚持对真主的纯洁信仰,"通过一定方式的苦行和修道,滤净自身的心性,修炼成纯洁的'完人',在'寂灭'中和真主合一,在合一中获得永存"④。公元7世纪,伊朗被阿拉伯人征服;10世纪末以后,相继被突厥人建立的伽兹尼王朝(Ghaznaviyān)和塞尔柱王朝(Siljūqiyān)统治;13世纪又遭蒙古人入侵。数百年间处于战乱不息、社会动荡之中的伊朗人"容易产生悲观失望的情绪,对现实生活中的一切都丧失信心,这在客观

---

① Nizāmī Ganjavī, *Kulliyāt-i Khamsa-i Nizāmī*, edited by Shiblī Nuʿmānī, p. 1474.
② 参见 Berthold Laufer, *Sino-Iranica*: *Chinese Contributions to the History of Civilization in Ancient Iran*, Chicago: Field Museum of Natural History Publication 201, 1919, printed in China, 1940, pp. 570—571.
③ 又称鲁米(Rūmī)。
④ 莫拉维(鲁米):《玛斯纳维全集(一)》,穆宏燕译,长沙:湖南文艺出版社,2002年,第11页,穆宏燕:《波斯大诗人莫拉维和〈玛斯纳维〉》(译者序)。

上也助长了苏菲思想的传播①",《玛斯纳维》正是创作于这样的历史背景之下。

《玛斯纳维》取材于历史典故、伊斯兰教经典和民间故事,以夹叙夹议的手法阐释苏菲神秘主义玄理。因其故事都是说理的工具,诗中的中国形象更具抽象和符号化的特征。

中国与鲁姆两国画家斗技的故事在《玛斯纳维》中被再次讲述,但这次辛苦作画的是中国画家,鲁姆人则把墙壁打磨得光滑如镜。诗中做出评判:

> 罗马②人就是苏菲,不用复习书本且技艺不备
> 但他们擦亮了自己心田,对贪婪吝啬仇恨无所染
> 无疑明亮之镜就是心房,它匹配得上无数的图像③

暂且不论故事的蕴意与佛教禅宗那两个著名的关于"心上尘埃"的偈子有多大相通之处,中国画家在这个故事中还是被展现为画技高超的形象。

《玛斯纳维》中还有一个伊朗王子追求中国公主的故事,即"夺人神志的城堡(即画像城堡)的故事"④。这个故事里的中国公主更是彻底抽象为真主的象征,甚至她本人在故事中根本没有露面。苏菲神秘主义诗人为了更好地实现阐释"认主之道"的目的,常在诗歌中实践"神爱思想",把真主比作情人佳丽,把修道者比喻为追求者⑤。如果一定要牵强地解读出这个故事与中国的渊源,大概只能用伊斯兰教先知穆罕默德说的"知识即使远在中国,亦当往求之"⑥这句话来解释了。

可见,在波斯语苏菲叙事诗里,中国元素成了说理的符号化载体。但因有关素材源于流传广泛的民间故事,诗里的中国形象表现为"套话"残留,比如中国人绘画技艺非凡和中国美女夺人心魄等。

---

① 张鸿年:《波斯文学史》,北京:昆仑出版社,2003年,第150页。
② 引用的译文中译为"罗马",与笔者本文中统一译为"鲁姆"的是同一个原文词汇。
③ 莫拉维(鲁米):《玛斯纳维全集(一)》,穆宏燕译,第350页。
④ 参见莫拉维(鲁米):《玛斯纳维全集(六)》,穆宏燕译,长沙:湖南文艺出版社,2002年,第345—469页。
⑤ 关于"神爱"思想在苏菲神秘主义说理诗歌中的表现,详见穆宏燕:《波斯古典诗学研究》,北京:昆仑出版社,2011年,第98—107页。
⑥ 先知穆罕默德在这里所说的"知识",一些伊斯兰神学研究者把它解释为"教义学",或许苏菲们更愿意把它理解为"神智知识"。

《霍马与胡马云》：跨国爱情颂歌里的"中国美人"套话残留

  公元13世纪以后，随着蒙古大军横扫大半个亚欧大陆，从伊朗到中国这片广袤土地上各族群之间的联系和相互了解客观上得到进一步加强。伊朗伊利汗王朝时期的著名诗人哈朱·克尔曼尼（Khājū Kirmānī）著有五部叙事诗，其中的第一部《霍马与胡马云》创作于公元1331年。这部篇幅超过四千联诗句的叙事诗讲述了伊朗王子霍马（Humāy）与中国公主胡马云（Humāyūn）相爱的故事。

  诗中，霍马在仙子花园幻境见到了胡马云明艳动人的画像，随即远赴他乡去追求这位中国公主。霍马历尽曲折艰险，克服了中国天子设置的重重阻挠，终因执著努力而娶回了中国公主胡马云。故事中的胡马云表现为一位美丽迷人、值得伊朗王子不顾一切去追求的中国美女形象。在霍马与中国天子的冲突中她左右为难，一面女扮男装与霍马在两军阵前相对，一面又忧心于自己与霍马的爱情能否修成正果。

  诗人哈朱·克尔曼尼本人是一位苏菲修行者，因此一些学者主张，他的叙事诗可以从世俗爱情诗和苏菲神爱诗两个角度来理解。但不管怎样，《霍马与胡马云》通篇就是一曲以伊朗王子与中国公主为主角的爱情颂歌，在波斯语叙事诗中它是很独特的，考察波斯语叙事诗里的中国形象时如果忽略它也是不合适的。只是其中的中国形象主要通过"中国美人"的套话残留来表现，似乎没有多层面的值得深究之处。

小　结

  通过对上述多部作品的综合考察，我们看到在伊朗古典诗歌创作繁荣的数百年间，波斯语叙事诗里的中国形象基本上是一个人物俊美、工艺精湛、地域广大、物产丰饶，但与伊朗战和不定、信仰不同的异族形象。这样一个多层次、多角度的中国形象，反映出作为叙事主体的伊朗社会集体想象，在邦国间关系层面上对中国表现出相对较多的敌对批判意识，而在民间交流的维度上对中国表现出强烈的迷恋意识。

  另外，不同作品里的中国形象并非千篇一律，而是在相类似的基本形象基础上又展示出不同的侧面。《库什王纪》、《七美人》和《亚历山大王纪》的叙事主线都可对应上《列王纪》中的某一段情节，这几部波斯语叙事诗里的基本中国形象不可避免地与《列王纪》里的中国形象在一定程度上表现出一脉相承的特点,即在描绘邦国间冲突关系的宏大史诗语境下,中国更多表现为与伊朗信仰不同、时战时和的强大异族邻邦形象。《七美人》和《亚历山大王纪》中还加入了一些文人创作的与中国相关的故事,这些故事更多地勾勒出以人物俊美、工艺精湛、地域广大、物产丰饶为主要特点,充满奇幻异国情调的中国形象。及至《玛斯纳维》和《霍马与胡马云》等纯粹文人叙事诗,其中的中国形象主要通过美丽的中国公主来表现,可能由于诗人有在作品中实践苏菲神爱思想的意图,中国成了展开故事情节的舞台,是引人追求的美女所在的"无何有之乡"。波斯语叙事诗里的中国形象发生以上演变的原因是,一方面,随着时间的推移,伊朗人在与其东方邻邦的居民打交道并发生物质交流的过程中,对中国的认识逐渐有了一些丰富的细节;另一方面,不同时代的诗人有着相异的创作倾向,其着力展示的中国形象也就有所不同侧重。归根到底,历史背景的变迁是驱动不同波斯语叙事诗里的中国形象表现出差异的重要因素。

最后说一点题外话,文学作品里的中国本身就是一个巨大的不确定概念,在不同时间、空间和人群的维度中,从地理学、历史学、政治学以及文学等不同角度来看,它都具有不同的内涵与外延。即便综合考虑各方面条件,到底哪些元素是中国形象的有效构成部分,仍是个不好下结论的判断。毕竟随着时间的推移,中国早已超越了其"天子所在中央城郭"的含义,甚至又超越了"汉民中土"的范畴,从今天的认识出发,中国的整体形象是多地域、多人群以及多文化相互融合而成的复杂集合体。本文在此只是初步整理探讨了波斯语叙事诗里的中国形象,至于其中的哪些中国元素可以构成不同读者认可的中国形象,本就是个见仁见智的话题,有待进一步的深入研究。

阿拉伯诗歌的现代转型

林丰民

【作者简介】 林丰民,北京大学东方文学研究中心研究员,北京大学外国语学院阿拉伯语系教授,阿曼卡布斯国王讲席项目研究教授。研究方向:阿拉伯语言文学。

阿拉伯诗歌的转型是阿拉伯文学现代转型的一个重要进程,包含在整个阿拉伯文学的现代化进程之中。阿拉伯文学的现代化进程实际上就是阿拉伯文学转型的过程,诗歌从古典形态转变为现代形态,叙事文学由故事走向了现代意义的小说,戏剧文学则作为一种新的文学范式被引进了阿拉伯世界,小说由边缘走向中心,诗学理论的变化则不仅改变了阿拉伯读者的审美习惯,而且也指导了整个20世纪阿拉伯作家的创作。阿拉伯诗歌转型与现代嬗变基本上经历了以恢复古诗传统为己任的复兴派格律诗、对诗歌形式与内容进行全面创新的新诗阶段和重视诗歌文化意蕴的自由体诗等三个阶段。我们从阿拉伯现代诗歌的嬗变中看到了文学的转型不仅表现在文学形式上,也表现在文学的内容中,我们也从中看到了社会的变化和价值的转变。

一、古代阿拉伯诗歌形态

要说明阿拉伯文学的现代转型是如何发生的,无论如何必须先了解阿拉伯古代诗歌的形态。阿拉伯诗人自从贾希里叶时代[①](475—622)建立起阿拉伯古典诗歌的传统后,一直延续到近代,甚至直到今日,仍有一些追捧传统的当代诗人还在用传统格律诗的形式进行创作。贾希里叶时

---

① 贾希里叶时代又译为蒙昧时代。

期的诗歌尽管还只是停留在口传文学的形态,但是已经初步形成了阿拉伯古诗的格律模式,奠定了阿拉伯古诗抒情而兼叙事的传统。诗人在蒙昧时代有着崇高的地位,"蒙昧时代的阿拉伯诗人,大多是最受族人尊重的,因为他们的职务是歌颂本族的功德,凭吊本族的亡人,攻击本族的仇敌。那时的诗人很少卑污下贱如后人胡太叶之辈,以诗歌为职业者。"①

尽管阿拉伯古代诗歌也经历了一些变化,如阿拔斯朝时期也有诗歌的革新,安达卢西亚的彩锦诗在诗歌的排行和格律上更是变化巨大,但总体上看,阿拉伯古代诗歌形态基本上从贾希里叶时期一直传承到近古时期,除了安达卢西亚的诗歌变化较大以外,古代诗歌的格律基本逃不脱阿拉伯文学理论家、语言学家赫利勒(al-Khalīl bn Ahmad 718—789)所总结的16种格律(al-Bahr,音译为"白赫尔")。这16种格律分别为:

1. "长律"("太维勒律",al-Bahr at-Tawīl),其韵律的基本格式为:
   fa'ūlun mafā'īlun fa'ūlun mafā'ilu
   fa'ūlun mafā'īlun fa'ūlun mafā'ilu
   فعولن مفاعيلن فعولن مفاعل   فعولن مفاعيلن فعولن مفاعل
   //o/o | //o/o/o | //o/o | //o//
   //o/o | //o/o/o | //o/o | //o//②

2. "延律"——"迈迪德律"(al-Bahr al-Madīd),其韵律的基本格式为:
   fā'ilātun fā'ilun fā'ilātu   fā'ilātun fā'ilun fā'ilātu
   /o//o | /o//o | /o//o/   /o//o | /o//o | /o//o/

3. "简律"——"白希特律"(al-Bahr al-Basīt)。韵律的基本格式为:
   mustaf'ilun fā'ilun mustaf'ilun fa'ilu
   /o/o//o | /o//o | /o/o//o | ///
   mustaf'ilun fā'ilun mustaf'ilun fa'ilu
   /o/o//o | /o//o | /o/o//o | ///

---

① [埃及]艾哈迈德·爱敏:《阿拉伯伊斯兰文化史》第一册(《黎明时期》),商务印书馆,第59页。

② 阿拉伯人通常用词形变化格式(waznu al-kalimah)来表示诗的韵律(waznu ash-shi'r)。通常用斜杠来表示动符,用圆圈表示静符,我们即可看到诗句的动、静构成的音乐节奏。

4. "丰律"——"瓦费尔律"（al-Bahr al-Wāfir）。韵律的基本格式为：
   mufāʻalatun mufāʻalatun faʻūlu
   //o//o | //o//o | //o/
   mufāʻalatun mufāʻalatun faʻūlu
   //o//o | //o//o | //o/

5. "全律"——"卡米勒律"（al-Bahr al-Kāmil）。韵律的基本格式为：
   mutafāʻilun mutafāʻilun mutafāʻilu
   ///o//o | ///o//o | ///o//
   mutafāʻilun mutafāʻilun mutafāʻilu
   ///o//o | ///o//o | ///o//

6. "歌律"——"海扎志律"（Bahr al-hazaj）。韵律的基本格式为：
   mafāʻīlun mafāʻīlu   mafāʻīlun mafāʻīlu
   //o/o/o | //o/o/   //o/o/o | //o/o/

7. "谣律"——"拉杰孜律"（Bahr ar-rajaz）。韵律的基本格式为：
   mustafʻilun mustafʻilun mustafʻilu
   /o/o//o | /o/o//o | /o/o//
   mustafʻilun mustafʻilun mustafʻilu
   /o/o//o | /o/o//o | /o/o//

8. "沙律"——"拉姆勒律"（Bahr ar-raml）。韵律的基本格式为：
   fāʻilātun fāʻilātun fāʻilātu   fāʻilātun fāʻilātun fāʻilātu
   /o//o/o | /o//o/o | /o//o/   /o//o/o | /o//o/o | /o//o/

9. "速律"——"赛里阿律"（Bahr as-sarīʻ）。韵律的基本格式为：
   mustafʻilun mustafʻilun fāʻilu
   /o/o//o | /o/o//o | /o//
   mustafʻilun mustafʻilun fāʻilu
   /o/o//o | /o/o//o | /o//

10. "漫律"——"门赛里赫律"（al-Bahr al-Munsarih）。韵律的基本格式为：
    mustafʻilun mafʻūlātu muftaʻilu
    /o/o//o | /o/o/o/ | /o///

mustafʻilun mafʻūlātu muftaʻilu
/o/o//o | /o/o/o/ | /o///

11. "轻律"——"海费弗律"（al-Bahr al-Khafīf）。韵律的基本格式为：
fāʻilātun mustafʻilun fāʻilātu
/o//o/o | /o/o/o/ | /o//o/
fāʻilātun mustafʻilun fāʻilātu
/o//o/o | /o/o/o/ | /o//o/

12. "似律"——"穆达里阿律"（Bahr as-mudāriʻ）。韵律的基本格式为：
mafāʻīlu fāʻilātu   mafāʻīlu fāʻilātu
///o/o/ | /o//o/   ///o/o/ | /o//o/

13. "节律"——"穆格台兑布律"（Bahr as-muqtadib）。韵律的基本格式为：
fāʻilātu muftaʻilu   fāʻilātu muftaʻilu
/o//o/ | /o///   /o//o/ | /o///

14. "除律"——"穆志台斯律"（Bahr al-mujtathth）。韵律的基本格式为：
mustafʻilun fāʻilātu   mustafʻilun fāʻilātu
/o/o//o | /o//o/   /o/o//o | /o//o/

15. "近律"——"穆台卡里布律"（al-Bahr al-Mutaqārib）。韵律的基本格式为：
faʻūlun | faʻūlun | faʻūlun | faʻūlu
//o/o | //o/o | //o/o | //o/
faʻūlun | faʻūlun | faʻūlun | faʻūlu
//o/o | //o/o | //o/o | //o/

16. "修律"——"穆台达雷克律"（al-Bahr al-Mutadārik）。韵律的基本格式为：
faʻilun | faʻilun | faʻilun | faʻilu
///o | ///o | ///o | ///

fa'ilun | fa'ilun | fa'ilun | fa'ilu
///o | ///o | ///o | ///

而在诗歌的主题内容上，古代时期的阿拉伯诗歌则基本没有超出描状诗、矜夸诗、豪情诗、赞颂诗、悼亡诗、讽刺诗、恋情诗、哲理诗、咏酒诗、申辩（致歉）诗等题旨的范围。描状诗是阿拉伯古诗起兴模式的重要内容，很多诗人往往在一首诗的开头进行描募，详细描写作为他们坐骑的骆驼、马匹，以及旅途中碰到的各种自然景象和姿态各异的动植物，然后才会进入其它的主题。

矜夸（al-Fakhr）的题旨常常与豪情（al-Hamāsah）①的题旨合并运用，因为两者都与古代阿拉伯人经常性的部落战争密切相关。豪情诗实际上是部落战争的颂歌，叙述参加战争的骑士大无畏的英勇果敢，描绘诗人自己所参加的各种战役以及相关的战斗场景，捎带描述骑士诗人自己骑乘的战马和奋勇杀敌的锐利武器；而矜夸诗则在豪情题旨的基础上更进一步，夸耀自己的高贵出身和高尚门庭，追溯自己祖先的丰功伟绩，称赞自己的亲属和子孙的懿行嘉德，炫耀自己的各种美德尤其是部落贝都因人所推崇的慷慨好客、英勇善战和杰出口才等。

赞颂（al-Madah）诗与矜夸、豪情的题旨相关，是矜夸诗和豪情诗的延伸和扩展，一方面，除了自我矜夸以外，诗人还要对本部落以及部落首领、骑士等杰出人士给予赞颂和夸耀，为之歌功颂德，扬其声名，借以震慑敌对部落；另一方面，当诗人离开部落出游，在异乡他处落脚，受到款待和帮助之后，必然要答谢主人，当场赋诗赞颂主人之慷慨救助和殷勤招待；当部落发生重大事件之时，诗人也会对一些部落贤达人士的善行义举加以赞美和颂扬。

悼亡（al-Rathā'）诗虽然是悼念死者亡人的诔诗，但究其本质，是赞颂诗的一个变种，只不过被赞颂的对象由活人变成了死人，因为此类诗歌的内容除了对逝者表示哀悼和悲伤之外，便是对死者大家赞扬，不惜以最美好的词语对死者在生前的慷慨好客、侠肝义胆等美德加以赞颂，追思其英勇杀敌、忠义诚信的光荣事迹。悼亡诗的赞颂对象大多是在战争中牺牲的部落首领和战争英雄，也有的是寿终正寝的权贵或关系密切的亲朋好友。悼亡诗的功能除了怀念亡人之外，还有追述英烈之功德以激发本部落士气的功能，鼓动本部落将士英勇杀敌，为死者报仇雪恨。

---

① 又译"激情"。

讽刺诗(al-Hajā')则恰恰是矜夸诗、豪情诗的反面,讽刺的对象既针对个人,也针对敌对的部落集体,讽刺的内容则多暴露被攻讦对象的恶行,攻击对方吝啬、愚蠢、懦弱、自私、狭隘等卑劣品德,进而嘲笑对方出身的卑贱地位,讽刺对方部落在战争中的屡屡败绩。在对手和敌对部落之间的唇枪舌战中,讽刺诗在部落的对峙和个人的争斗中起到羞辱对方、降低其战斗力的作用,从而激发己方的昂扬斗气。

哲理诗(al-Hikmah)是部落诗人对生活经验的总结,那些富有深邃哲理的诗句成为指导人们生活的格言警句,备受人们的欢迎。咏酒诗(al-Khamriyāt)在伊斯兰教建立之前并没有被禁止,在贾希利叶时期喝酒被当时的人们认为具有阳刚之气,乃豪侠之举,而备受推崇。申辩或致歉的诗歌则是诗人有时因为得罪某些权贵,或因为引起了某些误会,而以诗歌的形式为自己申辩,向对方致歉。恋情诗(al-Ghazal)在阿拉伯古代诗歌中也占据着重要的位置,爱情作为人类永恒的主题在阿拉伯的诗歌中大量被吟咏。

阿拉伯古诗的这些题旨基本上产生于贾希利叶时期,但是在后来的时代变迁中基本上得到延续,没有太多的改变。仲跻昆指出:"古诗中的这些内容、题旨实际上像一面镜子,清楚地反映出当时阿拉伯人的社会生活和价值观念:他们在生活荒漠中游牧多迁、萍踪浪迹的生活,常常会使他们旧地重游时怀恋情人,倾吐情怀;况且,在那种单调、艰苦的自然环境生活中,妇女往往成了美的象征,难免是他们经常歌咏的对象。在部族往往敌对,部落间经常发生劫掠、战争的情况下,他们往往会矜夸自己血统的高贵,宗谱的纯正,祖先的光荣,本人品德的高尚,本部族的伟大;而对敌对的部族或仇人则予以嘲骂、攻击,数落他们的败绩、污点,以怯懦、悭吝等当时人们引以为最大耻辱的缺点对他们进行羞辱;赞颂诗赞美的对象往往是本族或盟族的首领、贤哲、勇士,或王国中的王公贵族,内容无非是颂扬他们如何勇敢善战,慷慨豪侠,扶危济困,真诚守信……等;对于死者则追述其生前的丰功伟绩、嘉言懿行。诗人们往往在诗中写景状物,除精心描写他们喜爱的骆驼、骏马外,还写沙漠中的飞禽走兽,写金戈铁马、血流漂杵的战争……"①我们从阿拉伯古诗的题旨中可以看到古代阿拉伯人的善恶观,将慷慨大方、英勇无畏、诚信忠义、出身高贵等看作善的价值,同时鄙视吝啬、懦弱的行为。这种善恶观在古代的阿拉伯诗歌中得到了充分的表现,诗歌的格律也基本延续了贾希利叶时期的形式形态,但是

---

① 仲跻昆:《阿拉伯文学通史》(上卷),南京:译林出版社,2010年,第66—67页。

到了近代以后,这种文学的风格发生了巨大的转变。

二、近代时期承上启下的新古典主义诗歌

随着阿拉伯社会的衰变,近古时期的阿拉伯文化和文学趋于萧条。近古时期的阿拉伯社会处在奥斯曼土耳其人的统治之下,权力话语是以土耳其语而非阿拉伯语进行运作的。阿拉伯语在某些地区甚至被当成"外语"。以阿拉伯语为载体的阿拉伯文化受到压抑、摧残,日渐式微,几被窒息。"文学"活动废弛不张,几至停绝。[①] 但是曾经创作了辉煌文化的阿拉伯民族是不会任由自己的民族和国家停滞不前,在世界民族之林中甘居落后,尤其一些去过欧洲或接触了西方文化的知识分子看到了阿拉伯和西方之间的差距,在充分认识了阿拉伯的现实状况以后,提出了复兴民族文化的思想。在这种背景下出现的阿拉伯诗人,多主张恢复因受土耳其异族统治摧残而凋敝的阿拉伯古代诗歌传统,特别是阿拔斯朝时代的辉煌,并力图以诗歌的复兴推动民族的振兴。因此19世纪末20世纪初的这一代诗人被称为复兴派。

代表复兴派诗歌的有埃及的巴鲁迪、艾哈迈德·邵基、哈菲兹·易卜拉欣,伊拉克的宰哈维、鲁萨菲,黎巴嫩的穆特朗,苏丹的穆罕默德·赛义德·阿巴斯等诗人。由于要恢复传统文化和传统诗歌,这些诗人的创作题材与表现手法大都遵循古典诗歌传统,紧紧地抓住古诗的形式不放,故又称新古典派或传统派。他们沿袭传统的格律形式,在题旨、比喻、形象塑造、语言选择上都效仿古代诗人,注重词藻的润饰,讲究语法和修辞手段,语言优美;风格典雅,读起来激昂慷慨、琅琅上口、铿锵有力,给人以庄重、庄严、崇高、伟大的感觉。

尽管这些复兴派诗人还没有摆脱古典格律的束缚,但他们作为文坛的有识之士和复兴的先驱,已亲眼看到阿拉伯社会的政治黑暗,看到百姓愚昧、落后、深受苦难的严酷现实,许多诗人挺身而出,奋起抗争,倡导改良,因此我们看到他们的作品已经具有新的思想内容和时代的气息。他们在自己的诗文中对奥斯曼土耳其帝国的专制统治进行猛烈抨击,号召人民起来战斗,反对西方列强的侵略和本国封建势力的压迫,主张借鉴西方的文化、科学,发展教育,解放妇女,进行社会改革和文化革新,谋求建

[①] [埃及]艾哈迈德·海卡尔:《埃及现代文学概论》前言,青年图书社,1993年,第3页。

立一个自由、平等、民主、公正、幸福的社会。我们由此看到阿拉伯诗歌开始发生变化。

如邵基在他的《尼罗河谷大事记》、《狮身人面像》、《啊,尼罗河》、《图坦卡蒙》等长诗中一再地歌颂埃及的光荣历史和古老文化,以期唤起阿拉伯人民的民族自豪感,在《真理烈士》等诗中则写出了对祖国和民族前途的忧思,对美好未来的企盼。而巴鲁迪则直接大声呼唤人民鼓起勇气同殖民主义者和本国的卖国者进行针锋相对的斗争:

> 同胞们起来! 生命就是一次时机,
> 世上有千条道路,万种利益。
> 我真想问真主:你们如此众多,
> 却为什么要忍辱受屈?
> 你们要么俯首贴耳任人宰割,
> 要么起来斗争,不受人欺!①

诗人在这里既反映了国家、民族的痛苦,也抒发了个人的真实情感。对于另一位复兴派诗人宰哈维,奈齐尔·阿兹迈指出:"贾米勒·绥德基·宰哈维诗歌最重要的意旨之一是自由与独立,以及创建现代的国家和社会。他以自己的教育诗和爱国主义诗歌为社会的变革作出了自己的贡献。"②实际上,不独宰哈维的诗歌如此,大多数的复兴派诗人在当时的创作都为民族的独立解放提供思想基础。

由此看来,复兴派诗人承上启下,在诗歌的形式上继承古诗风格,但在诗歌的内容上已经摆脱了古诗表现古代阿拉伯人价值的赞颂、豪情、悼亡、讽刺、咏酒、恋情、哲理、致歉、申辩等各种题旨,取而代之的是反帝反殖、追求民族独立、忧国忧民的思想内容。这一时期的诗歌变化用一句中国式的话来概括会非常恰当,那就是"老瓶装新酒",尽管瓶子还是老样子,但里面的酒已经不是老酒,而是新酒。③

---

① 此处采用仲跻昆译文,转引自季羡林主编:《东方文学史》,下册,长春:吉林教育出版社,1994年第1057页。原诗严格遵守古诗格律,结构工整,句式均齐匀称。

② 奈齐尔·阿兹迈:《阿拉伯现代诗歌入门:批评研究》吉达:比拉德出版社,1988年第1版,第52页。

③ 尽管邵基、穆特朗等诗人还引进了诗剧和叙事诗的新形式,丰富了这一时期阿拉伯诗歌的表现形式,但毕竟只是极少数,改变不了我们对当时诗歌的总体印象。

三、现代时期创新的浪漫派诗歌

如果说复兴派诗人所表现出的是古典主义的风格，那么新一代诗人则是在浪漫主义的浸润下成长起来的。一批青年阅读到翻译过来的欧洲文学作品，获得一种全新的感受。相比之下，他们明显地感觉到复兴派诗人的缺点：在艺术上受到传统的禁锢，作品缺乏个性，缺少感情与心灵的交流，只反映生活的表象，而不能深入其本质。于是他们一方面翻译、学习并模仿以英国的华兹华斯、柯尔律治、拜伦、雪莱、济慈等19世纪上半叶欧洲浪漫主义诗人的作品；另一方面，也把目光转向复兴派未曾重视的古代抒情诗人身上，从各个时期都找到一些具有浪漫风格的诗作，如贾希利叶时期的一些悬诗和侠寇诗，伊斯兰初期部分征战诗人的思乡之作，伍麦叶朝时期的爱情诗（包括贞情诗和艳情诗），阿拔斯朝时期的白沙尔·本·布尔德、艾布·努瓦斯、伊本·鲁米等诗人的作品，和出现在安达卢西亚的一些彩锦诗等。他们通过有选择的学习和借鉴，找到适合表达自我的诗歌形式。

这批青年诗人在20世纪20年代的阿拉伯文坛崭露头角，逐步走向成熟，在30年代成为阿拉伯文学创作的中坚力量。在这批诗人中比较突出的有埃及"笛旺派"主将舒克里、阿卡德，有阿拉伯旅美派的纪伯伦、艾布·马迪，稍后的阿波罗诗社的骨干艾布·夏迪、易卜拉欣·纳吉，黎巴嫩的艾布·舍伯凯，叙利亚的艾布·雷沙，突尼斯的沙比等等。

这些浪漫主义的新诗人在诗歌的建设上是有破有立的。他们发现传统格律诗以每一个联句作为表达一个完整意思的单位，从而造成诗歌结构涣散，诗行顺序可以颠来倒去，即便把一首诗的各行次序打乱，再进行重新排列组合，也不影响整篇的意思。针对这一点，他们提出以一个节作为表达一个完整意思的单位，建立起严谨的内部结构，使一首诗成为一个统一的有机体，各行诗句应前后紧密相连，为表达一个完整的主题而互相依靠、互相补充，而不应从一种思想突然跳跃到另一种思想，让人得到一种语无伦次的感觉。对于复兴派诗歌过分注重语言的雕饰易流于空洞无物、矫揉造作，他们提出应以朴素的语言作诗，在语词的选择上应取消"入诗"与"不入诗"的区别，应该要视表达的需要而定。他们还批评古诗用韵总是一韵到底，没有变化，显得呆板，主张根据需要可以采用一诗多韵，使韵律富于变化。

诗歌语言与韵律的变化,促成了新诗独特风格的建立。与传统的古体诗铿锵有力、响亮劲健的风格相比,新诗风格走向了反面,呈现出轻柔温婉的特点,读起来犹如和风细语,给人以温馨、亲切的感受。文学评论家穆罕默德·曼杜尔把新诗称作"耳语文学"。但他指出诗中的"耳语"并非软弱无力的同义词,而是诗人从心底传出的声音和力量,能促动人的心灵,治愈人们精神的创伤。他说:"我们需要的就是一种耳语的、平易的和具有人性的文学。"①

在诗歌的思想内容上,新一代的浪漫主义诗人们注重感情的传达,既要表现内心的梦想、忧伤、沉郁、失望和悲观,也要表现欢乐与理想,要能反映时代的气息,抓住时代的脉搏,抓住大自然和生命的本质,颂扬真善美,贬斥假恶丑。他们以抒发个人的、内心的感情为基调,常常吟咏的是爱情、大自然、心灵的压抑、悲哀、世界与人生等。阿卡德本人的诗作也多以生命、自然、心灵、社会、情感、沉思等为题材,满怀激情,表现出诗与情感生活的趋同。

纪伯伦的诗作则满是爱与美的赞歌,和对大自然的向往。他最大的成就是散文诗上的建树。作品中强烈的主观性、激越的感情、丰富的想象力、深沉的哲学思考、富有寓义的比喻和音乐性的语言等构建了一种令阿拉伯文坛耳目一新的"纪伯伦风格"。

伊利雅·艾布·马迪则是旅美文学界最擅长于创作新格律诗的诗人,其诗歌主题集中于爱情和社会两大部分,善于将内心世界与外部世界融汇一体,具有浓厚的哲学意蕴和神秘主义氛围。

阿波罗诗社虽然是个松散的团体,但其刊物《阿波罗》却团结了一大批浪漫主义倾向的诗人。艾布·夏迪和易卜拉欣·纳吉都是诗社的创始人员,诗歌成就较高。艾布·夏迪所选择的题材除了爱情以外,还选取多种角度进行创作,无论是世界风云变幻还是个人的灵感,无论是热闹的市场还是沉静的古迹,无论是奇异的神话传说,还是流传着的民间故事,都是他撷取素材的对象。易卜拉欣·纳吉的主要成就在于爱情诗,但也有悼亡诗和爱国主题的吟咏。

相比之下,艾布·舍伯凯更喜欢以广阔的大自然为背景,诗歌主题涵盖了生活、爱情、人类及命运等多个方面,探寻大自然的神秘、人类的痛苦与理想,灵与肉、善与恶、罪与罚的斗争,在希望与失望、理想世界与现实

---

① [埃及]穆罕默德·曼杜尔:《关于新韵律》,埃及复兴图书社,第50页。

世界之间徘徊。艾布·雷沙被称为"爱与美的诗人",虽然他的诗作多为色彩明丽的爱情诗和清新婉约的抒情诗,却常充满爱国主义感情,涉及历史英雄业绩和民族主义的重大主题。

沙比刚刚25岁便夭折,但在阿拉伯现代文学史上占有很重要的一席之地。他以积极向上、乐观而热烈的态度歌颂生命、爱情、光明、祖国、春天,反映阿拉伯知识分子和青年作家心灵的觉醒,洋溢着强烈的生命意识,对未来充满信心:"人民一旦要生存,生命必须去响应。/枷锁一定要砸碎,黑夜必将见光明!"(《生存意志》)留下了不少这样的名句名篇。

尽管这些创新的浪漫主义诗人有着不同的个性,但是他们的共性也是非常明显的,在诗歌的形式上普遍抛弃了古典诗歌的格律形式,更像是中国现代诗歌的新诗,在一定程度上保留了古典格律的音乐性,但是已经完全打破了古诗一韵到底的格律形式,建构了相对自由多变的诗歌韵律形式;而在诗歌的主题思想上则更加远离了古诗的那些题旨,更接近于西方的思想,注重对个性的追求,彰显自由,重视生命,趋向大自然,追求真善美、贬斥假丑恶。可以说,现代时期的阿拉伯浪漫主义诗歌不仅是新酿出来的美酒,连酒瓶子也是全新的模样,新瓶装新酒的现代阿拉伯诗歌已经实现了完整的转型。

四、自由体诗运动与当代多元的诗歌倾向

二战后,阿拉伯社会有了新的变化,大部分阿拉伯国家获得独立,西方的民主思潮和科学社会主义思想在阿拉伯各地得到广泛传播,要求国家独立、民族解放的呼声日益高涨,要求个性自由发展的强烈愿望涌动于人们心头,一切变革的浪潮席卷而起,文学的革新在所必然。阿拉伯自由体诗运动就是在这样的背景下首先在伊拉克兴起,并迅速向苏丹、叙利亚、埃及、黎巴嫩等国蔓延,形成了当代阿拉伯诗坛格律诗与自由体诗共存并行的局面,但是自由诗在其发展的过程中逐渐占据主导地位。

1947年,伊拉克女诗人娜齐克·梅拉伊卡(1923—2007 نازك الملائكة)的自由体诗《霍乱》和白德尔·沙基尔·塞雅布(1926—1964 بدر شاكر السياب)的《那是爱情吗?》发表,标志着自由体诗作为一场阿拉伯文学革新运动的开

始。① 梅拉伊卡分析了新的自由体诗的不同之处,呼吁诗人都来创作自由体诗,得到响应,自由体诗的影响迅速扩散,在阿拉伯各国形成一场诗歌革新运动。

但自由体诗的发展并不是从一开始就顺利进行。由于它再一次把矛头指向传统格律诗,批评旧诗的华丽外表,尤其不能忍受严格的格律对自由表达的束缚,从而引起传统守旧势力的反感。50 年代初,虽然阿拉伯各国已开始流行自由体诗,但传统势力拒不接受,嘲讽自由体诗作者文化修养低下,是没有能力写格律诗的庸才。直到 1955 年,黎巴嫩《文学》杂志出版自由体诗专号,展示自由体诗几年来的成果,还有多位评论家对阿拉伯诗歌前景作了展望,肯定了自由体诗作为阿拉伯诗歌发展方向的正确性。两年后在黎巴嫩创刊的《诗刊》更促成了诗歌观念的转变,自由体诗由此基本上取代了格律诗的位置,成为阿拉伯诗坛的主流。

在梅拉伊卡和塞雅布等人的倡导下,自由体诗的创作队伍越来越庞大,有的从原先创作格律诗转向写作自由体诗,有的年轻诗人从一开始便直接尝试自由体诗的创作,在这方面取得了突出成就的除了梅拉伊卡和塞雅布以外,还有伊拉克的白雅帖(1926—1999 عبد الوهاب البياتي),埃及的阿卜杜·沙布尔(1931—1981 صلاح عبد الصبور)和希贾齐(1935— أحمد عبد المعطى الحجازى),黎巴嫩的尤素夫·哈利(1917—1987 يوسف الخال)和艾杜尼斯(1930— أدونيس),叙利亚的尼扎尔·格巴尼(1923—1998 نزار قباني),也门的麦卡利哈(1937— عبد العزيز المقالح),苏丹的法图里(1930— محمد الفيتوري),科威特女诗人苏阿德·萨巴赫(1942— سعاد الصباح)等。

这些自由体诗人,他们的诗歌语言质朴通俗,贴近生活,能通过多变的尾韵和不同音步的巧妙组合,呈现一种迥异的音韵美,具有交响乐般多音部效果,与传统格律诗所表现出的均衡单一的美截然不同。自由体诗人还普遍重视想象的感情色彩与视觉效果,喜欢运用隐喻、象征的手法,引入大量的东西方神话和历史原型,从而使诗歌富有深沉的文化意蕴,往往反映现代全球性的生活体验,要求对宇宙、社会和人进行重新想象以获得整体认识,通过对人和世界关系的再发现和重新认识构建一个新世界。

塞雅布(1926—1964)较多地运用希腊神话和基督教故事原型,以丰富的想象力营造清新奇特的意向,使回旋起伏的感情弥漫于字里行间。

---

① 参见[巴勒斯坦]伊赫桑·阿拔斯:《阿拉伯当代诗歌的趋向》,《科威特全国文化、艺术与文学委员会月刊文化丛书:知识世界》,科威特全国文化艺术与文学委员会,1987 年,第 35 页。

其前期创作充满激情,对革命与新世界满怀期待,后期则多表现对生与死、爱与献身的思索,流露出孤寂、失落的哀伤。

白雅帖(1926—)更善于运用他自己称之为"面具"的隐喻。他从东西方神话和古今历史原型中寻找一系列的"面具":古巴比伦神话中的丰收生殖之神坦姆兹、伊什塔尔,伊斯兰殉教者哈拉志,苏菲派大师伊本·阿拉比,阿拔斯朝诗人穆太奈比、麦阿里,《一千零一夜》中的水手辛伯达,现代英雄格瓦拉……等。这些"面具"中溶入了诗人深刻的思想感受。从一开始他就以一个为崇高理想而斗争的战士姿态出现,表达人民要求独立自由的愿望,讴歌祖国的独立,充满革命乐观主义的斗争精神。后来则更多地探讨生存与死亡、有限与无限、现实与超现实的关系,展示阴阳、生死和善恶矛盾对立的种种画面。他对伊拉克现实的批判触动了伊拉克当局的神经,曾经两次被注销伊拉克国籍。

萨拉哈·阿卜杜·沙布尔(1931—1981)借用伊斯兰苏菲主义的神秘体验,以新奇的意象描绘内心感觉的流变。他的诗歌总是沉浸在一种无法摆脱的悲哀之中。他的悲哀既是对现实政治的失望,也是对人性失落的惋叹。而他正是在这淡淡的愁伤中,表达他对人和宇宙真理的总体认识,凸现了他高度的责任感和高尚的灵魂。

艾哈迈德·阿卜杜·穆阿忒·希贾齐(1935—)起初把诗当作变革、叛逆和革命的工具,因此他的作品充满了对民族前程的忧患意识,表现了他追求自由和创造新世界的强烈愿望;后来则更多地反映自身对于人生经验的抽象思考,着意探讨人生的真谛。希贾兹亦善用隐喻以它营造鲜明的意象,讲究音韵和语言的锤炼,故其诗作受到读者的喜爱。

尤素夫·哈利(1917—1987)则反对将全球性的生活体验置于古老的框架之中,而主张诗歌观念的转变,倡导诗歌内容与形式的更新。他的诗作以现代的艺术手法展示黎巴嫩人的文化心态,超越社会政治,具有浓厚的宗教色彩。

艾杜尼斯(原名阿里·艾哈迈德·赛义德 1930—)不仅在创作实践上令人瞩目,而且对阿拉伯现代诗学的构建作出了重要的贡献。他在《诗歌时代》(1971)、《阿拉伯诗歌入门》(1971)、《稳定与变化》(1974)、《世纪末的开端》等多部批评与理论著作中阐发了自己的诗学主张,对阿拉伯当代诗歌的发展具有一定的理论指导意义。他提出"诗是文化范畴的革命",倡导诗歌的非意识形态化,但他并不因此而逃避生活、脱离现实,相反地,他把自己的诗歌创作与阿拉伯民族的命运连结在一起,表达了对阿拉伯停滞落后的失望,对现实灾难的忧虑和对自由进步的渴望。其作品如阳春白雪,曲高和寡,真正能够欣赏的读者不多,但他以隐喻手法组合而成的多重意象和作品所蕴含的深刻的文化意义吸引了新一代诗人,艾杜尼斯成了他们崇拜的偶像和启蒙老师,是当代阿拉伯诗坛公认的大诗人,因为"他以诗意的景观和理论的见解扩展了阿拉伯诗歌的现代化"。①

法图里和麦卡利哈的诗歌观念和创作有不少相似之处。两人都对自由体诗表示欢迎,但也不反对古典诗歌,善于将传统诗歌形式与自由体诗融会贯通,运用自如。两人的诗作都具有强烈的民族主义和爱国主义激情,表现反对殖民主义统治、反对民族压迫和争取独立、自由、平等的主题。但法图里更为重视的是他的非洲情结和"我是黑人"的自卑与自尊。而麦卡利哈更突出的是他的革命与叛逆的精神,大量运用隐喻手法,借助宗教故事的人物原型来象征强暴、压迫与反抗。

尼扎尔·格巴尼虽然被称为"妇女诗人",给读者的印象是他比较关注女性和爱情,但实际上他还是很关心政治的,在它的很多诗篇中都有对阿拉伯现实的批判,充满了对阿拉伯民族的忧患意识,即便在有些女性题材和爱情题材的诗歌中也可以看出他对现实的不满,甚至借助爱情与性来批评政治。

苏阿德·萨巴赫作为女诗人的代表,多以爱情为题材,勇敢地向男性权力话语发起挑战,追求纯真的爱情与平等的婚姻,注重女性自我价值的实现,表现女性意识,为女性代言。她试图借此构建一个男女平等的,但又保持各自的性别角色,和谐共处,互补互助,充满爱与温馨的新世界。

阿拉伯当代的自由体诗在诗歌格律形式上更加自由、开放,对于韵脚的要求也更加宽松了。主张创作自由体诗的先驱者们认为严格的韵律束缚他们的创作灵感,那些过时的韵律对于他们的诗歌创作是枷锁、羁绊;认为当代诗歌对于韵律的音乐性感受是远远不够的,当代诗歌更需要用视觉感官去细细品味,而不仅仅局限于吟唱的功能。但他们的创作实践和创作思想也因此受到攻击,评判者认为创作自由体诗的诗人们没文化,创作不了传统的格律诗,失去了驾驭格律的能力才,去创作自由体诗。因

---

① [伊拉克]穆罕默德·阿扎姆:《诗歌现代化》,大马士革,阿拉伯作家联合会,1995年版第81页。

此自由体诗歌在阿拉伯当代诗坛并不总是占主导地位。正如张洪仪指出的:"新诗运动从开始就是一个复杂的文学现象。诗人各自代表的思想和艺术流派差别很大,但在提倡革新,反对保守这一点上,他们的立场出奇的一致。他们认为任何艺术创作不仅在形式上应该是独特的,而且在自身的体验和体验的深度上也是独特的。"①

从当代阿拉伯诗歌的艺术表现来看,在 1940—1960 年代,阿拉伯诗歌创作以现实主义以及现实主义和浪漫主义相结合为主体,这是与当时阿拉伯社会的政治变幻和民族主义运动相适应的;而 1970 年代由于受到西方文艺思潮和哲学思想的影响,有不少诗人倾向于现代主义,而现实主义与浪漫主义也同时并驾齐驱,但现实主义倾向的诗人们在权力的威慑下,其批判精神受到极大的抑制,与自由体新诗运动的那些先驱者诗人相比,不可同日而语。1980 年代,阿拉伯诗坛出现明显分野,出现两个极端化倾向,一是向传统的回归,走回到传统格律的轨道上去,这种倾向的诗人认为韵律是阿拉伯诗歌不可或缺的东西,只有格律的存在才能彰显阿拉伯诗歌的美;二是现代主义倾向的自由体诗人也走向自己的极端,原先秉持浪漫主义的诗人或主张现代主义的诗人要么趋向宗教神秘主义,由人性走向神性,实际上这是对现实的回避;要么玩弄西方现代主义诗歌的那些技巧,将诗歌看作是纯粹形式美的追求,从而忽略了诗歌的音乐美追求。这些现代主义诗人"从语言的表达到诗体的构筑,从音韵的感觉到意象的塑造,与传统彻底决裂,从而步入一个怪圈,变成了纯粹的艺术摆脱了一切的外界束缚,越来越蒙胧越来越离奇,离读者也越来越远。有的诗人甚至将毫无逻辑联系的词汇堆积在一起,或者将词拆开,一个字母一行。"②显然有些现代主义倾向的诗人把诗歌当成了文字游戏。上个世纪 90 年代,随着经济全球化和文化全球化的蔓延,阿拉伯社会和阿拉伯文化也同样面临着巨大的挑战,阿拉伯的诗人们也在新的形势下做出了反应,为应对全球化,诗歌创作中的民族文化因素明显加强,诗人们呼吁民族文化精神的回归,或追寻民族历史发展的渊源,再现阿拉伯—伊斯兰文化的精神魅力,展现阿拉伯鼎盛时期的历史文化的壮丽篇章,唤起阿拉伯人民对民族文化的自豪感;或描摹民风民俗,叙写乡情民情,构建阿拉伯

---

① 张洪仪:《阿拉伯现代诗歌发展的历史轨迹》(三),《阿拉伯世界》2000 年第 4 期,第 52 页。
② 同上书,第 54 页。

民族文化生活的独特图景;或吸取战争失败的教训,探寻民族落后的深层原因,反省国民性中的缺陷,思考国家的过去与未来……等等,构建了一幅当代阿拉伯诗歌的丰富多元的生动图景。

结　语

　　总的看来,阿拉伯诗歌的现代化是在同时学习西方诗歌与发掘民族诗歌遗产的过程中,从近代文学复兴运动开始恢复几近断绝的古典主义风格的传统格律诗,走向浪漫主义的新格律诗,发展而成现代主义的自由体诗。尽管阿拉伯各国各地区的诗歌发展的步伐并不完全一致,但基本上是顺着这样的一条路子走下来,走向当代,走向世界。

古埃及文字起源的传说

颜海英

【作者简介】 颜海英,北京大学历史学系教授、博导。研究方向:埃及学。

古埃及文字起源的传说很晚才有文字记载,比较完整的版本有两个,一个是现存纽约大都会艺术博物馆的第 35921 号纸草上的《图特赞美诗》,一个是柏拉图的《斐德罗斯》。在这些传说中,文字是图特神创造的。这是一个长着朱鹭鸟头、人身的神,其崇拜中心是上埃及的赫摩波里斯,他接受神的启示并教给人们书写、计算和历法,图特还掌管知识和魔法。本文将对上述两个文本进行分析,从古埃及人对于传播知识的重要媒介——文字的看法,探讨他们对于知识的认识。

一、语言、文字与创世

《图特赞美诗》的全文如下[①]:

ink DXwty Dd.i n.tw Dd. n ra m nHm
我是图特。我向你重复拉神所宣布的话,

iw Dd.sn n.tn m xnty sDm Ddwt.i
(因为)在我说之前有人已经对你讲了。

[①] Jean-Claude Goyon, "Textes mythologiques II. Les Révélations du Mystère des Quatre Boules," *BIFAO* 75 (1975): 349–399.

ink DXwty nbt nTr mdwt dit xt iw st iw
我是图特,我掌握神圣的文字(象形文字),这文字能够将事物放在它们合适的位置。

dit.i Htp-nTrw n nA nTrw pr-xrw n nA Axw
我为神奉献贡品,我为受到保佑的死者奉献贡品。

ink DXwty Ssw mAat n psDt
我是图特,我将真理放入给九神的书写中。

xpr pr nbt m r.i mi ra
从我嘴里出来的一切都成为真实的存在,正如我就是拉神。

ink ntt Dsf m pt m tA
我不会被任何力量从天空和大地上驱逐出去,

iw.ii rx.kwi imn n pt Dsr m tA
因为我知道天所隐蔽的事情,这些事情不会为地上的人所知,

nHHw m nw
(它们)隐藏在原初之水中。

ink qmA pt ink SAa Dw
我是天空的创造者,他在山峦的起始之处,

ink　wAw　　　　itrw　　iry Hnt

我用思考创造了河流,我创造了湖泊,

in. i　Hapy　　　　srd. n. i　sxtyw

我带来了泛滥,我使得农人得以生存。

　　与其他地区文字起源传说不同的是,古埃及人没有把文字的发明归功于"文化英雄"(如中国的仓颉)或者具体的历史人物(如苏美尔的国王),而是视之为神创的,古埃及文中用来指文字的词也只有一个——"神圣的话"。这个现象本身就很耐人寻味。

　　首先,在古埃及人的观念中,语言和文字的发明也是神创造世界的一系列活动的重要环节。在关于世界起源的神学理论中,孟菲斯的创世说有着很重要的地位,该理论最重要的版本是现存大英博物馆的孟菲斯神学纪念碑。根据这个理论,原始之神首先把自己的身体显现为 Tatenen,即原始山丘,然后作为他的"心和舌",化身为工匠之神普塔,普塔能够将头脑中的概念转变为客观的存在,就象一个雕工可以将头脑中雕像的概念转变为现实中的雕像一样。与其他的神不同,普塔是用语言创世的:他首先在心里设想,然后用舌头使之成为具体存在,在这个过程中,荷鲁斯成为普塔的心脏,而图特则是他的舌头,他们都以普塔的形象出现:

　　"在心里、在舌头上,阿图姆的形象出现了。因为普塔是伟大的神,他经由这心、经由这舌,把生命赐予所有的神和他们的卡,荷鲁斯以普塔的形象出现,图特以普塔的形象出现。

　　所以心与舌控制着四肢,因为他(心、舌、普塔)在所有神祇、人、牲畜、虫类、生物的身体里和嘴里,想他所愿意想的,说他所希望说的。

　　他(普塔)的九神在他面前,如牙齿和嘴唇。……九神又是这嘴中的牙齿,宣读所有事物的名字,舒(Shu)和特芙努(Tefnut)由此而出生,九神由此而出生。

　　视力、听力、呼吸——他们向心报告,产生所有的了解。而舌头,它重复心所构思的事。于是所有的神都诞生了,他的九神全都出现了。因为神的每一句话都是经由他的心所构思,舌所说出的。

　　经由这些话,人们有了生产食物和供给的能力,一切特性都已决定。

于是行善的人得到正义,行恶的人则受到惩罚。生命被赐予和平者,死亡被赐给犯罪者。于是所有的劳作和技艺,手的动作、腿的动作,所有肢体的动作,都是经由心所构想、舌所说出的命令而产生的。

所以普塔被称为'万物和神祇的创造者'。他是原始之丘(Tatenen),生了所有的神,创造了一切,食物、供给、祭品,所有美好的事物。所以人们知道且承认他是最伟大的神。于是普塔在创造了万物和所有神圣的语言之后感到满意。"①

虽然用语言创造世界是普塔神特有的神职,但这个神学理论早在《金字塔铭文》出现时就已臻完备,成为独立的神学体系。例如,太阳神由3部分组成:英明的筹划,创造性的语言,和强大的魔力(Heka)。这3个部分伴随着它每夜走过冥世,帮助它完成以复活的形式进行的创世活动。后期埃及的一篇魔术铭文则记载创世神用49声笑创造了世界。

另一个神学理论说,女神耐特用七个词完成了创世。当世界在形成之处,还只是原初之水上面的漂浮物时,她通过构想其中的生物和事物的名字来开始创世。然后,她用 sia 读出这些名字,从而使它们成为具体的存在。她先后读出了7个词,这些"词"首先构建了世界的地理外貌。然后它们变成了具体的人,象所有那些在世界形成之初帮助创世主的人一样,他们都是长生不老的人。但是重复创世的那些词则很危险,将会带来世界末日。②

在古埃及神话中,众神所说的一切都具有创造力。如神在谈论到一个地方或者一个生物的时候,他所使用的句子或者短语就成了这个地方或者生物的名字,由此就将它们变成了切实的存在。这是创世主最常用的创造方法之一。不管是哪个神,他口头的评论都赋予它所说的对象以真实的存在。比如荷鲁斯还有一个名字叫 Harendotes(希腊文音译),意思是"为父报仇的荷鲁斯",他以这个形象出现,最后成功地为他的父亲复仇,原因是奥赛里斯被从死亡中唤醒时,逐字地读出这个名字,赋予儿子荷鲁斯这种复仇的能力。古埃及人相信,口头语言是一种武器,具有征服和消灭敌对者的力量;说出一种行为就足以使得它产生,因此威胁或者侮

---

① Miriam Lichtheim, *Ancient Egyptian Literature*, vol. I, Berkeley: University of California Press, 1975, pp.54—55.

② Dimitri Meeks and Christine Favard-Meeks, *Daily Life of the Egyptian Gods*, London: John Murray, 1997, pp.103—104.

辱的目的就在于让口头上所说的事情真实地发生。①

在这种观念下,文字不仅仅是语言的书写形式,更是神赋予世界具体形式的工具,被写下来的符号本身被看作是神所创造的一切事物的"印记"。基于这样一种认识,所有客观存在,不管是生物还是事物,都可以当作文字符号的原型。文字再现了创世主的作品,是他的意愿的真实的反映。

最早的文字是用来书写名字的。因为万事万物都是被神呼唤它们的名字而创造出来的,所以一切事物都有名字,没有名字的事物是不存在的事物。《孟菲斯神论》中,创世主普塔是"能叫所有事物名字的嘴",世界出现之前的混沌的始初时期被称作"没有任何东西的名字被叫出来的时候"。

名字能证明一个人的身份(当死者进入神的世界时,要宣称"神是我的名字"),同时也能代表一个人,是独立的存在。在许多建筑物上法老的形象是用他的王名来代表的。官员在王名前祈祷,与在国王雕像前祈祷是一样的。神的名字与国王的名字都有神奇的力量。例如,人们遇到鳄鱼时,大呼阿蒙神的名字就能得救。用神和国王的名字做护身符更是普遍。同样,如果抹去一个人的名字就是彻底毁掉他的存在,伤害一个人的名字就如伤害那个人本身一样,如埃赫那吞抹去阿蒙的名字,和后人抹去埃赫那吞的名字,都是出于这样的目的。

综上所述,图特在创世神话中扮演着重要的角色,作为创世主的心和舌,他是一种工具或手段,创世活动籍由他而有了具体的内容。他掌握书写和语言的能力使得他能够把创世主的想法付诸实施。没有图特的参与,创世将只会是一种空想。

二、文字与知识

关于文字起源的传说,还反映了古埃及人对于知识的特殊看法。根据柏拉图记载的传说(尽管它的基本内容可能是受埃及传说的启发),通过书写的手段传播知识在众神中间并没有引起太大的热情。图特描述了书写艺术的优点,倡导将这种艺术在人类中间传播。创世主阿图姆(柏拉

---

① Dimitri Meeks and Christine Favard-Meeks, *Daily Life of the Egyptian Gods*, London: John Murray, 1997, pp. 103—104.

图书中叫做 Thamos)却认为这个计划除了缺点没有别的。他说,如果人们使用文字,他们将变得不再相信自己的记忆,而是依赖具体的符号来恢复那些在他们的头脑中已经不留痕迹的记忆。这就等于说勤奋地追求 rekh 必然导致 sia 的逐步丧失,而最终,是创造性思想的放弃。

《斐德罗斯》引文:

"苏格拉底:据说埃及的瑙克拉提地方住着一位这个国家的古神,他的徽帜鸟叫做白鹭,他自己的名字是塞乌斯。他首先发明了数学和算术,还有几何与天文,跳棋和骰子也是他的首创,尤其重要的是他发明了文字。当时统治整个国家的国王是萨姆斯,住在上埃及的一个大城市,希腊人称之为埃及的底比斯,而把萨姆斯称作阿蒙。塞乌斯来到萨姆斯这里,把各种技艺传给他,要他再传给所有埃及人。萨姆斯问这些技艺有什么用,但塞乌斯一样样做解释时,那国王就依据自己的好恶作出评判。……当说到文字的时候,塞乌斯说:'大王,这种学问可以使埃及人更加聪明,能改善他们的记忆力。我的这种发明可以作为一种治疗,使他们博闻强记。'但是那位国王回答说:'多才多艺的塞乌斯,能发明技艺的是一个人,能权衡使用这种技艺有什么利弊的是另一个人,现在你是文字的父亲,由于溺爱儿子的缘故,你把它的作用完全弄反了!如果有人学了这种技艺,就会在他们的灵魂中播下遗忘,因为他们这样一来就会依赖写下来的东西,不再努力记忆。他们不再用心回忆,而是借助外在的符号来回想。所以你所发明的这贴药,只能起提醒的作用,不能医治健忘。你给学生们提供的东西不是真正的智慧,因为这样一来,他们借助于文字的帮助,可以无师自通地知道许多事情,但在大部分情况下,他们实际上一无所知。他们的心是装满了,但装的不是智慧,而是智慧的赝品。这些人会给他们的同胞带来麻烦。'"[①]

"苏格拉底:所以,那些自以为留下了成文的东西便可以不朽的人,或那些接受了这些文学作品便以为它们确凿可靠的人,他们的头脑实在太简单了。如果他们认为这些文字除了能够起到一种提醒作用外还有什么用,那么他们肯定没有听懂阿蒙讲的意思。"[②]

---

① 王晓朝:《柏拉图全集》第二卷,北京:人民出版社,2002年。
② 同上。

这里有个逻辑的矛盾。确定只有 sia 是真正有创造性的,从而将 rekh 与重复联系在一起,认为它只能发现已经被创造出来的事物,而不能有任何自己的独创。

由此我们看到古埃及人有意识地把知识分为两种:sia 和 rekh。sia 是一种绝对的直觉或者综合的知识,不能归于合乎逻辑的知识,rekh 则是技术和实践层面的知识,用来解释语言和文字交流中所必须使用的概念;有了这些概念,这种知识才可以传播。具备完整的 sia 的只有创世主,其他的神则或多或少具备一点,对于人类而言,sia 和 rekh 之间的距离为他们提供了一个开放的空间,让他们不断地探寻,但是人永远无法进入神的境界。《图特赞美诗》中有这样一句话:"我不会被任何力量从天空和大地上驱逐出去,因为我知道天所隐蔽的事情,这些事情不会为地上的人所知,它们隐藏在原初之水中。"

sia 的神秘性在图特之书的故事里有最好的说明。这个故事的名字叫《善腾·哈姆瓦斯的故事》,[①]主人公的原型是 19 王朝国王拉美西斯二世的第 4 个儿子王子哈姆瓦斯,他生前曾任孟菲斯普塔神庙的大祭司,他学识渊博,而且崇尚古代文化,喜爱收集文物,修复过多处神庙,被戏称为"埃及第一位考古学家"。故事的第一部分保存在开罗博物馆第 30646 号纸草上,成文于托勒密王朝,主要情节如下:

哈姆瓦斯听说文字之神图特写了一本魔法书,保存在孟菲斯一个叫纳尼弗卡-普塔赫的人的墓中。他找到这座坟墓,但纳尼弗卡普塔赫和他的妻子阿赫瓦尔的灵魂拒绝他拿走这本书。阿赫瓦尔的灵魂还给他讲了这本书的来历:

有一次,在普塔神的神庙里,纳尼弗卡普塔赫听一位祭司说,在科普图斯的水中有图特神写的一本魔法书。纳尼弗卡普塔赫遂前往取书。他在战胜了许多凶猛怪兽之后终于如愿以偿。图特神知道此事后,便告诉了太阳神。他们决定惩罚纳尼弗卡普塔赫,淹死了他的妻子和儿子。

阿赫瓦尔讲完后,哈姆瓦斯却不听劝告,硬是抢走了魔法书,后来,哈姆瓦斯遇见一位名叫塔布布的美女,受其美貌的诱惑,向她求欢,她则要求他杀死他的儿子。哈姆瓦斯照办了,却发现自己上了纳尼弗卡普塔赫的当,他只好无奈地把魔法书还回去。

[①] 该作品分两个部分,分别记载于开罗博物馆的 30646 号纸草和不列颠博物馆的 604 号纸草,创作年代分别是托勒密时期和罗马时期,是用世俗体象形文字写成的。

故事的第二部分见于大英博物馆第604号纸草的反面,主要是讲哈姆瓦斯之子西奥塞尔与努比亚巫师斗法的故事。

图特之书象征着神的一种特权,一种人类所不具备的沟通能力。"书中有两段符咒。当你朗读第一段咒语时,你将用魔力控制天空、大地、冥界和山川。你将能听懂天空中所有的鸟类和地上的爬行动物的语言。你将能看到深水中的鱼(尽管它们在21腕尺深的水下)。你朗读第二段咒语,那么,无论你在人间还是冥世,你都能看到拉神与九神出现在天空,月亮也在升起。"

这不是那种普通的巫术咒语,能够防御鳄鱼、蝎子和疾病的;它也不同于维斯特卡纸草那样的古典的埃及奇幻故事。图特之书有一种启示的特征:它的咒语使得拥有它的人能够看见隐蔽的事情并能看见众神。

虽然巫术是人类的合法武器,凭借它,人们偶尔也能得到神的秘笈,但这是盗取知识,最后要为此付出生命的代价。生命和世界的终极秘密,还是仅仅属于神的世界,这个秘密把神与人永远地隔绝开来。

在古埃及文学作品中,还有多处提到这种"神秘知识"。常见的一种描述,就是作为神之子的国王能够读出一些神秘的文字。13王朝国王尼弗鲁荷太普的铭文中记载,他的大臣读不出的文献,国王轻而易举就读出来;新王国时期的宗教文献《来世之书》中说,国王8次读出其他人读不出的神秘文字,其内容是"东方的神灵所说的神秘话语",而这些话语的含义以及东方神灵的具体名字,则没有人知道。最直接地强调这种神秘性的,莫过于埃赫纳吞了,他的王名衔是"太阳神的唯一",他在《太阳颂诗》中有这样的话:"你在我的心中。除了我——你的儿子,没有人了解你。你使得我理解了你的特性和力量。"

此外,古埃及的宗教文献中,有相当一部分是秘而不宣的,除了国王和高级祭司,其他人都无缘见到,如普塔神庙里的神表等。最特别的是《来世之书》,除了完整的版本之外,还有一种叫做"shwy"的简本,这个古埃及文的词有"摘要"的意思,而图特摩斯四世的墓里甚至发现了该书的"索引"—即书中所有的神的名录。其中完整的版本是只有国王和极少数高级祭司才能看到的,一般人看到的多是其他两种。

在神所使用的沟通和交流方式之中,文字只是一个附属的角色,有时它甚至成了多余的。尽管对众神没有任何使用文字的限制,但很少有执笔形象的神。神话中提到神使用文字的只有很少的几例。在荷鲁斯与塞特的争斗中,奥赛里斯给法庭写了一封信,给它施加压力让它做决定,但他最后还是口头干预审判的过程。另一个例子是奈特女神,她能把自己的信使所带走的书召回,由此帮助死者免受惩罚。神话中的伊西斯拥有丰富的知识,并且曾经写过书。她的儿子荷鲁斯也是这样,他继承了母亲的许多秘密知识。但是读和写却并非平常的神界职责,这些责任几乎都落在图特身上。

图特不仅在创世过程中有着重要的作用,而且在神界和人界都肩负着管理世界的重大责任。他确保了知识的永久流传。在神界,他是众神的记忆;他记载他们的话,使得创世主能够不断地了解到所有存在实体的信息。作为知识的记录者和保存者,他也有能力在众神之间,以及在人类中间传播它。书写是用来传播这种知识的媒介,是学习的工具(rekh)。

图特能够同时掌握 rekh 和 sia 两种技艺,使得他成为神和人之间交流的中介。他的特点是获得第一种(sia)和传送第二种(rekh),这两种知识和谐地在他身上结合起来。图特所知道的和创世主所知道的之间有一种互动关系,这使得图特成为全知者和后天学习者之间的中介。图特减少了文字作为"rekh"与口头语言作为"sia"之间的对立,保证了它们之间的传递。

此外,古埃及人相信是图特"创造了埃及的版图,划分了各个州。"他还负责把所有国王的生卒年代记录在生命之树上。在冥世的末日审判庭上,他记载死者的陈述,以衡量其一生的功与过。

三、结论

古埃及人关于文字起源的神话,与其说包含了关于早期文字起源的历史信息,不如说是反映了古埃及人的创世理论和他们对于神人关系的看法。古埃及人认为文字不仅仅是语言的书写形式,更是神赋予世界具体形式的工具。而在神的知识与人的知识之间,有一道不可逾越的鸿沟;掌管"神圣文字"的图特神既了解神的知识也了解人的知识,是人与神交流的重要中介;而具备"神性"的国王也能了解神的知识,他既是神人间的媒介,也是维持神定秩序的人间代理。

官方宗教仪式与托勒密王朝的宗教政策

王　欢

【作者简介】　王欢，四川大学历史文化学院讲师。研究方向：古代东方文明与埃及学研究。

公元前313年，托勒密一世将埃及首都从孟斐斯迁至亚历山大里亚，这不仅标志着新建立的托勒密王朝所关注的地理范围是以地中海为中心的希腊化世界，也意味着马其顿希腊人是在埃及之外统治这片土地。托勒密二世时期，一封由埃及人帕乌斯（Paüs）写给芝诺的信以这样的话开始："你在埃及提拔了我，你也可以在这里（即亚历山大里亚）提拔我。"[1] 在罗马时期，埃及的官方称谓是"埃及旁边的亚历山大里亚"（Alexandreia ad Aegyptum）。[2] 这些表述清楚地说明，在人们的观念中，作为一座希腊城市的亚历山大里亚，是和埃及并立的存在。尽管如此，托勒密诸王并未将王室和埃及完全割裂开，而是保持着和埃及本土密切的关系；希腊人遍布埃及全境，很快就和希腊化的本地上层人士建立起合作关系。作为马其顿希腊人中的统治者，包括国王在内的托勒密王室成员，既热心于参加希腊化城市中的宗教仪式，也留下了在一些重要宗教中心参加传统埃及宗教仪式的记载。

托勒密时期王室成员主持或参加宗教仪式的记载分散在古典作家的著作、希腊语和象形文字铭文、纸草文献和陶片等不同类型的材料中。古典作家如波里比阿、狄奥多罗斯、普鲁塔克和普林尼等在叙述国王在军事和外交领域的活动时，涉及国王所参加的重要仪式。希腊语铭文主要出

---

[1]　Pieter Willem Pestman, *Greek and Demotic Texts from the Zenon Archive. A. Text.* Leiden: Brill, 1980, XX, p.41.

[2]　H. I. Bell, "Alexandria ad Aegyptum." *The Journal of Roman Studies* 36 (January 1946), pp.130—132.

现于像罗塞塔石碑一类的双语三文(希腊文、圣书体和世俗体古埃及文)祭司教令,这类教令的内容主要是关于国王和埃及祭司阶层之间的关系,也会涉及国王参加的埃及宗教仪式。① 希腊语和世俗体纸草文献以及陶片材料则从行政管理或大众的视角留下了关于国王参加宗教仪式的记载,相关内容包括:为国王的到来所做的准备工作、国王在所参加的仪式所在地的食宿安排、仪式举办地区税收的减免、得到许可参与仪式游行或观看仪式的观众、从"现身之窗"直接将请愿书交给国王的记录等。② 埃及神庙中的象形文字铭文和浮雕等是记载国王参加仪式的最为丰富的史料,展现了国王履行传统法老职责的场景,如为神庙奠基、浮雕中的"神圣诞生"以及参与神圣动物的加冕和丧葬仪式等。这类材料的纪念属性使我们无法判断其中的场景是真实发生的历史事件,还是仅仅是一种关于国王形象和职责的理想化呈现。但即使是后一种情况亦可表明,在托勒密时期,至少在宗教观念中,一些特定的宗教仪式仍需要国王本人参与。下表是关于各类史料中出现的托勒密国王参加包括亚历山大里亚等希腊城市在内的宗教仪式的统计。③ 为了方便讨论,其中也包括神庙铭文和浮雕所呈现的国王参加的仪式。

国王	时间	地点	人物	事件
亚历山大	332 年底	孟斐斯	亚历山大	加冕,以希腊式运动赛会庆祝
		孟斐斯	亚历山大	向众神(尤其是阿皮斯)献祭
	331 年初	西瓦	亚历山大	求取神谕
		孟斐斯	亚历山大	向阿蒙献祭,举行游行庆典和第二次赛会

---

① 其中的部分教令文献,如卡诺普斯、拉斐亚和菲莱教令,参见 M. M. Austin, *The Hellenistic World from Alexander to the Roman Conquest: A Selection of Ancient Sources in Translation*, 2nd ed., Cambridge and New York: Cambridge University Press, 2006, pp. 470—474, 481—484, 491—495。

② 参见 Ulrich Wilcken, *Urkunden der Ptolemäerzeit (Ältere Funde). Bd. 1. Papyri aus Unterägypten*, Berlin: W. de Gruyter, 1978, pp. 63—65, 174。

③ 本表根据 Günther Hölbl, "The Ptolemies Visiting the Egyptian *Chora*," in pp. 44—53; Hölbl, *A History of the Ptolemaic Empire*, New York: Routledge, 2001, pp. 318—353 整理制作。表中涉及日期均为公元前。

托勒密（总督）	319—315年	亚历山大里亚的拉考提斯山(Rhakotis)	托勒密	创立塞拉皮斯崇拜并建立第一座塞拉皮雍
托勒密一世	305/4年1月		托勒密一世	加冕，并发布保护埃及圣所的敕令
托勒密二世	281年		托勒密二世	谥托勒密一世为"拯救者"
	279年初	皮通(Pithom)	托勒密二世	周年庆典日，主持神庙奠基仪式
	自279/8年起	亚历山大里亚	托勒密二世	庆祝托勒梅亚节(Ptolemaia)
	约275年	菲莱		将下努比亚的赋税捐赠给伊西斯的菲莱神庙
	275/4年冬	亚历山大里亚	托勒密二世	在托勒梅亚节期间，举行大游行庆典
	272/1年	亚历山大里亚		将在位的王室夫妇加入亚历山大崇拜，并加特殊头衔"共庙神"(Theoi Synnaoi，即与其他神明共同居住于同一神庙中接受供奉的神)
	270年	亚历山大里亚		尊已逝的阿尔西诺二世为女神，并设立阿尔西诺节纪念
	265/4年	门德斯(Mendes)	太子托勒密	在神庙中献祭
	264年1月	皮通		立碑
	264年后	门德斯		石碑上载有时间不明的和水上公羊游行有关的庆典活动
	263年			很大一部分神庙产品配额用于阿尔西诺崇拜仪式
	257年4月15日	门德斯	托勒密二世	庆祝国王生日

托勒密三世	245年,第三次叙利亚战争期间	亚历山大里亚	托勒密三世和贝莱尼科二世(Berenike II)	将"神与恩主"(Theoi Euergetai)①加入王室崇拜行列,亚历山大同名祭司的头衔继续扩展
	238年冬末	亚历山大里亚和卡诺普斯	托勒密三世	庆祝国王的生日及其周年庆典,颁布卡诺普斯教令
	237年8月23日	艾德夫	托勒密三世	参加荷鲁斯神庙奠基仪式
	224/3年	雅典		向托勒密三世国王夫妇加以崇拜荣誉,并庆祝托勒梅亚节
托勒密四世	217年秋	孟斐斯	托勒密四世	庆祝拉斐亚大捷,召开祭司大会,发布拉斐亚教令(11月15日)
	216年			以"神与爱父亲者"(Theoi Philopatores)②加入亚历山大崇拜
	215/4年			在庆祝托勒梅亚节时为亚历山大和托勒密诸王共同的陵墓献祭
				"神与拯救者"③(Theoi Soteres)被列入亚历山大和托勒密诸王的崇拜
		托勒梅斯		为托勒密一世和在位的托勒密四世举行崇拜
				发布关于狄奥尼索斯的敕令

---

① 指托勒密三世国王夫妇。
② 指托勒密四世国王夫妇。
③ 指托勒密一世国王夫妇。

托勒密五世	199/8 年	亚历山大里亚	托勒密五世	加入王朝崇拜；为阿尔西诺三世增设女祭司
	196/5 年	孟斐斯	托勒密五世	加冕；召开宗教会议并发布孟斐斯教令（罗塞塔石碑）
	185 年	孟斐斯	托勒密五世	召开宗教大会；菲莱第一教令（即 Philensis I）
托勒密六世	179/8 年	亚历山大里亚	托勒密六世	加入王朝崇拜
托勒密六世、克利奥帕特拉二世和托勒密八世共治	164 年 10 月	孟斐斯的塞拉皮雍	国王夫妇（可能也有托勒密八世）	宣布埃及新年开始
托勒密八世	163 年 10 月	孟斐斯的塞拉皮雍	国王夫妇	宣布埃及新年开始
托勒密六世	161 年夏			祭司大会
	158 年 10 月	孟斐斯的塞拉皮雍	国王夫妇	宣布埃及新年开始
	约 157 年			向菲莱捐赠下努比亚赋税的石碑
	从 145/4 年起			国王夫妇作为"神与恩主"被加入王朝崇拜
托勒密八世	144 年	孟斐斯	托勒密八世	加冕
	142 年 9 月 10 日	艾德夫	托勒密八世和克利奥帕特拉二世	神庙奉献仪式
	140 年 6 月 2 日	艾德夫		神庙前殿的落成仪式
	124/117 年		托勒密八世	赐予菲莱祭司特权

克利奥帕特拉二世、三世和托勒密九世共治	约115年夏末	象岛	托勒密九世	庆祝尼罗河泛滥节,向尼罗河献祭,赐予赫努姆(Khnum)祭司特权
托勒密十世	99年早春	孟斐斯	国王夫妇	庆祝埃及新年开始
托勒密十二世	76年	.	托勒密十二世	即位为法老,采用"年轻的狄奥尼索斯"为正式头衔
	70年1月7日	艾德夫		神庙奉献
	54年7月16日	丹达拉		哈托尔神庙奠基
克利奥帕特拉七世	51/50年3月22日	赫尔芒提斯(Hermonthis)	克利奥帕特拉	布基斯(Buchis)公牛的落成仪式
	34年秋	亚历山大里亚	安东尼和克利奥帕特拉	举行亚洲战争胜利游行庆典
		丹达拉、埃尔芒	克利奥帕特拉七世和恺撒里昂	神圣降生仪式

  由上表可知,王室成员参与(或被认为应当参与)的宗教活动既有希腊式的,也有埃及式的,前往的地点既有亚历山大里亚、托勒梅斯等希腊城市,也包括重要的埃及宗教中心,如孟斐斯、艾德夫和菲莱等。在参加仪式的数量方面,除了亚历山大大帝初到埃及,为了获得埃及祭司的认可,举行了一系列埃及传统宗教仪式之外,前3世纪的一百年间,即托勒密王朝的全盛时期(托勒密一世至四世),包括王子在内的托勒密王室成员只参加过约七次埃及宗教仪式;但从托勒密五世至托勒密王朝结束的二百年间(前2世纪至前1世纪末),托勒密王室所参与的半数以上的宗教仪式都是传统埃及式的,甚至在最后一位托勒密国王克利奥帕特拉七世时期,在托勒密王朝统治的心脏,即所谓的希腊城市亚历山大里亚,也举行了女王亲自以伊西斯女神形象出现的盛大游行庆典。

托勒密王朝时期以国王为代表的王室成员所参加的宗教仪式,和法老时期相比,在某些方面继承了后者的传统,但也发生了一些重大变化,呈现出鲜明的时代特征。

第一,托勒密国王选择性地重视法老时期的特定节日,常规性地参加这类庆典。但与此同时,法老时期与王权相关的最为重要的一些仪式,如与王权更新有关的赛德节、体现埃及"复活"宗教理念的美丽河谷节、索卡尔节和表现"王权重生"理念的欧比德节等,在托勒密时期或不再出现,或转以其他形式存在,重要性大为下降。

从上文的统计中可以看出,托勒密国王最为经常性地参加的埃及宗教节日是新年节。在新年节期间,国王和他的神灵父亲(孟斐斯的普塔、底比斯的阿蒙、门德斯的公羊等)合为一体,完成神与以年轻的荷鲁斯(国王)形象出现的自身的结合,从而实现恢复青春的循环。从托勒密二世时起,马其顿法老便开始加入这一新年的庆典传统:在孟斐斯,普塔神高级祭司在普塔神庙的圣域为国王的雕像举行相应的仪式;①最早有确切文献记载的托勒密国王夫妇亲自到孟斐斯宣布埃及新年的开始则发生于公元前164年,其时,由托勒密六世、克利奥帕特拉二世夫妇(可能也有托勒密八世)共治埃及。

从前王朝到古王国时期,新年的第一天是国王象征性的生日,国王会仪式性地用锄头刨开大地,以便播种。而在新年的这一天之前的五天,则是历法中旧的一年360天之后的最后五日,这几天是属于太阳神的女儿和眼睛、火与毁灭之神、瘟疫之神塞亥麦特(Sekhmet)的日子。② 不仅国王本人在这几日处于危险之中,由国王作为保护者的整个国家和宇宙也是如此。根据公元前4世纪的宗教文献(布鲁克林纸草47.218.50),为了度过这几日的危险,会举行一系列庆典活动。但由于该庆典是如此关键和"危险",所以,在仪式最初的一些活动之后,其余部分会由一名祭司代替国王参加。这一仪式从旧的一年的最后一天开始,会持续14天。③

---

① Günther Hölbl, *A History of the Ptolemaic Empire*, p. 88.
② Jacques Vandier, *La Famine dans l'Égypte Ancienne*, Le Caire: Imprimerie de l'Institut français d'archéologie orientale, 1936, pp. 80—84.
③ Jean Claude Goyon, *Confirmation du Pouvoir Royal au Nouvel an: Brooklyn Museum Papyrus 47.218.50.*, Le Caire: Imprimerie de l'Institut français d'archéologie orientale, 1972, pp. 19—20, 41—42.

该仪式中,象征王权重生的部分最为重要。国王(或其替身)以护身符覆盖,周围是具有保护作用的沙子,之后,他仪式性地进入睡眠状态,象征着王位继承的印章也和他在一起。在复杂的念咒仪式[①]之后,祭司用圣油膏四只活的鸟——隼、鹅、鹰和秃鹫,并使其张开翅膀环绕在国王四周,亦即通常在文学和艺术作品中所描绘的这种图像的现实版。随后,从鹰眼中取出一滴泪,用它来膏"国王",这是有保护作用的荷鲁斯眼护身符强大力量的具体再现。最后,四只鸟分别向四个方向放飞,这寓意着国王力量的重生并重新统治国家。[②] 该仪式不仅在这一时期和加冕以及类似于赛德节的内容结合在一起,而且在托勒密时期的艾德夫神庙中,它还是活着的鹰登基庆典的一部分。[③] 该仪式没有在更早的文献中发现,一方面表明它可能极端秘密,另一方面,它的发展可能与第三中间期以及后期埃及不稳定的政治局势有关。这一时期,多数统治者在位时间短暂,而且很多时候由于国家分裂,同时并立着两位(或更多)统治者,甚至是外族建立的政权也宣称自己是荷鲁斯的继承人。[④] 从传统王权理念的标准来看,这些国王都是不合格的。他们中的绝大多数都没能重建玛阿特,没能向神灵尽职地履行应尽的义务,最终也没有能够将王位传给子嗣。[⑤] 也正因如此,这一时期该仪式的建立可能是为了利用新年"重生"的宗教含义,提高王室威望。

从托勒密六世开始,国王夫妇虽留下了常规性地在孟斐斯庆祝埃及新年的记录,但他们是否同样举行了上文所述的复杂仪式则不得而知,也没有证据表明托勒密国王曾亲自前往参加南方艾德夫神庙中的荷鲁斯加冕仪式。但无论如何,在孟斐斯宣布埃及新年的开始,这是目前所知托勒密国王参加的唯一每年一度的传统埃及式宗教庆典。

其他与王权相关的重要仪式,基本上没有留下托勒密国王参加的确

---

① Jean Claude Goyon, *Confirmation du Pouvoir Royal au Nouvel an*: *Brooklyn Museum Papyrus* 47.218.50., Le Caire: Imprimerie de l'Institut français d'archéologie orientale, 1972, pp. 23—32.

② Ibid., p. 30, 77—81.

③ Barbara Watterson, *The House of Horus at Edfu*: *Ritual in Ancient Egyptian Temple*, Stroud, Gloucestershire: Tempus, 1998, pp. 97—103.

④ Mysliwiec, *The Twilight of Ancient Egypt*: *First Millennium B. C. E.* pp. 159—160.

⑤ H. Felber, "Die Demotische Chronik," in *Apokalyptik und Ägypten*: *Eine Kritische Analyse der Relevanten Texte aus dem griechisch-römischen Ägypten*, edited by A. Blasius and B. V. Schipper, 65—111, Louvain: Peeters, 2002.

切记载。如前文提到的赛德节。塞德节是埃及古老的节日之一,从涅伽达文化一期直至第 30 王朝均有举行。① 在古代埃及早期历史上,可能存在一种杀死因年老或其他因素,不能继续有效统治国家的法老的仪式。后来,赛德节取代了这种仪式,并被认为"不仅仅是纪念国王登基的仪式,还是一次真正的国王潜能的更新,实实在在的统治权的更新"。② 塞德节通常在法老登基 30 年后举行,之后每隔三或四年举行一次。举行赛德节庆典有三个主要目的:首先,通过仪式,法老象征性地变成创世神,从而获得恢复青春并能继续有效统治国家的能力;其次,通过象征性地展示对自然界周期循环的控制,法老建立并维持埃及乃至宇宙的秩序;第三,为了镇压宇宙中可能导致破坏和混乱的敌对力量,在赛德节举行期间,法老要消除一切可能的针对他本人和埃及国家的威胁。其中,恢复青春和继续统治国家的目的最为重要。

举行赛德节需要提前调集物资,如将巨大的花岗岩方尖碑以及仪式需要的其他大量材料长途运送至举行仪式的场所;还需要修建专门的场地,新建或翻新王室的宫殿和众多神庙。在一切准备就绪后,上下埃及的主要官员和地方代表,以及载有众神雕像的巨大太阳船均须从各地赶来参加庆典仪式。新王国时期,埃及藩属国的总督和近东其他国家的使臣也被邀请参加塞德节仪式。仪式的主要内容包括法老以旧和新法老的身份所参加的表示王权更新的一系列活动,如在象征埃及国土的特定区域进行宣布统治权的"神圣跑动仪式"和出于类似目的向四方各射出一支箭的仪式,以及在象征性的秘密墓室中由神灵赐予扮成已死状态的法老生命、稳定和统治权的仪式和随后象征着对死亡的胜利并获得新生的"开口仪式"。新王国第 18 王朝时期,由于政治形势和宗教观念的变化,发生了升起杰得柱和独尊阿吞神等一系列仪式上的变革。③

托勒密时期的一些文献中仍然发现了关于赛德节的记载,如在罗塞

---

① Marc Jeremy LeBlanc, "'In Accordance with the Documents of Ancient Times': the Origins, Development, and Significance of the Ancient Egyptian Sed Festival (Jubilee Festival)," Yale University, 2011.

② 亨利·富兰克弗特,《王权与神祇(上)》,郭子林等译,上海:上海三联书店,2007 年,第 120 页。

③ 巴里·克姆普,《解剖古埃及》,穆朝娜译,杭州:浙江人民出版社,2000 年,第 264—265 页。

塔石碑中,托勒密五世的一系列头衔中的一个即是"赛德节之主",①但没有这位国王举行过赛德节的证据。关于托勒密二世的"赛德节之门"②则反映出这位国王有可能举行过赛德节庆典,但目前亦没有这方面更为确切的史料,这份材料所反映出的可能正是神庙铭文所体现出的关于国王履行法老职责的理想化呈现。很可能托勒密国王实际上不再举行埃及式的赛德节,而是以希腊式的"周年庆典"或"三十年节"来代替。③ 这一庆典仪式之所以在托勒密时期中断,有学者猜测可能是政治形势不稳定的结果。④ 但公元前3世纪是托勒密王朝的黄金时期,亚历山大里亚的王位继承有序,法雍的开发使农业生产状况显著改善,托勒密二世将货币引入埃及后,商品经济也逐步发展起来。托勒密王朝至少在这一时期内,具备举办赛德节的客观条件。因此,尽管托勒密国王对于在神庙中将他们表现为理想中的埃及法老形象表示默许甚至支持,但并不意味着他们认可这一传统的埃及仪式的形式,这可能是托勒密王朝前期没有举行赛德节仪式的原因。从托勒密五世时起,国家开始走向衰落,内部有上埃及和三角洲地区本土埃及人的起义和亚历山大里亚日益激烈的王位争夺,外部也失去对叙利亚等属地的控制。尽管托勒密诸王出于自身利益的考虑,日益依赖埃及祭司集团,对埃及宗教的态度逐渐变化,越来越多地参加传统的埃及式宗教仪式,但此时国家日益紧张和混乱的政治和经济形势可能确实成为举办赛德节的重大障碍。总之,王朝前期,托勒密统治阶层主观上反对举行赛德节,中后期则出于客观条件的限制而无法举行,可能是举行赛德节的传统在托勒密时期中断的原因。

美丽河谷节是兴起于中王国,盛行于新王国,在底比斯地区一年一度庆祝三联神阿蒙、穆特和孔苏离开卡尔纳克神庙,去尼罗河西岸拜访已逝国王祭庙的重要节日。考古发掘表明,中王国时期,即有一条以砖砌成的大道以东岸的神庙为起点,通向河谷耕地。这条通道很快即被在美丽河

---

① Austin, *The Hellenistic World From Alexander to the Roman Conquest: a Selection of Ancient Sources in Translation*, p. 492; John Ray, *The Rosetta Stone and the Rebirth of Ancient Egypt*, Massachusetts: Harvard University Press, 2008, p. 164.

② Maria Nilsson, *The Crown of Arsinoë II: the Creation of an Imagery of Authority*, Oxford and Oakville, CT: Oxbow Books, 2012, p. 378.

③ 参见 http://www.digitalegypt.ucl.ac.uk/ideology/sed/index.html,2013年4月。

④ Robyn Adams Gillam, *Performance and Drama in Ancient Egypt*, London: Duckworth, 2005, p. 123.

谷节中所使用的"圣道"或称"神之路"的大道所取代,阿蒙神通过这条大道去拜访尼罗河西岸的王家祭庙和献给司爱与生殖的女神哈托尔的圣所。① 在18王朝早期,美丽河谷节同时是与死者相关的节日。阿蒙和哈托尔不仅帮助已逝国王的灵魂复活,而且也使陵墓中死去的贵族复活。②

与美丽河谷节类似,索卡尔节也是一个与死者相关的节日,自埃及历史之初即已出现,是为了纪念孟斐斯的鹰神索卡尔(一个与死亡和农业相关的冥神)。该庆典仪式的主要内容是,在泛滥季第四个月的第26天,国王或他的代理祭司在索卡尔的圣所中将他唤醒,在向他和其他众神献祭完毕后,将他带出神庙并置于特殊的圣船内,环绕着王家神庙的围墙游行。在仪式的过程中,乐手和歌手行进在最前方,祭司在道路上祭酒和焚香,载着众神的圣船由祭司抬在肩上,圣船后跟随着更多的举着神旗和各种和神有关的象征物的祭司。随后是十六名男性高级官员,他们拉着由国王(或他的代理人)抓住的绳子,最后则是索卡尔的圣船。③ 孟斐斯作为古王国时期的都城,建有国王的宫殿,他的登基或周年庆典仪式中的内容之一即是国王本人围绕着城墙游行一周。在索卡尔游行于第六王朝出现后,④该神很快和死去的王权化身奥西里斯被视为同一个神。新王国时期,索卡尔节改编吸收了此时仍在阿拜多斯举行的奥西里斯神话仪式的许多特征。上层人士墓中的铭文、文书以及麦迪奈特哈布(Medinet Habu)拉美西斯三世神庙中的浮雕表明,庆祝该节日时的大部分活动都围绕着以发芽的谷物制成的奥西里斯像进行。⑤ 当索卡尔—奥西里斯复活时,参加仪式的男子(一般为精英阶层)身着以洋葱头装饰的花环为他守夜,而洋葱头象征着为死者奉献的食物。与美丽河谷节表达的观念类

---

① A. Cabrol, *Les Voies Processionnelles de Thèbes*, Leuven: Peeters, 2001, pp. 46—50, 78, 151—154.

② Siegfried Schott, *Das Schöne Fest vom Wüstentale: Festbröuche einer Totenstadt*, Mainz: Akademie der Wissenschaften und der Literatur; in Kommission bei F. Steiner, Wiesbaden, 1953, pp. 32—45, 64—93.

③ G. A. Gaballa and K. A. Kitchen, "The Festival of Sokar," *Orientalia* 38(1969): pp. 1—76; The Epigraphic Survey, *Medinet Habu, IV. Festival Scenes of Ramses III*, Chicago: The University of Chicago Press, 1940, plates 218—226.

④ Paule Posener-Kriéger, *Les Archives du Temple Funéraire de Néferirkarê-Kakaï (Les Papyrus d'Abousir): Traduction et Commentaire*, Le Caire: Institut français d'archéologie orientale du Caire, 1976, pp. 549—553.

⑤ Gaballa and Kitchen, "The Festival of Sokar." pp. 36—43.

似,人们相信所有的死者都会在这一节庆中复活。①

美丽河谷节在托勒密时期已经衰落,原因可能有两个。首先,这一节日只在底比斯地区盛行,这种鲜明的地域性特征决定了当国家的政治重心北移之后,它不会再得到官方的重视。美丽河谷节本以阿蒙神的一家穿过河谷,拜访已逝国王的祭庙为重点,但在托勒密时期,国王早已不埋葬在底比斯附近,无论从政治还是宗教意义上来说,该节日都失去了继续盛行的依据。其次,自托勒密四世末,南方以底比斯地区为中心,本土埃及人的起义此起彼伏,祭司集团以阿蒙神为凝聚人心的旗号,号召埃及人反抗托勒密当局的统治。在这种情况下,尽管亚历山大大帝最初到埃及时曾获得阿蒙之子的身份,托勒密君主也不能继续支持阿蒙神崇拜。以阿蒙神一家的活动为中心内容的美丽河谷节自然也就失去得到官方支持的可能。

与美丽河谷节类似,新王国时期一年一度的欧比德节在托勒密时期也消失了。这一节日的主要内容是卡尔纳克的三联神阿蒙、穆特和孔苏通过盛大的游行仪式,来到南方约两公里处的欧比德神庙,在那里休息数日后,返回他的主神庙。阿蒙神在欧比德神庙休息的数日中,以国王为中心,举行密集的仪式,尤其是将"卡"灌输进国王的身体并使之显现。国王扮演阿蒙之子的角色,并因阿蒙而神奇地再生。欧比德节中经常有国王重新加冕的仪式,在加冕之后,他会现身神庙之外,出现在大众面前。②很显然,这是另一个以阿蒙神为中心的节日,其在托勒密时期受到忽视甚至是刻意打压都是可能的。

索卡尔节的命运与美丽河谷节和欧比德节有所不同。它在新王国时期是和南部的欧比德节相抗衡的节日,甚至在南部地区也有庆典仪式举行,其重要性仅次于欧比德节。到了托勒密时期,国家并未禁止奥西里斯崇拜,甚至在一定程度上创立塞拉皮斯崇拜也可视为是对奥西里斯崇拜的认可和扶持。因此,融合了大量奥西里斯崇拜仪式特征的索卡尔节在托勒密时期仍然得以存在。在埃及南部诸神庙(如丹达拉和菲莱)浮雕中,这一仪式所展现出的内容和新王国时期相比,变化不大,但其重要性大不如前,这可能和索卡尔神自身的特性有关。如前文所述,索卡尔神很早就被混同为奥西里斯神,后来又演变成为普塔—索卡尔—奥西里斯—

---

① Gaballa and Kitchen, "The Festival of Sokar." pp. 43—45.
② Gillam, *Performance and Drama in Ancient Egypt*. pp. 80—81.

温努弗尔（Ptah-Sokar-Osiris-Wennufer）混合神的一部分，其自身的独立性并不强。在多神合一的托勒密时代，有关索卡尔的崇拜仪式可能逐渐与普塔神以及奥西里斯神的崇拜仪式混同起来。另外，该神无论如何演化，都只在王室丧葬背景中出现，在民间不具有广泛的影响力。[1] 托勒密时期，国王去世后，会在孟斐斯的塞拉皮雍举行埃及传统的葬仪，但此时居官方主导地位的丧葬仪式显然是更具典型特征的奥西里斯等神祇的仪式，索卡尔神兼有工匠保护神的属性可能也使其仪式在王室看来不够尊贵。

综上，传统的埃及宗教仪式在托勒密王朝时期逐渐式微。国王有选择性地参加特定的宗教仪式，如在古王国时的宗教中心孟斐斯宣布埃及新年的开始，但其他大部分在法老时期与王权相关的重大仪式，托勒密国王或仅在铭文中表达了应当参加的理念，或完全不予理会。这些重要仪式在托勒密时期的命运各不相同，有鲜明地域性特征并和阿蒙神崇拜紧密结合的宗教仪式逐渐消失；与奥西里斯和哈托尔崇拜结合，表达重生宗教观念的仪式则出现与其他相似但更具官方地位的宗教仪式（如和普塔神有关的仪式）整合的趋势，埃及传统宗教仪式的官方地位明显下降。

第二，通过推行王室集体崇拜的方式，托勒密王权的神化程度空前加强，女性王室成员的地位在整体上得到提高。

亚历山大大帝到埃及之后，尽管在孟斐斯加冕为法老，并通过西瓦神谕获得了"阿蒙之子"的身份，但他在世时并未在埃及自封为神。托勒密一世称王后，致力于推动王室神化成为国家事务，并迈出了决定性的一步，这是通过两件事情实现的：其一，将已逝的亚历山大大帝抬升为国家神；其二，设立以亚历山大崇拜为名的国家最高祭司，即"亚历山大祭司"，或称作"同名祭司"。从此，在祭司所作的希腊文、世俗体和圣书体象形文字版本的敕令中，这类祭司在排名上只位于国王之后。由于这一职位具有鲜明的希腊性质，它只授予托勒密王朝最重要的马其顿和希腊人或希腊化的居民，没有证据表明曾有埃及人获任这一职位。

托勒密二世继承了托勒密一世的做法，继续大力推动由国家主持的统治者崇拜，最突出的做法有两个，一是将已逝的父亲和妻子都抬升为神，二是分别为二者设立崇拜仪式。在他统治之初，可能已为去世的托勒

---

[1] Richard H. Wilkinson, *The Complete Gods and Goddesses of Ancient Egypt*, New York: Thames & Hudson, 2003, p. 209.

密一世上尊号为"神和拯救者"(Theos Soter),[1]这意味着将其父亲的地位抬升为神。他纪念托勒密一世的另一项举措是于公元前279/8年在亚历山大里亚开始举办奢华的托勒梅亚节,并将其制度化,此后每四年举行一次。[2] 通过这一节日庆典,托勒密二世将自己和已逝的父亲联系在一起。这个节日设立的另一个目的是为了和希腊的奥林匹亚赛会相抗衡。因此,它不仅包括游行仪式、[3]铺张的献祭和奢华的宴席,还有各类体育赛事。此后,每位托勒密国王即位后都着力使该节日庆典的仪式更为隆重和复杂,它随即发展成为托勒密王朝最有代表性的节日,也使亚历山大里亚作为新世界中心的光芒更为夺目。该节日的影响范围甚至远远超出了埃及本土。公元前3世纪,希腊世界的许多地方(包括雅典)都庆祝这一节日,而且在亚历山大里亚举办的该节日庆典活动也邀请几乎所有的希腊国家参加,[4]这是托勒密王室在希腊化世界中较高地位的反映,这一节日的创立也成为古代世界政治领域中建立和应用统治者崇拜的最佳范例之一。

  托勒密二世设立的另一个重要节日是阿尔西诺节。阿尔西诺二世去世后,托勒密二世于公元前270年将其地位抬升为女神。为了纪念这位新的女神并提高她的普及性,托勒密二世设立了新的节日。[5] 这个节日庆典不仅在亚历山大里亚,而且也在埃及其他地区举行。在亚历山大里亚,有由提篮者女祭司引领的游行;当游行队伍抬着阿尔西诺的雕像行进在街道上,居民便架起各自的小祭坛并奉上祭品。[6] 这种献祭很可能是在一定的政治高压下进行的,人们通过这种方式向王室表示忠诚。这一节日的影响也越出了埃及的范围,东地中海地区的许多港口城市都庆祝

---

[1] R. A. Hazzard, "Did Ptolemy I Get His Surname from the Rhodians in 304?" *Zeitschrift für Papyrologie und Epigraphik*, Bd. 93 (January 1992): p.56.

[2] *SEG* XXVIII, 60, II. 40—78(卡里拉斯敕令)。

[3] V. Foertmeyer, "The Dating of the Pompe of Ptolemy II Philadelphus," *Historia: Zeitschrift für alte Geschichte* 37, no. 1 (1988): pp. 90—104.

[4] 关于希腊化世界的此类宗教活动及其政治影响,参见 Christian Habicht, *Studien zur Geschichte Athens in hellenistischer Zeit*, Göttingen: Vandenhoeck & Ruprecht, 1982, pp. 79—117。

[5] 参见 P. M. Fraser, *Ptolemaic Alexandria*, Oxford: Clarendon Press, 1972; Pestman, *A Guide to the Zenon Archive*: (P. L. Bat. 21). B, *Indexes and Maps* (*Chapters XI-XXI*), Leiden: Brill, 1981, p.514。

[6] P. Oxy. XXVII, no. 2465; Fraser, *Ptolemaic Alexandria*. vol. I. p.229.

它,成为女神的阿尔西诺二世常和伊西斯以及塞拉皮斯神共同接受供奉。① 通过神化阿尔西诺二世,托勒密王朝第一次也是最为成功地一次将王室中已逝的一员引入埃及的万神殿。值得注意的是,阿尔西诺二世是一位独立的神,和伊西斯的结合只是进一步提高其重要性的一种做法;她同时还被等同于阿芙罗狄忒,并以这种方式被纳入希腊宗教的框架。因此,如果说阿尔西诺崇拜在埃及本土的推行还有政治高压的因素,她在域外的扩散和混合的推动力则很可能来自于强烈的宗教需求本身。

除了将已逝王室成员尊奉为神,托勒密二世还于公元前272/1年将他本人及当时还在世的妻子阿尔西诺二世也纳入亚历山大崇拜的行列,并以特殊的崇拜头衔"共庙神"相称,这一做法决定了未来这一崇拜的性质,相应的祭司头衔被称为"亚历山大和兄妹神(Theoi Adelphoi)的祭司"。"兄妹神"这一头衔当然是指托勒密二世和阿尔西诺二世的兄妹婚,这被认为是模仿宙斯和赫拉的结合。

从托勒密二世将在位的王室夫妇加入亚历山大崇拜时起,对于君主的个人崇拜逐渐向王室集体崇拜发展;托勒密四世将由托勒密二世创立,但保持独立的"神与拯救者"头衔也加入王室崇拜,这一集体崇拜的发展得以完成。从此,在亚历山大祭司的头衔中,包括现任托勒密夫妇在内的所有托勒密君主夫妇的头衔,以在位时间为序排位。每一对托勒密夫妇都在活着的时候即被奉为神祇,法老时期王权神化的理念不仅由托勒密君主所继承,而且发展到前所未有的程度。

在托勒密王权神化程度空前加强的同时,作为国王母亲或妻子的王室成员的地位也稳步提高,并达到和国王比肩的程度。首先,从托勒密二世时起,王权神化发展的过程不是国王单独被神化,而是国王夫妇被共同神化。从阿尔西诺二世时起,单独的女性王室成员可以被神化:在孟斐斯教令(罗塞塔石碑)中,国王甚至将死去的公主贝莱尼科也抬升为神,并为之创立崇拜仪式。其次,在参加宗教仪式时,国王夫妇通常共同出席,如每年在孟斐斯宣布埃及新年的开始。神庙浮雕的仪式场景或铭文对女性王室成员的描绘也突出了其重要地位。艾德夫神庙北侧内墙靠近出口的位置有一处浮雕,描绘了克利奥帕特拉三世独自在宗教仪式中的场景:她

---

① 如在阿玛突斯(Amathus)的阿芙罗狄忒神庙即是如此,参见 Antoine Hermary, "Le Culte d'Aphrodite à Amathonte," *Rdac* no. 2(1988): p.102。

举着一只叉铃,站在奈赫贝特(Nekhbet)女神面前。① 与法老传统不同的是,作为国王的母亲和女王,克利奥帕特拉三世和七世在许多神庙浮雕中的排位都在笼罩于她们的阴影下的共治者前面,独自面对众神,是仪式的真正执行者。克利奥帕特拉三世在艾勒卡布(Elkab)拥有法老式头衔"强壮的公牛,女荷鲁斯,两土地之女主"。另外,就像哈特谢普苏特一样,她也将自己类比为女神哈托尔和伊西斯,还经常被称为"女太阳"(Rait)。②艾德夫神庙"荷鲁斯的胜利"③宗教仪式场景,可能是在圣湖上每年一次的节日庆典表演内容的一部分。这组系列场景描绘了荷鲁斯的船在水面上,在年轻的助手持鱼叉者的帮助下,在母亲伊西斯的激励下,最终打败以河马的形象出现的赛特并将其分尸的神话。其中,战斗场景中的法老作为荷鲁斯的人间化身,站在岸边观战;但在庆祝胜利的场景中,荷鲁斯从图特手中接过王权的象征物并加冕,人间的国王则缺席了,因为登上王位的荷鲁斯和他是同一的。此时在岸边站立的则是女王,她被明确地称作"女共治者……(克利奥帕特拉)众神之母……",并摇动着叉铃。该崇拜仪式在其他铭文中也得到印证,可能是基于新王国晚期的内容编纂的。但仪式中将国王的母亲称为"共治者"并不是法老埃及普遍的传统,显然这是托勒密时期,尤其是公元前2世纪众多女性共治者出现的直接反映。浮雕在保留传统风格的同时,其具体内容也根据现实情况进行了微妙的调整。

第三,国王等王室成员参加仪式的宗教因素减弱,政治实用性因素增强,甚至成为主要原因。如果说法老时期,国王即位后对全国的巡行以参加各类宗教仪式为主要目的,那么在托勒密时期,这一目的只是附属性的。亚历山大初到埃及时,毫无统治基础可言。他以传统的方式参加了诸多埃及仪式,尽管有其个人性情的因素,但为了将自身统治者的地位合法化并安抚、收买祭司集团,应当是一个成熟的军事将领和政治家从事这些活动很可能考量的原因。托勒密二世作为推动王室集体神化的最为活

---

① Bertha Porter and Rosalind L. B. Moss, *Topographical Bibliography of Ancient Egyptian Hieroglyphic Texts, Reliefs, and Paintings. v, Upper Egypt: Sites (Deir Rîfa to Aswân, Excluding Thebes and the Temples of Abydos, Dendera, Esna, Edfu, Kôm Ombo and Philae)*, Oxford: Griffith Institute, 1937, p. 187 (5—6).

② Hölbl, *A History of the Ptolemaic Empire*. p. 280.

③ See H. W. Fairman, *The Triumph of Horus: An Ancient Egyptian Sacred Drama*, Berkeley: University of California Press, 1974.

跃的托勒密君主,在位时期留下至少两次王室成员参加埃及传统仪式的记载(见前表),这与他利用宗教手段神化王权的目的相一致。

从托勒密五世时起,对于每一位马其顿君主来说,确认获得埃及王权的最重要的仪式即是在孟斐斯举行埃及传统的加冕仪式。但这一现象的出现明显是由于在拉斐亚大捷和上埃及爆发起义之后,托勒密王室日益依赖本土埃及祭司集团的结果。托勒密五世早在公元前204年已即位,但他在公元前197年被捕的起义领导人被带至孟斐斯后,方于次年在孟斐斯按照传统的埃及仪式,在来自全国各地的祭司代表的见证下加冕为法老,并按照传统的埃及神话仪式处死起义"匪首"。在这一事件中,托勒密五世相隔八年之久才举行加冕仪式的原因颇为耐人寻味。祭司大会通过了孟斐斯教令,文献中对托勒密五世的描述沿袭了古代埃及法老在战斗中以英武形象出现的模式,以仪式化的手法描绘了公元前197年在尼罗河的帮助下法老夺取了起义的始发地利考波利斯(Lykopolis)。托勒密五世用这种方式将自己同荷鲁斯和拉神联系起来:正是由于他击败了众神的敌人,使埃及从混乱中重新恢复秩序,重建了玛阿特,履行了法老应尽的职责,这与传统埃及的王权观念相契合,所以,他有资格成为埃及国王。胜利的荷鲁斯处决祸首是加冕礼的一部分,在"他从其父那里接受王权的庆典"中进行。① 在仪式中,早已故去的托勒密四世将王国的统治权(更确切地说,是统治权的象征物)交给他的儿子。年轻的托勒密五世作为国王的神圣地位则在教令的前言部分已然表明:他是"荷鲁斯的形象,伊西斯和奥西里斯之子"。② 从此之后,每一位托勒密国王在亚历山大里亚即位后,均需到孟斐斯举行加冕仪式。理论上讲,只有在完成了这一仪式,经过埃及祭司阶层的确认,他才最终成为合法的统治者。

在埃及传统的宗教观念中,神庙作为"神之家",在国家的宗教生活中占有中心地位,受到国王的重大关注,托勒密时期的重要神庙也留下了这一传统得以延续的证据,但国王关注神庙建筑的动机值得分析。据铭文记载,公元前237年8月23日,托勒密三世参加了艾德夫的荷鲁斯神庙奠基仪式。铭文中特别强调国王在神庙建造方面的亲力亲为,提到国王

---

① Kurt Sethe, *Hieroglyphische Urkunden der griechisch-römischen Zeit*. Bd. II, Leipzig: J. C. Hinrichs, 1904, p. 183.5.
② Ibid., p. 174.1.

在书写、计算和建造女神的帮助下,用绳子和指示器标记小圣堂的大小。① 但关于这一事件并无其他文献材料佐证,其真实性不得而知。但考虑到当时的背景,即在托勒密三世时期,托勒密和塞琉古王朝之间的叙利亚战争在进行了近四十年后,双方终于暂时实现和平;以及一年前,即公元前 238 年在卡诺普斯召开了祭司大会。在这种情况下,为了表示对紧张局势暂时中止的庆祝和对埃及传统的尊重,兴建一座神庙似乎是一个恰当的选择。

  托勒密国王常因取得战争的重大胜利而举行宗教仪式。托勒密四世曾因庆祝拉斐亚大捷,于公元前 217 年秋季在孟斐斯举行庆典并召开祭司大会。在拉斐亚战役中,托勒密四世首次征召埃及人入伍并在战斗取胜中发挥了关键作用。从此,托勒密王室和埃及祭司代表的本土埃及之间的关系发生了重大变化,王室更为依赖祭司阶层,祭司阶层也在根据自己的需要来改造马其顿法老的形象,将其纳入埃及的传统之中。为了纪念托勒密四世的胜利而作的拉斐亚教令的孟斐斯石碑上,描绘了庆典仪式中的国王虽采用身骑战马的希腊式形象,但却头戴上下埃及王权的象征"双冠"。在他膝前跪着作为俘虏的塞琉古国王安条克三世,在他身后站立着以伊西斯的形象出现的他的姐妹和妻子阿尔西诺,其余众神则注视着他们。② 托勒密四世是现存出于埃及祭司之手的第一位被如此表现的托勒密国王。考虑到王室和祭司阶层此消彼长的政治环境,相关教令石碑得以颁行,说明国王这种形象的出现是祭司根据自身利益的需要,对其加以改造的结果,国王本人及其代表的马其顿希腊统治阶层被迫对此表示认可。在这之后关于战争胜利的庆典,如对南部地区起义的成功镇压所举行的庆祝仪式,则是托勒密五世加冕礼的一部分,处决起义"匪首"的仪式所展现的更为纯粹的埃及传统气息,应当是马其顿统治阶层默许祭司集团所代表的埃及传统取得进一步话语权的结果。

  克利奥帕特拉七世在位时期,留下了关于她所参加的至少三次重要仪式的记录。在托勒密十二世驾崩的一个月后,她于公元前 51 年 3 月 22 日独自前往赫尔芒提斯,参加新的布基斯公牛(法老的保护神孟图的化

---

① Cauville and Devauchelle, "Le Temple d'Edfou: Etapes de la Construction et Nouvelles Données Historiques," *Revue d'Egyptologie Paris* 35(1984): p.32.

② 拉斐亚教令石碑参见 Hölbl, *A History of the Ptolemaic Empire*. p.163。

身)的加冕仪式,在那里,"所有的人都看到了她"。① 考虑到共治者刚刚去世,她迫切需要表示对埃及传统的尊重,以获得祭司集团的拥护和坚实的统治基础,参加重要神圣动物的加冕仪式便在情理之中。

在新王国时期,作为宣扬王权来自于神的观念、加强王权的一项措施,关于法老的"神圣诞生"仪式主题经常出现于神庙的浮雕中,②这一传统在托勒密王朝末期得以重现。当克利奥帕特拉七世和恺撒的儿子恺撒里昂出世后,她让人把自己和孩子的像雕刻在丹达拉神庙和底比斯附近的埃尔芒神庙的浅浮雕上,把自己等同于伊西斯和每个与这位女神之子荷鲁斯在一起的法老。在埃尔芒神庙里,一幅名为"诞生之屋"的浅浮雕表现了荷鲁斯在圣甲虫保护下的诞生,在环绕他的众神中,也有女王自己的位置,她在阿蒙神的旁边,众神则主持着这个圣婴的诞生仪式。祭司们热情地断定小恺撒里昂其实是阿蒙—拉神所生(但恺撒不是这个神的化身)。在丹达拉神庙里,恺撒里昂向伊西斯—克利奥帕特拉献上一件祭品,伊西斯抱着其子荷鲁斯的雕像,这与克利奥帕特拉和恺撒里昂母子被故意混同在一起。③ 孩子就这样被合法化,埃及的传统也得到了尊重。

公元前 34 年,为了庆祝安东尼征服叙利亚并将其转赠给埃及,克利奥帕特拉七世在亚历山大里亚体育馆举行庆典。期间,盛大的游行队伍穿过城市的主干道,在游行队伍中,安东尼装扮成狄奥尼索斯,这表明他更倾向于成为一位希腊化的君主。狄奥尼索斯崇拜的埃及形式(即奥西里斯与狄奥尼索斯的融合)曾由托勒密十二世推行,此时则由安东尼进行同样的政治表演。这种同化在游行队伍中的克利奥帕特拉以伊西斯的形象出现时体现得更为明显。她不仅以伊西斯的形象出现在公众面前,还为自己取名为"年轻的伊西斯"。恺撒里昂则身佩罗马短剑,这显然是克利奥帕特拉七世所希望其子展示的罗马身份,以及对他获得如其父般功勋的渴望。在这一庆典仪式中,克利奥帕特拉及其共治者的头衔分别采用"众王中之女王"和"王中之王"的称号,这可能暗示着建立一个包括新征服的亚洲部分在内的埃及帝国在思想控制方面的尝试。这类称号在埃及和近东的宗教传统中拥有悠久的历史,最初用于众神,之后用于国王和

---

① Robert Mond and Oliver Humphrys Myers, *The Bucheum*. vol. II, London: Egypt Exploration Society, 1934, p. 12, no. 13; W. W. Tarn, "The Bucheum Stelae: A Note," *The Journal of Roman Studies* 26:2 (1936), pp. 187–189.

② 如哈特谢普苏特在其代尔·巴哈里葬祭庙的神庙浮雕。

③ Hölbl, *A History of the Ptolemaic Empire*. p. 279.

法老,并来宣称他们至上的权力。① 就像其他在亚洲地区的希腊化君主一样,托勒密君主(二世至十世)追随波斯帝国诸王的脚步,在其叙利亚统治区域也使用"王中之王"的称号。于是,当克利奥帕特拉自称为"众王中之女王"、恺撒里昂称为"王中之王"时,他们即是在向新征服的亚洲土地宣布统治权。另外,在埃及,伊西斯和奥西里斯崇拜在托勒密晚期再次兴盛,奥西里斯成为王权的化身,尤其是在菲莱,他在不同的场合被称作"统治者中的统治者"(hqahqaw)或"王中之王"(nswt nswjw)。② 托勒密十二世作为法老,也曾以狄奥尼索斯—奥西里斯为头衔参加宗教活动,他的这一形象出现在菲莱神庙的第一道塔门上。③ 因此,对埃及人来说,无论是公元前 34 年在亚历山大里亚举行的仪式中所使用的"众王之女王"或"王中之王"的头衔,还是年轻的奥西里斯托勒密十二世的形象,都是熟悉而且可以将它们彼此联系在一起的。④

马其顿希腊人征服埃及之后,迅速接受了埃及王权神化的理念,并推行了多项政策来贯彻并进一步发展这一理念,如选择性地参加埃及传统宗教仪式,将已逝和在位的王室成员尊奉为神并创立新的宗教节日等。在亚历山大大帝时期,出于争取埃及祭司集团支持的考虑,他以多种实际行动表示了对埃及传统的尊重,并以埃及的解放者自居,加冕为法老,暗合了新即位的法老终结混乱、重建玛阿特的埃及传统王权理念。但他采用希腊赛会的形式来庆祝加冕,暴露了他对于埃及宗教传统尊重的有限性,也奠定了马其顿希腊统治阶层对埃及宗教态度的基础,即所谓的对埃及传统的尊重,在很大程度上只是出于现实利益的考量。在这一基础上,托勒密王朝建立后,其宗教政策可以清晰地划分为两个阶段:

一、从托勒密一世至托勒密四世(约公元前 3 世纪),托勒密王朝处于全盛时期,不仅通过将已逝和在位国王夫妇集体神化并建立相应宗教崇拜节日、仪式的方式发展王权,而且有意或无意地轻视埃及传统仪式。这一政策至少在当时比较成功地提高了托勒密王室的声望,埃及的宗教

---

① J Gwyn Griffiths, "Basileus Basileōn: Remarks on the History of a Title," *Classical Philology* 48:3 (1953): pp. 145—154.

② Adolf Erman and Hermann Grapow, *Wörterbuch der aegyptischen Sprache*. vol. II, p. 328. 7; vol. III, Leipzig: Hinrichs, 1926—1929, pp. 171. 13.

③ Hermann Junker, *Der grosse Pylon des Tempels der Isis in Philä*, Wien: In Kommission bei R. M. Rohrer, 1958, p. 214, I. 5.

④ Hölbl, *A History of the Ptolemaic Empire*. pp. 291—292.

传统受到一定程度的抑制，但之后的历史证明，这种政策只是加剧了双方的对峙，对托勒密王朝来说并无益处。这一时期，托勒密国王的另一做法是试图以政治上的强势主导地位整合希腊和埃及两种文明，建立像塞拉皮斯神一样的混合崇拜。但是，托勒密对塞拉皮斯崇拜的推广在埃及并不成功，它自始至终都没有成为国家层面上的至高神。托勒密一世时期，塞拉皮斯崇拜建立，并专门修建了塞拉皮雍，但是，这一时期也正是托勒密王朝推动王权神化的起步阶段，这一进程在托勒密二世时期得到更为充分的发展。与此同时的塞拉皮斯崇拜却止步不前，相较于王室崇拜所留下的举行托勒梅亚节和阿尔西诺节等丰富的史料，除修建塞拉皮雍之外，并无材料显示托勒密政府曾有对这一新崇拜进行有效组织和推广的具体措施。尽管古典时期的希腊没有将国王本人神化的做法，但如在神化自身王权和信仰一个有异族特征的神祇这二者中选择一个，那么前者似乎更容易接受。可能正是由于这一原因，托勒密王室尽管试图调和希腊和埃及文化，但在心理上始终有些不情愿，这直接导致了塞拉皮斯崇拜无法在埃及本土形成真正的影响力。因此，在托勒密四世之后，尽管塞拉皮雍仍然存在，但托勒密王室放弃了对塞拉皮斯崇拜的官方资助。马其顿统治者的矛盾心态是希腊和埃及宗教传统整合的努力无果而终的主要原因。当最初实力均衡的黄金时代逝去之后，托勒密当局也就失去了让两种文化整合的最佳时机。

二、从托勒密五世至克利奥帕特拉七世（公元前2世纪初至公元前1世纪末），托勒密王室不仅在参加埃及仪式的数量上大为增加，在形式上也逐渐采取了全面埃及化的政策，反映出当局对本土祭司集团力量的日益倚重。这一时期，托勒密王朝处于逐渐衰落的阶段，王室内部争夺王位的斗争不断，本土埃及人的起义此起彼伏，与塞琉古王朝的争战失利，海外领地丧失殆尽，罗马对国家的影响程度日益加深。现实情况要求托勒密王室为了维护统治，必须争取本土埃及祭司集团和民众更为有力的支持。这一时期托勒密王室在宗教仪式中埃及化的趋势经历了一个过程，其中，一些反映托勒密国王同时具有希腊和埃及特点的仪式中的形象，显示出两种力量和传统的互相试探。这类情况可能是埃及祭司采取主动，托勒密王室不得不表示认可的结果，这与公元前3世纪双方的关系对比完全相反。

克利奥帕特拉七世是托勒密王朝最后一位法老。她在位时期，试图将马其顿希腊王权和以伊西斯的形象展现出的法老的角色结合起来，从而实现希腊化君主威权崇拜和法老的神性权力的统一。她在罗马的几位统帅之间周旋,或许也已意识到,埃及古老的文明才是她身后真正的力量源泉。这可能才是她虽是马其顿希腊人的后裔,却将自己装扮成埃及最典型的象征形象之一——伊西斯,出现于所谓的希腊城市亚历山大里亚,从而比其历任先王都实现了更深程度埃及化的原因。安东尼和克利奥帕特拉建立新帝国的尝试尽管因战败而中止,但这仍是到那时止,除了亚述和波斯时期之外,埃及历史上政治和宗教合一的最后阶段也是至高点。这一时期,由于政治形势的剧变,宗教仪式在原有的希腊和埃及传统混合的基础上,又有波斯和罗马元素的加入,体现出日益鲜明的"帝国"时代特征,是罗马时期大规模文化交流和整合的先声。

在所谓希腊化时代,托勒密王室在埃及参与宗教仪式的前提是古代希腊和埃及在拥有多神崇拜的宗教信仰方面具有相似性,故而无论是在接受埃及王权神化的理念方面,还是在接受对埃及传统神灵的崇拜仪式方面,都可以根据现实需要灵活变通或取舍。托勒密王朝的宗教政策更多地折射出现实政治的需要,而非对埃及传统宗教的真正信仰或尊重。19世纪以来西方学术界所谓托勒密时代埃及的"希腊化"论述,其背后是东西方的二元对立以及较为先进的希腊文明必将同化落后的东方地区这类观念。托勒密时期,王室对埃及宗教仪式的参与方式已经充分证伪了这种偏见,托勒密王室主观上对希腊化还是埃及化的取舍,并不依赖于马其顿统治者自觉的文明冲突和较量的意识,而是取决于现实政治力量博弈的结果和维护统治秩序的需要。因此,充满西方文明中心论意识形态内涵的所谓"希腊化"概念,实际上是特定历史时期西方古典学发展进程中遇到的问题,而不是托勒密埃及自身存在的问题。就具体社会特征而言,托勒密王朝亦不仅存在"自下而上的埃及化",[①]其政权上层同样经历了一个向埃及传统回归的"埃及化"过程。

---

① 颜海英,"托勒密时期埃及奴隶制评析",第114页。

伊本·鲁士德的诗歌教化观

刘 舒

【作者简介】 刘舒,北京大学外国语学院阿拉伯语系博士生。研究方向:巴勒斯坦现代文学。

12世纪安达卢西亚穆斯林哲学家伊本·鲁士德(محمد بن رشد أبو الوليد محمد بن أحمد بن,1126—1198)曾为亚里士多德几乎所有著作撰写释文,其注疏形式有三种:概括性质的短注、疏解主题句和要点的中注以及逐字逐句注释的长注。这些注本从13世纪开始译成拉丁文传到欧洲,对经院哲学产生了巨大的影响。伊本·鲁士德在拉丁世界被称为亚里士多德注释家阿威罗伊。本文探讨的重点是伊本·鲁士德所撰亚里士多德《诗学》中注。另外,伊本·鲁士德时代亚里士多德《政治学》阿拉伯文译本的缺席,使得他用柏拉图的《理想国》来代替,作为政治实践理论的范本。① 而《理想国》中有相当篇幅(卷二、三、十)谈及诗之地位与功效,伊本·鲁士德在其注疏中也有涉及。所以本文结合这两部注疏来探讨和理解这位阿拉伯哲学家对诗的理解。

一、文艺理论还是逻辑术?

《诗学》虽被视为欧洲第一部专门的诗学理论著作,但它迟至16世纪早期一直知者寥寥,亚氏学说在中世纪的欧洲影响巨大,但这部著作直到文艺复兴时期才被重新发现,开始产生影响,到新古典主义运动时达到高

---

① "亚里士多德的《尼各马可伦理学》研究这门技艺的第一部分(学问部分),《政治学》研究第二部分(实践部分),柏拉图的这本书研究的也是第二部分,我们现在要解说的就是柏拉图这本书,因为我们手头没有亚里士多德讲政制的书。"《阿威罗伊论〈王制〉》,北京:华夏出版社,2008年,第23页)

潮。中间漫长时期似乎都是空白。法拉比(أبو نصر محمد الفارابي)、伊本·西纳(ابن سينا)和伊本·鲁士德等阿拉伯哲学家对此著虽然有过解说注疏,但是现代西方学术界甚少参照这一体系,理由很明显:阿拉伯人对悲剧是什么最多只有一个模糊的概念,能对一部以悲剧为主题的著作给出什么独特见解呢?① 或许更重要的是,这部现代文艺学视为鼻祖的论著,在阿拉伯哲学家们眼里竟然属于逻辑术,在现代语境下缺乏任何理论兴趣点。英国学者玛高琉斯(D. S. Margoliouth,1858—1940)1911 年根据阿拉伯版本源流做出一个《诗学》校勘、翻译和评注本,②在导言中强调了《诗学》的内传文本性质,对其中通常认为含混、晦涩、矛盾之处,用文本互训的方式做出了精彩的解释。他的解读得益于对东方文本内传风格的熟悉,但也正是因为对阿拉伯源流的重视,使得现代学者认为其言之过甚,不值倚重。

亚里士多德本人在《诗学》文本中没有任何地方提及这门艺术在自己著作体系中的地位与关系。但阿拉伯哲学承袭的古希腊经注传统把《诗学》归入"工具篇"(Organon),属逻辑学。伊本·鲁士德在注疏中明确提及"摹仿艺术或者实现摹仿效果的艺术有三种:音调的艺术、韵律的艺术、制作模仿性言语的艺术。后者是我们将在本书中考察的逻辑术。"③但是关于这个论点,没有更多的解释。虽然著作开篇即表明"这篇讲话的目的是概括亚里士多德《诗学》中那些为所有或者大多数民族所共有的普遍规律",但普遍规律以何种方式作用于人的思维,却是语焉不详。

有学者从玛高琉斯的解读方式得到启发,细读《诗学》看似脱漏、累赘的疑难处,并联系整部著作中的文体风格和引征进行分析,从古希腊原文词源入手,利用与亚氏其他文本的互证,分析整部著作的结构,比较令人信服地推断:"某种意义上,《诗学》论述结构就是对自身理论的例解,《诗学》是对 ποιητικης 的摹仿,是对摹仿本身的摹仿。"④这似乎是对《诗学》如何作用于思维的一种初步探究,可以在一定程度上解释《诗学》为什么列入逻辑学。人类理性在求道过程中的"迷误"是推理的内在倾向,《诗学》

---

① 《诗学解诂》,北京:华夏出版社,2006 年,第 2 页。
② D. S. Margoliouth, *The Poetics of Aristotle. Translated from Greek into English and from Arabic into Latin with a rev. text, introduction, commentary, glossary and onomasticon*, Hodder & Stoghton, 1911.
③ 《论诗术中篇义疏》,北京:华夏出版社,2009 年,第 52 页。下文中出现本书内容,仅在正文注出页码,不再单独做脚注。
④ 陈明珠:《亚里士多德〈诗学〉的文体与引征》,中山大学博士论文,2011 年,第 154 页。

通过自身戏剧性的结构逐渐正本清源,引导认真思考的学生从成见向真知攀升,"摹仿了人类逻各斯的推理认识过程。"[1]

如果我们假定古代亚历山大经注传统对亚氏的意图有清楚的认识,所以将《诗学》列入"工具篇",那么,不了解希腊悲剧的伊本·鲁士德是如何理解《诗学》之列于"工具篇"?他的处理方式是出于对经注传统的尊重,还是因为他对亚氏哲学思想的整体把握使得他不会从文学理论的路径去思考这部谜一般的论著?纵观本篇中注,很难把握他所谓"逻辑术"(الصناعة المنطيقية)的性质。有学者批评巴特沃斯(Butterworth)英译本将الأقاويل الشعرية译成"诗性言语、表达"(statements),认为应作哲学术语的"论证"(arguments)解。[2] 但是把诗性言语直接当成诗性论证,这似乎比把诗学列入逻辑术更令人费解。

鉴于目前不具备文本互训的客观条件,我只能从现有伊本·鲁士德的著作来继续探究他所明言的诗的方方面面。通观全篇,他最频繁强调的一点是——劝善诫恶,诗的伦理功能。

二、诗的伦理意涵

在这部注疏中,伊本·鲁士德用阿拉伯诗中的颂诗(المديح)和讽刺诗(الهجاء)来对应古希腊的悲剧和喜剧。这是沿用《诗学》阿拉伯文译本的用法,但是伊本·鲁士德将其功能充分发展为赞扬(美其美,التحسين)和指责(丑其丑,التقبيح)。诗人摹仿意志行为,而一切行为和道德习惯都可以归为德行(الفضيلة)和恶行(الرذيلة),所以颂诗和讽刺诗的目的就是鼓励德行而劝阻恶行(页53)。接下来他进一步引用法拉比的权威说阿拉伯人的诗大部分只是关于强烈的欲望和迫切的需求。他建议青年应该规避阿拉伯诗歌起兴(نسيب)部分中鼓励堕落的部分,受教于勇敢与慷慨(阿拉伯人的诗中唯一鼓励的两种德性)。"希腊人作诗的目的大多是劝善诫恶,或者教授礼仪或知识。"(页54)

他在解释诗艺理论的地方引用不少阿拉伯诗行作为例示,但总体评价却不高,主要原因当然是从伦理角度出发,责其眼界不高、流于放荡。

---

[1] 陈明珠:《亚里士多德〈诗学〉的文体与引征》,中山大学博士论文,2011年,第168页。

[2] Salim Kemal, *The Philosophical Poetics of Alfarabi, Avicenna and Averroes, The Aristotelian Reception*, London and New York: Routledge Curzon, 2003, p.259.

即使是在谈论身临其境的描绘时举乌姆鲁勒·盖斯(امرؤ القيس)为例,但也旋即指出描写下流行为不足为训。另外在其对《理想国》的注解中,少有地出现了"我说"这种直接的第一人称评论,说的就是应该弃绝阿拉伯传统中的低俗模仿。① 与此相对,他多次引用《古兰经》作为正面例子,为诗艺指出了学习模仿的目标。"你应该知道,在阿拉伯人的诗中找不到这四种鼓励德性意志行为的颂诗。但是它们大量存在于《古兰经》中。"(页91)

伊本·鲁士德在解释摹仿时,提及人天性能从摹仿中获得愉悦,从而更容易理解和接受该事物。然后评了一句:"毕竟,教育不是哲人一己之事,受教之人也有份。"再联系其对《理想国》的注释中所言"教育大众的两个普遍途径,即修辞的和诗性的方法,诗性的方法更普遍、更适用于青年。"②我们不难发现这位哲人谈诗的主要关切——教育民众。

研究者们一般认为诗的伦理功能与《诗学》被列入逻辑学紧密相关。英译者巴特沃斯在导言中提出"这种关注隐藏在他对阿拉伯诗的频繁批评之后,也隐藏在他奠定一种新诗艺的企图之后,这种诗艺的本质目标是扬善抑恶……如果从这个角度来读此著,似乎完全有理由将诗看作逻辑学的一部分……(页39)"古塔斯(D. Gutas)在其批评巴特沃斯译本的书评中反驳道:"这是颠倒事实:阿威罗伊不是因为要赋予诗一个劝化功能才把它看成逻辑的一部分,而是因为他所追随的传统把诗看作逻辑的一部分,他才不得不证明这一事实的正确性,因此才认为诗具有劝化功能。"③上述争辩不论因果,但都突出了伊本·鲁士德在解释亚里士多德《诗学》时对诗歌伦理意义的强调。

那么他对这种伦理功能的把握体现在哪些方面呢?我们可以先从概念辨析来考察。

三、几个基本概念

摹仿($\mu\iota\mu\eta\sigma\iota\varsigma$)

《诗学》定义诗是言语的摹仿。关键词摹仿在阿拉伯语中的对应是

---

① 《阿威罗伊论〈王制〉》,第41页。
② 同上,第34页。
③ D. Gutas, "On Translating Averroes' Commentaries", in *Journal of the American Oriental Society*, 110 (1990): p. 93b.

التخييل，英译者巴特沃斯将它译成英语中这个术语的一般译法 imitation（模仿）。但是遭到古塔斯的质疑，认为传统阿拉伯学研究中使用的 image-evoking（唤起形象）才是正解，译做"模仿"则扭曲了伊本·鲁士德对《诗学》的理解。① 熟悉阿拉伯诗歌的人对于其中的想象力有深刻体会，大概都不会赞同把诗歌活动理解成一种模仿。但是亚里士多德究竟在何种意义和范围内使用"摹仿"这个术语？我们似乎应该首先搞清这个问题，然后才能判断伊本·鲁士德的理解有没有扭曲。

玛高琉斯对此做了精密的解释："我们被告知诗是摹仿本身（μίμησις τὸ συνολον）。这个词（τὸ συνολον）在《形而上学》中是一个术语，意思是形式（form）加质料（matter），其实也就是本质（essence）的意思。那么，诗的本质就意味着在形式和质料双方面都是模仿。但是在形式和质料都模仿时，我们用的术语并非模仿（imitation），而是想象（imagination）或创造（creation）；创造性的艺术是诗，而复制性的艺术，亚里士多德称之为απεικαζειν（复制）。"② 由此看来，阿拉伯哲人虽然不了解希腊诗，但是对亚氏的概念理解完全没有问题。

《诗学》中对摹仿概念进行界定，从其属的含义开始，根据媒介、对象和方式等种差进行划分，细分其种。如果仅仅是狭义的"唤起形象"，则音乐、舞蹈等形式很难归入其范围。伊本·鲁士德在注疏中使用التخييل来对应 μίμησις 属的含义，把التشبيه（侧重"比喻"）和المحاكاة（侧重语言媒介的摹仿）当作التخييل的种来使用（页 50—51），可说对亚氏的理论研究方法有充分的把握。

性格（ἔθος）和思想（διανοία）

比较《诗学》与伊本·鲁士德注疏中对悲剧的定义，不难发现阿拉伯人根本不理解悲剧是演出来而非叙述出来的，③ 从《诗学》古阿译本的译

---

① D. Gutas, "On Translating Averroes' Commentaries", in *Journal of the American Oriental Society*, 110 (1990): p. 98a.
② Margoliouth, *The Poetics of Aristotle*, 第 41—42 页.
③ 《诗学》1450a，见《罗念生全集》卷一，上海：上海人民出版社，2004 年，第 36 页；《论诗术中篇义疏》，第 20 段，第 58 页。

者就不清楚"做、演"（δρωντων）是什么意思。① 那么伊本·鲁士德从中提炼出的"为大多数民族所共有的普遍规律"是什么呢？

亚氏定义的悲剧六要素为：情节、性格、言词、思想、形象与歌曲。情节为悲剧之灵魂和基础。② 这个"情节"在希腊原文中是"神话、故事"（μυθος），阿译本忠实地译作الخرافة。伊本·鲁士德也理解其实际含义为"如何组织、安排待摹仿之事"（页61），但大概鉴于阿拉伯诗的特点，他并不认为这是颂诗最重要的成分，在他看来，"性格（العادات）和思想（الإعتقادات）是颂诗的主要部分"。（页61）

"性格"译成عادات，未免令人奇怪。但仔细了解古希腊语中这个词的含义（一群人或某个人的习惯性或典型性的行为或实践模式）就能明白这种对应（页60）。伊本·鲁士德解释道："性格包括行为和道德习惯。因此性格被定义为六个成分之一。在讨论诗的成分时提到性格，就无需再提行为和道德习惯（页61）。"这就是说行为包含在性格中，而且不是偶然的行为，是习惯性的行为。伊本·鲁士德在说颂诗艺术摹仿的不是具体的人而是性格时（页61），对亚氏所言悲剧的目的在于摹仿行动③、诗摹仿的事带有普遍性④这两个要点有完全的理解。

亚氏定义"思想"是使人物说出当时当地所可说、所宜说的话的能力。⑤ 伊本·鲁士德解释为"它是摹仿这样那样的存在物或不存在物的能力"（页62）。根据其文脉，我们可以理解这是一种辨识和表达存在的能力。

经过以上概念辨析，我们可以看出，伊本·鲁士德对于诗歌主要成分的把握，其深层的动机可说都是指向诗歌的教化功能。诗歌就是使用语言创造具普遍性的事情（摹仿），通过对存在的辨识和表达（思想），达到培养行为和道德习惯的目的（性格）。

---

① 见 D. Gutas, "On Translating Averroes' Commentaries"中节选的马塔（بوشر متى بن يونس）译本原文（拉丁转写，我在此复原为阿文），第96页。

فصناعة المديح هي تنشية ومحاكاة للعمل الإداري الحريص والكامل التي لها عظم ومداد في القول النافع، ما خلا على واحد واحد من الأنواع التي هي فاطنة في الأجزاء، لا بالمواعد، وتعمل الإنفعالات والتأثيرات بالرحمة والخوف، وتلقى ونتقشب الذين يفطنون.

② 《诗学》1450a，《罗念生全集》卷一，第36页。
③ 同上，第37页。
④ 《诗学》1451b，《罗念生全集》卷一，第37页。
⑤ 《诗学》1450b，《罗念生全集》卷一，第38页。

四、思想之诗与行为之诗

在整部注疏中,我们能发现最意味深刻的话出现在对"思想"概念的解释一节中:"思想是摹仿这样那样的存在物或不存在物的能力。这就像修辞学解释某物存在或不存在,只不过修辞学是通过说理的语言,而诗是通过摹仿的语言。这种摹仿也存在于沙里亚的陈述中。"(页62)最后这句中的الاقاویل الشرعیة发人深省,"沙里亚"是伊斯兰大道,其蕴涵狭义上说是《古兰经》的天启之道,广义上说,除《古兰经》所启示之外,圣训所例示的、教法所阐述和实践的,整套宗法制度都可列入此范围。

在紧接下来的一段中,他直接引用了亚氏原话:"他说:'早期的政制建立者限于通过诗的语言在灵魂中确立思想,最近的当权者才意识到修辞方法'。"(页63)这似乎可算是对上一句出现的沙里亚的解释,立法的语言就是一种摹仿(或创造)的语言。再联系到文中他一再引用《古兰经》中的例子,将其树为诗的标准,那么这个问题就更明确了。

这一段的后半部分进一步解释,"劝诫(حث)思想的诗和劝诫性格的诗之间的差别在于,劝诫性格的诗力劝做某事或规避某事,而劝诫思想的诗只是说明某事存在或不存在,而不是该做或不该做。"(页63)鉴于前面说性格与思想是诗的主要部分,而教法用摹仿的语言劝诫思想,那么劝诫性格、培养习惯的诗是什么? 我们可以推测,这也许就是对诗人的期待。

我们再回到哲人在《理想国》注疏中所言"教育大众的两个普遍途径,即修辞的和诗性的方法,诗性的方法更普遍、更适用于青年"[①],再结合"最近的当权者才意识到修辞方法"(页63),这表明哲人的观点:教化民众更适于使用诗性的方法。天启真理用适合大众的诗性语言解释了存在,诗人需要以此为标准,在民众中劝诫和培养合乎教法的行为和品性。

---

① 《阿威罗伊论〈王制〉》,第34页。

非洲"童年回忆录"研究概论

代学田

【作者简介】 代学田,北京大学外国语学院世界文学研究所博士研究生。研究方向:非洲文学和传记文学。

普莱伯(Richard K. Priebe)认为,自从非洲一部童年叙事作品拉耶(CamaraLaye)的《黑孩子》(L'Enfant noir)发行之后,优秀的非洲童年叙事作品,层出不穷。[①] 与作品的繁荣相比,关于非洲童年叙事的研究,尤其是非洲童年回忆录的研究,则要薄弱得多,目前仅有零星的作品。[②]

关于欧洲、美洲、澳洲童年回忆录的已有研究表明,它们有着各自的主题特点。寇伊(Richard N. Coe)在《蓬草掩映:自传与童年经验》(When the Grass Was Taller: Autobiography and the Experience of Childhood)的结论部分中概述到,不同国别作家在童年主题的自传作品中所追述的那个孩子,或者说"作家、诗人重新创造的那个亲密但也新奇(intimate yet alien)的往昔自我形象",有着不同的特征:英国的孩子总是孜孜于自己的学校教育;法国的孩子与之相对,总是反抗学校教育,但会痴迷于语言的研习;俄国孩子关心的话题则是"我母亲跟我说的那些谎言";美国和加拿大英国人的孩子,则倾心于自我同周围群体之间的关系;

---

① Richard K. Priebe, "Transcultrual Identity in African Narratives of Childhood", in *New Directions in African Literature*. Ernest N. Emenyonu, ed. Ibadan: Heinemann Educational Books (Nigeria) Plc, 2006. p.41. 他将《黑孩子》称为非洲童年叙事文学(自传或自传性作品)的"原始文本"(Urtext)。

② 点到为止的英文专著,有寇伊(Richard N. Coe)的童年叙事研究《蓬草掩映:童年自传与童年经验》;欧内(James Olney)的非洲自传研究《诉说非洲:非洲文学研读手段》(*Tell Me Africa: An Approach to African Literature*)。论文有普莱伯的"非洲童年叙事作品中的跨文化身份"。中文尚无专著,仅见为数不多的研究个别童年回忆录的论文,且都集中在索因卡和库切的两部作品。

澳大利亚的孩子,则痴心于通过追忆自己同成长于斯的"文化真空"之间的爱恨情仇,来沉淀旧日的自我形象;犹太人、爱尔兰人和加拿大法国人的孩子,则专注于家庭所遭受的苦难。① 而戴维斯(Rocío G. Davis)的《由此开始》(*Begin Here*: *Reading Asian North American autobiographies of Childhood*)则表明,北美的亚裔作家群所写的童年回忆录,"有相当多的作品都主要聚焦在他们在亚洲的经历,也就是说将他们来美国之前的经历当作核心事件"②,进一步说,就是追诉自己身份的亚洲成分,或者说身份之历史,以反思/阐明自己在北美的身份之开始。

至于欧美澳之外的地方,比如非洲的童年回忆录有何特点,将"童年自传文学"作为整体研究、且涉猎广博的寇伊先生未曾具体阐述。根据语境推测,他应该是将其同亚洲笼统地归入了"第三世界"。然后总结说:"第三世界的孩子,包括西印度群岛和美国的黑人孩子,则纠结于他们往昔的自我同白人之间的关系而不能自拔。"③这个总结可以用来描述"第三世界",尤其是黑非洲的童年回忆录的外在特点。但有以下两点需要进一步追问:第一,他说的第三世界,包不包括中国?如果包括,这个特点是否能涵盖大部分的中国童年回忆录?第二,他关于第三世界的另外一个重要成员"非洲"的童年回忆录的概括,是否准确?"第三世界"的概念产生自中国,按照定义本身的内涵来看,显然应该是要包括中国的。但是拿中国童年回忆录或回忆童年的文学作品,同"纠结于……同白人之间的关系而不能自拔"这一结论相较,二者显然不适合。殖民主义大批侵华之前的那些涉及童年的作品,自不必说,因为那时"欧美白人"几乎不见,④就不更用说成为文学主题之主流了;即使考察欧美之坚船利炮轰开中国之国门以及改革开放春风吹开国门以来的中国,有不少欧美白人进入中国人的生活,他们同中国人的关系也未能成为童年回忆录之主要特征。⑤

---

① Richard N. Coe, *When the Grass Was Taller*: *Autobiography and the Experience of Childhood*. New Haven and London: Yale University Press. pp. 279—280.
② Rocío G. Davis, *Begin Here*: *Reading Asian North American autobiographies of Childhood*. Honolulu: University of Hawai'i Press. p. 32.
③ Richard N. Coe, *When the Grass Was Taller*: *Autobiography and the Experience of Childhood*. New Haven and London: Yale University Press. p. 280.
④ 当然,这并不表示没有。
⑤ 可以考察鲁迅、沈从文、季羡林、黄永玉、张中行、张大可、李敖以及之后的当代作家比如李暮等作家关于童年的作品。

与食物相关的话题,是不少中国童年叙事,以及其他主题和体裁的文学中常见的主题。黄秀玲关于华裔美国文学研究的论著《从必须到奢侈:解读亚裔美国文学》,便有力地证明了美国华裔文学具备这个重要特征。中国滥觞于农业文明。长久以来,灌溉及其他农业治理技术都极为落后。这导致人们在面临天灾人祸时,力不从心,无法规避自然和社会对农业的危害,最后总不得不遭遇饥馑、灾荒。中国历史,就是同饥荒作斗争的历史。据南京金陵大学学生农事研究会的统计,从公元前108年到公元1911年之间,"中国曾有过1828次的饥荒,换句话说,就是,——差不多在每一年里,中国的十八省内,总有一省会闹饥荒。"①诚然,饥荒、物质匮乏,并非只钟情于中国。据诺贝尔经济学奖得主阿玛蒂亚·森《贫困与饥荒:论权利与剥夺》、法国学者西尔维·布吕内尔《饥饿与政治》之考察,大饥荒乃世界现象。且不说中世纪时期著名的法国大饥荒、爱尔兰大饥荒,单就生产技术已较为发达的20世纪而言,欧洲大的饥荒先后有1915—17年的土耳其,1921—22年的苏联,1932—33的乌克兰,1914—45年犹太人遭遇的有针对性的饥荒,1973—74年非洲饥荒,亚洲1940年代印度的饥荒等。但似乎中国人的作品和日常生活中非常关注饥饿的问题。《饥荒的中国》一书的作者,马洛里(Walter H. Mallory)在序言中就提到他观察到的一个现象:

  在别国的人,如果遇到了一个朋友,寒暄时总不外健康,安乐之类的言词;但在中国人却并不这样,他遇到朋友时,劈头一句就是:"您吃了饭没有?"。这种问候的方法,自然是农业国家的基础……凡是别国的人,来学中国的语言,文字时,中国教师,总是先教他们关于"食物"、"吃饭"以及"买食物的钱"之类的生字或短句。②

关于老舍童年的研究,《童年经验方程式——贫穷与文学叙述之老舍个案研究》详实地论证了老舍及其他作家童年时遭遇的饥饿、贫穷与其作品之间紧密的关系。即使在谈论同物质相对的精神话题时,也有可能再转回到物质上来。比如"书中自有黄金屋",从古自今不少书生学子的求学动机,同物质相关联;又如张大可《七十述怀》中说道:"我能够上学校,读初中,并考上北京大学,得益于三位老师的无私帮助。他们都是我的启

---

① 马洛里:《饥荒的中国·引言》,吴鹏飞译,上海:民智书局,1929年,第2页。
② 同上书,第1页。

蒙老师，也可以说是我这一生的衣食父母。"精神导师，仍归于"衣食父母"，可见国人关注物质之专心；再如朱东润在他的自传中谈到父母给自己命名时说："现在是一家六口了，凭什么活下去，这不是完了么？孩子就叫做'完了'罢。"或许关于中国童年叙事，还可以归结出其他特点，但"同白人之间的关系"绝对不是主流特点。用其描述非洲童年回忆录的主要特征，并不算失误；但是当我们追问他们同非裔美国黑人的童年回忆录在描述黑人白人的关系时，有何不同，或者换种说法，有何非洲性，这个概括就显得过于笼统了，甚至有模糊视线或者掩盖什么的政治不正确之嫌疑和倾向。

普莱伯在他的论文中也指出，寇伊有关非洲童年自传作品的研究结论，"非常有局限性和误导性"[1]。接着，普莱伯给出了他认为非洲童年叙事具有的显著特征。[2] 具体而言，有以下几个：关注教育问题，尤其是读写方面的受教经历；身份的建构；多文化环境下的成长经历；个人同非洲之间的象征性映射；叛逆还是顺从父辈。[3] 不过，细究普莱伯的总结，似乎也"非常有局限性"。略举几例。关于教育的特点，正是寇伊就英国童年叙事做出的总结；这一点在中国的童年叙事作品，尤其是很多学者的自传中，也是一个重头戏，比如季羡林、张大可、朱东润等。关于身份建构的内容，恐怕是所有自传作品都需要认真对待的一个重要话题；关于多种文化的环境，亚裔、非裔的流散作家，不也是在思考跨文化环境的意义和如何适应的问题么？非裔美国作家的许多作品，不都有对非洲这个自己的文化之根的追寻么？叛逆的问题，也是具有世界性的成长现象。

寇伊未能阐明黑非洲童年回忆录主题之特点的原因和表现，如下所述。考察样本太少，是导致这一遗憾的重要原因。在列选的好几百本作品中，非洲童年回忆录只有两部：索因卡的《阿凯：童年时光》(Ake：The

---

[1] Richard K. Priebe，"Transcultrual Identity in African Narratives of Childhood"，in New Directions in African Literature. Ernest N. Emenyonu，ed. Ibadan：Heinemann Educational Books（Nigeria）Plc，2006. p.51.

[2] 他的"童年叙事"（African Childhood），指的是所有非洲作家创作的以童年经历为主题的作品，包括纪实性的童年回忆录和虚构性/带有自传色彩的童年小说。如拉耶的小说《黑孩子》；法拉（Nuruddin Farah）的小说《非洲人》（The African）等，都属于童年叙事。其外延要大于本文讨论的非洲童年回忆录。

[3] Richard K. Priebe，"Transcultrual Identity in African Narratives of Childhood"，in New Directions in African Literature. Ernest N. Emenyonu，ed. Ibadan：Heinemann Educational Books（Nigeria）Plc，2006. p.51.

Years of Childhood)以及穆法磊磊(Ezekiel Mphahlele)的《沿着第二大道》(Down Second Avenue)。① 样本太少,也就难以体查出黑非洲的作家在作品中追忆自己的童年时,同其他地区的黑人相比有何侧重了。说他的结论过于笼统,有模糊视线甚至遮掩嫌疑,可以从他对这两部回忆录的论述中看出来。他将穆法磊磊的《沿着第二大道》当作是讲述"渴望上学但却无法实现这一夙愿的勤奋小孩所遭受的磨难"故事的样本;②认为索因卡的《阿凯:童年时光》是一本"介绍异国情调之童年"(Exotic-Interpretative Childhood)的书。③ 这样说的确不错,但是作品中导致小主人公痛苦(比如穆法磊磊)或者想要介绍非洲情调的动机(比如索因卡):欧美对非洲展开的充满歧视、诡计和暴力的殖民行动,没有揭露出来。而这正是目前非洲童年回忆录整体的主题特征。

非洲童年回忆录大体都围绕殖民历史展开,只是一个笼统地概述,它可以进一步由以下几点充实和具体化。

非洲本土传统同欧美文明之间的"较量"。阅读非洲的童年回忆录,尤其是上世纪60、70年代之前出生的作家的回忆录,总会遇到大量关于非洲传统,并且热衷于介绍这些传统的内涵、价值的内容。他们或自豪或批判地、或急切或悠然地向读者不厌其烦地列举自己(更确切地说,叙述者这个时候往往会用"我们"来代替"我",作为行为主体)命名仪式、成人仪式、医药/巫术传统、家庭成员之间的相互关系和相处模式、语言、民间传说、宗教信仰、传统教育方式。这种意图和内容特别典型的作品,可以参看肯尼亚女作家瓦休玛(Charity Waciuma,1936—)的《母碧的女儿》(Daughter of Mumbi)、④尼日利亚作家法洛拉(ToyinFalola,1953—)的《口蜜腹非:非洲回忆录》(A Mouth Sweeter Than Salt:An African Memoir)以及南非万·维克(Chris van Wyk,1957—)的《雪莉,美德与仁慈:非洲童年》(Shirley, Goodness & Mercy:An African Childhood)。这

---

① 另外还有两部童年为主题的自传性作品:拉耶的《黑孩子》(LEnfant noir);哈斯蕾(Elspeth Huxley)的《西卡的凤凰木:非洲童年》(The Flame Trees of Thika:An African Childhood)。

② Richard N. Coe, When the Grass Was Taller: Autobiography and the Experience of Childhood. New Haven and London: Yale University Press. p. 220.

③ Ibid., p. 227.

④ 书名中的 Mumbi,是肯尼亚吉库优族传说中的人类之母。向读者提供非洲文化之知识的意图,在此也能管窥一斑。

些作家之所以喜欢在作品中向回忆自己"小时候"所接触的这些内容,有一个重要的意图,为自己的民族/国家或者整个非洲传统证明/正名,对下面这种现象进行"反写":接受欧美殖民主义时期学校教育的这些黑非洲儿童,发现欧美白人文学、历史的作品和知识有一个明显的特点,就是对非洲文明进行"抹黑"。他们将非洲土著及其文明野蛮化,认为后者是低于欧洲文明,猎奇地渲染他们吃人、搞鬼等骇人行径,而把欧洲人塑造成带领他们挣脱蒙昧的救世主的同时,又喜欢将非洲大地本身传奇化,将之看成是神奇力量的化身,进一步映衬出非洲土著的渺小、丑陋、愚昧,或者干脆将非洲土著从非洲抹去。单拿童年主题的作品来说,非常典型的比如布利克森(Karen Blixen,1885—1962)的《走出非洲》(*Out of Africa*)、哈斯蕾(1907—1997)的《西卡的凤凰木:非洲童年》、勒克莱齐奥(J. M. G. Le Clézio,1940—)的《非洲人》(*L'Africain*)。正如欧美人将非洲作为反衬自身优秀的手段一样,这些黑非洲的作家在作品中将欧洲刻意扭曲的地方,重点阐释,以期给自己的形象和意义扳回一局。①

非洲大地所有权的争夺。这在很多国家彻底沦为殖民地的东非、南非的作品中,表现特别突出。其典型作品如恩古吉(Ngũgĩ wa Thiong'o,1938—)的《战时诸梦:童年回忆录》(*Dreams in a Time of War: A Childhood Memoir*)、库切(1940—)的《孩提岁月:外省生活场景回忆录》(*Boyhood: Secnes From Provincial Life, a Memoir*)。恩古吉在作品中强调远在欧洲人(在肯尼亚主要是英国人)到来之前,他的祖先就生活在这片土地上了。欧洲人口中虽未的"白人高地"本是吉库优族宗教信仰体系下的上帝所赐之地。恩古吉的态度,是最为典型的失去土地的黑人们所持的观点。库切,作为一个实施殖民行动的白人后代,在作品中虽然说自己不管在沃塞斯特还是在农场、开普敦,都是一个无所归属的局外人,只有有色人、土著人才能同他最热爱的南非台地天然融合,他还是要说没有任何人能够占有农场,以及整个深沉神秘的大地。库切的观点,倒是同白人,尤其是南非的白人持有的主流观点相左,是一个异端。很多白

---

① 结合戴维斯有关亚裔北美作家童年回忆录的研究可以看出,非洲童年回忆录的这一特点,同前者的作品有形式上的相似之处。但二者的动机是不同的。欧美人污蔑非洲土著和文明,是为了给自己的殖民活动提供理由和论据,而非洲人对之进行反写,目的也是为了在证明欧美人大错特错的基础上,还击欧美的殖民活动,重新获得自己的土地。而亚裔在作品中介绍自己的原有文化或将之和北美的其他文化进行对比、阐释,是为了让其他人接受自己,更好地融入到另外一个或几个群体之中。

人更愿意将非洲大地称为"我们的土地"。这一观点的典型作品有哈斯蕾的《西卡的凤凰木》、富勒（Alexander Fuller,1969—   ）的《今晚要挺住：非洲童年》（Don't Let's Go to Dogs Tonight: An African Childhood）。

殖民主义给非洲留下的后遗症。当非洲国家在上世纪六七十年代基本全部独立之后，殖民主义的统治和政策结束了，但是其影响和遗毒并未立即消失。殖民主义的文化惯性依然存在。这导致了这段时间出生的作家，在童年回忆录中依然无法逃脱殖民主义的结劫。他们描写殖民主义给当地生活造成的乱象，尤其是种族或帝国主义势力代理人的战争、政府腐败、普通人的文化自卑感。这类作品典型的如，芙娜（AminattaForna,1964—   ）的《水上起舞的魔鬼：一个女儿关于她父亲、家庭、国家和大陆的回忆录》（The Devil That Danced on Water: A Daughter's Memoir of Her Father, Her Family, Her Country, and a Continent）,瓦纳伊纳（BinyavangaWainaina,1971年—   ）的《我要书写此地：回忆录》（One Day I Will Write About This Place: A Memoir）,比哈（Ishmael Beah,1980—   ）的《漫漫长路：童兵回忆录》（A Long Way Gone: Memoir of a Boy Soldier）。

如何对待非洲大地上的这段殖民历史。在描述这些殖民主义色彩鲜明的细节、话题和内容时，他们也表达了作为殖民主义的施行者或受害者，该如何对待、消化这段历史，使其如同成为个体自我成长不可分割的一部分一样，[①]也成为促进非洲文学、文化发展的一个部分。覆水难收，但往事可鉴。自传，尤其是童年阶段的自传作品，有一个重要的特点和意义，就是在毫无准备的经历过偶然性很强的事件之后，重新赋予事件以逻辑性的意义，为自己定位或解惑：作者的自我之所以是现在这个样子的原因。作家更是喜欢不断地重访童年，以深入挖掘或发现新的自己文学之母题。比如，苏童在谈到童年同作家文学创作之间的关系时就说："优秀的作家往往沉溺于一种奇特的创作思维，不从现实出发，而是从过去出发，从童年出发，试图借助不确切的童年经验，带领读者在一个最不可能的空间里抵达生活的真相。"[②]当然，鉴于生活本身的复杂性，我们不排除有的童年作品，就是在衰老、死亡不断逼近的情况下，单纯回忆童年这段时光的青春、活力、希望之美好，如古尔布兰生的《童年与故乡》，黑先生的

---

① 谁又能把已经发生的事情真的给消灭掉！
② 苏童："创作，我们为什么要拜访童年"，见《中国比较文学》2012年第4期第93页。

《绝对童年》。但是黑非洲童年回忆录的主流绝非如此。正如非洲是殖民主义、后殖民主义文学、文化、经济、政治研究的绝佳样板一样,黑非洲的童年回忆录也是殖民主义的战场。

至于殖民主义这段历史,是怎样深刻地渗透到非洲人的每一滴血的,可以从南非诗人考斯尔(KeorapetseKgositsile)的诗歌"这里不平静"(*No Serenity Here*)强烈感受到:

> 所以,不要跟我讲什么 NEPAD① 或是 AU②
> 也不要跟我讲什么 SADC③
> 也请您不要费劲儿说什么乌班图
> 或其他任何诸如此类的狗屎历史神经症
>
> 趁我还能发出声音时,我再重申一遍,
> 记住,始终
> 记住你做了什么决定了你是什么
> 而不是你所标榜的外形
>
> 我们关于抗争的记忆
> 拒绝销声
> 我们关于抗争的记忆
> 拒绝消失
>
> 我的母亲们,父亲的父亲们,以及我,
> 当我的心中挤满了尸体时
> 我如何能吟颂、赞美生命?④

---

① NEPAD:即 New Partnership for Africa's Development,"非洲发展新型伙伴关系"组织。
② AU:即 African Union,"非洲联盟"。
③ SADC:即 Southern African Development Community,"南部非洲发展共同体"。
④ KeorapetseKgositsile:"No Serenity Here",见菲丽帕·维利叶斯、伊莎贝尔·阿闺热、萧开愚主编:《这里不平静:非洲诗选》,北京:世界知识出版社,2010年,第154页。

后　记

　　《认识"东方学"》是北京大学外国语学院"东方学研究方法论"项目从 2012 年 4 月到 2013 年 5 月这一阶段研究成果的集中展现。该项目因美国"赠与亚洲"的捐赠而得以实现。

　　在 2012 年 4 月到 2013 年 5 月阶段内，项目组邀请了国内外东方学领域内的数位著名学者进行专场讲座。这些讲座一部分是从宏观出发对东方学学科、东方学的理论以及研究方法进行学理上的思考，一部分是以学者们自身多年的研究实践为基础，对东方学进行从经验到理论的总结与反思。讲座的内容构成了本书"'东方学'理论探索与经验集萃"专栏的主体。在邀请专家讲座的同时，项目组的成员也在各自的研究领域内，结合对"东方学研究方法论"这一论题的思考，进行针对性研究并撰写学术论文。本书"认识'东方学'专题研究"专栏，主要是收入了项目组成员的这部分论文。当然，本书的分类并不是绝对的，根据其主旨与内容的不同，也有少数专家的讲座内容收录在了"专题研究"专栏中，而个别项目组成员的论文则收入了"理论探索与经验集萃"专栏。

　　"东方学"包含了丰富、复杂的内涵，这也注定了"认识东方学"将是一个长期、渐进、充满探索的过程。《认识"东方学"》一书可以看作是"东方学研究方法论"项目组在这一探索过程中的开端，而这个开端的落脚点在"方法论"。因此，本书所有的文章，无论是学理辨析、学术经验提炼，还是专题深入、集中阐发，着眼点都在于在已有研究的基础上，或从相关的研究中，去进行"方法论"层面的思考，或爬罗剔抉总结已有的规律，或另辟蹊径显微阐幽。

　　在我国传统的社会科学研究中，经常强调"文史哲"不分家。"文史哲"的相互浸润是有深度、有价值的社科研究的保障，也可以说是基础。本书所收讲稿与文章的研究领域涵盖东方文学与东方历史，这也体现了项目组的在进行"东方学研究方法论"研究时的期望，即，希望能打破越来越细化的社会科学学科之间的界限，以发现在东方学相关研究中带有共性的方法论，并在这种打破中再次推动相关学科的研究，形成对学科、对研究方法的更深入的认识。在研究的区域方面，本书文章也力图尽可能多地覆盖东方区域与国家，基本涵盖了东亚、南亚、西亚、北非。尤其值得一提的是，我国以往的东方学研究往往更关注西方的"东方学"，而忽视阿拉伯伊斯兰世界的"东方学"，本书的阿拉伯伊斯兰"东方学"相关内容正可对此形成一种补充。"东方学"诞生于东西方文明的接触之中，因此"东方学研究方法论"项目在进行过程中，始终都将西方的相关研究作为一个参考系来进行对比考察。项目的这种自觉性体现在本书中，即书中不仅有专门研究"汉学"的文章，还有不少文章都在论述中直接涉及西方的"东方学"概念和理论。当然，正如之前所说，《认识"东方学"》一书只是"东方学研究方法论"项目探索"东方学"的开端，难免存在许多疏漏，我们在文史哲的相互融合与打通、在多地域的兼容与拓展、在理论思考的深入与突破等方面，都还任重道远。在接下来的研究中，"东方学研究方法论"项目将更明确地针对"方法论"进行思考，尤其将对中国学者已使用、惯于使用和擅长使用的研究方法进行剖析，并与国外的相关研究及研究方法进行对比，希望能发现中国学者在东方学研究中的独特之处。因此，《认识"东方学"》之后，后续研究成果将不断推出。

"东方学研究方法论"项目的成员以北京大学的教师及博士研究生为主要力量，也包括国内其他院校的科研工作者。项目成员组成的特别之处表现在，它是一个在指导教授带领下、以中青年研究者为主，并旨在培养青年研究者的科研团队。为了研究工作能长期持续和深入开展，以"东方学研究方法论"项目为基础，我们成立了"东方学研究工作室"。工作室以研究"东方学"相关内容为目的，以推进中国的"东方学"研究、助力中国"东方学"研究在国际上发声为己任，目前以"东方学研究方法论"项目为主要研究内容，工作室成员也以项目组成员为主。随着研究的不断展开，工作室希望吸纳更多的东方学相关研究力量，也希望为更多的中青年学者提供平台与支持。在此，我们愿以《认识"东方学"》一书抛砖引玉，一以求教于方家，一以待更多雏凤新声。

感谢这一年多以来，国内外东方学研究专家对项目的无私指导与帮助，他们的渊博学识与君子风度令人折服。感谢北京大学教育基金会和北京大学外国语学院对本项目的鼎力支持。感谢"东方学研究方法论"项目的全体成员：虽然属于不同的学科，但我们大家带着对"东方学"的思考、带着对"中国东方学"的期许走到了一起，在指导教授的指引下，不同学科之间的碰撞产生了许多令人欣喜的思维火花。本书的编辑也是在全体成员的共同努力、帮助和信任之下才得以顺利完成。

我们还要对北京大学出版社的张冰教授、朱丽娜编辑致以真诚的谢意,她们为本书的顺利出版付出了辛勤的劳动。最后,我们要再次向美国"赠与亚洲"致谢,"千里之行始于足下",感谢"赠与亚洲"对我们迈出第一步给予的支持。

编者
2014 年 2 月 11 日